Jürge

Med

Band

Zeitschrift, Anzeigenblatt

Jürgen Heinrich

Medienökonomie

Band 1: Mediensystem, Zeitung, Zeitschrift, Anzeigenblatt

Westdeutscher Verlag

Die Deutsche Bibliothek – CIP-Einheitsaufnahme

Heinrich, Jürgen:
Medienökonomie / Jürgen Heinrich. – Opladen: Westdt. Verl.

Bd. 1. Mediensystem, Zeitung, Zeitschrift, Anzeigenblatt. –
1994
ISBN 3-531-12636-9

Der Westdeutsche Verlag ist ein Unternehmen der Bertelsmann Fachinformation GmbH.

Umschlaggestaltung: Horst Dieter Bürkle, Darmstadt
Druck und buchbinderische Verarbeitung: Langelüddecke, Braunschweig
Gedruckt auf säurefreiem Papier
Printed in Germany

ISBN 3-531-12636-9

Vorwort

Ökonomen, so wird gemeinhin unterstellt, haben ein recht enges Weltbild: Jeder Mensch versuche, die Nutzen-Kosten-Relation seines Handelns zu optimieren, also zu rechnen. Journalisten, Verleger und Medienunternehmen sehen sich anders. Sie erfüllen eine öffentliche Aufgabe, sie vertreten publizistische Überzeugungen, wollen aufklären, informieren, unterhalten. Das Motiv, Geld zu verdienen, kommt in einem solchen idealtypischen Selbstverständnis nur am Rande vor.

Dieses Lehrbuch beschreibt die Zusammenhänge und die Konflikte zwischen den wirtschaftlichen Notwendigkeiten und dem kulturellen und politischen Impetus des Journalismus. Es analysiert die Produktionsbedingungen, denen die Medienunternehmen unterliegen, und zeigt die Grenzen auf, die gewinnorientiertes Handeln der journalistischen Arbeit setzt.

Das ökonomische Analyse-Instrumentarium sollte indes nicht als Handlungsanweisung mißverstanden werden. Ich mache keinen Hehl aus meiner grundsätzlichen Sympathie für Unternehmer und Unternehmen, die auf eigene Kosten – nicht auf Kosten der Steuerzahler – ihrer publizistischen Überzeugung Opfer bringen. Dies gilt für Axel Springer genauso wie für die *taz*.

Dennoch: Dieses Buch ist von einem Ökonomen in der Tradition der Wirtschaftswissenschaften geschrieben, die ökonomische Sicht dominiert. Sie läßt aber, davon bin ich überzeugt, menschlichen, nicht-monetarisierbaren Werten mehr Raum, als allgemein angenommen wird.

Ein besonderes Merkmal dieser Tradition ist die Liebe der Ökonomen zu Zahlen, die für uns eine eigene argumentative Kraft haben. Diese Vorliebe wird auch in der vorliegenden „Medienökonomie" deutlich. Ebenso wie die Sammlung von Daten entspringt die alleinige Verwendung der männlichen Form dem Effizienzkalkül: Sie ist kürzer.

Die „Medienökonomie", deren erster Band hiermit vorliegt, versucht, eine Lücke in der wirtschaftswissenschaftlichen und kommunikationswissenschaftlichen Literatur zu füllen. In langjähriger Lehrtätigkeit am Institut für Journalistik der Universität Dortmund entstanden, hat dieses Buch von zahlreichen Anregungen und Anmerkungen aus dem Kreise der Kollegen und der Studierenden profitiert. Durch die Konfrontation mit der Praxis der journalistischen Arbeit – Gelegenheit dazu bietet der Dortmunder Journalistik-Studiengang in hohem Maße – ist, so hoffe ich, eine lebensnahe Beschreibung der Wirklichkeit der Medienwelt entstanden.

Meiner Frau danke ich für ihre Anteilnahme und Geduld. Den Sekretärinnen am Institut für Journalistik, besonders Carola Schmidt, danke ich für die Anfertigung des Manuskripts. Für ihre Hilfe bei der Sammlung des Datenmaterials und für zahlreiche inhaltliche Anmerkungen danke ich meinen studentischen Mitarbeitern

Kristov Hogel und Maike Telgheder. Herr Hogel hat zudem mit viel Umsicht die Druckvorlagen erstellt. Schließlich danke ich den Steuerzahlerinnen und Steuerzahlern, die die Entstehung dieses Buches finanziert haben: Auch das vorliegende Kulturgut wäre schließlich ohne eine wirtschaftliche Grundlage nie geschrieben worden.

Dortmund, im Juli 1994 Jürgen Heinrich

Inhalt

6. Kapitel

7. Kapitel

8. Kapitel

Einführung

Grundfragen der Medienökonomie

Abgrenzung

Das vorliegende Lehrbuch zur Medienökonomie hat das Ziel, die ökonomischen Bedingungen der journalistischen Produktion zu analysieren. Die Darstellung bezieht sich mithin auf das System „Journalismus" und klammert die Systeme „Kunst" und „Wissenschaft" aus. Dies erscheint deshalb sinnvoll, weil sich die genannten Systeme deutlich voneinander unterscheiden. Vor allem die unterschiedliche Dominanz und die unterschiedliche Ausprägung der verwendeten Funktionsnormen Schnelligkeit, Wahrheit und Schönheit ergeben eine brauchbare Abgrenzung.

Dominierende Funktionsnorm im Journalismus ist die Schnelligkeit in Form der Aktualität, Wahrheit in Form von weitgehender Richtigkeit hat die Funktion einer notwendigen Bedingung, während die Schönheit die Funktion einer Arabeske hat. Dominierende Funktionsnorm der Wissenschaft ist hingegen die Wahrheit, während die dominierende Funktionsnorm der Kunst die Schönheit ist. Die jeweils anderen Normen spielen praktisch keine Rolle.

Wegen dieser Unterschiedlichkeit werden die Systeme Kunst und Wissenschaft nicht in die Analyse einbezogen – wie es sonst, wenn auch eher beiläufig, üblich ist (Owen 1975, Picard 1989, Moths 1978). Auch nach dieser Abgrenzung bleibt das Gebiet der Medienökonomie von verwirrender Vielfalt der Fragen und Analysekonzepte geprägt. Um Ordnung in die Darstellung zu bringen und um die Dimensionen der Medienökonomie erahnen zu lassen, werden nach bewährter ökonomischer Vorgehensweise die im Mediensystem gehandelten Güter, die verwendeten Medien und die ökonomischen Funktionen abgegrenzt.

Güter

In der Ökonomie hat es sich als sinnvoll erwiesen, den Transformationsprozeß der Güter aus der Perspektive des Konsumenten zu betrachten und den Konsum selbst als einen Produktionsprozeß des Haushalts zu verstehen, in dem die gekauften Güter vom Haushalt zu Konsumgütern letzter Ordnung verarbeitet werden (Becker 1993, S. 145 ff.). So kauft der Haushalt etwa Fernsehen und Flaschenbier, um daraus Unterhaltung zu produzieren.

Wählt man diese Sicht auch für den Transformationsprozeß der Güter des Mediensystems, so lassen sich drei Ebenen unterscheiden:

- die Ebene der stofflichen Träger der Medieninhalte (Zeitung, Rundfunkfrequenzen, Kabel usw.),
- die Ebene der eigentlichen Inputs in den Medienkonsumprozeß (Information, Unterhaltung, Verbreitung von Werbung),
- die Ebene des Outputs des Medienkonsumprozesses (Medienwirkungen).

Die stofflichen Träger der Medieninhalte sind Gegenstand ökonomischer Analysen weil sie knappe Ressourcen verbrauchen und unterschiedliche Rahmenbedingungen für Produktion, Distribution und Konsum der Medieninhalte setzen (Frequenzknappheit, Kosten des Papiertransports, Ton-Bild-Abstimmungen usw.), z.T. weil unterschiedliche rechtliche Rahmenbedingungen ökonomisch zu analysieren sind. Die eigentlichen Inputs in den Medienkonsumprozeß sind aber nicht Zeitungen, Zeitschriften oder Rundfunkprogramme, sondern Information, Unterhaltung und Verbreitung von Werbung (vgl. z.B. Picard 1989, S. 7). Eine präzise Abgrenzung dieser Güter ist ungemein schwierig. Hier sollen einige klärende Beschreibungen der Konzepte ausreichen.

Information ist die Verbreitung von Wissen (Machlup 1972, S. 15), die ein Kenntnis- oder Aktualitätsgefälle zwischen Kommunikator und Rezipient vermindert, also zur Beseitigung von Ungewißheit beiträgt (vgl. auch Fischer Lexikon Publizistik/Massenkommunikation 1989, S. 105ff.). Information hat die Funktion, die individuelle a-priori-Wahrscheinlichkeitsverteilung über verschiedene mögliche Ereignisse zu beeinflussen. Interessant ist, daß in diesem Sinne der „Wert" der Information jedenfalls konzeptionell erfaßt werden kann durch das Ausmaß, in dem individuelle Wahrscheinlichkeitsverteilungen beeinflußt werden. Eine solche Betrachtung erlaubt mithin partiell eine theoretische Fundierung der klassischen Nachrichtenanalyse (vgl. z.B. Weischenberg 1990, S. 16ff.), jedenfalls wird der Wert der sogenannten „harten" Nachrichten im wesentlichen bestimmt durch Aktualität und Bedeutung, also durch Faktoren, die die individuellen Wahrscheinlichkeitsverteilungen erheblich beeinflussen.

Unterhaltung ist von Information nur schwer abzugrenzen; Information kann mit Unterhaltung verbunden, und Unterhaltung kann durch Information vermittelt sein. Wichtig ist, daß mit Unterhaltung ein anderes Bedürfnis als mit Information angesprochen wird, nämlich das Bedürfnis nach Zerstreuung, nach Entspannung und Genuß – und nicht das Bedürfnis nach Wissen.

Das angebotene Gut **Verbreitung von Werbung** ist genauer formuliert eine bestimmte Verbreitungswahrscheinlichkeit von Werbebotschaften, die im Regelfall als Verbundproduktion mit journalistischen Aussagen mitproduziert wird. Interessanterweise werden Werbebotschaften indes nur partiell – als Information und Unterhaltung – nachgefragt, partiell werden sie als „Ungut" konsumiert.

Was Output des Medienkonsumprozesses ist, scheint bislang nicht genügend geklärt zu sein. Es ist trotz intensiver Analysen im Rahmen der Medienwirkungsforschung nicht bekannt, was das Ergebnis des Kommunikationsprozesses ist, sowohl beim Einzelnen wie auch bei der Gesellschaft. Im folgenden wird daher pars pro toto von Meinungsvielfalt gesprochen. Was „wirklich" produziert wird, muß aus ökonomischer Sicht auch nicht geklärt werden. Es muß nur geklärt werden, ob es ein „Gut“ ist und in welchem Ausmaß es sich um ein öffentliches Gut handelt.

Medien

Weil die ökonomischen Bedingungen des Journalismus erfaßt werden sollen, werden nur die aktuell und journalistisch berichtenden Massenmedien Zeitung, Zeitschrift, Hörfunk und Fernsehen in die Analyse eingezogen. Das Anzeigenblatt als Grenzfall journalistischer Produktion wird nur kurz behandelt.

Ökonomische Funktionen

Bei der Analyse der ökonomischen Bedingungen des Journalismus stehen die ökonomischen Grundfunktionen im Mittelpunkt:

– die Produktion,
– die Distribution (Verteilung, Vertrieb) und
– der Konsum

von Medien und Medieninhalten. Andere denkbare Funktionsbereiche, wie z.B. Finanzierung und Investition, haben nur ergänzende Bedeutung und werden nur behandelt, wenn ihre Form, wie z.B. bei der Fernsehfinanzierung, von prägender Kraft ist.

Definition der Medienökonomie

Mithin kann Medienökonomie wie folgt definiert werden: Medienökonomie untersucht, wie die Güter Information, Unterhaltung und Verbreitung von Werbebotschaften in aktuell berichtenden Massenmedien produziert, verteilt und konsumiert werden. Sie untersucht also die ökonomischen Bedingungen des Journalismus.

Fragestellungen der Medienökonomie

Produktion, Distribution und Konsum der massenmedial erstellten Güter Information, Unterhaltung und Werbung verbrauchen die knappen volkswirtschaftlichen Ressourcen Arbeit, Kapital und Natur, konkurrieren also mit anderen Verwendungsmöglichkeiten. Es entstehen sogenannte Opportunitätskosten als Maß für den Nutzenentgang der nächstbesten Verwendungsart der knappen Ressourcen. Statt mit Arbeit, Kapital und Natur Zeitungen zu produzieren, könnten auch Wohnungen oder Kraftfahrzeuge usw. produziert werden, und der Verzicht auf die Nutzung dieser Alternativproduktion stellt die Opportunitätskosten der Zeitungsproduktion dar.

Weil die Ressourcen knapp sind, muß die Gesellschaft entscheiden, wieviel Ressourcen für die Massenmedien und wie die Ressourcen für die Massenmedien verwendet werden sollen. Dies Problem der **Allokation der Ressourcen**, also das Problem der Verteilung der Produktionsfaktoren auf die Medienproduktion ist die zentrale Fragestellung der Medienökonomie.

Diese Fragestellung hat verschiedene Aspekte. Sie kann normativ oder deskriptiv angelegt sein, und sie kann sich auf die Gesamtwirtschaft, auf Betriebe oder auf das einzelne Wirtschaftssubjekt beziehen. In normativer Ausprägung geht es um

- die optimale Organisation der Märkte,
- die optimale Organisation der Unternehmen und
- die optimale Organisation der einzelwirtschaftlichen Produktion.

In einer solchen Analyse spielen Elemente des Koordinationsmechanismus und des Wettbewerbs die zentrale Rolle. Sie werden daher im 1. Kapitel kurz vorgestellt.

In deskriptiver Ausprägung geht es um die Beschreibung der Massenmedien als Wirtschaftsbereich. Dabei sollen Erkenntnisse für die Erklärung der ökonomischen Strukturen der Massenmedien, Informationsgrundlagen für Prognosen und Anhaltspunkte für die Medienpolitik gewonnen werden. In methodischer Hinsicht sind auch hier die genannten Ebenen zu unterscheiden:

- die Marktbeschreibung (Marktstruktur, Marktverhalten, Marktergebnis),
- die Unternehmensbeschreibung (Organisation, Kosten, Umsatz usw.) und
- die Beschreibung individueller Kosten-Nutzen-Kalküle.

Im Zuge der Integration des europäischen Medienmarktes wurde unter der Fragestellung „Rundfunk als Kulturgut oder Rundfunk als Wirtschaftsgut" das Problem diskutiert, ob Rundfunk Regelungsobjekt der *Wirtschafts*politik sein sollte. Das Problem ist, daß bestimmte Güter, wie z.B. der Rundfunk, Objekte des Wirtschaftsverkehrs sind und gleichzeitig Vermittler journalistischer, künstlerischer oder wissenschaftlicher Inhalte. Aus wirtschaftswissenschaftlicher Sicht ist damit lediglich ein Rechtsproblem verbunden: Schließen die „geistigen Besonderheiten" solcher Güter die Anwendbarkeit des Wirtschaftsrecht (z.B. Kartellrecht oder EG-Recht) aus, und unterwerfen sie diese einem speziellen Medienrecht? Diese Rechtsfrage kann und soll hier nicht beurteilt werden. Wichtig ist, aus wirtschaftswissenschaftlicher Sicht zu betonen, daß die journalistische Aussagenproduktion in Massenmedien selbstverständlich ein Wirtschaftsgut ist, weil sie knappe Ressourcen verbraucht und daß eine durchgängige Trennung zwischen stofflichen Trägern und geistigen Inhalten nicht durchführbar ist und ökonomisch keinen Sinn ergibt. Daher ist eine Analyse der journalistischen Aussagenproduktion mit den Methoden der Ökonomie angemessen.

Ein Primat der Ökonomie wird damit nicht postuliert. Ein Blick in die Wirtschaftsgeschichte zeigt, daß unter den Bedingungen der Ökonomie durchaus unterschiedliche Strukturen lebensfähig waren und sind: auf der Länderebene Schweden und die Schweiz oder Japan und Großbritannien als Beispiel und auf der Unternehmensebene z.B. IBM und Opel oder öffentlich-rechtlicher Rundfunk und Privatrundfunk. Dies zeigt, daß die Politik einen erheblichen Gestaltungsspielraum hat, dessen Grenzen allerdings durch die Ökonomie gezogen werden. Die Ökonomie verfügt in diesem Sinne über Blockademacht, aber nicht über Gestaltungsmacht.

Einordnung des vorliegenden Lehrbuchs

Die medienökonomische Forschung weist inzwischen eine eindrucksvolle Fülle von Studien auf (vgl. hierzu die Bibliographie von Kopper 1982, Schenk/Hensel 1986 und Ubbens 1993 sowie die bibliographische Analyse von Miller/Gandy 1991). In grober Klassifizierung lassen sich folgende Hauptlinien der Forschung unterscheiden:

- Marktbeschreibungen einzelner Medien,
- Studien zu Marktstruktur, Marktverhalten und Marktergebnis (theoretisch und empirisch ausgeprägt) zu einzelnen Medien,
- volkswirtschaftlich orientierte Studien zu Wettbewerb, Konzentration und Meinungsvielfalt allgemein,
- betriebswirtschaftlich orientierte Studien zu betrieblichen Teilbereichen des Mediensystems (redaktionelles Management, Zeitungsmarketing, Planung und Kontrolle von Rundfunkanstalten ...) und
- Studien über Werbung (sowohl zur optimalen Produktion und Plazierung von Werbung, als auch über Werbung als Finanzierungsform).

Es fehlt indes im deutschen Sprachraum eine Darstellung der Strukturbedingungen der Medienproduktion, die folgende Analyseebenen verbindet:

- die relevanten Teilsektoren des Mediensystems,
- die Normen und Verfahren der Ökonomie und der Publizistik sowie
- theoretische und empirische Aspekte der Medienproduktion ,

die also als zusammenfassende Darstellung bezeichnet werden könnte. Diese soll im vorliegenden Lehrbuch angeboten werden.

Die Auswirkungen der Medien auf die Wirtschaft, also etwa auf Konjunktur, Wachstum und Entwicklung einer Volkswirtschaft werden nicht behandelt. Eine solche Darstellung bliebe reine Spekulation, weil hierzu Vorarbeiten überhaupt nicht existieren – sieht man einmal vom „Development Journalism" (vgl. Kunczik 1985) oder von Teilaspekten wie Kepplingers Untersuchung zur Auswirkung der Wirtschaftsberichterstattung auf die Ölpreise (Kepplinger 1978) ab.

Das vorliegende Lehrbuch zur Medienökonomie erscheint in zwei Teilen: Teil I behandelt die ökonomischen Bedingungen der Medienproduktion insgesamt und speziell die Medien Zeitung, Zeitschrift und Anzeigenblatt. Teil II behandelt Hörfunk und Fernsehen. Mithin wird der Vorschlag von Schenk/Donnerstag, Medienökonomie nicht medienorientiert zu gliedern, sondern die funktionale Einteilung der Wirtschaftswissenschaften zu übernehmen (Schenk/Donnerstag 1989, S. 4), nur partiell realisiert. Die Abstrahierungsverluste bei einer durchgängig funktionalen Gliederung wären zu groß.

So wird das Mediensystem zunächst zwar insgesamt dargestellt, um einen Eindruck von der quantitativ-ökonomischen Struktur des Mediensystems zu vermitteln (Kapitel 2), um die Medienproduktion nach Normen und Verfahren der Ökonomie und der Publizistik zu evaluieren (Kapitel 3), um die Medienkonzentration über einzelne Medien hinausgreifend darstellen zu können (Kapitel 4), um die für alle Medien typische Einbindung der journalistischen Produktion in das Netzwerk einer Medienunternehmung begründen und genauer analysieren zu können (Kapitel 5) und schließlich, um den sich abzeichnenden Wandel des Mediensystems darzustellen (Kapitel 6). In einem zweiten Schritt werden dann grundlegende Merkmale des Pressesektors beschrieben (Kapitel 7) und anschließend die einzel- und gesamtwirtschaftlichen Produktionsbedingungen von Zeitungen (Kapitel 8 und 9), Zeitschriften (Kapitel 10 und 11) und Anzeigenblättern (Kapitel 12) beschrieben.

Die vorliegende Darstellung ist als Lehrbuch angelegt, es eignet sich – auch wegen der vorgenommenen Kapiteleinteilung – für eine zweisemestrige Lehrveranstaltung. Weil es die Medienökonomie als Wissenschaftszweig aber noch nicht gibt oder zumindest ihre Konturen ganz undeutlich sind, unterscheidet sich das vorliegende Buch insofern von einem klassischen Lehrbuch, als in manchen Bereichen die Grundlegung nicht auf allgemein akzeptierte und erschöpfend behandelte Sachverhalte zurückgreifen konnte.

Die Verwendung wirtschaftswissenschaftlicher Konzepte war von dem Bemühen geleitet, verständlich in der Darstellung und zugleich auf dem aktuellen Stand des Wissens zu sein. Daher erwies es sich als notwendig, Ansätze der Neuen Institutionenökonomik einzuarbeiten, auf mathematische, ökonometrische und modelltheoretische Ableitungen hingegen zu verzichten. Der nicht ökonomisch vorgebildete Leser findet in Kapitel 1 eine knappe Zusammenstellung der relevanten ökonomischen Konzepte zur Analyse der Medien.

Dieses Lehrbuch ist nicht „ad usum Delphini" geschrieben, aber ich denke, es ist verständlich genug, um in allen Ausbildungsgängen der Journalistik und Kommunikationswissenschaft verwendet werden zu können. Daneben wendet sich das Lehrbuch an alle, die im Mediensystem, in Medienwissenschaft und Medienpolitik engagiert sind, um ihnen eine systematische und an der Empirie orientierte Einführung in die ökonomische Analyse der Medien an die Hand zu geben.

Literaturhinweise

Das klassische Buch zur Medienökonomie ist

Owen, Bruce M. (1975), Economics and Freedom of Expression, Cambridge/Mass. (Ballinger) 1975.

Einen Überblick über Konzepte und Fragestellungen der Medienökonomie gibt

Picard, Robert G. (1989), Media Economics, London u.a. (Sage) 1989.

Einen Sammelband mit wichtigen Aufsätzen zur Medienökonomie bieten

> *Schenk, Michael; Joachim Donnerstag* (Hrsg.) (1989), Medienökonomie. Einführung in die Ökonomie der Informations- und Mediensysteme, München (R. Fischer) 1989.

Eine grundlegende Ortsbestimmung der Medienökonomie bietet

> *Kopper, Gerd G.* (1982), Medienökonomie – mehr als Ökonomie der Medien, in: Media Perspektiven, 2/1982, S. 102-115.

1. Kapitel

Grundlegende Konzepte für die Medienökonomie

Im Bereich der Wirtschaftswissenschaft hat sich in den letzten Jahren eine Weiterentwicklung der traditionellen neoklassischen Ökonomie etabliert, die überwiegend als moderne Institutionenökonomik bezeichnet wird. Sie versucht, die Existenz und die Funktionsweise von Institutionen – z.B. Markt, Unternehmung, Staat – mit ihrer ökonomischen Effizienz zu begründen.

Der Begriff der Institution ist im Rahmen solcher Analysen recht weit gefaßt. „Eine Institution im hier verwendeten Sinne ist ein auf ein bestimmtes Zielbündel abgestelltes System von Normen einschließlich deren Garantieinstrumente, mit dem Zweck, das individuelle Verhalten in eine bestimmte Richtung zu steuern. Institutionen strukturieren unser tägliches Leben und verringern auf diese Weise dessen Unsicherheiten“ (Richter 1994, S. 2).

Die Analyseinstrumente der Institutionenökonomie können auf die Einbindung des Mediensystems in das System der allgemeinen Wirtschaft fruchtbar angewendet werden, weil die Medien in vielfältiger Weise in Institutionen wie Markt, Unternehmung, Staat oder Privateigentum eingebunden sind. Allerdings ersetzt die Institutionenökonomik nicht die herkömmliche Ökonomie und muß stets mit dieser zusammen angewendet werden.

Im folgenden soll daher das zentrale Problem der Ökonomie, die optimale Allokation der Ressourcen mit Hilfe der Institutionen Markt, Regulierung (Staat) und Unternehmung kurz skizziert werden, um einen ersten Einblick in die Regelungsansätze für das Mediensystem zu geben.

Dieses Kapitel kann von entsprechend vorgebildeten Lesern überschlagen werden. Für andere Leser mag es als komprimierte Nachschlagemöglichkeit dienen.

1. Wahl der Allokationsmechanismen

1.1. Koordinationsformen

Die optimale Allokation der Ressourcen bedingt ein System von Arbeitsteilung und Tausch, um vorhandene Spezialisierungsvorteile der Produktion auszuschöpfen. Dies erfordert dann eine Koordination der Pläne und Handlungen der Wirtschaftssubjekte. Extreme Koordinationsformen sind

– der allein durch Preise gesteuerte Markt und

– die allein durch Anweisungen gesteuerte Unternehmung.

Faktisch sind dies, sowohl volkswirtschaftlich als auch betriebswirtschaftlich gesehen, Grenzfälle. Es gibt und gab niemals Volkswirtschaften mit alleiniger Marktkoordination, und es gibt und gab auch niemals Volkswirtschaften mit totaler zentraler Planung, die also aus einer einzigen Unternehmung bestünden. Auch auf betriebswirtschaftlicher Ebene existieren Koordinationsformen zwischen Markt und Unternehmung, z.B. Franchising und Leasing oder verschiedene Formen von freier Mitarbeit oder institutionalisierter Zulieferung. Mithin lassen sich folgende Koordinationsformen (auch Institutionen genannt) unterscheiden:

– der Markt,
– die Unternehmung und
– Zwischenformen (sogenannte Hybridformen).

Alle Formen der Koordinierung erbringen spezifische Leistungen und verursachen spezifische Kosten. Im günstigsten Falle geht es darum, die optimalen Koordinationsformen zu finden. Üblicherweise wird man sich, nach dem Prinzip der schwachen Auslese (Simon 1983, S. 69), damit begnügen müssen, jeweils Koordinationsformen zu finden, die zu Einsparungen führen. Gewählt wird also jeweils die Institution, die Produktionskosten und Transaktionskosten spart, im Idealfall die Institution, die die Kosten minimiert. Die genannten Koordinationsformen sind ihrerseits mit typischen Vertragsformen verbunden, die im folgenden kurz vorgestellt werden.

1.2. Vertragstypen

Im Zuge der Weiterentwicklung der ökonomischen Theorie ist erkannt worden, daß rechtliche Sanktionen und exakte Planungen im tatsächlichen Vertragsverhalten von Geschäftsleuten eine geringere Rolle spielen, als dies ursprünglich vermutet worden ist (vgl. Macauly 1963). Seitdem unterscheidet man den vollständigen und den unvollständigen Vertrag.

Der **vollständige Vertrag** ist umfassend und eindeutig: Die Eigentumsrechte der Vertragsparteien sind eindeutig festgelegt, Leistung und Gegenleistung sind bestimmt, Beginn und Ende des Vertrages liegen fest, und was die Vertragsparteien offengelassen haben, wird durch Vertragsrecht geregelt.

Der **unvollständige Vertrag** läßt hingegen mit Absicht Lücken in den Vereinbarungen, weil es zu teuer oder unmöglich wäre, sich über alle zukünftigen Eventualitäten vorab zu einigen. Und auch das Vertragsrecht schließt diese Lücken nicht. Es existiert mithin keine perfekte ex-ante-Planung und keine perfekte öffentliche Sicherungsvorkehrung durch Rechtszwang. Allerdings einigen sich die Vertragsparteien über eine institutionelle Regelung, nach welcher dann verbleibende Gewinne oder Verluste zugerechnet werden. Eine sehr häufig gewählte Institution ist die Unternehmung als Netzwerk unvollständiger Verträge (vgl. Abschnitt 5.6. in diesem Kapitel).

1.3. Verhaltensannahmen

Die grundlegenden Annahmen über das Verhalten der Wirtschaftssubjekte sind

- beschränkte Rationalität (bounded rationality) und
- Opportunismus (vgl. grundlegend Williamson 1981, S. 1545 und Williamson 1985, S. 45-50).

Dabei trägt die Annahme der beschränkten Rationalität der Tatsache Rechnung, daß unvollständige Information besteht, die auch durch Einsatz von Ressourcen nicht überwunden werden kann, daß der Mensch nur über eine begrenzte Informationsverarbeitungskapazität verfügt und daß menschliches Wissen und Fähigkeiten nur zum Teil mit Worten erfaßt werden können. Es entsteht dann eine Art von Fuzzy-Rationalität.

Opportunistisches Verhalten bedeutet, daß jedes Wirtschaftssubjekt seine Handlungen am eigenen Vorteil ausrichtet und sich dabei möglicherweise auch über vertragliche Verpflichtungen und allgemeine Normen hinwegsetzt (vgl. z.B. Hax 1991, S. 56). Opportunismus ist also weitergehend als Handeln aus Eigennutz. Auch ein Mensch, der völlig ehrlich ist, nie sein Wort bricht und sein Wissen niemals verzerrt oder unvollständig weitergibt, kann eigennützig handeln, aber er handelt nicht opportunistisch.

1.4. Kosten im Tauschprozeß

Güter werden produziert und an Nachfrager verteilt. Dies verursacht Produktions- und Distanzüberwindungskosten. Neben der Produktion und dem Transport physischer Güter werden Eigentumsrechte an diesen Gütern definiert, durchgesetzt und übertragen. Diese Übertragung von Eigentumsrechten, die Gütern anhaften, unabhängig vom physischen Transfer, bezeichnet man als Transaktion, und die Kosten der Übertragung von Eigentumsrechten bezeichnet man als Transaktionskosten (vgl. Picot 1991). Solche Transaktionskosten sind vor allem:

- Informationskosten (Sammlung von Informationen über Preise und Qualitäten),
- Vereinbarungskosten (Kosten der Aushandlung und des Abschlusses von Verträgen),
- Kontrollkosten (Kosten der Kontrolle der Einhaltung von Verträgen, z.B. von Terminen, Qualitäten, Preisen, Mengen usw.) und
- Anpassungskosten (Kosten der Anpassung an veränderte Umweltbedingungen, z.B. an veränderte Qualitäten von Faktorleistungen).

Insgesamt sind im Tauschprozeß mithin folgende Kosten zu berücksichtigen:

- Produktionskosten,
- Transportkosten, allgemein auch Distanzüberwindungskosten genannt, und
- Transaktionskosten.

1.5. Wirkung von Eigentumsrechten

Eigentumsrechte (property rights) sind Rechte in Form von Nutzungsrechten (Recht auf die Erträge) und Verfügungsrechten (Recht auf Erwerb, Verwendung und Übertragung).

Der Wert von Gütern einschl. Dienstleistungen wird bestimmt durch Ausgestaltung und Umfang der Eigentumsrechte. Dabei verursacht die Definition und die Durchsetzung von Eigentumsrechten Kosten, d.h. Eigentumsrechte entstehen nur dann, wenn der hieraus erwartete Nutzen größer ist als die entsprechenden Kosten (Demsetz 1967). So gibt es in der Regel Eigentumsrechte an Grund und Boden, aber nicht an Flüssen oder der Luft. Eigentumsrechte definieren das Ausmaß der Zurechnung von Handlungsfolgen und sind damit ein optimales Instrument für Leistungsanreiz und Erfolgskontrolle.

Das Hauptanliegen der sogenannten Property-Rights-Theorie ist es, aufzuzeigen, daß der Inhalt der Eigentumsrechte die Allokation der Ressourcen in spezifischer und vorhersagbarer Weise beeinflußt (Furubotn/Pejovich 1972, S. 1939). So ist ein klassisches Anwendungsbeispiel die Analyse der Auswirkung privaten bzw. öffentlichen Eigentums auf die Überwachung der Geschäftsführung der Unternehmung, ein Fall von erheblicher Relevanz z.B. für öffentlich-rechtliche Rundfunkunternehmen. Der entscheidende Unterschied zwischen privaten und öffentlichen Unternehmen ist nämlich letztlich der Tatbestand, daß das Eigentum an letzteren nicht, wie z.B. bei privatem Aktienbesitz, zugunsten Einzelner verkauft werden kann. Dies reduziert (beseitigt aber nicht) den Anreiz der öffentlichen Eigentümer, die Geschäftsführung der Unternehmung effektiv zu überwachen (vgl. z.B. De Alessi 1980, S. 1).

Wenn eine Zurechnung von Handlungsfolgen möglich ist, kann mit Eigeninitative, Innovationsbereitschaft und positiven gesamtwirtschaftlichen Effekten gerechnet werden. Immer dann, wenn Eigentumsrechte nicht angemessen definiert und durchgesetzt werden können, führt privatopportunistisches Verhalten zu einer Fehlallokation der Ressourcen (vgl. generell Dichmann/Fels 1993).

1.6. Markt oder Unternehmung – Fremdbezug oder Eigenproduktion

Die genannten Koordinationsformen Markt und Unternehmung (auf Zwischenformen wird hier nicht eingegangen) existieren gleichzeitig. Unternehmen operieren auf Märkten, und Märkte koordinieren die Aktivitäten von Unternehmen. Dabei wird die Größe der Unternehmung in horizontaler Sicht durch die Produktionskosten und die Distanzüberwindungskosten bestimmt. Es setzt sich die Firmengröße durch, die die Größenvorteile der Produktion am besten realisiert.

Eine Dichotomie zwischen Markt und Unternehmung existiert lediglich in vertikaler Sicht, in der Frage der sogenannten Fertigungstiefe, d.h. in der Entscheidung darüber, ob eine Unternehmung Teile der Produktion besser selbst erstellt oder vom Markt bezieht. Hier ist folgende Überlegung anzustellen: Auf dem Markt existieren Firmen, die billiger produzieren als in Eigenfertigung, sofern der Fremdbezug im

Verhältnis zur gesamten Nachfrage klein ist. Aber der Fremdbezug erfordert Distanzüberwindungskosten, die den Handel ausschließen können, und, das ist die Erkenntnis der Institutionenökonomik, der Fremdbezug erfordert Transaktionskosten. Diese Kosten könnten bei Eigenfertigung gespart werden.

Allerdings entstehen dann interne Organisationskosten, diese müssen mit den Transaktionskosten verglichen werden. Nach dem klassischen ökonomischen Optimierungskalkül entscheidet der Kostenvergleich über die Koordinationsform Markt oder Unternehmung. Zur Zeit ist in der Industrie ein Abbau der Fertigungstiefe zu beobachten, besonders deutlich in der Automobilindustrie. Eigenproduktion ist relativ teurer, was auch im Mediensektor zunehmend gesehen wird.

1.7. Die Optimalität der Allokation durch Märkte und Unternehmen

Das Gesamtsystem der Allokation besteht aus privat-kapitalistischen Unternehmungen (also mit Privateigentum an Produktionsmitteln) und aus Märkten. Die Aktivitäten werden teils unternehmensintern, teils über Märkte abgewickelt. Dieses Gesamtsystem der Allokation gilt grundsätzlich als effizient. Aus ihm resultieren

- die **produktive Effizienz** (Produktion so wirtschaftlich wie möglich) und
- die **allokative Effizienz** (Produktion gemäß den Präferenzen kaufkräftiger Konsumenten).

Der dem System der Ökonomie zugrundeliegende Wertmaßstab zur Beurteilung der Effizienz ist die individuelle Wohlfahrt, also die Bedürfnisbefriedigung des Individuums. Dies entspricht den Grundprinzipien des klassischen und modernen Liberalismus: Der Mensch kennt seine Bedürfnisse selbst am besten, und grundsätzlich sind allein seine individuellen Präferenzen als Wertmaßstab zu akzeptieren (methodologischer Individualismus).

Zu beachten ist, daß diese Allokationsform nur grundsätzlich als effizient gilt. Ausnahmen werden in Abschnitt 3 (Marktversagen) behandelt. Und weiter ist zu beachten, daß das obige Effizienzkonzept nichts über Gerechtigtkeit aussagen kann und will.

Vor der nun folgenden isolierten Darstellung der Institution des Marktes bzw. der Unternehmung sollen ihre jeweiligen Charakteristika kurz zusammengefaßt werden.

Der **Markt** wird durch Preise gesteuert. Es überwiegt der klassische vollständige Kauf-Verkauf- oder Dienstleistungsvertrag zwischen freien Partnern. Der Markt bietet folgende Vorzüge:

- Er realisiert die Größenvorteile der Produktion (economies of scale und scope).
- Er bietet die Vorteile der Risikostreuung.
- Er bietet starke Anreize zu autonomen Leistungen.
- Er bietet damit eine starke autonome, nicht-koordinierte Anpassungsfähigkeit.
- Er erspart Bürokratiekosten.

Die **Unternehmung** wird gesteuert über Anweisungen in einem hierarchischen System (Bürokratie). Hier gilt das Konzept der unvollständigen Verträge und die generelle Unbeachtlichkeit, d.h. die Unmöglichkeit, bei Auseinandersetzungen eine gerichtliche Entscheidung herbeizuführen. Die Unternehmung bietet dabei folgende Vorzüge:

- Sie bietet umfangreiche administrative Kontrollmöglichkeiten.
- Sie bietet eine starke koordinierte Anpassungsfähigkeit (vgl. insgesamt Williamson 1991, S. 19 ff).

2. Markt und Wettbewerb

2.1. Wettbewerbsbegriff

Wettbewerb ist ein dynamisches Ausleseverfahren, bei dem die Wettbewerber das gleiche Ziel haben und außenstehende Dritte darüber entscheiden, wer das Ziel in welchem Umfang erreicht. Daraus ergibt sich eine **Rivalität** und ein **gegenseitiges Abhängigkeitsverhältnis** zwischen den Wettbewerbern, eine parametrische Interdependenz. Wettbewerb läßt sich damit – auf die Wirtschaft bezogen – verstehen als ein Verhältnis wechselseitiger Abhängigkeit und Rivalität zwischen den Marktteilnehmern.

2.2. Aufgaben des Wettbewerbs

Wettbewerbsfreiheit hat als individuelles Freiheitsrecht auch einen individuellen Nutzen, aber vor allem soll der Wettbewerb gesamtwirtschaftlich vorteilhafte Ergebnisse erbringen. Wettbewerb soll den Marktteilnehmern die fundamentalen ökonomischen Freiheitsrechte gewähren:

- Freiheit der Unternehmertätigkeit,
- Freiheit der Konsumwahl,
- Freiheit der Arbeitsplatzwahl

und zugleich

- die Produktionsfaktoren nachfrage- und kostengerecht lenken (Allokationsfunktion),
- zu Produkt- und Verfahrensneuerungen anregen (Innovationsfunktion),
- eine leistungsgerechte Einkommensverteilung gewährleisten (Verteilungsfunktion),
- und schließlich soll der Wettbewerb die Entstehung dauerhafter wirtschaftlicher Machtpositionen verhindern (Kontrollfunktion).

2.3. Wettbewerbsprozeß und Wettbewerbsvoraussetzungen

Die Vorstellungen darüber, wie und unter welchen Voraussetzungen der Wettbewerb (gut) funktioniert, sind im Zeitablauf Wandlungen unterworfen gewesen, verschiedene Leitbilder der Wettbewerbspolitik sind entwickelt worden und konkurrieren miteinander. Insbesondere konkurrieren das Leitbild des **funktionsfähigen Wettbewerbs** der Harvard School und das Leitbild der **neuklassischen Wettbewerbsfreiheit** der Chicago School, die in Deutschland – wenn auch modifiziert – durch Kantzenbach auf der einen und v. Hayek und Hoppmann auf der anderen Seite vertreten werden. Die Gemeinsamkeiten sind indes groß genug, um hier von einer einheitlichen Wettbewerbskonzeption ausgehen zu können.

Wesentlich ist die Vorstellung von Wettbewerb als einem dynamischen Prozeß, in dem Unternehmen marktstrategische Vorstöße vornehmen – sie senken Preise, verbessern die Qualität der Produkte, schaffen neue Produkte oder Verfahren – und in dem Imitatoren nachstoßen, nicht sofort, aber auch nicht mit großer Verzögerung, damit der Vorsprung einholbar bleibt und die Nachfrager in ihrer Gesamtheit die Vorteile besserer und/oder billigerer Produkte erlangen. In dieser Abfolge von Innovation und Imitation wird der Wettbewerb als „Prozeß der schöpferischen Zerstörung" (Schumpeter) und als „Such- und Entdeckungsverfahren" (v. Hayek) gesehen.

Der Wettbewerb wird als ein offener Prozeß zur Entdeckung von Erkenntnissen gesehen. Ausgangspunkt der Beschreibung des Wettbewerbsprozesses ist die Vorstellung von der Begrenztheit menschlichen Wissens und die Überzeugung, daß das in einer Gesellschaft vorhandene Wissen nicht zentralisiert ist und nicht zentralisiert werden kann, vielmehr räumlich, sachlich und zeitlich verteilt ist. Kein Mensch und keine Organisation kennt die „Wahrheit", die effizientesten Produktionsverfahren und die besten Produkte insgesamt. Diese herauszufinden, wird dem Wettbewerb überlassen, der als ein optimales Verfahren zur Entdeckung von Erkenntnissen gesehen wird, die ohne ihn entweder unbekannt geblieben wären oder zumindest nicht genutzt würden (vgl. v. Hayek 1968).

Der Wettbewerb nutzt in diesem Entdeckungsprozeß die jeweils einzigartige Kombination von Kenntnissen und Fähigkeiten des Einzelnen, der sich bemüht, im Wettbewerbsprozeß Erfolg zu haben. Und zugleich bewirkt der Wettbewerb eine Auslese der vielfältigen Kenntnisse und Fähigkeiten. Die im Urteil der Konsumenten jeweils am geeignetesten erscheinenden Innovationen setzen sich durch. „Unglücklicherweise kann die Gültigkeit der Theorie des Wettbewerbs für jene Fälle, in denen sie interessant ist, nie empirisch nachgeprüft werden. Denn wo wir aber die Tatsachen, die wir mit Hilfe des Wettbewerbs entdecken wollen, nicht schon vorher kennen, können wir auch nicht feststellen, wie wirksam er zur Entdeckung aller relevanten Umstände führt, die hätten entdeckt werden können. Was sich empirisch nachprüfen läßt, ist nicht mehr, als daß Gesellschaften, die sich zu diesem Zweck des Wettbewerbs bedienen, dieses Ergebnis in höherem Maße verwirklichen als andere – eine Frage, die mir die Geschichte der Zivilisation nachdrücklich zu bejahen scheint"

(v. Hayek 1968, S. 4). Die Optimalität des Wettbewerbs kann mithin nicht bewiesen werden.

Mit dem Konzept des Wettbewerbs sind im Prinzip auch oligopolistische Märkte, die bei dem hohen Konzentrationsgrad in der Bundesrepublik Deutschland typisch sind, vereinbar. Allerdings nur, solange sichergestellt ist, daß zwischen den verbleibenden Marktparteien tatsächlich Wettbewerb herrscht. Ob und inwieweit dies im allgemeinen der Fall ist, bleibt strittig. Meist wird aber angenommen, daß Märkte, die durch einen hohen Grad an Konzentration gekennzeichnet sind, für die zudem hohe Marktzutrittsschranken bestehen und die sich in der Marktsättigungsphase befinden („enge“ und „reife“ Oligopole), keine günstigen Wettbewerbsvoraussetzungen bieten. Infolge der starken gegenseitigen Absatzinterdependenz wird sich in der Regel eine Gruppensolidarität der Marktteilnehmer herausbilden, die einen Wettbewerb in Frage stellt.

Günstige Wettbewerbsvoraussetzungen werden häufig auf solchen Märkten vermutet, die weder eine sehr hohe noch eine sehr niedrige Wettbewerbsintensität aufweisen, sondern die sogenannte **optimale Wettbewerbsintensität**. Die optimale Wettbewerbsintensität wird nach Kantzenbach zu vermuten sein bei

- weiten Oligopolen, also Oligopolen, in denen aufgrund der Vielzahl der Konkurrenten die gegenseitige Abhängigkeit nicht so groß ist, daß wettbewerbliche Aktionen unterbleiben, aber auch nicht so klein, daß Reaktionen ausbleiben, und
- mäßiger Produktdifferenzierung, also mäßiger Unterschiedlichkeit der Produkte (vgl. Kantzenbach 1966).

Wenngleich dieses Konzept der optimalen Wettbewerbsintensität vermutlich zu strikt ist – ein funktionsfähiger Wettbewerb ist letztlich nicht an die Erfüllung bestimmter Strukturmerkmale gebunden – so dient es doch als Grundlage für eine grobe Orientierung der Wettbewerbspolitik.

In der jüngeren Diskussion ist die Bedeutung eines **freien Marktzutritts** für die Funktionsfähigkeit des Wettbewerbs wieder – wie bei den Klassikern – stärker in den Vordergrund gerückt worden, also die Möglichkeit der potentiellen (latenten) Konkurrenz stärker beachtet worden.

Damit verbunden ist die Einsicht, daß wirksamer Wettbewerb dauerhaft nur dann erhalten bleibt, wenn für neue Anbieter die Möglichkeit des Marktzutritts besteht und umgekehrt die Vorstellung, daß die Möglichkeit des Marktzutritts hinreichend für die Funktionsfähigkeit des Wettbewerbs ist.

2.4. Marktzutritt und Marktzutrittsschranken

Gerade im Medienmarkt spielt das Konzept des Marktzutritts eine zentrale Rolle, daher sollen die sogenannten Marktzutrittsschranken hier näher erläutert werden.

Als **Marktzutritt** wird die Schaffung neuer Produktionskapazitäten durch bisher im Markt nicht vertretene Anbieter bezeichnet (Stigler 1968, S. 67 ff).

Als **Marktzutrittsbarrieren** definiert Bain die Vorteile, die etablierte Anbieter gegenüber potentiellen Konkurrenten genießen, die es jenen erlauben würden, ihren Preis dauerhaft über ein kompetitives Niveau anzuheben, ohne neue Firmen zum Eintritt zu bewegen. Dabei werden Bain folgend, im allgemeinen drei Formen von Marktzutrittsbarrieren unterschieden (vgl. Bain 1956):

- economies of scale (Betriebsgrößenvorteile),
- Vorteile der Produktdifferenzierung und
- absolute Kostenvorteile.

Ein etablierter Anbieter besitzt **absolute Kostenvorteile** gegenüber einem potentiellen Konkurrenten, wenn seine Durchschnittskosten für jede Produktionsmenge geringer sind als die des potentiellen Konkurrenten. Die langfristige Durchschnittskostenkurve der etablierten Unternehmen verläuft also im relevanten Bereich unterhalb der der potentiellen Konkurrenten. Ursachen dafür können die alleinige Verfügungsmacht über Rohstoffe, Arbeitskräfte und technisches Wissen sowie Vorteile bei der Kapitalbeschaffung sein.

Produktdifferenzierungsvorteile etablierter Unternehmen gegenüber potentiellen Wettbewerbern haben ihren Ursprung darin, daß die Präferenzen der Kunden für etablierte Produkte tendenziell größer sind als für neue und unbekannte Substitute. Dies hat seinen Grund in der Identifikation mit den etablierten Produkten, die durch jahrelange Werbung, Serviceleistungen etc. aufgebaut worden sind.

Betriebsgrößenvorteile stellen dann eine Marktzutrittsschranke dar, wenn der Marktzutritt wegen der beschränkten Marktnachfrage in einer Betriebsgröße erfolgt, die unter der mindestoptimalen Betriebsgröße liegt. Dann muß der Newcomer ja mit höheren Kosten produzieren als der etablierte Anbieter.

Neben solchen strukturellen Marktzutrittsschranken existieren in der Regel auch strategische Marktzutrittsschranken. **Strategische Marktzutrittsschranken** bestehen dann, wenn das im Markt befindliche Unternehmen bewußt strategische Entscheidungen trifft, die ohne die Existenz seines potentiellen Konkurrenten nicht getroffen worden wären und die den Marktzutritt erschweren.

Strategische Marktzutrittsschranken können nach der Art der eingesetzten Aktionsparameter unterschieden werden (Scherer 1980, S. 232 ff.):

- Unternehmen, die eine Limitpreisstrategie betreiben, versuchen den Markteintritt potentieller Konkurrenten dadurch zu unterbinden, daß sie bei Aufrechterhaltung der Angebotsmenge (Mengenbehauptungsstrategie) den Angebotspreis so weit senken, bis für potentielle Konkurrenten kein kostendeckender Markteintritt mehr möglich ist.
- Wenn in einem Markt etablierte Unternehmen über genügend große Reservekapazitäten verfügen, können diese Unternehmen zusätzlich entstehende Nachfrage schneller und möglicherweise auch kostengünstiger befriedigen als Neuanbieter und auf diese Weise potentielle Konkurrenten vom Markt fernhalten. Darüber hinaus können sie durch eine Ausdehnung der Produktionsmenge den Preis wiederum auf ein Niveau senken, das dem potentiellen Neuanbieter keine Kostendeckung nach einem Markteintritt ermöglicht.

– Bei einer Produktdifferenzierungsstrategie wird potentiellen Konkurrenten der Marktzutritt dadurch erschwert, daß die etablierten Unternehmen die Zahl der Produktvarianten strategisch ausdehnen, um damit Marktnischen für neue Produktvarianten zu schließen (Schmidt/Engelke 1989, S. 400).

Schließlich existieren **staatliche Marktzutrittschranken** oder solche Schranken, die durch staatliche Hoheitsgewalt verfügt sind. Beispiele lassen sich in den sogenannten regulierten Bereichen wie Versorgung, Verkehr, Telekommunikation oder Banken und Versicherungen zahlreich finden. Auch im Rundfunksektor spielen staatliche Marktzutrittsbarrieren in Form der öffentlich regulierten Frequenz- und Lizenzvergabe eine große Rolle.

Im Zuge der Weiterentwicklung der Wettbewerbstheorie ist diskutiert worden, ob die beschriebenen Schranken nicht nur das Ergebnis einer sinnvollen Investition in kostengünstige Techniken sind und als solche zu akzeptieren wären. Dies ist eine ganz andere Perspektive der Fragestellung. Man kann zunächst einmal festhalten, daß die beschriebenen Schranken den Marktzutritt erschweren. Davon zu trennen ist die Frage, ob die Schranken als Ergebnis effizienter Unternehmensführung von der Wettbewerbspolitik zu akzeptieren sind. Letzteres ist im Regelfall zu bejahen. Es existieren dann als wettbewerbspolitisch bedenkliche Marktzutrittsschranken lediglich staatlich veranlaßte Barrieren (z.B. Frequenzzuteilungen) und solche, die sich aus der privaten Kontrolle über notwendige Ressourcen ergeben (z.B. Aussschließlichkeitsbindungen, Dumping-Preise). Man muß mithin unterscheiden zwischen Marktzutrittsschranken, die wettbewerbspolitisch und wohlfahrtspolitisch zugleich schädlich sind und solchen, die zwar den Wettbewerb behindern, wegen ihrer Effizienz aber wohlfahrtspolitisch zu akzeptieren sind. Gerade für den Medienmarkt ist allerdings das Konzept der Marktzutrittsfreiheit per se fundamental, hier sollte mithin im Zweifel für die Wettbewerbsfreiheit entschieden werden.

Neuerdings wird Marktzutritt auch mit dem Konzept der versunkenen Kosten (**sunk costs**) analysiert. Versunkene Kosten sind Kosten, die nicht mehr rückgängig gemacht werden können. Sie treten z.B. im Zuge von Marktzutritten auf, weil hier Investitionen getätigt werden, die nicht rückgängig gemacht werden können. Je nach dem Ausmaß der Irreversibilität begründen versunkene Kosten darum Marktzutrittsschranken. Sie sind hoch z.B. bei Kernkraftwerken, die alternativ ja nicht genutzt werden können, und niedrig z.B. im Taxi-Gewerbe, weil die erworbenen Taxis leicht verkauft werden könnten (vgl. als Überblick Knauth 1992). Dies stellt eine neue Interpretation dar, weil Betriebsgrössen- oder Produktdifferenzierungsvorteile ja bedeuten, daß der Newcomer bis zum möglicherweise endgültig erfolgreichen Marktzutritt Kosten hatte, die irreversibel sind – aber dies ist keine neue Theorie.

2.5. Der relevante Markt

Wettbewerb und Wettbewerbspolitik beziehen sich auf Märkte. Wieviel Anbieter auf einem Markt anbieten, wie hoch die Konzentration ist, wie ausgeprägt die Marktbeherrschung ist, kann nur für einen konkreten Markt untersucht werden. Die Abgrenzung dieses sog. **relevanten Marktes** ist sowohl theoretisch als auch insbesondere praktisch äußerst schwierig.

Allgemein ist der relevante Markt der Bereich wirksamer Konkurrenz, und den relevanten Markt definieren alle die Produkte, die aus der Sicht der Nachfrager kurzfristig substituierbar sind (Kaufer 1980, S. 22). Ein Produkt X ist dann mit dem Produkt Y als austauschbar anzusehen, wenn eine geringfügige Leistungsverschlechterung durch den Anbieter von X einen erheblichen Teil seiner Kunden dazu veranlassen würde, zum Kauf des Produktes Y überzugehen. Die Leistungsverschlechterung kann z.B. in einer Verminderung der Produktqualität oder in einer Preiserhöhung liegen. Beide Parameter sind für Substitutionsentscheidungen gleich wichtig, im folgenden wird jedoch vorrangig auf die Bedeutung des Preises eingegangen. Ein Produkt Y gehört dann zum selben relevanten Absatzmarkt wie ein Produkt X, wenn bei einer geringen Erhöhung des Preises des Produktes X ein erheblicher Teil der bisherigen Käufer des Gutes X innerhalb einer kurzen Zeitspanne auf Dauer zum Kauf des Gutes Y übergehen wird (Monopolkommission 1984, S. 198).

Solche Substitutionsmöglichkeiten werden durch Substitutionselastizitäten, insbesondere durch die sog. Kreuzpreiselastizität gemessen. Unter der Kreuzpreiselastizität versteht man das Verhältnis der relevanten Änderung der nachgefragten Menge des Gutes 1 zur relativen Änderung des Preises des Gutes 2:

$$K = \frac{\frac{\Delta x_1}{x_1}}{\frac{\Delta p_2}{p_2}}$$

Da in der Praxis solche Kreuzpreiselastizitäten in der Regel nicht ermittelt werden können, stützt man sich häufig auf Befragungen und Plausibilitätserwägungen. So verwendet das Bundeskartellamt – die Behörde, die in der Bundesrepublik den Wettbewerb überwacht – das Konzept der **funktionalen Austauschbarkeit** aus der Sicht des verständigen Verbrauchers (Abnehmers). Dabei wird in erster Linie die funktionale Austauschbarkeit anhand einer vergleichenden Analyse der Produkteigenschaften und Verwendungszwecke erfaßt. So kann man z.B. sicher vermuten, daß verschiedene Programmzeitschriften oder *SAT 1* und *RTL* auf dem gleichen relevanten Markt miteinander konkurrieren, aber das bleibt eine Plausibilitätsüberlegung.

Bisweilen wird vorgeschlagen, neben der Austauschbarkeit aus Verbrauchersicht die mögliche Flexibilität des Angebots miteinzubeziehen. Danach gehören auch solche Unternehmen zum relevanten Markt, die das angebotene Produkt zwar zum betrachteten Zeitpunkt nicht herstellen, aber die Möglichkeit haben, seine Produktion rasch und mit vertretbaren Kosten aufzunehmen (Berg 1990, S. 283). Dies würde die empirische Bestimmung des relevanten Marktes deutlich erschweren.

3. Marktversagen

Wie dargelegt, gilt die Vorstellung von der optimalen Effizienz der Allokation durch Märkte und Unternehmen nur grundsätzlich. Es gibt eine Reihe von Ausnahmetatbeständen, die in der Ökonomie unter dem Begriff Marktversagen zusammengefaßt werden. In diesen Fällen funktioniert die Allokation durch Märkte nicht optimal. Das bedeutet dann allerdings nicht, daß andere Organisationsmodelle a priori überlegen sind. Dies könnte nur durch konkrete Kosten-Nutzen-Analysen festgestellt werden. Die Ausnahmetatbestände sind

- öffentliche Güter,
- externe Effekte und
- mangelnde Transparenz für den Konsumenten.

3.1. Öffentliche Güter

Ein Gut hat den Charakter eines reinen öffentlichen Gutes, wenn es ohne Rivalität von allen Nachfragern konsumiert werden kann (Nicht-Rivalität) und wenn ein Ausschluß vom Konsum nicht möglich ist (Nicht-Ausschluß). Dies steht im Gegensatz zu einem privatem Gut, wie z.B. Champagner, bei dem Nicht-Zahler von der Nutzung im Regelfall ausgeschlossen werden und der Konsum durch einen Konsumenten den Konsum durch einen anderen Konsumenten ausschließt.

Nicht-Rivalität im Konsum liegt dann vor, wenn ein Gut von vielen Personen gleichzeitig konsumiert werden kann, ohne daß der Konsum einer Person den Konsum anderer Personen beschränkt. Beispiele sind zahlreich zu finden, etwa die Nicht-Rivalität im Konsum der Güter Sicherheit, saubere Umwelt, Straßenbeleuchtung, Fernsehprogramme usw.

Nicht-Ausschluß liegt vor, wenn potentielle Konsumenten nicht von der Nutzung des Gutes ausgeschlossen werden können – auch dann nicht, wenn sie keinen (angemessenen) Beitrag zur Finanzierung der Produktion leisten (free-rider oder Trittbrettfahrer). Die Möglichkeit des Ausschlusses bzw. Nicht-Ausschlusses ist, viel mehr als bei der Nicht-Rivalität, eine Frage des Grades, nicht der Existenz. Dies liegt daran, daß die Anwendbarkeit des Ausschlußprinzips in der Regel eine Frage der Technik und der Kosten ist. So könnte man Nicht-Zahler von der Straßennutzung oder der Nutzung eines Leuchtturms oder der Nutzung eines Rundfunkprogramms ausschließen, aber dies ist in der Regel zu teuer[1].

Die Konsequenzen dieser Tatbestände sind dreierlei. Wenn Nicht-Rivalität im Konsum besteht, dann ist es nicht *sinnvoll*, Preise zu fordern und damit einen Konsumenten vom Konsum auszuschließen, denn dieser zusätzliche Konsument würde ja keine zusätzlichen gesellschaftlichen Ressourcen verbrauchen. In der Sprache der

1 Um mögliche Mißverständnisse zu vermeiden, sei darauf hingewiesen, daß solche öffentlichen Güter durchaus rein private Bedürfnisse befriedigen. Es sind keine Güter, die ein, wie auch immer zu definierendes Kollektivbedürfnis befriedigen.

Theorie der Eigentumsrechte ausgedrückt, ist die Definition und Durchsetzung von Eigentumsrechten nicht effizient, sie würde unnötige volkswirtschaftliche Kosten verursachen. Andererseits wird gesehen, daß die Produktion eines solchen Gutes auch Kosten verursacht und daß diese Kosten gedeckt werden müssen.

Hieraus resultiert ein Dilemma: Entweder finanzieren die privaten Konsumenten – sofern möglich – ihren privaten Konsum durch Preise, die die Nutzung durch andere dann ausschließen (z.B Pay-TV), oder ein Typ kollektiver Finanzierung durch alle bezahlt die Produktion, was dazu führt, daß der individuelle Finanzierungsbeitrag im allgemeinen nicht der individuellen Nutzung entspricht (z.B. bei der Gebührenfinanzierung des öffentlich-rechtlichen Rundfunks). Aus diesem Dilemma resultieren die volkswirtschaftlich nicht optimale Produktionsmenge, Produktionsstruktur und Zuteilung dieses Gütertyps. Man spricht von **Suboptimalität**: Es wird zu viel, zu wenig oder in falscher Zusammensetzung produziert.

Wenn Nicht-Ausschluß gegeben ist, dann *können* Preisforderungen nicht durchgesetzt werden. In der Sprache der Theorie der Eigentumsrechte können Eigentumsrechte also nicht definiert und durchgesetzt werden. Kein ökonomisch rational handelnder Konsument würde nämlich für ein Gut zahlen, von dessen Nutzung er nicht ausgeschlossen werden kann. Er könnte vielmehr als free-rider unentgeltlich in den Genuß solcher Güter kommen. Da Preisforderungen also nicht durchgesetzt werden können, wird auch kein privater Unternehmer bereit sein, ein solches öffentliches Gut zu produzieren. Gemessen an den ja durchaus vorhandenen Präferenzen der Konsumenten für ein solches Gut wird das Gut dann in zu geringem Umfang oder gar nicht produziert. Man spricht von **Unterproduktion**; das klassische Beispiel ist der Umweltschutz.

Generell gilt, daß ein Gut, bei dem Nicht-Rivalität im Konsum besteht, am effizientesten durch einen Monopolisten erstellt wird, weil das Gut nur einmal erstellt werden muß und dann unteilbar beliebig viele Konsumenten befriedigt. Die Grenzkosten der Versorgung eines zusätzlichen Konsumenten sind gleich Null. So kann z.B. ein Fernsehfilm, sofern er erst einmal erstellt ist, beliebig viele Zuschauer erfreuen. Ein zweiter möglicher Anbieter des gleichen Fernsehfilms würde nur zusätzliche Ressourcen verbrauchen und müßte entsprechend teurer anbieten. Daher spricht man von einer **Tendenz zur Monopolisierung** bei der Produktion öffentlicher Güter.

Bisweilen werden auch die Zwischenformen öffentlicher Güter näher klassifiziert, was für manche Erörterungen nützlich ist. Collective goods sind sozusagen die reinen öffentlichen Güter: Sie sind gekennzeichnet durch Nicht-Rivalität und Nicht-Ausschluß (z.B. öffentliche Sicherheit). Public goods sind öffentliche Güter, die gekennzeichnet sind durch Nicht-Rivalität, bei denen aber ein Ausschluß von Nicht-Zahlern möglich ist, z.B. Pay-TV (vgl. zur Problematik der öffentlichen Güter insbesondere die Standard-Lehrbücher der Finanzwissenschaft, etwa Zimmermann/Henke 1982, S. 37-44 oder Petersen 1990, S. 123-149 und spezielle Literatur, z.B. Bonus 1980).

3.2. *Externe Effekte*

Externe Effekte sind die unmittelbaren Auswirkungen der ökonomischen Aktivitäten eines Wirtschaftssubjekts, die vom Verursacher nicht berücksichtigt werden und – im Gegensatz zu anderen ökonomischen Transaktionen – zwischen den Beteiligten keine Rechte auf Entgelt oder Kompensation begründen (Bössmann 1979, S. 95). Es sind also Wirkungen auf unbeteiligte Dritte (Drittwirkungen). Wenn es externe Effekte gibt, kann die Marktproduktion die optimale Allokation nicht gewährleisten, weil die Drittwirkungen ex definitione nicht in die privaten Kosten-Nutzen-Kalküle der Produzenten eingehen. Klassisches Beispiel sind Umweltschäden.

3.3. *Mangelnde Transparenz für die Konsumenten*

Ob der Wettbewerb eine vom Konsumenten gewünschte Qualität hervorbringt, hängt auch davon ab, ob Konsumenten die Qualität der Produkte erkennen und bewerten können. Hier gibt es erhebliche Mängel. Ganz generell besteht ein strukturelles Informationsgefälle zwischen Produzent und Konsument. Der Produzent kennt die Qualität seiner Produkte in der Regel ungleich besser als der Konsument. Und generell gibt es Güter, deren Qualität objektiv nicht bestimmt werden kann. Dies gilt insbesondere für die journalistische Aussagenproduktion (vgl. Kapitel 3).

3.4. *Meritorische Güter*

Meritorische Güter sind Güter, die von den Konsumenten in einem Ausmaß konsumiert werden, das nicht dem Ausmaß entspricht, das die politischen Entscheidungsträger oder andere Instanzen für wünschenswert halten. Zur Korrektur sind Eingriffe in die Konsumentenpräferenzen notwendig. Dies ist ein Sachverhalt, der von der herrschenden Ökonomie nur schwer akzeptiert wird.

Sofern ein Mehr-Konsum erreicht werden soll, wie z.B. bei der Schulpflicht oder der Zwangsversicherung, spricht man von meritorischen Gütern. Wenn der Konsum reduziert werden soll, wie z.B., bei Alkohol, Rauschgift oder Tabak, spricht man von demeritorischen Gütern. In diesem Sinn kann etwa die Halbierung des Steuersatzes für die Umsätze von Büchern, Zeitungen und Zeitschriften mit dem Argument begründet werden, dies seien meritorische Güter, deren Konsum mithin gefördert werden soll.

In all diesen beschriebenen Fällen möglichen Marktversagens (öffentliche Güter, externe Effekte, mangelnde Transparenz und Meritorität) ist zu untersuchen, ob es möglich ist, durch Eingriffe in den Markt das Marktversagen zu vermeiden oder korrigieren. Dies ist der Komplex der sogenannten Regulierung.

4. Regulierung

4.1. Begriffsbestimmung der Regulierung

Regulierung bezeichnet die Verhaltensbeeinflussung von privaten Unternehmen, die in der Regel das Ziel hat, Marktversagen zu vermeiden oder zu korrigieren. In diesem Sinne bezieht sich Regulierung im engeren Sinne auf die Kontrolle privater Unternehmen, so wie sie typischerweise in den USA herausgebildet worden ist (Kaufer 1981, S. 1). Hier soll indes wegen der speziellen Erfahrungen in der Bundesrepublik Deutschland, wo das gleiche Ziel auch durch öffentliche Unternehmen mit öffentlichen Aufgaben angestrebt wird, die Regulierung im weiteren Sinne auch die Marktkorrektur durch öffentliche Unternehmen einschließen.

Damit stehen prinzipiell drei Möglichkeiten offen, die Rahmenbedingungen unternehmerischen Handelns zu gestalten:

- die freie Marktkoordination,
- das öffentliche Eigentum mit einer politisch kontrollierten Bürokratie und
- das private Eigentum mit öffentlicher Kontrolle.

Die beiden letztgenannten Formen werden hier als Regulierung bezeichnet. Dies hat den Vorteil, prinzipiell ähnliche Tatbestände einheitlich behandeln zu können. Dies hat auch den Vorteil, die Medienaufsicht unter einem einheitlichen Aspekt analysieren zu können. Regulierung ist mithin angesiedelt zwischen staatlicher Hoheitsausübung und marktwirtschaftlicher Produktion, gekennzeichnet durch eine mehr oder weniger große Ferne zum Markt und zum Staat zugleich. Regulierung ist damit eine Form staatlicher Intervention, neben Steuern, Subventionen und direkter staatlicher Hoheitsausübung.

In einer sehr weit gefaßten Konzeption beinhaltet Regulierung den gesamten institutionellen Rahmen einschl. der Rahmenbedingungen von Wettbewerbsprozessen, innerhalb dessen sich Markttransaktion entfalten (vgl. Finsinger 1991, S. 9). Dem wird hier nicht gefolgt. So wird hier die Festlegung von Qualitätsstandards, z.B. bei Arzneimitteln oder Rundfunkprogrammen als Teil der Regulierung aufgefaßt, nicht aber die Einrichtung einer allgemeinen Produzentenhaftung für Sicherheit oder Qualität von Produkten. In diesem Sinne werden allgemein geltende Gesetze wie z.B. das Urheberrecht oder das Wettbewerbsrecht nicht zur Regulierung gerechnet, wohl aber alle speziell bestimmte Bereiche betreffenden Regelungen.

4.2. Ziele, Methoden und Formen der Regulierung

Ziel der Regulierung ist eine Korrektur des Marktversagens vor allem bei den Parametern

- Preis (einschl. der Konditionen),
- Qualität und
- Menge (z.B. Kontrahierungszwang).

Mittel, die häufig parallel angewendet werden, sind

- Marktzutrittskontrolle,
- Verhaltenskontrolle (Preise, Qualitäten, Produktionsmengen) und
- Strukturkontrolle (z.B. Kontrolle der Marktformen oder der Eigentumsverhältnisse).

Formen der Regulierung sind die bereits genannten öffentlichen Unternehmen auf der einen Seite und die staatliche Aufsicht über private Unternehmen auf der anderen Seite. Dabei unterliegen öffentliche Unternehmen einem wesentlich größeren Einfluß des Staates als staatlich regulierte private Unternehmen. Das Unternehmensziel kann in diesem Fall direkt bestimmt werden und die Personalpolitik der Unternehmung kann direkt beeinflußt werden.

4.3. Zur Problematik der Regulierung (Staatsversagen)

Nicht in jedem Fall auch zweifelsfrei festgestellten Marktversagens ist die Alternative, die staatliche Regulierung, per se vorzuziehen. Auch Staatsversagen muß ins Kalkül gezogen werden, d.h. durch staatliches Handeln herbeigeführte Fehlallokation von Ressourcen. Als wesentliche Begründungen für ein Staatsversagen können die folgenden Feststellungen gelten:

- Partikularinteressen setzen sich im parlamentarisch demokratischen Abstimmungsprozeß eher durch als diffuse Allgemeininteressen. Daher werden staatliche Maßnahmen zur Begünstigung bestimmter Interessen eher nachgefragt und eingeführt als Maßnahmen im allgemeinen Interesse.
- Politiker können sich für Partikularinteressen sichtbarer und wirkungsvoller einsetzen als für das Allgemeininteresse.
- Bürokratien und bürokratische Kontrollen sind ineffizient.
- Nach der Capture-Theorie wird jede regulierende Behörde früher oder später von der zu beaufsichtigenden Industrie „eingefangen", ihre speziellen Interessen zu vertreten (vgl. Kaufer 1981, S. 150 f). Ein Beispiel ist die Verflechtung des Bundesgesundheitsamtes mit der Chemie- und der Pharmaindustrie.

Generell wird davon ausgegangen, daß öffentliche Unternehmen ineffizient produzieren. Ursachen sind bürokratisches Verhalten, falscher politischer Druck und fehlende Sanktionen über entsprechend definierte Eigentumsrechte. Und auch privat-regulierte Firmen produzieren nicht effizient, weil die üblichen Formen der Kosten- und Gewinnkontrolle die privaten Firmen zu nicht effizienter Produktionsweise verleiten (vgl. Kaufer 1981, S. 102ff.).

Dabei ist für den Mediensektor von spezieller Bedeutung, daß in regulierten Bereichen die Neigung zu Produktinnovationen abnimmt, herkömmliche Produktqualitäten können solange beibehalten werden, wie sie von den Kunden gerade noch akzeptiert werden (Eickhoff 1985, S. 74). Daher werden, wenn eine Regulierung sich als sinnvoll erweist, bisweilen sogenannte Sunset-Regelungen vorgeschlagen – das sind Regelungen, die nach einer festgelegten Zeit von alleine außer Kraft treten.

5. Die Unternehmung

5.1. Die Vorteilhaftigkeit der Unternehmung im Überblick

Im arbeitsteiligen Produktionsprozeß arbeiten in der Regel zahlreiche Produktionsfaktoren bei der Leistungserstellung zusammen. Gäbe es keine Unternehmung, so wäre eine kaum überschaubare Fülle von zweiseitigen Verträgen, vor allem Arbeits- und Kaufverträgen, zwischen den Produktionsfaktoren notwendig. Wenn nun eine Unternehmung als sogenannter zentraler Agent die Koordination übernimmt, kann die Zahl der Verträge erheblich reduziert werden, es werden mithin Transaktionskosten gespart (vgl. Richter 1991).

Ob die Unternehmung per saldo billiger ist als die Marktkoordination, hängt von den Transaktionskosten, letztlich also von den Merkmalen der Transaktionen ab. Im folgenden werden die Transaktionsmerkmale genannt, die mit steigender Ausprägung zu steigenden Transaktionskosten führen, also tendenziell eine unternehmensinterne Koordination nahelegen. Die relevanten Transaktionsmerkmale sind

- der Umfang transaktionsspezifischer Investitionen (Spezifität),
- die Häufigkeit von Transaktionen und
- die Unsicherheit und/oder Komplexität von Transaktionen (vgl. v.a. Williamson 1981, 1985, 1990 und im deutschsprachigen Raum Picot 1990, 1991 und Picot/Dietl 1990).

5.2. Transaktionsspezifische Investitionen (Spezifität)

Transaktionsspezifische Investitionen sind Investitionen, die innerhalb der Vertragsbeziehung einen deutlich höheren Wert haben als außerhalb der Vertragsbeziehung, z.B. spezielle Maschinen, die zur Abwicklung eines Auftrags angeschafft werden müssen oder spezielle Fertigkeiten, die erworben werden müssen. Diese Investitionen begründen in großem Umfang das Risiko sogenannter versunkener Kosten (sunk costs), nämlich dann, wenn die Vertragsbeziehungen von einer Seite abgebrochen werden.

Man kann dabei ex-ante- und ex-post-Spezifität unterscheiden. Eine Investition, die von vornherein spezifisch auf die Transaktion zugeschnitten ist, z.B. eine spezielle Studioeinrichtung, bezeichnet man als ex-ante-Spezifität. Häufig entwickelt sich aber, nachdem im Wettbewerb Transaktionspartner ausgesucht worden sind, eine spezifische Beziehung erst im Laufe des Produktionsprozesses. Dies wäre eine ex-post-Spezifität. Ein extremes Beispiel ist die Auswahl von Schauspielern auf dem Wettbewerbsmarkt und der anschließende Einsatz der Schauspieler in der Produktion eines Filmes. Die Investition in die Filmproduktion wird mit steigendem Fertigstellungsgrad immer spezifischer auf die Schauspieler zugeschnitten. Dies erhöht das Risiko, bei opportunistischem Verhalten der Tauschpartner, Erpressungsversuchen ausgesetzt zu werden (Alchian/Woodward sprechen vom Extremfall des Raubüberfalls auf die Quasirente des Vertragspartners; Alchian/Woodward 1988, S. 66). Allgemein wird die Entwicklung von Bindungen im Prozeß arbeitsteiliger Produktion und gemeinsamer Aufgabenerfüllung als **fundamentale Transformation** bezeichnet (Williamson 1985, S. 61 ff.).

Die ex ante-Regelung (bei Vertragsabschluß) der ex-post-Spezifität ist mit erheblichen Transaktionskosten verbunden. Der einfache klassische Kauf- bzw. Dienstleistungsvertrag zwischen freien Marktpartnern muß ergänzt werden um private Sicherungsvorkehrungen. Beispiele dafür sind Investitionen in Markennamen, die öffentliche Abgabe bindender Erklärung oder die Konstruktion sich selbst durchsetzender Verträge. Eine andere, stärkere Form privater Sicherung eines unvollständigen Vertrages zugunsten einer Partei besteht darin, ihr das Verfügungsrecht über Gewinn und Verlust zu überlassen (Richter 1991, S. 409). In obigem Beispiel ist der Markenname also der Ruf des Schauspielers; denkbar ist aber auch, das umfassendere Vertragsnetzwerk einer Unternehmung zu konzipieren, insbesondere dann, wenn die Transaktionen unsicher und häufig sind.

5.3. Unsicherheit und Komplexität

Bei Unsicherheit sind die Wahrscheinlichkeitsverteilungen zukünftiger Ereignisse unbekannt, während bei Risiko die Wahrscheinlichkeitsverteilungen zukünftiger Ereignisse berechenbar sind. Ein Roulette unterliegt dem Risiko, die Wahrscheinlichkeit von Streiks oder z.B. von Preissenkungen in der Papierindustrie ist hingegen nicht berechenbar. Möglicherweise tritt das Problem der Komplexität hinzu: Komplexität beschreibt eine zwar sichere, in ihrem Gesamtzusammenhang aber vom Menschen nicht überschaubare Situation, z.B. ein Schachspiel (Picot/Dietl 1990, S. 179). Im folgenden werden alle diese Aspekte unter dem Konzept der Unsicherheit zusammengefaßt. Dabei ist darauf hinzuweisen, daß das im Knight'schen Sinne streng definierte Konzept der Unsicherheit im Rahmen der Ökonomie die weitaus größte Bedeutung hat. In diesem Sinne besteht Unsicherheit in den Tauschbeziehungen vor allem in folgender Hinsicht:

- Umweltveränderungen, d.h. Veränderungen von Preisen, Qualitäten, Mengen und Terminen sind unsicher.
- Die Kenntnis notwendiger Inputs in den Produktionsprozeß ist von Unsicherheit gekennzeichnet, z.B. bei Forschung und Entwicklung.
- Der Output kann nur mit Unsicherheit oder nur mit großen Schwierigkeiten erfaßt und bewertet werden. Z. B. gilt bei Informationen Arrows Informationsparadoxon: Man kann den Wert von Informationen nicht beurteilen, bevor man

sie besitzt. Wenn man sie also besitzen will, müßte man ihren Wert vor dem Kauf beurteilen können.

- Häufig ist die Unsicherheit der Definition und Bewertung von Verfügungsrechten auch darauf zurückzuführen, daß Vergleichsmaßstäbe oder auch nur Anhaltspunkte für bewertende Vergleiche nicht existieren, etwa wenn der Leistungsanbieter Monopolist ist oder, wie bei der Lieferung von Spezialanfertigungen, Monopolist wird.

Je größer nun die Unsicherheit ist, desto eher sind langfristige Formen der Gestaltung der unvollständigen Verträge effizient, die sicherstellen, daß alle künftigen Eventualitäten gleichmäßig zum Wohle der Vertragspartner geregelt werden.

5.4. Häufigkeit

Die Häufigkeit der Transaktionen hat insofern einen erheblichen Einfluß auf die Koordinationsform, als mit steigender Häufigkeit Spezialisierungsvorteile und economies of scale der Bürokratieinvestitionen realisiert werden können. Mit steigender Häufigkeit gibt es Spezialisierungsvorteile bei der Koordination, Kostendegressionen im Bereich der Investitionskosten interner Organisation (z.B. Einrichtung spezieller Leitungs-, Planungs- und Kontrollstellen) sowie Lerneffekte bei wiederholter Abwicklung (Picot 1990, S. 107).

5.5. Transaktionsatmosphäre

Transaktionskosten können schließlich von den sozialen und technischen Rahmenbedingungen abhängen, innerhalb derer Leistungsverträge abgeschlossen werden. Diese Rahmenbedingungen bezeichnet man auch als Transaktionsatmosphäre (Picot 1991, S. 148). Die Transaktionsatmosphäre kann bestimmt sein von Verhaltensnormen, die z.B. opportunistisches Verhalten nur mehr oder weniger zulassen, oder vom Stand der Informations- und Kommunikationstechnik, die jeweils unterschiedlich weitreichende Kontrollen bezahlbar macht. Generell ist der Einfluß der Transaktionsatmosphäre auf die Wahl der Koordinationsform nicht in eindeutiger Richtung festzulegen.

5.6. Die Unternehmung als Netzwerk unvollständiger Verträge

Menschen verhalten sich opportunistisch und beschränkt rational. Im arbeitsteiligen Produktions- und Tauschprozeß werden Kauf/Verkauf- und Dienstleistungsverträge zwischen freien Marktpartnern geschlossen. Im einfachen, unkomplizierten Fall sind das die vollständigen klassischen, kurzfristigen Tauschverträge, die auf dem Markt abgeschlossen werden. Im komplizierten Fall – bei großer Unsicherheit, bei großem

Umfang an transaktionsspezifischen Investitionen und bei häufigen Transaktionen – werden unvollkommene Verträge geschlossen. Hier werden zusätzliche private Sicherungsvorkehrungen erforderlich, vor allem um die transaktionsspezifischen Investitionen zu schützen. Eine starke und sehr häufig gewählte Form der Sicherung eines unvollständigen Vertrags besteht in der Institution der klassischen kapitalistischen Unternehmung.

Je ausgeprägter die beschriebenen Tansaktionskosten sind, je größer also die Unsicherheit, je größer die Häufigkeit und je größer der Umfang an Spezifität, desto eher werden die Verträge in das Netzwerk der Unternehmung eingebettet. Die Institution Unternehmung ist dadurch gekennzeichnet, daß ein (oder mehrere) Privateigentümer besteht, der folgende Rechte hat:

- das Recht auf den Gewinn und Verlust (Residualerlös),
- das Recht der Kontrolle oder der Leitung der Unternehmung und
- das Recht, diese Rechte zu verkaufen.

Die Ausgestaltung dieser Rechte als Eigentumsrechte sichert ein hohes Maß an Effizienz der Teamproduktion im Rahmen der Unternehmung. Die Vorstellung ist, daß der Eigentümer eines Rechtes sein Recht am besten selbst kontrolliert, eine Delegation der Kontrollrechte kann immer nur begrenzt erfolgreich sein.

Der optimale Eigentümer ist nun der, welcher mit der je größten firmenspezifischen Investition in Vorlage getreten ist, der der effizienteste Risikoträger ist und dessen produktiver Beitrag sich nur schwer messen und zurechnen läßt (Richter 1991, S. 409 f.). Der optimale Eigentümer ist offenbar bei der klassischen Produktionsunternehmung der Eigentümer des Kapitals, der in Form seiner Investitionen in spezielle Maschinen und Anlagen transaktionsspezifische Leistungen erbringt. Möglicherweise ist es aber auch der Eigentümer des Faktors Arbeit, z.B. bei Ärzten, Rechtsanwälten oder Wirtschaftsberatern (vgl. vor allem Wiggins 1991).

Mit den beschriebenen Allokationsformen und Allokationsproblemen sind zentrale Problembereiche der Allokation im Mediensystem kurz vorgestellt worden. Es wird sich zeigen, daß gerade die Medienproduktion durch eine Fülle von Besonderheiten gekennzeichnet ist, die die ökonomische Analyse nicht einfach gestalten.

6. Konzentration

Das Phänomen der Konzentration ist für den Mediensektor von ganz besonderer Bedeutung, weil hier nicht nur der Wettbewerb, sondern ganz speziell auch die „Vielfalt“ als zentrale Norm des Mediensystems betroffen ist. Daher soll die Konzentration als Problem der Marktwirtschaft und als spezielles Problem des Mediensektors hier gesondert behandelt werden.

6.1. Begriff, Prozesse und Ebenen der Konzentration

Konzentration ist merkwürdig schwierig zu definieren. Man kann Konzentration etwas vage als „Ballung ökonomischer Größen" bezeichnen und dieses Konzept nachfolgend illustrieren. Konzentration liegt vor, wenn wenige Mitglieder einer Gruppe sich ein größeres Stück aus dem „Kuchen" herausschneiden, als ihnen nach ihrem zahlenmäßigen Anteil zusteht, oder wenn die Zahl der Gruppenmitglieder klein ist. Nach der Art der Gruppe – z.B. Unternehmung, Haushalt, Region – und nach der Art des Kuchens – Gesamtumsatz, Gesamtkapital, Beschäftigte, Vermögen, Einkommen – unterscheidet man unterschiedliche Konzentrationsbereiche.

Im folgenden geht es um die Unternehmenskonzentration, bei der zu analysieren ist, daß wenige Unternehmungen einer Gruppe einen verhältnismäßig hohen Anteil am Gesamtumsatz der Gruppe auf sich vereinigen oder daß die Gruppe nur aus wenigen Unternehmen besteht.

Dabei sind zwei Konzentrationsformen zu unterscheiden. Die **absolute Konzentration** erfaßt die Zahl der Unternehmen im Markt, unabhängig von ihrer relativen Größe. Die **relative Konzentration** erfaßt dagegen die Unterschiedlichkeit der Größe der Firmen, ihre Disparität. So würden z.B. drei und nur drei gleich große Firmen im Markt eine große absolute, aber gar keine relative Konzentration bedeuten.

Wirtschaftspolitisch relevant ist vor allem die Zunahme der Konzentration, also Konzentration im Sinne von Konzentrationsprozeß. Von Konzentration im Sinne eines Prozesses spricht man, wenn sich die Zahl der selbständigen Wirtschaftseinheiten als wettbewerbspolitische Entscheidungsträger verringert (Schmidt 1990, S. 125). **Konzentrationsprozesse** werden ausgelöst durch folgende Vorgänge:

- überproportionales internes Wachstum (Unternehmen wachsen von innen heraus unterschiedlich schnell; z.B. ist der Springer-Verlag mit seiner *Bild*-Zeitung anfänglich schneller gewachsen als seine Konkurrenten),
- externes Wachstum (also durch Zusammenschluß bestehender Unternehmen; z.B. Springer und Kirch).

Formen des externen Wachstums, also Formen von Unternehmensverbindungen stehen im Mittelpunkt wettbewerbspolitischer Analysen und Aktivitäten, weil sie wesentlich häufiger als internes Wachstum zu beobachten sind und weil ihre Auswirkungen auf den Wettbewerb besonders problematisch sind.

Unternehmen können auf vielfältige Weise miteinander verbunden sein. Alle möglichen Verbindungen liegen zwischen den Transaktionsformen Markt und unternehmensinterner Integration (Zentes 1992, S. 18). Dabei beschreibt die Dichotomie Markt versus Unternehmung nur die Pole möglicher Strukturen von Unternehmensverflechtungen. Dazwischen liegt ein Spektrum mehr oder weniger enger Unternehmensbeziehungen. Von zentraler wettbewerbspolitischer Bedeutung ist, daß durch Unternehmensverflechtungen das Marktverhalten ex ante koordiniert wird. Eine solche Koordination reduziert im Prinzip den Entscheidungs- und Handlungsspielraum aller Beteiligten, reduziert also die Freiheit des Wettbewerbs. Nach dem Grad der Verbindlichkeit der ex-ante-Koordination unterscheidet man die Fusion, den Konzern, die Gemeinschaftsunternehmung (Joint Venture) und ein kooperatives Marktverhalten selbständig bleibender Unternehmen. Die Grenzen sind fließend.

Bei einer **Fusion** vereinigen sich die Unternehmen zu einer neuen rechtlichen (und wirtschaftlichen) Einheit. Diese Konzentrationsform ist praktisch unbedeutend.

Eine **Konzernbildung** liegt vor, wenn mehrere rechtlich selbständige und selbständig bleibende Unternehmen sich zu einer wirtschaftlichen Einheit unter einheitlicher Leitung zusammenschließen. Dabei ist die Einheitlichkeit der Leitung das entscheidende Merkmal. In der Praxis wird diese einheitliche Leitung in der Regel begründet durch

- einen Beherrschungsvertrag
- einen Gewinnabführungsvertrag und
- eine Mehrheitsbeteiligung.

Neben den Konzernbeteiligungen gibt es eine kaum übersehbare Zahl von **Beteiligungen** zwischen Unternehmen, die unter 50 Prozent liegen und in der Regel Abhängigkeiten begründen, ohne indes zu einem Konzern zu führen.

Eine **Gemeinschaftunternehmung** (GU) entsteht, wenn sich mehrere Unternehmen gleichzeitig oder nacheinander an einem anderen Unternehmen beteiligen oder ein Unternehmen entsprechend neu gründen. Diese Art von Zusammenarbeit spielt eine zunehmend große Rolle. Beispiele für den Mediensektor sind praktisch alle privaten Hörfunk- und Fernsehunternehmen. Wettbewerbspolitisch problematisch ist dabei vor allem, daß die beteiligten Unternehmen auf dem gemeinsamen Markt ebenso wie auf anderen Märkten auf die Zusammenarbeit im GU Rücksicht nehmen, eine Abnahme des Wettbewerbs ist daher auf Dauer zu erwarten (vgl. Emmerich 1991, S. 365).

Kooperatives Marktverhalten selbständig bleibender Unternehmen kann außerordentlich viele Formen annehmen. Nach dem Grad der eingegangenen Bindungen reicht das Spektrum der Verhaltenskoordination von Absprachen, verschiedenen Formen vertraglicher Vereinbarungen (Kartelle) bis hin zu „Gentleman Agreements", und die Verhaltenskoordination kann sich auf ganz unterschiedliche Wettbewerbsparameter beziehen, z.B. auf den Einkauf, den Vertrieb oder Forschung und Entwicklung.

Neuerdings werden viele Unternehmensverbindungen „strategisch" genannt. Als **strategische Allianz** bezeichnet man förmliche, langfristige Verbindungen von rechtlich und wirtschaftlich selbständig bleibenden Unternehmen, die bestimmte Aspekte der Geschäftstätigkeit aneinander binden, z.B. Lizenzverträge, Lieferverträge, Vertriebsverträge oder Vereinbarungen zu gemeinsamen Forschungs- und Entwicklungsaktivitäten. Eine **strategische Gruppe** ist die Gruppe der Unternehmen in einer Branche, die dieselbe oder eine ähnliche Strategie entsprechend den strategischen Dimensionen (Lieferanten, Abnehmer, Wettbewerb) verfolgt. Als **strategische Familie** werden mehrere Unternehmen bezeichnet, deren Erfolg am Markt entscheidend voneinander abhängt und deren Strategien komplementär sind, etwa

Abnehmer und Lieferanten oder Unternehmung und Hausbank (vgl. Albach 1992, S. 664 f.).

Bei den Verflechtungsebenen differenziert man nach der Art der betroffenen Märkte. Bei der **horizontalen** Konzentration sind die beteiligten Medienunternehmen auf dem gleichen relevanten Markt tätig, z.B. der Zusammenschluß der *WAZ* und der *NRZ*. Bei der **vertikalen** Konzentration sind Unternehmen beteiligt, die auf vor- und/oder nachgelagerten Produktionsstufen tätig sind und in einer Abnehmer-Lieferanten-Beziehung stehen, z.B. die Beteiligung des Filmhändlers Leo Kirch an *SAT 1* und an Filmproduktionsfirmen sowie Kinos. Bei der **diagonalen (konglomeraten)** Konzentration sind Unternehmen beteiligt, die auf unterschiedlichen relevanten Märkten tätig sind und nicht in einer Abnehmer-Lieferanten-Beziehung stehen, z.B. die Beteiligungen des ursprünglichen Verlagskonzerns Springer an Rundfunkunternehmen.

In der Statistik der angezeigten Zusammenschlüsse für Deutschland von 1973 bis 1992 dominieren horizontale Zusammenschlüsse mit 72 Prozent der 16 146 Fälle, konglomerate Zusammenschlüsse (16 Prozent) und vertikale Zusammenschlüsse (11 Prozent) sind ungleich seltener angezeigt worden (Bundeskartellamt 1993, S. 163).

6.2. Ursachen der Konzentration

Die Ursachen für eine Konzentration sind von den erwarteten Folgen der Konzentration nicht leicht zu trennen, weil die erwarteten Folgen eben oft auch die Ursachen von Konzentrationsprozessen sind. Erhoffte Vorteile der Konzentration sind:

- Machtvorteile der Konzentration, also einzelwirtschaftliche Vorteile, die ein Unternehmen erzielen kann, indem es in die Lage versetzt wird, andere Marktteilnehmer zu behindern oder auszubeuten, und
- Effizienzvorteile der Konzentration, also Kostenvorteile der Größe.

Hier soll als Ursache der Konzentration allein die Effizienz der Größe analysiert werden, während die einzelwirtschaftlichen Machtvorteile als Folgen der Konzentration erfaßt werden.

Die Effizienz der Größe läßt sich im wesentlichen den folgenden Vorteilen zuschreiben:

Größenvorteile (economies of scale): Solche Größenvorteile liegen vor, wenn mit wachsender Betriebsgröße die Produktionskosten langsamer wachsen als die Ausbringungsmenge, wenn also die Stückkosten der Produktion mit steigender Betriebsgröße sinken. Die Ursachen hierfür sind vielfältig. Man kann z.B. unteilbare Maschinenkapazitäten besser nutzen, man kommt mit relativ weniger Reserven an Ersatzteilen aus oder die sogenannte Zweidrittelregel begründet, daß der Materialaufwand für zylindrische Produktionskapazitäten (z.B. Pipelines, Hochöfen oder Schiffe) in der zweiten, das Volumen hingegen in der dritten Potenz wächst. Auch Lerneffekte sind relevant: Wenn ein Betrieb immer wieder das gleiche produziert, steigt die Geschicklichkeit der Arbeiter, die Werksleitung lernt besser zu organisieren, und die Werkzeuge können optimal angepaßt werden. So hat man z.B. in der Flugzeugindustrie eine 80 Prozent Lernkurve ermittelt, d.h. bei jeder Verdopplung der Ausbringung sinkt der durchschnittliche Arbeitsinput um 20 Prozent auf 80 Prozent des vorangegangenen Arbeitsinputs pro Stück. Das bedeutet, daß ein kleinerer Betrieb, der nur wenige Flugzeuge produziert, diese Lernkurveneffekte viel geringer nutzen kann als ein Großbetrieb. Solche Größenvorteile werden in Formen der horizontalen Konzentration realisiert.

Integrationsvorteile (Transaktionskosten-Ersparnis): Markttransaktionen verursachen „costs of using the price mechanism“ (Coase 1937, S. 390). Das sind vor allem die genannten Transaktionskosten:

- Kosten, geeignete Tauschpartner zu finden (Suchkosten),
- Kosten der Information über Preise und Gütereigenschaften (Informationskosten),
- Kosten des Aushandelns und des Abschlusses von Verträgen (Kontraktkosten)
- Kosten der Sicherstellung der Vertragserfüllung, z.B. bei Terminen und Qualitäten (Kontrollkosten),
- Kosten der Anpassung an veränderte Bedingungen wie z.B. veränderte Faktorqualitäten (Anpassungskosten),
- möglicherweise entstehen auch noch besondere Kosten durch Besteuerung von Markttransaktionen (vgl. Monopolkommission 1984, S. 220 f).

Durch die Angliederung vor- bzw. nachgelagerter Produktions- oder Handelsstufen – also durch vertikale Konzentration – können solche Transaktionskosten gespart werden. Allerdings stehen solchen Einsparungen in der Regel zusätzliche unternehmensinterne Organisationskosten gegenüber und erst ein Gesamtvergleich entscheidet über die Vorteilhaftigkeit einer vertikalen Konzentration.

Diversifizierungsvorteile (economies of scope): Diversifizierungsvorteile, auch Verbundvorteile genannt, liegen vor, wenn die Herstellung mehrerer Produkte durch das gleiche Unternehmen zu niedrigeren Gesamtkosten führt, als wenn die einzelnen Produkte von jeweils unterschiedlichen Unternehmen produziert werden. Solche Diversifizierungsvorteile entstehen, wenn für zusätzliche wirtschaftliche Aktivitäten der selbe Input eingesetzt werden kann, weil dieser in der ersten Aktivität nicht vollständig verbraucht wird (z.B. bei gewissen Unteilbarkeiten oder bei Nicht-Rivalität im Verbrauch eines öffentlichen Gutes). Diversifizierungsvorteile ergeben sich insbesondere

- im Vertrieb, wenn an den gleichen Nachfrager verkauft wird,
- in der Produktion, wenn die gleichen Produktionsanlagen und das gleiche technische Wissen genutzt werden,
- in der Beschaffung der Inputs, wenn diese von den gleichen Lieferanten bezogen werden, und
- in Management und Verwaltung, wenn das gleiche Personal eingesetzt wird und die gleichen Gebäude und Ausrüstungen genutzt werden (vgl. Monopolkommission 1984, S. 201).

Solche Diversifizierungsvorteile werden im Verbund ähnlicher oder unterschiedlicher Produktionen – also in Formen diagonaler Konzentration – realisiert. Dabei geht der Trend eindeutig dazu, die diagonale Konzentration auf die Eingliederung ähnlicher Produktionen zu beschränken („concentration on core activities“, Tichy 1991, S. 359); die Kontrollkosten scheinen mit steigender Diversifikation überproportional zuzunehmen.

Kontrollvorteile (corporate control): Möglicherweise wird durch einen Unternehmenszusammenschluß ein ineffizientes Management durch ein besseres Management ersetzt. Der Übernehmer glaubt, das übernommene Unternehmen besser führen zu können als die bisherige Unternehmensleitung. Wenn das so ist, werden Effizienzvorteile realisiert.

Neben diesen Vorteilen wird häufig noch das Argument der **Risiokostreuung** als Ursache vor allem von diagonaler Konzentration genannt. Hier sollen Schwankungen der Unternehmensergebnisse durch Zusammenfassung in einem Gesamtkonzern ausgeglichen werden. Diese Argumentation war z.B. bei der Fusion Daimler - MBB als Argument zu hören.

Schließlich gibt es sogenannte **Managertheorien** der Konzentration, die Zusammenschlüsse mit deren Vorteilen für die Manager der übernehmenden Firma begründen. Diese Erklärung ist recht plausibel, weil die Bezüge des Managements in der Regel an Größenkennziffern gekoppelt sind, weil eine aktive Übernahme eines anderen Unternehmens die passive Übernahmewahrscheinlichkeit durch ein anderes Unternehmen senkt und damit die Arbeitsplatzsicherheit des Managements erhöht, weil Zusammenschlüsse regelmäßig zu einer weiteren Streuung der Aktien beitragen und damit den Einfluß von Großaktionären reduzieren, weil neue Aufstiegsmöglichkeiten eröffnet werden und weil das Streben nach Prestige befriedigt wird (vgl. Schmidt/Röhrich 1992, S. 182). Managertheorien können auch erklären, warum empirische Untersuchungen überraschenderweise „keine Hinweise darauf enthalten, daß Zusammenschlüsse merklich positive Auswirkungen auf Gewinn, Effizienz und Wachstum der Unternehmung haben“ (Tichy 1991, S. 359).

6.3. Folgen der Konzentration

Zentrale Folgen der Konzentration sind ihre Auswirkungen auf den Wettbewerb. Leider sind die Zusammenhänge nicht eindeutig:

- Die Wettbewerbsbedingungen können sich verbessern z.B. wenn auf einem Markt, auf dem bisher ein großer und vierzehn kleine Anbieter vorhanden waren, diese vierzehn sich zu drei großen Anbietern zusammenschließen, die dann als gleichstarke Wettbewerber auftreten (Aufholfusion).
- Die Wettbewerbsbedingungen können unverändert bleiben.
- Die Wettbewerbsbedingungen können sich verschlechtern, nämlich dann, wenn den Unternehmen durch den Zusammenschluß weitere Macht zuwächst, die

ihnen einen dauerhaften Wettbewerbsvorsprung sichert und damit vor allem den Marktzutritt von potentiellen Anbietern erschwert.

Überwiegend werden allerdings Verschlechterungen der Wettbewerbsbedingungen erwartet. Dabei ist es sinnvoll, nach den verschiedenen Arten der Konzentration zu differenzieren.

Bei der **horizontalen Konzentration** ergibt sich eine Erhöhung des Marktanteils einer Unternehmung. Diese Erhöhung kann dazu führen, daß eine dominierende Marktposition erlangt wird, die ihrerseits die Marktkontrolle z.B. in Form von Preisführerschaft, erleichtert. In der Regel werden damit auch Marktzutrittsschranken errichtet, weil potentielle Konkurrenten den Wettbewerb mit etablierten Großunternehmen scheuen. Im Ergebnis wird eine Verschlechterung des Wettbewerbs (bemerkbar durch höhere Preise, höhere Kosten, geringere Angebotsflexibilität) zu erwarten sein.

Bei der **vertikalen Konzentration** resultiert in der Regel ganz allgemein eine Vergrößerung des durch den Wettbewerb nicht kontrollierten Verhaltensspielraums, weil Marktmacht auf vor - bzw. nachgelagerte Produktions- und Handelsstufen übertragen wird. Dies behindert insbesondere den Marktzutritt potentieller Konkurrenten. So wird bei der Übernahme von Vertriebsorganisationen der Konkurrenz der Zugang zur Nachfrage erschwert (z.B. Zeitungsverleger übernehmen den Pressegroßhandel oder Filmproduzenten und Filmhändler übernehmen Fernsehveranstalter). Umgekehrt wird bei der Übernahme von Produktionskapazitäten der Konkurrenz der Zugang zum Angebot erschwert (z.B. Fernsehveranstalter übernehmen Filmproduktionsfirmen).

Bei der **diagonalen Konzentration** sind – neben der Vergrößerung der Marktmacht an sich – folgende Verschlechterungen des Wettbewerbs möglich:

- Benachteiligung kleinerer Wettbewerber durch die Überwälzung von Risiken und Kosten auf andere Unternehmen,
- Schaffung von Wettbewerbsnachteilen für andere Unternehmen durch Kopplungsgeschäfte,
- Beeinträchtigung des Ausleseprinzips des Wettbewerbs durch Mischkalkulationen (vgl. Schmidt/Röhrich 1992, S. 182).

Die folgende Synopse von Konzentrationsformen, Konzentrationsursachen und Konzentrationsfolgen gibt einen Überblick über die entsprechenden Zuordnungen. Abschließend sei darauf hingewiesen, daß die ökonomische Macht, die im Zuge von Konzentrationsprozessen entsteht, immer mißbraucht werden kann

- einmal gegenüber Tauschpartnern (Lieferanten, Kunden, Banken, Versicherungen usw.)
- zum anderen gegenüber dem Staat, indem Entscheidungen in der Wirtschaftspolitik (Steuern, Subventionen, Forschungsförderungen, Verkehrswegebau usw.) zugunsten (einzelner) Großunternehmen beeinflußt werden.

Übersicht 1: Zusammenschlußformen, Zusammenschlußmotive und Auswirkungen auf den Wettbewerb

Zusammenschluß	horizontal	vertikal	diagonal
Begriff	Unternehmen sind auf dem gleichen relevanten Markt tätig	Unternehmen sind auf vor- bzw. nachgelagerten Produktionsstufen tätig und stehen in einer Käufer-Verkäufer-Beziehung zueinander.	negativ definiert als Zusammenschluß, der weder horizontaler noch vertikaler Natur ist
Zusammenschluß-motive	economies of scale, Eliminierung eines ineffizienten Unternehmensmanagements	Transaktionskostenersparnisse, Eliminierung eines ineffizienten Unternehmensmanagements	economies of scope, Risikostreuung, Eliminierung eines ineffizienten Unternehmensmanagements
Auswirkungen auf den Wettbewerb	Erlangung einer dominierenden Marktposition, Erleichterung kollektiver Marktkontrolle, Errichtung von Marktzutrittsschranken, Beschränkung des Preiswettbewerbs	Behinderung von nicht-integrierten Konkurrenten, Errichtung von Marktzutrittsschranken	Überwälzung von Marktrisiken und Kosten, Koppelungsgeschäfte, steigende Finanzkraft, Mischkalkulation, Konzentration von Verfügungsbefugnissen

Quelle: Schmidt/Röhrich 1992, S. 183

6.4. Messung der Konzentration

Die Messung der Konzentration differenziert zwischen der absoluten und der relativen Konzentration. Die absolute Konzentration wird häufig erfaßt mit der **Konzentrationsrate** (concentration ratio CR); gemessen wird hier der Merkmalsanteil – meist Umsatzanteil – der jeweils größten 3, 6 oder 10 Unternehmen eines Marktes usw. In Kurzform spricht man von CR-3, CR-6, CR-10 usw. und fügt die Konzentrationsrate an. CR-10 = 80 Prozent bedeutet, daß die 10 größten Firmen des Marktes 80 Prozent des Umsatzes auf sich vereinen. Die relative Konzentration wird üblicherweise mit dem Gini-Koeffizienten gemessen, zur bildlichen Darstellung wird die Lorenzkurve verwendet. Als recht geeignetes Maß erweist sich der **Hirschman-Herfindahl-Index** (HHI) – die Summe der quadrierten Marktanteile aller Anbieter.

$$HHI = \Sigma_i (q_i/Q)^2$$

Dabei ist q_i das Markt-(meist Umsatz)volumen des Anbieters i, und Q ist das Marktvolumen insgesamt.

Der HHI berücksichtigt neben der Zahl der Unternehmen vor allem auch die unterschiedlichen Größen der Unternehmen, er verleiht größeren Merkmalen ein besonders starkes Gewicht und wird nur wenig beeinflußt, wenn einige kleine Einheiten nicht oder nicht exakt erfaßt werden. Damit eignet sich der HHI recht gut, um die Ballung ökonomischer Größen abzubilden. Der HHI wird üblicherweise mit 10 000 multipliziert, da er für stark besetzte Wirtschaftsbereiche anderenfalls sehr kleine Werte annehmen kann. Nach den US-amerikanischen Antitrust-Richtlinien gelten Märkte mit einem HHI von über 1 800 als hochkonzentriert, zwischen 1 800 und 1 000 als mäßig konzentriert und unter 1 000 als gering oder gar nicht konzentriert (Monopolkommission 1990). Bates (1993, S. 7) bezeichnet darüber hinaus Märkte mit einem HHI von über 2 750 als sehr hoch konzentriert.

Literaturhinweise

Einen knappen und klaren Überblick über die Neue Institutionenökonomik gibt

Richter, Rudolf (1994), Institutionen ökonomisch analysiert, Tübingen (Mohr) 1994.

Grundlegend ist das 1985 im englischsprachigen Original erschienene Werk von

Williamson, Oliver (1990): Die ökonomischen Institutionen des Kapitalismus, Tübingen (Mohr) 1990.

Eine Einführung in die gesamte traditionelle Volkswirtschaftslehre bieten

Baßeler, Ulrich; Jürgen Heinrich; Walter A.S. Koch (1991), Grundlagen und Probleme der Volkswirtschaft, 13. A., Köln (Bachem) 1991.

2. Kapitel

Struktur und Entwicklung des Mediensektors

Medien erstellen journalistische Produktionen und verbreiten Werbung. Sie verkaufen diese Produkte auf zwei Märkten, dem Rezipienten- und dem Werbemarkt. Sie erzielen damit Umsatz und bieten in der Medienproduktion Arbeitsplätze – beides die zentralen Indikatoren der quantitativ-ökonomischen Bedeutung einer Branche; sie werden in Abschnitt 2 kurz zusammengestellt. Im Abschnitt 3 werden die Massenmedien in ihrer Eigenschaft als Informationsträger qualitativ-ökonomisch beschrieben: Sie kosten den Rezipienten Zeit und Geld und bieten eine spezifische Qualität, die als redaktionelles Image beschrieben wird. Charakteristisches Merkmal des Mediensektors als Informationsträger ist die deutliche Zunahme der Produktionsmenge bei relativ dahinter zurückbleibenden Einnahmen.

Medien sind vor allem Werbeträger. Daher wird in Abschnitt 4 die Einordnung der Massenmedien in den Werbemarkt dokumentiert. Nach einer Begriffsklärung und einer kurzen Beschreibung der Akteure werden die Determinanten des Werbeumsatzes als einer der zentralen Bestimmungsfaktoren für Struktur und Entwicklung der Massenmedien beschrieben. Anschließend wird – nach einer Vorstellung der wichtigen Media-Analysen – ein Überblick über die werbliche Qualität der Massenmedien gegeben.

Insgesamt soll damit ein erster Eindruck von der quantitativ-ökonomischen Bedeutung der vier aktuellen Massenmedien vermittelt werden.

1. Zur Abgrenzung und Erfassung der Massenmedien

Der Mediensektor in der in der Einführung vorgenommenen Eingrenzung auf aktuell berichtende Massenmedien umfaßt folgende Medien:

- Zeitungen,
- Zeitschriften,
- Anzeigenblatt,
- Hörfunk und
- Fernsehen.

Diese Eingrenzung deckt sich – mit Ausnahme des Anzeigenblattes – mit der Abgrenzung des Medienbereichs durch die Monopolkommission (1992, S. 285 ff.). Dieser Mediensektor ist in manchen Darstellungen Teil des Sektors Kunst und Kultur (Hummel/Berger 1988) oder des Sektors Bildung und Kultur (amtliche Statistik), in manchen Darstellungen auch Teil der umfassenderen Ebene des Informationssystems (Schenk/Donnerstag 1989). Während die Abgrenzung dieser umfassenderen Bereiche im einzelnen schwierig ist, gibt es für die Zuordnung zu den oben genannten Medien relativ wenig Probleme, allein die Klassifizierung der Printmedien als Zeitschrift ist bisweilen noch unbefriedigend gelöst. Bis zur eingehenden Diskussion solcher Probleme in Kapitel 10 wird hier von der Praxis der amtlichen Pressestatistik ausgegangen.

Während die amtliche Statistik und die Verbandsstatistik (BDZV, VDZ, BVDA, ADZ, ZAW) umfangreiches Material für die Pressewirtschaft bieten, existiert für den Rundfunkbereich weder eine amtliche Statistik noch eine befriedigende Verbandsstatistik. Dieser Mangel ist außerordentlich bedauerlich, weil im Hörfunk- und Fernsehsektor weitreichende Entwicklungen zu dokumentieren wären. Immerhin liegen mit den Jahrbüchern von ARD und ZDF kontinuierliche Dokumentationen des öffentlich-rechtlichen Rundfunks vor. Mit dem jetzt offenbar institutionalisierten Jahrbuch „Rundfunk in Deutschland" der Direktorenkonferenz der Landesmedienanstalten (DLM) kann eine kontinuierliche Dokumentation der Entwicklung des privaten Rundfunks beginnen.

Hier ist die dringende Bitte auszusprechen, diese Dokumentation zu einer kontinuierlichen Datensammlung für den Rundfunk auszubauen, eine Komplettierung durch die amtliche Statistik wäre nötig. Bisher bleiben Einzelanalysen, wie die Dossiers „Privatfunk in Deutschland" des Instituts der deutschen Wirtschaft von unverzichtbarem Wert.

2. Wirtschaftliche Bedeutung der Massenmedien

Die wirtschaftliche Bedeutung einer Industrie wird vor allem in ihrem Umsatz erfaßt. Im Jahr 1990 erzielte die Massenmedienindustrie mit den Produkten Zeitung, Zeitschrift, Hörfunk und Fernsehen und der in ihnen enthaltenen Werbung einen Umsatz von 35,5 Mrd. DM[1]. Dies entspricht einem Anteil von rund 2 Prozent am Umsatz der Gesamtindustrie und übertrifft z.B. den Umsatz des Bergbaus um fast 30 Prozent. Dieser Wert liegt in der Größenordnung des Umsatzes großer Wirtschaftsunternehmen wie etwa Thyssen oder Bosch. Einige Vergleichszahlen zeigt Tabelle 1. Die Massenmedienindustrie hat also ein nicht unerhebliches ökonomisches Gewicht. Die Bedeutung der Massenmedienindustrie gewinnt dadurch zusätzliches Gewicht, daß sie insgesamt eine Wachstumsbranche ist. Von 1980 bis 1990 hat der Umsatz um 14,157 Milliarden DM bzw. um 66,3 Prozent zugenommen. Das übersteigt das Wachstum des Bruttosozialprodukts im gleichen Zeitraum um drei Prozentpunkte.

1 Wenn auf die amtliche Statistik zurückgegriffen wird, sind ganz aktuelle Daten meist nicht verfügbar. Die Pressestatistik des Statistischen Bundesamtes ist zuletzt im März 1994 erschienen – mit Zahlenangaben für das Jahr 1991. Weil in der vorliegenden „Medienökonomie" Zahlen im 2-Jahres-Rhythmus verwendet werden, kann die Entwicklung nur bis 1990 wiedergegeben werden.

Tab. 1: Umsatz der Massenmedien im Vergleich 1990

Wirtschaftssektor/Unternehmen	Umsatz in Mrd. DM
Massenmedien	35,52
Bergbau	27,68
Industrie gesamt	1 821,70
Thyssen AG	36,56
DaimlerBenz	85,50

Quelle: Tabelle 2 ; „Zahlen zur wirtschaftlichen Entwicklung in der Bundesrepublik Deutschland 1992"

Tab. 2: Umsatz der Massenmedien von 1980 bis 1990 (Westdeutschland) in Mio. DM

	1980	1982	1984	1986	1988	1990
Zeitungen	8 574	9 118	10 037	10 873	11 579	12 828
Zeitschriften	8 115	8 846	10 027	10 703	12 495	13 478
Fernsehen [1]	3 275	3 792	4 147	4 350	4 773	6 388
Hörfunk [1]	1 403	1 547	1 982	2 077	2 377	2 830
insgesamt	21 367	23 303	26 193	28 003	31 224	35 524

1) Gebühren und ausgewiesene Netto-Werbeeinnahmen

Quelle: ARD-Jahrbücher, ZAW-Jahrbücher Werbung, Pressestatistik, Media Perspektiven Basisdaten

Tab. 3: Beschäftigte im Bereich der Massenmedien von 1980 bis 1990 (Westdeutschland)

	1980	1982	1984	1986	1988	1990
Beschäftigte in:						
1. Presseverlagen	197 323	198 482	206 032	213 193	240 075	252 979
- Zeitungsverlage	131 221	130 748	132 027	133 513	141 322	146 692
- Zeitschriftenverl.	47 002	49 732	58 101	62 257	81 511	87 739
- in sonstigen Verl.	19 100	18 001	15 904	17 423	17 242	18 548
davon Teilzeit [1]	83 190	84 920	95 693	100 707	127 233	135 630
2. Rundfunk [2]	25 241	25 582	26 004	26 521	28 208	32 866
3. Insgesamt	222 564	224 064	232 036	239 714	268 283	285 845

1) Überwiegend Zusteller 2) Private z.T. geschätzt, bis 1986 nur öffentlich-rechtlicher Rundfunk

Quelle: ARD-Jahrbücher, ZDF-Jahrbücher, Pressestatistik, IW-Dossiers, „Privatfunk in Deutschland".

Ein weiterer wichtiger Indikator für die wirtschaftliche Bedeutung einer Industrie ist die Zahl der Arbeitsplätze, die sie anbietet. Wie Tabelle 3 zeigt, sind 1990 rund

286 000 Personen im Massenmediensektor beschäftigt gewesen. Diese Zahl entspricht knapp einem Prozent aller Erwerbstätigen, allerdings ist dieser Vergleich wegen der großen Zahl Teilzeitbeschäftigter problematisch.

Die Zahl der Journalisten wird in Tabelle 4 ausgewiesen. Danach arbeiteten 1992 in ganz Deutschland rund 36 000 festangestellte Journalisten und Volontäre, vor allem bei Zeitungen. Daneben gibt es rund 20 000 freiberufliche Journalisten, die mindestens 50 Prozent ihres Gehaltes aus journalistischer Tätigkeit beziehen. Einen Überblick über die verschiedenen Statistiken zur Erfassung der Arbeitsplätze im Journalismus bietet Neuberger 1994.

Tab. 4: Festangestellte Journalisten (inkl. Volontäre)[1] nach Medienbereichen 1992 für Gesamtdeutschland

Medienbereich	**Anzahl**	**Anteil in %**
Zeitungen	17 100	47,5
Zeitschriften	6 300	17,5
öffentl.-rechtl. Rundfunk	6 175	17,0
Anzeigenblätter	2 500	7,0
privater Rundfunk	2 325	6,5
Agenturen/Dienste	1 600	4,5
zusammen	36 000	100,0

1) Zu niedrigeren Werten gelangt die „Sozialenquete" von Schneider/Schönbach/Stürzebecher 1993.

Quelle: Weischenberg, Löffelholz, Scholl 1993, S. 26

Mit den Indikatoren Umsatz und Arbeitsplatz ist die wirtschaftliche Bedeutung der Massenmedienindustrie allerdings nur oberflächlich erfaßt. Die Verbreitung von Informationen und die Verbreitung von Werbung ist in modernen Industriegesellschaften sicher eine der zentralen Antriebskräfte des gesellschaftlichen und des industriellen Wandels. Allerdings lassen sich diese Effekte noch nicht einmal näherungsweise quantifizieren; man kann nur sagen, daß die gesellschaftspolitische Bedeutung der Massenmedien weit über ihre ökonomische Bedeutung hinausgeht.

Diese enorme Bedeutung der Massenmedien ist auch ein Motiv dafür, Medienunternehmen zu erwerben und zu führen, und solche Motive mögen das Gewinnerzielungsmotiv bisweilen überlagern. „The attraction of the media may stem from it's capacity to act as a support to other interests" (Sanchez-Tabernero 1993, S. 10). Das klassische Beispiel ist sicher die *Welt* als defizitäres publizistisches Flaggschiff des Springer-Konzerns. Im folgenden werden indes rein ökonomische Motive unterstellt.

Die Entwicklung des Mediensektors hat sich in ihren Teilbereichen sehr unterschiedlich dargestellt. Erfaßt man die Entwicklung als Anteile am Gesamtumsatz der Massenmedien, so wird deutlich, daß die elektronischen Medien Hörfunk und besonders das Fernsehen ihre Anteile deutlich erhöhen konnten, der Printbereich und hier besonders der Zeitungssektor an Bedeutung verloren haben. Dies zeigt Tabelle 5.

Tab. 5: Anteile der Sektoren am Gesamtumsatz der Massenmedien von 1980 bis 1990 in Prozent

	1980	**1982**	**1984**	**1986**	**1988**	**1990**
Zeitungen	40,1	39,1	38,3	38,8	37,1	36,1
Zeitschriften	38,0	38,0	38,3	38,2	40,0	37,9
Fernsehen	15,3	16,3	15,8	15,5	15,3	18,0
Hörfunk	6,6	6,6	7,6	7,4	7,6	8,0
Zusammen	100	100	100	100	100	100

Quelle: Berechnet aus Tabelle 2

Herausragendes Charakteristikum der Massenmedien ist ihre Eigenheit, für zwei Märkte zugleich zu produzieren und in zwei Märkte zugleich zu verkaufen. Sie produzieren Information, Bildung und Unterhaltung für die Rezipienten als Leser, Hörer oder Zuschauer, und sie produzieren die Verbreitung, genauer betrachtet eigentlich nur die Wahrscheinlichkeit der Verbreitung von Werbebotschaften für die werbungtreibende Wirtschaft. Diese Güter werden, wenn nicht ausnahmsweise eine andere Betrachtung zweckmäßig ist, funktional aus der Perspektive der Nachfrage unterschieden. Dies ist vor allem wichtig, um die Werbung, die ja partiell auch Informationsbedürfnisse der Rezipienten befriedigt, angemessen behandeln zu können. In Kurzform wird die Unterschiedlichkeit als Informationsträger und als Werbeträger bezeichnet.

Im folgenden werden die Massenmedien in ihrer Eigenschaft als Träger journalistischer Produktion und als Träger von Werbung getrennt betrachtet, weil das jeweilige Nachfrageverhalten von unterschiedlichen Faktoren bestimmt wird und in unterschiedlichen Dimensionen zu erfassen ist. Im *Prinzip* wird das Nachfrageverhalten indes von den gleichen Faktoren bestimmt: von den Preisen, vom Einkommen und von der Qualität der Produkte.

3. Massenmedien als Informationsträger

3.1. Zeitverbrauch für den Konsum von Massenmedien

Herausragendes Merkmal und zentraler Indikator für die Bedeutung der Massenmedien als Informationsträger ist der Zeitverbrauch ihres Konsums, die sog. Nutzungsdauer. Tabelle 6 gibt einen Überblick über den Zeitaufwand und die zeitlichen Anteile der Mediennutzung.

Tab. 6: Zeitaufwand und Zeitanteile der Mediennutzung von 1964 bis 1990 [1]

	1964	**1970**	**1974**	**1980**	**1985**	**1990**
	Mediennutzung in Minuten					
Zeitung	35	35	38	38	33	30
Hörfunk	89	73	113	135	154	177
Fernsehen	70	113	125	125	121	133
insgesamt	194	221	276	298	308	340
ohne Überlappung [2]	188	214	266	286	295	327
	Marktanteil (Zeitanteile in Prozent)					
Zeitung	18	16	14	13	11	9
Hörfunk	46	33	41	45	50	52
Fernsehen	36	51	45	42	39	39

1) pro Werktag in Westdeutschland
2) Überlappungen herausgerechnet, indem bei gleichzeitiger Nutzung nur ein Medium gezählt wird.

Quelle: Massenkommunikation IV

Daraus werden folgende Entwicklungen ersichtlich:

- Die Mediennutzungsdauer hat von 1964 bis 1990 von 188 auf 327 Minuten zugenommen, das ist ein Zuwachs von 74 Prozent.
- Die Mediennutzungszeit beansprucht mit 340 Minuten einen ganz erheblichen Teil des Zeitbudgets der Konsumenten; 1990 werden die drei aktuellen Massenmedien in einem zeitlichen Umfang genutzt, der den für die Berufsarbeit nur noch um eine knappe Stunde unterschreitet (Massenkommunikation IV, S. 41).
- Intermedial ist vor allem eine Abnahme der Nutzungsdauer von Zeitungen zu beobachten, Hörfunk und Fernsehen konnten ihre Nutzungsdauer steigern, insbesondere der Hörfunk konnte auch seinen zeitlichen Nutzungsanteil deutlich erhöhen.

3.2. Ausgaben und Kosten für Massenmedien

Üblicherweise wird dem Preis eine zentrale Funktion für die Steuerung von Angebot und Nachfrage der Güter und Dienstleistungen zuerkannt (vgl. insbesondere Becker 1993). Diese Annahme sollte für den Medienbereich allenfalls abgeschwächt übernommen werden, weil hier die Allokation der Nutzungszeit und nicht die Allokation des dem Konsumenten zur Verfügung stehenden Einkommens die grundlegende Entscheidung ist.

Ökonomisch betrachtet verursacht der Zeitverbrauch Kosten, und zwar Opportunitätskosten, also Kosten für den Verzicht auf die nächste beste Verwendung der Zeit. Unterstellt man, wie es in der Ökonomie häufig gemacht wird, daß die nächste beste Verwendung der Zeit die Erzielung zusätzlicher Einkommen ist, dann sind die

Opportunitätskosten der Zeit mit dem durchschnittlichen Nettolohn anzusetzen, 1990 also mit 2 440 DM pro Monat (vgl. Bretschneider/Husmann/Schnabel 1992, C 11/2) bzw. rund 15 DM pro Stunde. In dieser Sicht kostet die Mediennutzung den Rezipienten täglich durchschnittlich 85 DM und alle anderen Kosten sind im Vergleich dazu ohne Belang. Diese wirtschaftswissenschaftliche Sicht wird hier nicht übernommen, weil sie der Bedeutung der Massenmedien als Freizeit- und Begleitmedium nicht gerecht wird; sie kann aber die zentrale Rolle der Zeitallokation deutlich machen.

Tab. 7: Entwicklung ausgewählter Preise der Mediennutzung und der Kosten pro Monatsstunde von 1980 bis 1990 in DM (Westdeutschland)

	1980	**1985**	**1990**	**+/- in %**
Preise pro Monat				
Zeitung [1]	14,11	19,60	23,94	+ 69,7
Zeitschrift [2]	7,19	8,33	9,43	+ 31,2
Hörfunk [3]	3,80	5,05	6,00	+ 37,3
Fernsehen [3]	9,20	11,20	13,00	+ 41,3
insgesamt	34,30	44,18	52,37	+ 52,7
Kosten pro Monatsstunde [4]				
Zeitung	0,74	1,19	1,60	+ 116,2
Hörfunk	0,06	0,07	0,07	+ 16,7
Fernsehen	0,15	0,19	0,20	+ 33,3

1) Monatsabonnement 2) Jahresabo wöchentlich ersch. Publikumszeitschriften geteilt durch 12
3) Grundgebühr 4) Monatskosten pro monatliche Nutzungszeit; für Zeitschriften nicht ermittelbar

Quellen: Pressestatistik, Media Perspektiven Basisdaten, Massenkommunikation IV

Immerhin dürfte die Mediennutzung nicht völlig von der Entwicklung der zu zahlenden Entgelte abgekoppelt sein. Bei den zu zahlenden Entgelten sollte unterschieden werden zwischen den Preisen, die zu zahlen sind, wenn man ein Medium kauft bzw. nutzt, und den Ausgaben, die ein durchschnittlicher Haushalt für seine Mediennutzung trägt, weil bei den Ausgaben zu berücksichtigen ist, daß manche Haushalte manche Medien nicht bzw. mehrfach nutzen. So sind in Tabelle 7 zunächst einmal einige ausgewählte Preise der Mediennutzung und die daraus berechneten Kosten pro monatlicher Nutzungsstunde zusammengestellt worden.

Daraus wird deutlich, daß Hörfunk und Fernsehen jedenfalls dann relativ gesehen sehr billige Konsumgüter sind, wenn man die Preise auf die durchschnittliche Nutzungszeit umrechnet. Es wird damit aber nicht behauptet, daß dies die Dominanz des Rundfunks im Konsum begründet, allenfalls, daß die Dominanz des Rundfunks von der Preisentwicklung begünstigt wird. Im 12-Jahres-Zeitraum sind die betrachteten Preise insgesamt um gut 50 Prozent gestiegen, wobei insbesondere die Zeitungen deutlich teurer geworden sind.

Die Ausgabenentwicklung zeigt dagegen ein etwas anderes Bild. Wie Tabelle 8 ausweist, sind insbesondere die Ausgaben für Radio-Geräte sowie die Rundfunkgebühren stärker als die Medienausgaben insgesamt angestiegen. Dies läßt sich damit erklären, daß die *Zahl* der Geräte im betrachteten 10-Jahres-Zeitraum gestiegen, hingegen die Zahl z.B. der gekauften Zeitungen relativ konstant geblieben ist (vgl. die entsprechenden Spezialkapitel). Insgesamt betragen die Ausgaben für Massenmedien knapp 2 Prozent des durchschnittlichen Haushaltseinkommens, dieser Anteil ist im Zeitablauf relativ konstant geblieben.

Tab. 8: Monatliche Ausgaben für Massenmedien (4- Personen-Arbeitnehmerhaushalt mit mittleren Einkommen) von 1982 bis 1992 für Westdeutschland in DM

	1982	1984	1986	1988	1990	1992	+/- in %
Zeitungen [1]	13,19	14,47	15,84	16,98	18,06	18,37	+ 69,0
Zeitschriften	10,05	10,62	10,44	11,23	12,41	13,59	+ 62,6
TV-Geräte	12,06	8,82	10,20	10,29	12,14	10,10	+ 22,1
Radio-Geräte	3,86	2,89	8,58	8,70	8,43	12,62	+ 289,5
Rundfunkgebühr	11,95	14,65	14,96	15,37	21,69	26,68	+ 126,9
Rundfunkzubehör [2]	6,81	5,72	4,72	5,92	7,58	9,81	+ 108,3
insgesamt	57,62	57,17	64,74	68,49	80,31	91,17	+ 93,1
Ø Haushaltseink.	3051	3258	3 595	3906	4321	4769	+ 67,8
Anteil in Prozent	1,89	1,75	1,80	1,73	1,86	1,91	+ 1,05

1) Tages- und Wochenzeitungen 2) einschl. Miete und Reparatur

Quelle: Statistisches Bundesamt

3.3. Das redaktionelle Image der Massenmedien

Das redaktionelle Image von Massenmedien, also die Beurteilung der Massenmedien durch die Rezipienten, wird in verschiedenen Dimensionen und in verschiedenen Studien zu erfassen versucht. Dabei ist zu beachten, daß die gewählten Untersuchungsmethoden und Fragestellungen nicht identisch sind, daher sind die Untersuchungsergebnisse oft recht widersprüchlich, bei ihrer Interpretation ist große Vorsicht angebracht. Im Vordergrund steht die Ermittlung der Dimensionen „Glaubwürdigkeit und Objektivität“ sowie „Bindung und Nähe“. Daraus werden dann von den Auftraggebern solcher Studien, im Regelfall Media-Agenturen und Werbeabteilungen von Massenmedien, wiederum Rückschlüsse auf die werbliche Eignung der Medien gezogen (s.u. Abschnitt 4.7.).

Die folgende Tabelle 9 gibt einen Überblick über die Zuordnung und die zeitliche Entwicklung der Dimensionen „Objektivität“ und „Glaubwürdigkeit“.

Tab. 9: Zuordnung der Dimensionen „Objektivität" und „relative Glaubwürdigkeit" 1964-1990 – Zustimmung in Prozent (Westdeutschland)

	Dimension „Objektivität"						Relative „Glaubwürdigkeit"		
	Statement „berichtet wahrheitsgetreu"			Skalenwerte 9 u. 10 der „Objektivitätsskala"			Alternativentscheidung zwischen den Medien		
	TV	**HF**	**TZ**	**TV**	**HF**	**TZ**	**TV**	**HF**	**TZ**
1964	47	45	32	51	41	31	-	-	-
1970	56	47	23	59	38	20	75	13	12
1974	43	38	22	49	31	20	70	13	14
1980	41	32	21	41	28	19	68	14	15
1985	27	25	18	33	24	17	62	17	21
1990	28	24	19	33	23	18	63	15	22

Quelle: Massenkommunikation IV, S. 255

Das Image von Glaubwürdigkeit und Objektivität nimmt also im Zeitablauf im wesentlichen für alle betrachteten Medien ab, nur bei der „Glaubwürdigkeit" konnten sich Hörfunk und vor allem die Tageszeitung verbessern. Im Intermediavergleich wird das Fernsehen als qualitativ dominierendes Medium eingestuft: Fernsehen gilt (noch) als das objektivste und glaubwürdigste Medium. Tabelle 10 gibt einen Überblick über die mediale Zuordnung und die zeitliche Entwicklung der sog. „Bindung" an die Medien. Hier ist ein Imageverlust für das Fernsehen zu beobachten, aber mehr als die Hälfte der Befragten würde sich im Zweifelsfall doch für das Fernsehen entscheiden. In grober Zusammenfassung kann man also drei Entwicklungen sehen:

- Im Durchschnitt hat sich das Image der Massenmedien verschlechtert.
- Das Image des Fernsehens ist immer noch das beste.
- Intermediale Unterschiede haben sich nivelliert.

Der Imageverlust aller Medien wird deutlich in Tabelle 11, die die Zustimmung zu 14 Statements wiedergibt (u.a. Aktualität, Verständlichkeit, Vollständigkeit usw.)

Tab. 10: Bindung an die Medien - Entscheidung in einer simulierten Grenzsituation 1970-1990 – Zustimmung in Prozent (Westdeutschland)

	Es würden sehr vermissen ...					Es würden sich entscheiden für ...				
	1970	**1974**	**1980**	**1985**	**1990**	**1970**	**1974**	**1980**	**1985**	**1990**
Fernsehen	60	53	47	42	51	62	57	51	47	52
Hörfunk	42	47	52	54	57	21	25	29	31	26
Tageszt̲g.	47	53	60	57	63	15	17	18	20	20

Quelle: Massenkommunikation IV, S. 230

Tab. 11: Medien-Images1964-1990 – Zustimmung in Prozent (Westdeutschland)

	Mittlere Zustimmung zu 14 Statements					
	1964	**1970**	**1974**	**1980**	**1985**	**1990**
Fernsehen	61,7	58,2	49,7	45,7	40,1	41,8
Tagesztg.	46,6	39,9	38,3	35,9	33,8	36,4
Hörfunk	48,1	46,0	44,2	39,6	37,9	38,1

Quelle: Massenkommunikation IV, S. 240

Tab. 12: Redaktionelles Image der Massenmedien 1992 („Meinung trifft auf ... voll zu") in Prozent

	Fern-sehen	**Hör-funk**	**Tages-zeitung**	**Zeit-schrift** [1]
1. ... berichtet wahrheitsgetreu, gibt Dinge wieder, wie sie wirklich sind	37	35	35	13
2. ... bringt die Dinge fesselnd und interessant	44	27	24	21
3. ... gibt einen vollständigen Überblick über alle wichtigen Neuigkeiten	53	45	50	14
4. ... ist eine gute Hilfe, wenn man sich eine eigene Meinung bilden will	34	25	35	15
5. ... bringt oft Dinge, über die man mit Freunden /Bekannten sprechen kann	43	30	36	22
6. ... sorgt für gute Entspannung und Ablenkung	58	45	24	36
7. ... bringt die neuesten Nachrichten besonders schnell	63	66	37	10
8. ... gibt brauchbare Ratschläge und Hilfen	30	25	21	22
9. ... macht einem die Dinge gut klar	33	22	27	16
10. ... hilft manchmal die Sorgen und Probleme des Alltags zu vergessen	39	26	12	21
11. ... ist mir vertraut	60	54	53	30
12. ... bringt Dinge, die mich wirklich interssieren	34	26	27	18
13. ... ist am unterhaltsamsten	46	27	12	13

1) Auswahl von Publikumszeitschriften

Quelle: IPA-plus 1992

Neben diesen Grundkategorien werden auch detailliertere Aspekte des redaktionellen Images der Massenmedien zu erfassen versucht. Tabelle 12, die das Image der vier klassischen Medien für das Jahr 1992 darstellt, ist ein Beispiel für solche Auffächerungen (vgl. auch die Studie „Massenkommunikation IV", besonders S. 239 ff).

Im ersten Statement („berichtet wahrheitsgetreu und gibt die Dinge so wieder, wie sie in Wirklichkeit sind") ist ein Vergleich zum ähnlichen Statement der Studie Massenkommunikation IV möglich. In der Größenordnung und in der Reihenfolge stimmen die Erhebungen überein. Allerdings ist der Objektivitätsvorsprung des Fernsehens in der Studie von IPA plus, die sich auf 1992 bezieht, deutlich geschrumpft und die Tageszeitung konnte ihre Position wesentlich verbessern.

3.4. Das Angebot der Massenmedien als Informationsträger – Überinformation und Qualitätsverschlechterung

In diesem Abschnitt wird anhand von Mengenindikatoren ein Überblick über die Entwicklung des Angebots von Massenmedien gegeben. Solche Indikatoren sind im Printbereich die Zahl, die Auflage und der Seitenumfang von Zeitungen und Zeitschriften und im Rundfunkbereich die Zahl der Programme sowie die Zahl der ausgestrahlten Programmstunden. Damit soll das Ausmaß der Zunahme des Informationsangebotes deutlich werden, das für viele Beobachter einen besorgniserregenden Umfang angenommen hat („Wir informieren uns zu Tode", Postman 1992). Vergleichsmaßstab ist die Entwicklung des realen Bruttoinlandsprodukts (BIP), das die Veränderung der Produktionsmenge der Wirtschaft insgesamt angibt.

Zeitungen: Wie Tabelle 13 zeigt, hat der Zeitungsbereich im betrachteten Zeitabschnitt 1980 bis 1991 bei der Produktionsmenge im wesentlichen stagniert. Die Zahl der Hauptausgaben hat leicht abgenommen, die Auflage und der Seitenumfang des Zeitungsjahrgangs haben mit 6,7 bzw. 20,7 Prozent etwas zugenommen. Im Vergleich mit der entsprechenden Zunahme des realen BIP von 28,4 Prozent kann von einem relativen Rückgang der Produktion im Zeitungsbereich gesprochen werden. Zeitungen tragen mithin zur Überinformation des Publikums nicht bei.

Zeitschriften: Die Zunahme der Zeitschriftenproduktion übersteigt das Wachstum des realen BIP um einige Prozentpunkte. Die Zahl der Titel hat um 37,2 Prozent zugenommen, die Auflage um 55,3 Prozent und der Textseitenumfang des Zeitschriftenjahrgangs um 30,6 Prozent. Dies läßt eine moderate Dynamik der Zeitschriftenproduktion erkennen.

Hörfunk: Im Hörfunk ist eine ungewöhnlich stürmische Entwicklung zu erkennen. Die Zahl der Programme hat sich in den 13 Jahren von 1980 bis 1993 von 35 auf 242 mit einem Anstieg von 591 Prozent fast versiebenfacht, und die ausgestrahlten Programmstunden haben sich mit einem Anstieg von 473 Prozent fast versechsfacht. Daß diese Entwicklung vermutlich noch nicht abgeschlossen ist, zeigt der internationale Vergleich. Verglichen mit anderen Ländern der Europäischen Union rangiert die Bundesrepublik in bezug auf die Zahl der Radiostationen fast an letzter Stelle. 1991 gab es lediglich in Großbritannien (161) und Irland (22) weniger Radiostationen, dagegen wiesen Italien (2 500), Spanien (1 700) und Frankreich (1 400) deutlich mehr Sender auf (European Radio Minibook 1992). Der Hörfunk trägt mithin erheblich zur Überinformation bei.

Fernsehen: Im Fernsehsektor ist eine fast genauso rasante Entwicklung des Informationsangebotes zu erkennen wie im Hörfunk. Die Zahl der inländischen Fernsehprogramme hat sich in den betrachteten 13 Jahren von 3 auf 15 verfünffacht und die Programmstunden haben sich mit einem Anstieg von 473 Prozent fast versechsfacht. Nach seriösen Prognosen dürfte damit die Entwicklung in ihrer Größenordnung abgeschlossen sein (vgl. DIW 1992); möglicherweise bietet aber das Lokal- bzw. das Regionalfernsehen noch größere Entwicklungspotentiale. Auch das Fernsehen produziert mithin ein erhebliches Ausmaß an Überinformation.

Tabe.13: Entwicklung des Angebots der Massenmedien als Informationsträger (Westdeutschland)

	1980	1984	1988	1990	1991[5]	1993
Tageszeitungen						
Hauptausgaben	359	349	347	343	339	-
Auflage in Mio. Ex.	20,68	21,34	20,34	20,95	22,06	-
Umfang in 1000[1]	2 398	2 517	2 724	2 839	2 894	-
Zeitschriften						
Titel[2]	6 243	6 817	7 711	8 106	8 564	-
Auflage in Mio. Ex.	244	259	300	328	379	-
Umfang in 1000[1]	3 525	3 805	4 012	4 264	4 603	-
Hörfunk						
Programme	35	37	161	190	205	242
Programmstunden	255 640	281 194	968 142	1143 600	1275 000	1465 400
Fernsehen						
Programme[3]	3	3	9	10	13	15
Programmstunden[4]	24 594	27 912	58 252	75 659	96 496	126 806
BIP-Index	100	103,9	113,7	124,0	128,4	

1) Textseitenzahl des Jahrgangsstücks 2) Gesamtzahl 3) ohne Regionalprogramme
4) einschl. der Regional- und Vormittagsprogramme 5) Fernsehen 1992

Quelle: Pressestatistik, ARD- und ZDF-Jahrbücher, IW-Dossiers „Privatfunk in Deutschland", Statistisches Bundesamt

3.5. Zum Konzept und zur Auswirkung der Überinformation

Der Begriff der „Überinformation" ist üblicherweise eher psychologisch oder soziologisch konzipiert; in ökonomischer Interpretation ist das nicht genau definierte Konzept der „Überinformation" am ehesten mit dem Konzept des „Überangebotes" zu vergleichen. Bei einem Überangebot übersteigt das Angebot die Nachfrage und findet in diesem Umfang keine Abnehmer. Beispiele sind die „Getreideberge" und „Butterberge" im europäischen Agrarmarkt. Im Printbereich kann in diesem Sinn ein Überangebot im Ausmaß der Remission – der Differenz zwischen gedruckter und verbreiteter Auflage – gesehen werden, das in Einzelfällen bis zu 90 Prozent beträgt (vgl. Kapitel 7).

Im Rundfunkbereich gibt es die physische Überproduktion nicht, hier ist die Überproduktion als Nicht-Nutzung des Programmangebots zu erfassen. Bezieht man das Angebot an Programmstunden (z.B. pro Jahr) auf die Mediennutzungszeit, so erhält man die durchschnittlichen Einschaltquoten und die durchschnittlichen Nutzerzahlen, die in Tabelle 14 ausgewiesen sind.

Es zeigt sich, daß die durchschnittliche Programmstunde im Hörfunk mittlerweile nur noch von 0,07 Prozent des Publikums, also von rund 35 000 Hörern genutzt wird und daß die durchschnittliche Programmstunde des Fernsehens nur noch von 0,67 Prozent des Publikums, also von rund 335 000 Zuschauern, gesehen wird. Wie bei Durchschnittswerten üblich, sind im einzelnen auch wesentlich geringere Nutzungen möglich.

Diese geringe Nutzung des Programmangebots ist zum einen eine Verschwendung knapper Ressourcen, weil der Nichtkonsum eines Rundfunkprogramms ja – anders als z.B. die Nichtnutzung eines Automobils – keine Ressourcen einspart; ökonomisch betrachtet. ist Rundfunk durch Nicht-Rivalität im Konsum gekennzeichnet (vgl. Kapitel 1). Vor allem aber, und dies ist der zentrale Aspekt, muß im Prinzip mit sinkender Nutzung des Rundfunkprogramms auch die Qualität der Rundfunkproduktion abnehmen, weil direkt – über Pay-TV und Gebühren – oder indirekt – über Werbeeinnahmen – der Rezipient und seine Nutzung Finanzier des Rundfunks ist. Seine Zahlungsbereitschaft ist zudem begrenzt.

Tab. 14: Durchschnittliche Einschaltquoten und Nutzerzahlen von Hörfunk und Fernsehen

	1980	**1990**	**1993** [3]
Hörfunk			
Ø Einschaltquote in % [1]	0,32	0,09	0,07
Ø Nutzerzahlen [2]	160 000	45 000	35 000
Fernsehen			
Ø Einschaltquote in % [1]	3,09	1,07	0,67
Ø Nutzerzahlen [2]	1 545 000	535 000	335 000

1) Jahresnutzungsdauer des Ø Rezipienten dividiert durch das Programmangebot pro Jahr (x 100)
2) Erwachsene ab 14 Jahren 3) Für 1993 wird eine Nutzungszeit von 140 Minuten für Fernsehen und 190 Minuten für Hörfunk geschätzt.

Quelle: Massenkommunikation IV, Tabelle 13 und Bevölkerungsstatistik

Bezieht man die Gesamteinnahmen von Hörfunk und Fernsehen (Gebühren plus Werbeeinnahmen) auf die Zahl der ausgestrahlten Programmstunden, so erhält man die durchschnittlichen Einnahmen pro Programmstunde, die in Tabelle 15 ausgewiesen sind.

Tab. 15: Durchschnittliche Einnahmen pro Programmstunde in Hörfunk und Fernsehen (in DM).

	1980	1990	1993 [1]
Hörfunk - nominal	5 488	2 475	3 045
Fernsehen - nominal	133 167	84 432	81 976
Hörfunk - real [2]	5 488	1 382	1 428
Fernsehen - real [2]	133 167	47 146	38 434

1) geschätzt mit den Einnahmen von 1992 plus 10%
2) bei einer Preissteigerungsrate im Jahresdurchschnitt im Rundfunkbereich von 6%.

Quellen: Tabellen 2 und 13

Diese Einnahmen sind im Zeitraum von 1980 bis 1993 im Hörfunk um 44,5 Prozent und im Fernsehen um 38,4 Prozent gesunken. Berücksichtigt man zudem die rundfunkspezifischen Preissteigerungsraten von 6 Prozent, wie sie etwa das ZDF zugrunde legt (ZDF-Positionspapier 1993, S. 23), so sind die durchschnittlichen Einnahmen pro Programmstunde auf etwa ein Viertel des Wertes von 1980 gesunken.

Die Folge dieser Entwicklung, deren Ende bei weitem noch nicht abzusehen ist, ist ein erheblicher Kostendruck im Rundfunkbereich, der zwangsläufig dazu führen muß, daß der Input in die Produktion der Rundfunkunternehmen im Durchschnitt deutlich sinkt (vgl. z.B. die Studie von Zimmer zu den Rationalisierungsmaßnahmen in den Nachrichtenabteilungen der Fernsehanstalten, Zimmer 1993b).

Diesen Kostendruck spüren vorerst vor allem die öffentlich-rechtlichen Rundfunkveranstalter, aber mit zunehmender Konkurrenz um die begrenzten Werbeeinnahmen werden auch die privaten Veranstalter unter Druck geraten. Wenngleich in der Publizistik der Zusammenhang zwischen Produktionskosten und Qualität nicht so linear ist wie z.B. im Automobilbau, so ist der Zusammenhang wenigstens eindeutig: Die Produktion publizistischer Qualität verursacht in ihrer Gesamtheit Kosten, und Kosteneinsparungen müssen mithin zu Qualitätsverschlechterungen führen (vgl. Kapitel 3, Abschnitt 4). Die Verringerung des Inputs in die Qualität der journalistischen Produktion ist deswegen bedenklich, weil das Publikum die Qualität schlecht beurteilen und schlecht kontrollieren kann (vgl. Kapitel 3, Abschnitt 3).

4. Massenmedien als Werbeträger

Ökonomisch gesehen sind Massenmedien vor allem Werbeträger, weil ihr Umsatz insgesamt schwerpunktmäßig auf dem Werbemarkt erzielt wird. Umgekehrt sind

Werbeträger überwiegend Massenmedien, nur ein recht geringer Anteil der Werbung entfällt auf die Außenwerbung (Plakate) und die Werbung per Post (vgl. Tabelle 17). Warum dies so ist und welche Gefahren für die journalistische Produktion und den Wettbewerb damit verbunden sein können, wird im 4. und 5. Kapitel behandelt. Hier geht es um Begriffsklärungen, um Werbevolumina und Werbestrukturen sowie Verfahren und Ergebnisse der Media-Analysen.

4.1. Werbung, Werbekosten, Werbeumsatz – Abgrenzung

In allgemeiner Form umfaßt Werbung alle Formen der gezielten Beeinflussung von Menschen im Hinblick auf jeden beliebigen Gegenstand (Zentes 1984, S. 345). Von dieser allgemeinen Definition ausgehend, läßt sich Werbung dann nach den möglichen Auftraggebern und den möglichen Zielen differenzieren. Mögliche Auftraggeber sind Unternehmen, private Haushalte, private Organisationen ohne Erwerbszweck (Kirchen, Parteien, Gewerkschaften usw.) und die öffentliche Hand (Bund, Länder, Gemeinden, Gemeindeverbände, Sozialversicherungen). Verfolgte Ziele sind häufig die Förderung des Absatzes und die Förderung der allgemeinen Akzeptanz der Ziele des Werbenden.

Mit diesen Differenzierungen lassen sich die häufig verwendeten Begriffe „Werbung“ und „Public Relations“ abgrenzen. Unter **Werbung** (im engeren Sinn) versteht man die Absatzwerbung von Unternehmen. Die allgemeine Förderung der Akzeptanz der Ziele des Werbenden nennt man **Public Relations** oder Öffentlichkeitsarbeit (vgl. zur Theorie der PR Ronneberger/Rühl 1992). Auftraggeber sind hier zunehmend Nicht-Unternehmen, die eine Fülle möglicher Ziele verfolgen, z.B. Förderung des Images von Gewerkschaften oder Förderung des Ansehens von Pflegeberufen, um Personalknappheiten zu überwinden.

Werbekosten sind die gesamten Kosten, die für die Aktivität „Werbung“ anfallen. Diese gesamten Werbekosten lassen sich unterteilen in:

- Werbematerialkosten, also die Kosten der Konzeption und der Produktion der Werbebotschaft,
- Werbeträgerkosten, also Kosten der Verbreitung der Werbebotschaft und
- Werbeverwaltungskosten, also Kosten der Planung, Abrechnung und Kontrolle der Werbung (vgl. Klein-Blenkers 1986, S. 9).

Der Zentralverband der deutschen Werbewirtschaft (ZAW), der mit seinen Jahrbüchern „Werbung in Deutschland“ den Standardüberblick über die Werbung bietet, bezeichnet die gesamten Werbekosten etwas unglücklich als „Werbeinvestition“.

Grundsätzlich ist es sinnvoll, die Werbekosten vollständig zu erfassen, weil in diesem Umfang gesellschaftliche Ressourcen verbraucht werden und weil im Intermedia-Vergleich nur die gesamten Kosten der Werbung den Rahmen für Substitutionen abstecken. Allerdings werden diese gesamten Werbekosten nur selten bzw. unvollständig erfaßt. Klein-Blenkers ermittelt für 1984 Werbekosten von 51 Mrd. DM, das ist vermutlich die bislang letzte vollständige Erfassung der Werbekosten.

Die Summe entspricht einem Anteil am BIP von 2,9 Prozent (Klein-Blenkers 1986, S. 10). Der ZAW weist für 1992 Werbekosten (Werbeinvestitionen genannt) von 47 Mrd. DM aus, das entspricht einem Anteil von 1,7 Prozent am BIP (Tabelle 16).

Tab. 16: Werbekosten in Deutschland in Mrd. DM von 1989 bis 1993

	Westdtl.		Deutschland gesamt		
	1989	**1990**	**1991**	**1992**	**1993**
Gesamtkosten (Honorare; Werbemittel; Medien)	37,0	39,5	43,4	47,0	49,6
davon Einnahmen der Werbeträger	22,6	24,5	28,1	31,1	33,0

Quelle: ZAW Jahrbuch Werbung 1993, S. 5

Übersicht 1: Die Werbemittelarten und Werbemittelbereiche

A. Anzeigen- und Beilagenwerbung
1. Zeitungen
2. Publikumszeitschriften
3. Fachzeitschriften
4. Kundenzeitschriften (Anzeigen)
5. Anzeigenblätter
6. Konfessionelle Zeitschriften
7. Adreßbücher (Anzeigen)
8. Romanhefte, Comics, Rätselhefte, Zeitungsmagazine (ohne Programm-supplements)
9. Lesezirkel
10. Sonstige Insertionsmöglichkeiten

B. Außenwerbung
11. Anschlagwerbung
12. Verkehrsmittelwerbung
13. Licht- und Schilderwerbung
14. Sonstige Daueraußenwerbung
15. Luftwerbung
16. Kraftfahrzeugbeschriftungen
17. Sportwerbung

C. Fernseh-, Rundfunk-, Film- Werbung
18. Fernsehwerbung
19. Rundfunkwerbung
20. Filmtheaterwerbung
21. Bildschirmtext-Werbung (jetzt Datex-J)

D. Direktwerbung mit graphischen Werbemitteln
22. Direktwerbung mit graphischen Werbemitteln

E. Wertwerbung
23. Werbeartikel
24. Preisausschreiben
25. Kundenzeitschriften (Verkaufserlöse)
26. Warenproben
27. Werbegeschenke
28. Bewirtung

F. Schauwerbung
29. Schaufensterwerbung
30. Verkaufsraumwerbung

G. Werbeveranstaltungen
31. Messen und Ausstellungen
32. Sonstige Werbeveranstaltungen

Quelle: Klein-Blenkers 1986, S. 7

Diese Differenz erklärt sich vor allem daraus, daß der ZAW die Werbeträger nicht vollständig erfaßt.

Als **Werbeträger** (auch Werbemittel) werden die verschiedenen Möglichkeiten und Bereiche der Werbung bezeichnet. Eine vermutlich vollständige Darstellung und eine sinnvolle Einteilung gibt wiederum Klein-Blenkers in Übersicht 1.

In den üblichen Statistiken werden in der Regel nur die Werbeträgerkosten, also die Verbreitungskosten ausgewiesen. Diese Werbeträgerkosten stellen die Werbeeinnahmen der Massenmedien dar und werden daher häufig als **Werbeumsatz** bzw. **Werbeeinnahmen** bezeichnet (vgl. Tabelle 17).

Tab.17: Netto-Werbeeinnahmen erfaßbarer Werbeträger in Deutschland in Mio. DM

	alte Bundesl.	alte / teilweise neue Länder		Deutschland
Werbeträger	**1989**	**1990**	**1991**	**1992**
Tageszeitungen [1]	7 757,4	8 062,7	9 297,0 *	10 025,1
Fernsehen [4]	2 256,8	2 858,2 *	3 704,6 *	4 328,2
Werbung per Post [3]	2 506,2	2 993,6 *	3 514,5 *	4 111,0
Publikumsztschr. [2]	2 955,5	3 060,7	3 245,8 *	3 377,6
Anzeigenblätter [5]	1 808,8	1 965,3	2 175,9 *	2 410,9
Fachzeitschriften [6]	1 772,1	1 860,7	1 998,0	2 110,0
Adreßbücher [7]	1 281,7	1 372,1	1 643,3 *	1 904,4
Hörfunk [8]	844,8	908,7 *	948,3 *	981,0
Außenwerbung [9]	621,0	681,5 *	773,0 *	843,0
Wochen-/Sonnt.ztg[1]	339,6	353,7	403,7	465,0
Zeitungssuppl. [1]	208,9	217,1	209,2	262,6
Filmtheater [10]	202,6	214,6	225,5	240,9
Gesamt	22 554,6	24 548,9	28 138,8 *	31 059,7

Netto: nach Abzug von Mengen- und Malrabatten sowie Mittlerprovisionen, sofern nicht anders bezeichnet
*) Inkl. Umsätze in den neuen Bundesländern
Quellen: 1) Bundesverband Deutscher Zeitungsverleger e.V./Neue Bundesländer auf der Basis einer Umfrage geschätzt 2) Fachgruppe Deutscher Publikumszeitschriften im Verband Deutscher Zeitungsverleger e.V. 3) DDD Deutscher Direktmarketing-Verband e.V., Streukosten der Werbung per Post (Verkehrszahlen des Bundespostministeriums) 4) ARD-Werbung, ZDF, RTL, SAT 1, TELE 5, PRO 7, Kabelkanal, n-tv 5) Gemeinsame Erhebung von BVDA und ADZ im BDZV 6) Fachgruppe Fachzeitschriften im Verband Deutscher Zeitschriftenverleger e.V. 7) Verband Deutscher Adreßbuchverleger e.V., Erhebung bei Mitgliedern, nach Skonti 8) Arbeitsgemeinschaft ARD-Werbung, RTL-Radio Tele Luxemburg, Verband Privater Rundfunk und Telekommunikation (VPRT) 9) Fachverband Außenwerbung e.V., Schätzung nach Umfrageerhebung bei Mitgliedern 10) FDW Werbung im Kino e.V., Erhebung bei Mitgliedern

Quelle: ZAW-Jahrbuch Werbung 1993, S. 13

Des weiteren ist zwischen Brutto-Werbeumsatz und Netto-Werbeumsatz zu unterscheiden. Als **Brutto-Werbeumsatz** bezeichnet man die gesamten Werbeträgerkosten, die der Werbetreibende nach der Preisliste zu zahlen hat, als **Netto-Werbeumsatz** das, was den Medien nach Abzug von Mittlerprovisionen, Mengen- und

Mehrfachrabatten sowie Skonti verbleibt. Zwischen „Brutto" und „Netto" liegt ein Unterschied von etwa 30 Prozent, bisweilen auch deutlich mehr (W&V 22/1994, S. 32).

In der Analyse des Werbemarktes ist nun stete Quelle von Konfusionen die jeweils unterschiedliche Abgrenzung der jeweils erfaßten Werbekosten. Tabelle 17 gibt einen Überblick über den Umfang und die Struktur der Werbung in Deutschland, so wie sie der ZAW veröffentlicht, also Netto-Werbeumsatz (= Netto-Werbeeinnahmen) der dort aufgeführten Werbeträger. Dabei fehlen z.B. die Wertwerbung, die Schauwerbung und die Kosten von Werbeveranstaltungen. Andere Erhebungen erfassen bisweilen nur die sog. klassischen Werbeträger Hörfunk, Fernsehen, Film sowie Zeitungen, Zeitschriften und Anzeigenblätter.

Generell ist bei der Verwendung solcher Daten, insbesondere auch im internationalen oder im zeitlichen Vergleich größte Vorsicht anzuraten, weil Grundgesamtheiten und/oder Erhebungsmethoden differieren und/oder wechseln.

4.2. Werbepreise

Das auf Werbemärkten gehandelte Gut ist die Verbreitungswahrscheinlichkeit und die Wirkungswahrscheinlichkeit von Werbebotschaften. Dieses Gut wird einmal gemessen in Mengeneinheiten des Inputs an Werbung, also in Zeiteinheiten, üblicherweise in Sekunden oder in Raumeinheiten, üblicherweise Millimeter oder Seiten. Der Preis für diese Mengeneinheiten ist der **Werbegrundpreis**; häufig wird der Preis pro Millimeter bzw. der Preis für einen 30-Sekunden-Spot angegeben.

Diese Preise differieren nach einer Fülle von Merkmalen, generell nach Reichweite und Qualität des Werbeträgers; bei Printmedien wird nachfolgend nach Auftraggeber (privat oder gewerblich), nach Rubrik, nach Plazierung (im Textteil oder Anzeigenteil), nach Gestaltung und Formatierung differenziert, bei Rundfunkwerbung vor allem nach Programmumfeld sowie Tages- und Jahreszeit. Im einzelnen wird auf die Werbegrundpreise bei der Darstellung der einzelnen Medien eingegangen, hier wird nur beispielhaft die Grundpreisliste für eine Regionalzeitung wiedergegeben, um eine Vorstellung von den Differenzierungen zu geben (vgl. Übersicht 2). Im Fernsehen liegen die Preise für einen 30-Sekunden-Spot bei *RTL* 1993 z.B. zwischen 1 200 DM (im Januar, morgens zwischen 6.00 und 8.00 Uhr) und 112 500 DM (Top-Unterbrecher in der Prime-Time, abends zwischen 19.00 und 23.00 Uhr).

Bedeutsamer als die Input-Mengeneinheiten der Werbung ist die Output-Mengeneinheit „erreichte Personenzahl". Üblicherweise wird die von der Werbebotschaft erreichte Personenzahl in 1 000 gemessen und der dafür zu zahlende Preis ist der **Tausenderpreis**, der Preis, der für einen Werbekontakt pro 1 000 Personen zu zahlen ist.

Übersicht 2: Auszug aus der Werbe-Preisliste einer Regionalzeitung 1993

Gesamtausgabe	Für Anzeigen des örtlichen Handels, Handwerks und Gewerbes			1 Zusatzfarbe Mindestberech-nung 200 mm	
	Grund-preis je mm	Ortspreis je mm	Fließsatz je Zeile**	Grund-preis je mm	Ortspreis je mm
Geschäftsanzeigen	16,67	16,31	36,20	20,84	20,39
Textteil	66,68	65,24	-	-	-
Titelflußanzeigen, 2 Spalten/100 mm	10 440,0	10 295,0	-	-	-
Titelkopfanzeigen, 1 Spalte/35 mm (o. EV)	2 567,00	2 513,00	-	-	-
Nachrufe **	12,51	12,22	-	-	-
Gebrauchtwagenmarkt	10,88	10,63	12,04	-	-
Immobilien, Kapitalmarkt	12,94	11,03	17,12	-	-
Übrige Anzeigenmärkte*	9,20	8,99	14,08	-	-
Private Anzeigen/ Familienanzeigen **	4,37	4,26	7,42	-	-
Stellenanzeigen, detaillierte Übersicht s. Tarifseite 3					
Reise- u. Bäderanzeigen (RN/AS/MZ/EV/IVZ/ Recklinghäuser Zeitung/Buersche Zeitung - verbreitete Auflage ca.420.00 Exemplare)					
geschäftlich	10,19	9,86	19,51	-	-
privat **	5,13	5,02	8,13	-	-
Pauschalpreis 1 sp./ 15 mm hoch **	151,00	147,00	-	-	-
Textteil	40,77	39,44	-	-	-
Reisebüros,Veranstalter	16,70	16,35	36,,22	-	-
„In letzter Minute" (ohne Recklinghäuser Zeitung/Buersche Zeitung) **					
geschftl. (nur Fließsatz)	-	-	14,8	-	-
privat (nur Fließsatz)	-	-	7,42	-	-
Heiratswünsche privat/Treffpunkt **	5,15	5,03	9,99	-	-
Eheinstitute	11,03	10,82	15,71	-	-

* Bau- und Industriemarkt, Tier- und Hobbymarkt, Unterrichtsanzeigen, Ausschreibungen
** nicht rabattfähig Preise für 2 Zusatzfarben auf Anfrage, Varioanzeigen (standardisierte Anzeigen in den Anzeigenrubriken) werden auf Basis des Zeilenpreises berechnet

Quelle: Preisliste Nr, 46 der Ruhr-Nachrichten, gültig ab 1. Oktober 1993 (Gesamtausgabe 2)

Bei der Berechnung des Tausenderpreises ist zu differenzieren danach, ob der Preis pro Käufer bzw. pro eingeschaltetes Gerät oder pro Kontaktperson kalkuliert wird. Dies macht einen deutlichen Unterschied aus, weil eine Zeitung z.B. in der Regel von rund zwei Personen gelesen wird und vor Rundfunkgeräten bisweilen auch mehr als eine Person sitzt. Daher unterscheidet man:

– Tausend-Kontakte-Preis (TKP) = $\dfrac{\text{Werbegrundpreis x 1 000}}{\text{Zahl der erreichten Personen}}$

Die Zahl der erreichten Personen bezieht sich entweder auf Leser oder auf Hörer bzw. Seher und heißt dann auch Tausend-Leser-Preis oder Tausend-Hörer-Preis.

– Tausend-Käufer-Preis = $\dfrac{\text{Preis einer Anzeigenseite x 1 000}}{\text{Auflage}}$

– Tausend-Geräte-Preis = $\dfrac{\text{Preis eines Werbespots x 1000}}{\text{Zahl der eingeschalteten Geräte}}$

Tab. 18: Entwicklung der Tausendkontaktpreise der vier aktuellen Werbeträger von 1983 bis 1993 in DM

	1983	1985	1987	1989	1991	+/- in %
Tausendleserpreis für ausgew. Tageszeitungen [1]	11,07	12,25	12,00	12,64	13,71	+ 23,8
Tausendleserpreis für ausgewählte Zeitschriften [2]	14,25	15,55	15,49	15,62	17,74	+ 24,5
Tausendseherpreise [3]						
- ARD	10,88	10,56	10,46	10,95	9,35	- 14,1
- ZDF	6,99	8,16	8,45	8,67	18,50	+ 37,8
- RTL	-	-	-	18,50	12,42	(-32,9)
Tausendhörerpreise für ausgewählte Sender [4]	3,05	3,10	3,77	4,50	4,66	+ 52,8

1) für 1/4-Seite schwarz-weiß; ungewichtetes arithmetisches Mittel der Angaben für 12 Tageszeitungen 2) für 1/1 - Bruttoseite vierfarbig; ungewichtetes arithmetisches Mittel für etwa 20 Zeitschriften 3) Preis für 30 Sekunden 4) Preis für 30 Sek. der Ø Stunde für Regionalradios (ohne Lokalradios)

Quelle: Angaben zu den Tausenderpreisen einzelner Medien in den Basisdaten der Media Perspektiven

Dabei ist einleuchtend, daß vor allem der Tausend-Kontakte-Preis zur Beurteilung der Wirtschaftlichkeit unterschiedlicher Werbeträger herangezogen wird, andere Preise können nur ersatzweise Anwendung finden.

Tabelle 18 gibt einen Überblick über Struktur und Entwicklung der Tausend-Kontakt-Preise der vier aktuellen Massenmedien. Dabei ist darauf hinzuweisen, daß die Berechnung von durchschnittlichen Tausenderpreisen ungewöhnlich mühselig ist, weil die Werbegrundpreise und die jeweiligen Reichweiten nach den verschiedensten Faktoren erheblich differieren. Ganz genau könnte man den Tausenderpreis nur für eine ganz bestimmte Werbebotschaft in einem ganz bestimmten Medium ermitteln. So sind die Angaben in Tabelle 18 nur als brauchbare Anhaltspunkte für die Entwicklung im Zeitablauf anzusehen.

Schließlich muß beachtet werden, daß die Tausenderpreise der Tabelle 18 keine Vergleichbarkeit in dem Sinne behaupten, daß etwa die Werbewirkung einer Anzeige in einer Tageszeitung – 1/4Seite/schwarz-weiß – der Werbewirkung eines 30-Sekunden-Spots im Fernsehen entspricht. Ein solches Maß für den Intermediavergleich existiert bislang nicht. Ein detaillierter Überblick über die Tausenderpreise wird bei der Einzeldarstellung der jeweiligen Medien gegeben.

4.3 Akteure der Werbewirtschaft – Werbeagenturen und werbetreibende Wirtschaft

Anbieter der Verbreitungswahrscheinlichkeit von Werbebotschaften sind die Medienunternehmen, Nachfrager sind die Werbetreibenden, also diejenigen, die ihre Werbebotschaft verbreiten wollen, meist Unternehmen. Diese Anbieter und Nachfrager kommunizieren häufig über Werbeagenturen miteinander, die als sogenannte Kreativ-Agenturen die Werbebotschaft gestalten und als sogenannte Media-Agenturen die Werbebotschaft bei den ausgewählten Werbeträgern plazieren. Dabei geht der Trend in Richtung einer Spezialisierung, der sog. „Full Service“, die Einheit von Kreativ- und Media-Agentur wird seltener. Media-Agenturen in Deutschland sind im Prinzip Makler und keine Händler, sie buchen im Kundenauftrag Werbezeiten und Werbeflächen, aber sie kaufen und verkaufen nicht auf eigene Rechnung. Einen Überblick über die führenden Werbe-Agenturen in der Bundesrepublik Deutschland geben regelmäßig die einschlägigen Fachblätter *Horizont* und *Werben & Verkaufen (W&V)*. Die werbetreibende Wirtschaft ist Hauptfinanzier der Massenmedien. Um einen Eindruck von den bedeutendsten Geldgebern zu vermitteln, sind in Tabelle 19 die jeweiligen Top Five nach Branchen, Firmen und Marken aufgeführt.

Tab. 19: Rangfolge der Branchen, Firmen und Marken nach Brutto-Werbeausgaben 1993 in Mio. DM

Branche		**Firma**		**Marke**	
1. Autos	1 833	Procter & Gamble	397	Brenninkmeyer	256
2. Handel	1 564	Brenninkmeyer	271	Aldi	138
3. Massenmedien	1 039	Jacobs Suchard	254	McDonalds	100
4. Süßwaren	743	Volkswagen	254	Media-Märkte	100
5. Pharmazie	687	Ferrero	236	Bundesbahn	85

Quelle: ZAW-Jahrbuch 1994, W & V compact 1/1994, S. 10.

4.4. Determinanten des Werbeumsatzes

Das Bruttoinlandsprodukt (BIP)[2] gilt als recht gut geeignete Determinante des Werbemarktes, empirische Tests zeigen eine sehr gute Korrelation, und auch theoretisch läßt sich dieser Zusammenhang gut begründen (vgl. Heinrich 1989a, S. 147 ff). Zweckmäßigerweise unterscheidet man bei der Werbung zwischen der Aufkommensseite und der Verwendungsseite. Werbung wird üblicherweise aus dem Umsatz der werbetreibenden Wirtschaft finanziert, das Aufkommen hängt also vom Umsatz ab. Ziel der Werbung ist die Kaufkraft der Unternehmen und Haushalte, die am besten durch die Maßgröße Volkseinkommen (BIP ÷ Abschreibungen ÷ indirekte Steuern + Subventionen) erfaßt wird. Von der Verwendungsseite wird die Werbung also durch das Volkseinkommen determiniert. Für die Verwendung des BIP als Determinante des Werbeumsatzes spricht, daß in dieser Kennziffer sowohl die Aufkommensseite als auch die Verwendungsseite der Werbung enthalten sind.

Das Verhältnis von Werbeumsatz zu BIP wird als **Werbeintensität** bezeichnet. Die folgende Tabelle 20 zeigt die Entwicklung des Werbeumsatzes und der Werbeintensität. Dabei wird deutlich sichtbar, daß die Werbeintensität im Zeitablauf kontinuierlich zugenommen hat, ein Faktor, der für die langfristigen Finanzierungsperspektiven der Massenmedien von zentraler Bedeutung ist. Eine weitere Zunahme der Werbeintensität wird häufig aus der Fortschreibung der Zeitreihe in Tabelle 20, aus internationalen Vergleichen und aus qualitativen Erwägungen geschlossen. In der Tat zeigt Tabelle 21, daß für die Bundesrepublik ein kleines Aufholpotential vermutet werden kann (vgl. auch Prognos 1991, S. 22 ff), weil die Werbeintensität geringfügig unter dem europäischen Durchschnitt liegt.

Tab. 20: Entwicklung des Werbeumsatzes [1] und der Werbeintensität für Westdeutschland von 1980 bis 1992

	1980	**1982**	**1984**	**1986**	**1988**	**1990**	**1992**
BIP in Mrd. DM	1 472	1 588	1 751	1 925	2 096	2 425	2 794
Werbeumsatz in Mrd. DM	12,39	13,41	15,59	18,59	20,96	22,50	28,30[2]
Werbeintensität in Prozent	0,84	0,84	0,89	0,96	0,99	0,93	1,01

1) Nettowerbeumsatz nach ZAW-Kriterien 2) für Westdeutschland geschätzt

Quelle: Statistisches Bundesamt, ZAW Jahrbücher Werbung

2 Bis 1992 hatte das statistische Bundesamt primär die Kennziffer Bruttosozialprodukt (BSP) ausgewiesen und seither – in Einklang mit internationalen Statistiken – auf die Ausweisung des BIP umgestellt. Für die vorliegenden Analysewerte ist der Unterschied ohne Belang.

Tab. 21: Die Werbeintensität im internationalen Vergleich

	1983	1984	1985	1986	1987	1988	1989	1990
Österreich	0,48	0,50	0,52	0,53	0,56	0,59	0,63	0,62
Belgien	0,50	0,52	0,53	0,54	0,60	0,62	0,66	0,65
Dänemark	0,73	0,75	0,76	0,77	0,80	0,83	0,84	0,84
Finnland	0,84	0,87	0,89	0,91	0,91	0,93	0,96	0,89
Frankreich	0,54	0,55	0,57	0,64	0,73	0,81	0,88	0,90
Deutschland	0,75	0,79	0,79	0,78	0,86	0,87	0,90	0,90
Griechenland	0,35	0,36	0,36	0,43	0,49	0,59	0,66	0,78
Irland	0,50	0,50	0,56	0,62	0,70	0,72	0,75	0,78
Italien	0,40	0,43	0,47	0,53	0,59	0,65	0,65	0,66
Niederlande	0,77	0,79	0,79	0,82	0,88	0,92	0,88	0,96
Norwegen	0,74	0,78	0,79	0,91	0,91	0,85	0,76	0,73
Portugal	0,32	0,33	0,36	0,41	0,57	0,73	0,77	0,84
Spanien	0,74	0,78	0,85	0,98	1,14	1,30	1,46	1,58
Schweden	0,65	0,70	0,70	0,72	0,77	0,83	0,85	0,87
Schweiz	0,96	0,96	1,01	1,02	1,07	1,10	1,08	1,05
Türkei	0,25	0,24	0,28	0,23	0,31	0,31	0,28	0,34
Großbritannien	1,21	1,29	1,30	1,40	1,45	1,52	1,54	1,41
Europa	0,71	0,74	0,76	0,81	0,88	0,94	0,96	0,96

Quelle: Saatchi & Saatchi 1991, S. 1

Folgende Überlegungen sprechen für die allgemeine Zunahme der Werbeintensität:

- Die Werbekonkurrenz nimmt zu, Produktwettbewerb wird zunehmend durch Kommunikationswettbewerb ergänzt und ersetzt.
- Die Zahl der möglichen Werbemedien im Kommunikationsmix nimmt zu, neue Werbemittel machen neue Werbeformen und Kombinationen möglich (z.B. Lokalfernsehen oder Cyberspace).
- Die Zahl der zu bewerbenden Produkte nimmt im Zuge der Individualisierung des Konsums zu, z.T. wird diese angestrebte Individualisierung wesentlich durch Werbung gestützt.
- Die Bedeutung des Zusatznutzens der Produkte wird steigen, dieser Zusatznutzen wird sich wesentlich nur kommunikativ vermitteln lassen.
- Die Zahl der Werbetreibenden wird weiter wachsen, da zunehmend auch nichterwerbswirtschaftlich orientierte Organisationen den Nutzen von Werbung in Form von Öffentlichkeitsarbeit entdecken.
- Das Spektrum der Werbung weitet sich von der Absatzwerbung zu Unternehmenswerbung und Public Relations aus.

- Die Schaffung neuer Märkte (EU, Osteuropa ...) wird die Notwendigkeit, Kontakte zu neuen Kundengruppen aufzubauen, verstärken.
- Informationsbeschaffung und -verarbeitung wird im Zuge der weiteren Entwicklung der Arbeitsteilung zunehmend dem Bereich der Eigenproduktion entzogen und durch Marktaktivitäten ersetzt, unter denen Werbung eine wichtige Rolle spielen wird (Heinrich 1989a, S. 151).

Mit Überlegungen dieser und ähnlicher Art werden ein weiteres deutliches Wachstum des Werbevolumens insgesamt prognostiziert und Prognosen zur möglichen Zahl (und Vielfalt) von Medienunternehmen abgeleitet (vgl. z.B. Seufert 1992, Heinrich 1993b und Prognos 1991). Solche Prognosen differenzieren nach den einzelnen Medien, deren Marktanteilsentwicklung im nächsten Abschnitt dargestellt wird.

4.5. Strukturwandel der klassischen Werbeträger

Die klassischen Werbeträger Zeitung, Zeitschrift, Hörfunk und Fernsehen haben in der Zeit von 1980 bis 1992 deutliche Marktanteilsverschiebungen erfahren. Wie Tabelle 22 zeigt, sind die Printmedien und insbesondere die Tageszeitung dominierende Werbeträger, haben jedoch ihre relative Position zugunsten des Fernsehens (und der nicht ausgewiesenen Werbung per Post) verschlechtert. Für den Hörfunk kann ein relativ kleiner und etwa konstanter Marktanteil erkannt werden. Dabei muß aber berücksichtigt werden, daß lokale Hörfunkwerbung in den Angaben nicht enthalten ist. Die weitere Entwicklung bis zum Jahr 2000 wird in den einschlägigen Prognosen (Seufert 1992, Heinrich 1993b, Kommunikationsmonitor II 1992, Prognos 1991, Wössner 1992) in folgenden Grundlinien ähnlich prognostiziert:

- deutliche Zunahme des Marktanteils der Fernsehwerbung auf etwa 20 Prozent,
- Konstanz des Marktanteils für Hörfunkwerbung (ohne lokalen Hörfunk),
- Abnahme des Marktanteils der Zeitungswerbung und
- differenzierte Entwicklung im Bereich der Zeitschriftenwerbung. Hier wird für Fachzeitschriften eine starke Zunahme und für Publikumszeitschriften eine Abnahme ihres Anteils an der Werbung erwartet.

Tab. 22: Anteile der vier aktuellen Massenmedien an den gesamten Netto-Werbeumsätzen in Prozent für Westdeutschland

	1980	**1982**	**1984**	**1986**	**1988**	**1990**	**1992**
Tageszeitung	43	40	38	40	35	33	32
Zeitschriften	25	26	24	25	22	20	18
Hörfunk	3	4	3	3	4	4	3
Fernsehen	9	9	8	9	9	11	14

Quelle: ZAW-Jahrbücher Werbung

Tab. 23: Anteil des Fernsehens am Werbeumsatz im internationalen Vergleich (in Prozent)

	1980	1982	1984	1986	1988	1990
Österreich	28,7	29,8	26,6	28,5	26,6	23,8
Belgien	10,5	13,2	13,9	15,7	15,0	33,5
Dänemark	-	-	-	-	2,8	14,3
Finnland	21,2	22,4	21,8	20,4	19,0	19,3
Frankreich	15,8	17,6	17,2	21,1	27,5	30,4
Deutschland	16,1	16,6	15,9	16,0	17,3	22,0
Griechenland	49,6	53,4	49,9	49,9	44,0	42,5
Irland	29,0	33,8	37,8	36,8	31,4	27,1
Italien	26,7	35,7	47,4	49,4	47,5	48,2
Niederlande	10,5	11,6	12,0	12,9	15,9	17,8
Norwegen	-	-	-	-	1,6	4,0
Portugal	43,9	43,9	49,9	53,5	49,9	43,7
Spanien	39,6	39,2	38,9	38,9	38,4	39,0
Schweden	-	-	-	-	0,7	3,5
Schweiz	11,8	9,2	9,9	10,1	9,3	9,6
Großbritannien	34,8	36,9	38,6	40,5	41,0	40,4

Quelle: European Television Minibook 1992 (Carat)

Dabei stützt sich die Annahme über die steigende Bedeutung der Fernsehwerbung einmal auf die gute werbliche Eignung dieses Mediums (vgl. Abschnitt 4.7.) und auf die im internationalen Vergleich recht geringe Fernseh-Werbeintensität in Deutschland, die auf ein größeres Nachholpotential schließen läßt (vgl. Tabelle 23).

Daraus lassen sich dann Vorstellungen über die Anbieterstruktur für den privaten Fernsehmarkt in Deutschland im Jahre 2000 entwickeln. Das DIW hält folgende Konstellationen für denkbar:

- 4 werbefinanzierte Vollprogramme,
- 2 - 3 werbefinanzierte Spartenprogramme und
- 2 - 3 Pay-TV Spartenprogramme (Seufert 1992, S. 171 f.)
- neben den gebührenfinanzierten öffentlich-rechtlichen Anbietern.

4.6. Media-Analysen

Nutzung und Akzeptanz der Massenmedien als Werbeträger werden in einer Fülle von Studien mit jeweils unterschiedlichen Fragestellungen und Methoden ermittelt. Im Prinzip geht es um

- Rezipientenzahlen oder Reichweiten (Reichweiten sind definiert als Anteil von Rezipienten an einer Grundgesamtheit potentieller Nutzer. Diese Grundgesamtheit kann die gesamte Bevölkerung sein, aber auch klar definierte Zielgruppen wie z.B. Führungskräfte, Ärzte oder Haushalte mit Wellensittichen),
- die Rezeptionsdauer,
- die Rezeptionsumstände sowie
- die werbliche Eignung der Medien.

Die Rezipientenzahlen werden häufig nach demographischen und sozioökonomischen Merkmalen sowie nach Medien aufgegliedert.

Media-Analysen haben vor allem das Ziel, die Wahrscheinlichkeit und möglichst auch die Akzeptanz der Verbreitung von Werbebotschaften differenziert nach Zielgruppen zu kalkulieren. Dies ist nötig, um den Tausenderpreis, die gängige Maßeinheit der Werbewirtschaft berechnen zu können. So haben sowohl die Medienunternehmen als auch die werbungtreibende Wirtschaft ein klares Interesse an Media-Analysen – die einen zur Kalkulation des Angebotspreises, die anderen zur Kalkulation des Nachfragepreises. Daneben können Media-Analysen auch Informationen über die Akzeptanz beim Publikum liefern und so Grundlagen für Marketingaktivitäten im Rezipientenmarkt bieten, und schließlich hat auch die Medienforschung ein großes Interesse an Nutzungsdaten.

Aus verschiedenen Gründen sind Media-Analysen methodisch schwierig und technisch aufwendig, wesentlich schwieriger als die Erfassung z.B. des Verkaufs von Sekt oder Stahl. Im Prinzip kann das Nutzerverhalten nur mit Hilfsindikatoren wie „Sitzen vor dem Fernsehgerät" oder „Kaufen einer Zeitung" erfaßt werden und der Schluß auf das Nutzungsverhalten ist immer problematisch. Hinzu kommt, daß die Messung sich wegen des großen Umfangs des Medienkonsums und der großen Variabilität insbesondere des Fernsehkonsums als sehr aufwendig gestaltet. So muß die Stichprobe groß genug sein, um auch die Nutzung wenig bedeutender Medien – z.B. Lokalradios – repräsentativ erfassen zu können und für viele Fragen muß eigentlich permanent gemessen werden, z.B. um die Reichweite von Fernsehprogrammteilen zu ermitteln. Solche Nutzerdaten werden entweder durch Befragung (Fragebogen und Interview) oder durch elektronische Meßgeräte erhoben. Eine detaillierte Darstellung erfolgt bei den einzelnen Massenmedien.

Die wohl wichtigste Media-Analyse in der Bundesrepublik ist die jährliche Multimedia-Analyse (die also mehrere Medien umfaßt) der **Arbeitsgemeinschaft Media-Analyse (AG.MA).** Hier wird das Mediennutzungsverhalten der deutschen Bevölkerung in Privathaushalten (ab 14 Jahren) – das waren in der Media-Analyse 1993 62,58 Mio. Personen – in den Stichproben erfaßt. Diese Stichproben müssen sehr groß sein, damit das Ergebnis auch für reichweitenschwache Medien repräsentativ ist.

So umfaßt die Stichprobe in der Pressemedientranche 26 808 Fälle und in der elektronischen Medientranche 34 471 Fälle. Mit einer persönlichen Befragung an Hand eines vollstrukturierten Fragebogens wird das Nutzerverhalten für die wichtigsten Titel von Publikumszeitschriften, Supplements, Tageszeitungen, Konpress (konfessionell gebundener Presse), Lesezirkel sowie für die wichtigen Veranstalter von Hörfunk, Fernsehen und Kino ermittelt, und zwar außerordentlich detailliert aufgeschlüsselt nach demographischen und sozioökonomischen Merkmalen. Mitglieder und Finanziers der AG.MA sind große werbetreibende Firmen, die großen Werbe-Agenturen, Zeitungen, Zeitschriften und die wichtigsten elektronischen Medien.

Weitere wichtige Media-Analysen sind: die **„Langzeitstudie zur Mediennutzung und Medienbewertung"**, bisher für die Jahre 1964 bis 1990 (Massenkommunikation IV), die von der Arbeitsgemeinschaft der ARD-Werbegesellschaften herausgegeben wird, sowie die **Allensbacher Werbeträgeranalyse (AWA)**, die seit 1956 jährlich Angaben über Reichweiten, Nutzerstrukturen und Kaufverhalten liefert.

Daneben werden in unregelmäßiger Folge spezielle Media-Analysen erstellt, so in letzter Zeit die Studie der IPA-plus (einer großen Werbeagentur) „Die 4 klassischen Massenmedien im Leben der deutschen Bevölkerung" (1992) und die Studie der Regionalpresse (einer Arbeitsgemeinschaft regionaler Abonnementzeitungen) „Einkaufs- und Informationsverhalten 1990 - Die Medialeistung von Presse, Hörfunk und Fernsehen im Vergleich". Leider sind die Grundgesamtheiten, die Methoden der Datenerhebung und die Analyseinteressen der Studien zum Teil recht unterschiedlich, so daß bei der vergleichenden Interpretation der Daten Vorsicht anzuraten ist.

4.7. Die werbliche Eignung der vier klassischen Werbeträger

Die werbliche Eignung der Werbeträger kann nach zahlreichen Merkmalen differenziert werden. Wichtige Unterscheidungskriterien sind die folgenden:

- räumlicher Zielgruppenbezug,
- demographischer Zielgruppenbezug,
- Nutzungsfunktion für Rezipienten,
- Nutzungsmodalitäten (wo, wie, wie häufig),
- zeitliche Flexibilität,
- Verfügbarkeit (Buchungssituation/Knappheit),
- Produktionskosten der Werbebotschaft,
- Tausendkontaktpreise,
- Gestaltungsmöglichkeiten (Farbe, Bild, Ton),
- redaktionelles Image (vgl. Tabelle 12),
- werbliches Image (vgl. Tabelle 24).

Im folgenden soll eine Einschätzung der werblichen Eignung der vier aktuellen Werbeträger gegeben werden. Diese Einschätzung stützt sich auf die Auswertung von Standardwerken der Werbelehre (z.B. Schweiger/Schrattenecker 1989; Huth/Pflaum 1986; Tietz/Zentes 1980; Schmalen 1985) sowie auf Angaben von Werbe-Agenturen. Die werbliche Eignung der Werbeträger hat einen wesentlichen Einfluß auf ihre relative Stellung im sogenannten Media-Mix und prägt damit die Strukturentwicklung der Massenmedien.

Tab. 24: Werbliches Image der Massenmedien 1992 („Statement trifft ganz genau zu" in Prozent)

Statement: Werbung in ...	TV	HF	Ztg.	Zschr.[1]
1. ... kann witzig und unterhaltsam sein	24	13	7	11
2. ... ist im allgemeinen nicht langweilig	15	11	7	9
3. ... enthält nützl. Hinweise auf neue Produkte	14	9	12	10
4. ... regt auch schon mal zum Kauf an	15	8	15	10
5. ... präsentiert das Produkt/die Marke so deutlich, daß man es im Geschäft sofort wiedererkennt	28	7	11	13
6. ... wird von guten Fachleuten gemacht	27	12	11	14
7. ... prägt sich auch mit ihren Einzelheiten ein	18	7	7	7
8. ... stellt Produkt/Marke mit seinen Anwendungsmöglichkeiten u. Vorteilen besonders heraus	18	6	8	8
9. ... sehe/höre/lese ich im allgemeinen nicht	21	24	29	28
10. ... hat man sofort wieder vergessen	17	25	24	22
11. ... stört mich (bei der Mediennutzung)	41	34	21	22

1) Auswahl von Publikumszeitschriften

Quelle: IPA-plus 1992

Tageszeitung

- Sehr guter räumlicher Zielgruppenbezug (Stadtteilausgaben) möglich.
- Kein demographischer Zielgruppenbezug bei regionalen und lokalen Abonnementzeitungen, begrenzt möglich bei überregionalen Tageszeitungen (*Handelsblatt*, *FAZ*) als Informationsmedien für Führungskräfte in Wirtschaft und Verwaltung).
- Nutzungsfunktion: aktive Informationssuche bezogen auf tagesaktuelle Ereignisse und auf Güterangebote.
- Nutzungsmodalitäten: einmalige Nutzung an verschiedenen Orten; keine Nebenbeschäftigung.
- Zeitliche Flexibilität ist sehr hoch, Anzeigen können quasi „in letzter Minute" plaziert werden.
- Verfügbarkeit ist praktisch unbegrenzt.
- Produktionskosten der Werbebotschaften sind gering.

- Tausendkontaktpreise gelten als hoch; nur bei selektiver Nutzung kostengünstig.
- Gestaltungsmöglichkeiten sind schlecht, Druckqualität ist nicht besonders gut.
- Das redaktionelle Image ist insgesamt deutlich schlechter als das Image des Fernsehens (vgl. Tabellen 9 bis 12) und entspricht in etwa dem Image des Hörfunks.
- Das werbliche Image wird widersprüchlich beurteilt.

Nach der Studie der Regionalpresse werden „Anzeigen in Tageszeitungen besonders positiv bewertet. Werbung in Tageszeitungen besitzt einen erheblichen Vorsprung im Hinblick auf die Beurteilung des Informationsgehalts, der Glaubwürdigkeit und Zuverlässigkeit sowie des Empfehlungscharakters von Werbung“ (Regionalpresse 1991, S. 79). Dies bestätigt sich z.T. in der Studie der IPA-plus research, wonach z.B. die Werbung in Tageszeitungen vergleichsweise am wenigsten stört (vgl. Tabelle 24).

Kurzcharakterisierung der Zeitung: Die Zeitung ist Basismedium nur für den lokalen und regionalen Einzelhandel sowie für Familien-, Immobilien- und Stellenanzeigen, ihre Werbung ist eher argumentativ und rational, für Markenartikelwerbung ist die Zeitung allenfalls Zusatzmedium.

Zeitschrift

- Räumlicher Zielgruppenbezug meist nicht möglich.
- Demographischer Zielgruppenbezug bei Special-Interest-Zeitschriften sehr gut, bei Publikumszeitschriften nicht gegeben.
- Nutzungsfunktion: aktive Nutzung allgemeiner und spezieller Informationen, hohe Kontaktintensität durch Übereinstimmung von Informationsangebot und Leserinteresse; in Fachzeitschriften werden auch Anzeigen z.T. aktiv gelesen.
- Nutzungsmodalitäten: zeitlich gestreckte Nutzung meist in häuslicher Umgebung, wiederholte Nutzung, keine Nebenbeschäftigung.
- Zeitliche Flexibilität ist wegen der nicht täglichen Erscheinungsweise begrenzt.
- Verfügbarkeit ist praktisch unbegrenzt.
- Produktionskosten der Werbebotschaft sind relativ gering.
- Tausendkontaktpreise sind sehr unterschiedlich; günstig vor allem bei speziellen Zielgruppen.
- Gestaltungsmöglichkeiten besser als bei Zeitungen, schlechter als beim Fernsehen.
- Das redaktionelle Image ist nach der IPA-plus Studie relativ schlecht (vgl. Tabelle 9); dies wird im wesentlichen durch die Studie der Regionalpresse, die hier nicht wiedergegeben wird, bestätigt; das werbliche Image ist ebenfalls relativ schlecht (vgl. Tabelle 24).

Kurzcharakterisierung der Zeitschrift: Die Zeitschrift gilt als Basismedium für die Durchsetzung von Neueinführungen, für den Aufbau und die Festlegung von

Bekanntheitsgrad und Image, weil sie Werbebotschaften einprägsam vermitteln kann. Und mit Fachzeitschriften und Special-Interest-Zeitschriften können, wie bei keinem anderen Medium, demographisch genau abgegrenzte Zielgruppen erreicht werden.

Hörfunk

- Ein räumlicher Zielgruppenbezug ist mit dem lokalen Radio recht gut möglich; im übrigen ist der Hörfunk ein überwiegend regionales Medium, das die regionale Reichweite von Tageszeitungen in der Regel übersteigt.
- Ein demographischer Zielgruppenbezug ist begrenzt möglich bei entsprechender Formatierung des Radios und bei entsprechender Programm- und Sendezeitenwahl.
- Nutzungsfunktion: passive Nutzung eines begleitenden Mediums im Tagesablauf.
- Nutzungsmodalitäten: einmalige Nutzung in wechselnder Umgebung; zu rund 2/3 der Nutzungszeit von anderen Tätigkeiten begleitet (Massenkommunikation IV, S. 42) .
- Zeitliche Flexibilität ist gut, aktuelle Informationen sind selbst am point of sale (Ladenfunk) möglich.
- Verfügbarkeit ist theoretisch begrenzt durch die Festlegung von maximalen Werbezeiten pro Tag, pro Stunde und pro Block, praktisch stehen indes genügend Werbezeiten zur Verfügung.
- Die Produktionskosten der Werbespots sind – jedenfalls im Vergleich zum Fernsehen – niedrig (die Produktion eines Hörfunkspots kostet zwischen 1 500 und 2 000 DM für Lokalradios).
- Die Tausendkontaktpreise sind niedrig.
- Gestaltungsmöglichkeiten sind gering, beschränkt auf den Ton.
- Das redaktionelle Image ist deutlich schlechter als das des Fernsehens und entspricht etwa dem Image von Tageszeitungen, allerdings nicht in je einzelnen Dimensionen (vgl. Tabellen 9 bis 12).
- Das werbliche Image des Hörfunks ist ziemlich schlecht (vgl. Tabelle 24). Dies wird durch die Studie der Regionalpresse 1991 bestätigt.

Kurzcharakterisierung des Hörfunks: Der Hörfunk gilt nur als Ergänzungsmedium, er ist geeignet für aktuelle Kaufanstöße, zur Reaktualisierung vorhandener Werbebotschaften und zur Bekanntmachung von Produkt- bzw. Herstellernamen.

Fernsehen

- Ein räumlicher Zielgruppenbezug ist bislang nur sehr beschränkt möglich, dies würde sich mit der Einführung von Lokalfernsehen ändern.

- Ein demographischer Zielgruppenbezug ist derzeit beschränkt möglich durch Veranstalter-, Programm- und Sendezeitenwahl; mit einer weiter zunehmenden Zahl von Spartenprogrammen dürfte die Möglichkeit einer Werbung ohne Streuverluste deutlich verbessert werden.
- Nutzungsfunktion: passive Nutzung unterhaltender und eher allgemein interessierender Information.
- Nutzungsmodalitäten: einmalige Nutzung in häuslicher Umgebung, nur begrenzt (zu rund 10 Prozent; Massenkommunikation IV, S. 43) wird Fernsehen von anderen Tätigkeiten begleitet.
- Die zeitliche Flexibilität ist recht gut, aktuelle Werbung ist möglich.
- Die Verfügbarkeit ist theoretisch begrenzt durch die Festlegung von maximalen Werbezeiten pro Tag, pro Stunde und pro Block, praktisch hat sich die früher regelmäßig zu beobachtende Überbuchungssituation indes entspannt; Überbuchung in der Prime-Time ist bisweilen aber noch festzustellen.
- Die Produktionskosten der Werbespots sind sehr hoch (bis zu 1 Mio. DM pro Minute).
- Die Tausendkontaktpreise sind hoch.
- Die Gestaltungsmöglichkeiten sind sehr gut (Bild, Ton, Farbe).
- Das redaktionelle Image des Fernsehens ist vergleichsweise gut, in so gut wie allen Dimensionen nimmt das Fernsehen den Spitzenplatz ein (vgl. Tabellen 9 bis 12).
- Das werbliche Image des Fernsehens ist ebenfalls recht gut, nur wird Werbung im Fernsehen als am störendsten empfunden (vgl. Tabelle 24). Dies war auch Ergebnis der Studie der Regionalpresse 1991.

Kurzcharakterisierung des Fernsehens: Fernsehen ist *das* Basismedium im Bereich der Markenartikelwerbung, durch seine multisensorische Wirkungsweise (Bild, Ton, Farbe als Gestaltungselemente) gilt es als eines der stärksten Werbemedien. Auch wenn solche qualitativen Zuschreibungen eigentlich nicht zu gewichten und nur unter Vorbehalt zu einer Gesamtbeurteilung zusammenzufügen sind, kann wohl doch das Fernsehen zusammenfassend als das aktuelle Massenmedium bezeichnet werden, das im Werbemarkt der Zukunft die besten Entfaltungsmöglichkeiten haben dürfte.

4.8. Veränderungen des Angebots der Massenmedien als Werbeträger

Im Angebot der Massenmedien als Werbeträger zeichnet sich eine ähnlich rasante Entwicklung ab wie im Angebot der Massenmedien als Informationsträger, wie Tabelle 25 zeigt. Indikatoren sind hier

- die Zahl der Printmedien und der Seitenumfang der Werbung sowie
- die Zahl der Programme, die Werbung ermöglichen, und der zeitliche Umfang der Werbung.

Tab. 25: Entwicklung der Massenmedien als Werbeträger

	1980	**1982**	**1984**	**1986**	**1988**	**1990**	**1992**[3]
Zeitungen (Haupt- und Nebenausgaben)							
Anzeigenseiten (in 1000)[1]	1 772	1 622	1 637	1 609	1 634	1 691	-
Beilagenumsatz (Index)[2]	100	131	176	188	228	274	-
Zeitschriften							
Anzeigenseiten (in 1 000)	1 251	1 243	1 357	1 464	1 728	1 835	-
Fernsehen							
Werbestunden öff.-rechtl.	849	911	910	936	976	851	848
Werbestunden privat	-	-	-	209	619	1 481	3 177
Programme mit Werbung	2	2	2	4	5	6	12
Hörfunk							
Werbestunden ARD	3 240	3 438	3 126	3 752	4 128	3 894	4 558
HF-Programme	35	35	37	41	161	190	242[4]

1) Tageszeitungen 2) Für Abonnementzeitungen 3) inklusive Ostdeutschland 4) 1993

Quellen: Pressestatistik, Jahrbücher „Zeitungen", ARD- und ZDF-Jahrbücher, ZAW-Jahrbücher

Die Werbemenge hat bei Zeitungen, gemessen in Anzeigenseiten, von 1980 bis 1990 um 4,6 Prozent leicht abgenommen. Allerdings wird ein Teil der Zeitungswerbung zunehmend in Form von Beilagen verbreitet. Die mengenmäßige Entwicklung der Beilagenwerbung ist nicht bekannt, ersatzweise wird die Entwicklung des Beilagen-Umsatzes ausgewiesen. Demnach hat der Umsatz aus Beilagen um 274 Prozent zugenommen.

Bei Zeitschriften hat die Werbemenge, gemessen in Anzeigenseiten, von 1980 bis 1990 deutlich um 46,7 Prozent zugenommen. Dieser Zuwachs übersteigt das Wachstum des realen Bruttozialprodukts in diesem Zeitraum von 24 Prozent um 22,7 Prozentpunkte.

Noch deutlicher ist der Anstieg der Werbemenge im Fernsehsektor. Wurden 1980 noch 849 Stunden Werbung ausgestrahlt, so wurden 1992 bereits 4 025 Werbestunden gezählt. Das entspricht einer Steigerung von 374 Prozent, die vor allem auf die Versechsfachung der Fernsehprogramme mit Werbung zurückzuführen ist.

Für den Hörfunk sind solche Angaben nicht vorhanden, lediglich die Entwicklung der Zahl der Werbestunden im öffentlich-rechtlichen Rundfunk ist bekannt und ausgewiesen. Ein Indikator für die vermutlich exorbitante Zunahme an Hörfunkwerbung ist die Entwicklung der Zahl der Hörfunkprogramme. Die Gesamtzahl (öffentlich-rechtlich und privat) ist von 35 im Jahr 1980 auf 242 im Jahr 1993 gestiegen. In diesen Programmen kann generell – mit Ausnahme einiger ARD-Programme – geworben werden. Schließlich ist zu vermuten, daß in solchen Angaben die neukonzipierten Werbeformen – wie Einkaufsreports, Firmenporträts, Gameshows, Patronatswerbung, Merchandising und Sponsoring – nicht enthalten sind.

Insgesamt kann in der Beschreibung des Mediensektors eine erhebliche Ausweitung des Angebots der Massenmedien als Informations- und Werbeträger dokumentiert werden, überwiegend durch die werbetreibende Wirtschaft finanziert. Ansatzpunkte für eine Abschwächung dieses Trends sind nicht in Sicht – im Gegenteil, dem Mediensektor wird ein weiterhin kräftiges und zunehmendes Wachstum vorausgesagt.

Literaturhinweise

Einen kurzen und präzisen Überblick über die Massenmedien gibt

Meyn, Hermann (1994), Massenmedien in der Bundesrepublik Deutschland, Berlin (Colloquium) 1994.

Einen informativen Überblick über den Mediensektor insgesamt mit zahlreichen Tabellen gibt

Brepohl, Klaus (1992), Medien – Fakten und Zahlen, Köln (Deutscher Instituts-Verlag) 1992.

Eine sehr brauchbare Datensammlung zum Mediensektor bietet alle zwei Jahre die Publikation der *Media Perspektiven*:

Daten zur Mediensituation in Deutschland; zuletzt 1993.

Über Entwicklungen im Mediensektor in Deutschland informieren zuverlässig folgende Zeitschriften:

Medienspiegel, herausgegeben vom Medieninstitut des Instituts der Deutschen Wirtschaft, Köln (wöchentlich),
Media Perspektiven, herausgegeben von der Arbeitsgemeinschaft der ARD-Werbegesellschaften, Frankfurt (monatlich).

3. Kapitel

Der Mediensektor im Schnittfeld der Systeme Wirtschaft und Publizistik

Der Mediensektor ist in einzigartiger Weise in die Systeme Wirtschaft und Publizistik zugleich eingebettet. Daraus resultieren erhebliche Bewertungsprobleme und Konfliktpotentiale, weil Bewertungsebenen, systemimmanente Verfahren und angewandte Analysekonzepte unterschiedlich sind, in der Darstellung aber häufig nicht klar genug getrennt werden. Dieses Spannungsverhältnis schlägt sich schon in den unterschiedlichen rechtlichen Rahmenbedingungen für die einzelnen Medien und im Konflikt zwischen individuellen und institutionellen Freiheitsrechten nieder (Abschnitt 1).

In Abschnitt 2 wird die Unterschiedlichkeit der jeweils verwendeten Normen und Verfahren herausgestellt, in Abschnitt 3 wird der Mediensektor systemimmanent unter den Prämissen der Ökonomie analysiert, und in Abschnitt 4 wird eine Bewertung aus publizistischer Sicht versucht.

Das Fazit – ein gewisses Ausmaß an Handlungsautonomie für Journalisten und eine Kontrolle der Medienproduktion durch unabhängige Experten, etwa nach dem Vorbild der Monopolkommission oder des Sachverständigenrates, zu empfehlen – erinnert angesichts der Fülle der Strukturprobleme der Medienproduktion an die „vom Berg geborene Maus“. Diese Maus ist allerdings angesichts der Fragilität der Medienproduktion dem ebenfalls sprichwörtlichen Elefanten eindeutig vorzuziehen.

1. Rechtliche Rahmenbedingungen des Journalismus

Im folgenden geht es nicht um eine umfassende Darstellung der rechtlichen Rahmenbedingungen des Journalismus, sondern um eine einführende Darstellung des rechtlichen Spannungsverhältnisses zwischen Markt und Politik im Journalismus und ihre Bewertung aus ökonomischer Sicht. Sofern rechtliche Rahmenbedingungen für die einzelnen Medien ökonomisch relevant sind, werden sie dort behandelt.

Die Verfassung garantiert eine Vielzahl von Freiheitsrechten, die in ökonomischer Interpretation als Konsumentenfreiheit, Produzentenfreiheit, Arbeitnehmerfreiheit und Wettbewerbsfreiheit bezeichnet werden können. Wichtig ist, daß sie formale und primär individuelle Rechte sind: Grundsätzlich muß jeder, der diese Rechte in Anspruch nimmt, den resultierenden Verbrauch an gesellschaftlich knappen Ressourcen bezahlen. Wer eine Zeitung konsumieren will, darf aus dem Angebot frei wählen, aber er muß die Zeitung bezahlen und wer einen Zeitungsverlag gründen will, darf das ohne nennenswerte rechtliche Beschränkungen tun, aber er muß die notwendigen Produktionsfaktoren erwerben und bezahlen.

Speziell für den Medienbereich gelten daneben – verfassungsrechtlich an höherer Stelle rangierend – weitere Freiheitsrechte. Die Verfassung garantiert

- das Recht, seine Meinung frei zu äußern und zu verbreiten (Meinungsfreiheit),
- sich aus allgemein zugänglichen Quellen zu unterrichten (Informationsfreiheit) und
- die Freiheit der Massenmedien (Presse-, Rundfunk- und Filmfreiheit).

Ergänzt werden diese Freiheiten durch das Zensurverbot. Dabei sind die Meinungs- und Informationsfreiheit ebenfalls formale und primär individuelle Freiheitsrechte. Wer seine Meinung verbreiten will, muß sich das Auditorium schaffen und wer sich informieren will, muß die Nutzung der Informationsquellen bezahlen. Die Begründung der Freiheitsrechte stellt primär auf den individuellen Nutzen für den Menschen ab: Meinungs- und Informationsfreiheit ist ein individuelles Recht, das der einzelne zur freien Entfaltung seiner Person benötigt. Erst in zweiter Linie wird die positive gesellschaftliche Funktion für die freiheitlich-demokratische Grundordnung gesehen, sozusagen die größere Produktivität eines Freihandels der Meinungen. Aus ökonomischer Sicht kann die Meinungsfreiheit als Teil der Produzentenfreiheit und die Informationsfreiheit als Teil der Konsumfreiheit gesehen werden, allerdings mit einem ganz besonderen Stellenwert für die Funktionsweise der Gesellschaft.

Die Medienfreiheiten sind hingegen von ganz anderem Zuschnitt. Ihnen kommt verfassungsrechtlich nur eine dienende Funktion zu, zentral ist vielmehr ihr Ergebnis: Vielfalt gilt als verfassungsrechtlicher Zielwert (Hoffmann-Riem 1991, S. 15). In der Rechtsprechung des Bundesverfassungsgerichts wird hier vor allem auf die Artikulation der öffentlichen Meinung und, damit verbunden, auf die Verbesserung der Funktionsweise einer repräsentativen Demokratie abgestellt. Der objektiv-rechtliche Gehalt der Medienfreiheit wird bejaht und es wird gefordert, eine positive Ordnung zu schaffen, die sicherstellt, „daß die Vielfalt der bestehenden Meinungen im Rundfunk in möglichster Breite und Vollständigkeit Ausdruck findet" (BVerfGE 57, 295, 320; 74, 297, 324). Gefordert wird Meinungsvielfalt auf dem Meinungsmarkt, und Gefahren müssen abgewehrt werden, die aus Meinungsmonopolen entstehen können.

Damit sind die Medienfreiheiten im Prinzip Fremdkörper im System der Freiheitsrechte, jedenfalls aus der Sicht der Ökonomie. Wirtschaftswissenschaftlicher Grundposition hätte es entsprochen, wenn auch die Medienfreiheiten als formale und primär individuelle Freiheitsrechte konzipiert worden wären, also als Unternehmerfreiheit und Wettbewerbsfreiheit. Medienfreiheit wäre dann das formale Individualrecht des freien Zutritts zum Markt der Medienunternehmen (Produzentenfreiheit) und das Recht, die Wettbewerbsparameter formal unbeschränkt einzusetzen (Wettbewerbsfreiheit).

Tatsächlich aber ist die Medienfreiheit nicht als formales Freiheitsrecht, sondern als Ergebnisnorm konzipiert und dieses wird in der herrschenden Ökonomie liberaler

Prägung nicht akzeptiert. Es bedeutet nämlich, daß das gewollte Ergebnis der Medienfreiheit – die Repräsentation der bestehenden Meinungsvielfalt – zum Kriterium erlaubter Freiheit wird (Mestmäcker 1986).

Dieser Konflikt zwischen den beiden sich ausschließenden Interpretationen der Medienfreiheit wird wieder deutlich in der Diskussion um „Pluralismus und Medienkonzentration im Binnenmarkt". In der Sicht der EG-Kommission und des EuGH wird die Ergebnisnorm der Medienfreiheit - die Meinungsvielfalt - als Beschränkung des Prinzips der Meinungsfreiheit gesehen (vgl. Grünbuch 1992, S. 14-17), während insbesondere Vertreter der Position des öffentlich-rechtlichen Rundfunks dieses strikt ablehnen (vgl. z.B. Dörr 1994). Dieser Streit kann hier nicht in seiner rechtlichen Tragweite beurteilt werden; aus ökonomischer Sicht behindern aber Vorgaben für das Ergebnis des Wettbewerbs seine Produktivität. „Eine bestehende Meinungsvielfalt als Maßstab für die zukünftige zu verwenden, würde bewirken, daß der Prozeß der Meinungsbildung ein geschlossenes System wird, in dem die Freiheit der Meinungsbildung beschränkt ist" (Hoppmann 1988, S. 187).

Der beschriebene Konflikt zwischen dem offenen Verfahren Wettbewerb und der Meinungsvielfalt als Ergebnis wird bislang für den Pressesektor verneint (eine Ausnahme bildet etwa Röper 1993c). Die Pressefreiheit ist individuelle Unternehmerfreiheit, die hier, weil dieses Freiheitsrecht schlechthin konstitutiv ist, sogar ungewöhnlich umfassend definiert ist (vgl. Kapitel 7). Das Ergebnis der Pressefreiheit *kann* glücklicherweise als Meinungsvielfalt interpretiert werden, kollidiert also nicht mit Sicherheit mit der Pressefreiheit als Institution. Zugleich wird das Ergebnis der individuellen Wettbewerbsfreiheit auf dem Pressemarkt als hinlänglich gut funktionierender Wettbewerb interpretiert, kollidiert also nicht mit der Wettbewerbsfreiheit als Institution. Eine weiter zunehmende Pressekonzentration (vgl. Kapitel 9) dürfte diese Übereinstimmungen indes zu Makulatur machen.

Für den Rundfunksektor wird vom Bundesverfassungsgericht diese Kongruenz zwischen individualrechtlichen und institutionellen Schutzvorschriften verneint, weil der Wettbewerb aufgrund der Sondersituation der Rundfunkproduktion nicht gut funktionieren könne. Die Sondersituation des Rundfunks im Vergleich zur Presse wird aus der Knappheit der verfügbaren Frequenzen und dem hohen Aufwand für die Veranstaltung von Rundfunksendungen hergeleitet (BVerfGE 12; 205, 261). Es wird vermutet, daß der Wettbewerb bei einer solchen Konstellation zu seiner Aufhebung tendiert und zur Konzentration von Meinungsmacht führt.

Daher wird Kontrolle und Meinungsvielfalt nicht durch Wettbewerb, sondern durch die pluralistische Besetzung der Kontrollgremien der Rundfunkanstalten zu erreichen gesucht. Und dies wird auch nach der Zulassung privater Veranstalter mit der Bestands-, Entwicklungs- und Finanzierungsgarantie für die Grundversorgung durch öffentlich-rechtliche Anstalten bis heute als Regelungsprinzip aufrechterhalten. Die Rundfunkfreiheit ist damit gleichzusetzen mit einer Rundfunkordnung, die sich am Ziel der Vielfalt orientieren muß, was wiederum durch das jüngste Rundfunkurteil des Bundesverfassungsgerichts, das „Rundfunkgebührenurteil" vom 22.2.1994, bestätigt worden ist.

Die konkrete Ausgestaltung einer solchen Rundfunkordnung ist nicht vorgeschrieben. Binnen- und außenpluralistische Rundfunkmodelle sind möglich und auch Mischformen sind denkbar. „Das Grundgesetz ist im Hinblick auf die Wahl unterschiedlicher Rundfunkmodelle rundfunkpolitisch neutral" (Hoffmann-Riem 1991, S 20). Die Garantie der Rundfunkfreiheit erfordert im wesentlichen:

- der Rundfunk ist von staatlicher Beherrschung und Einflußnahme freizuhalten,
- er darf nicht von einer gesellschaftlichen Gruppe vereinnahmt werden,
- der Gesetzgeber muß eine positive Rahmenordnung vorsehen, er darf die Märkte nicht völlig unkontrolliert dem freien Spiel der Kräfte aussetzen (Monopolkommission 1990, S. 294).

Das heißt, daß die duale Rundfunkordnung (öffentlich-rechtliche und private Veranstalter zugleich) in Richtung einer außenpluralen Konzeption im Sinne eines Marktmodells verändert werden könnte, denn die Bestands-, Entwicklungs- und Finanzierungsgarantie der öffentlich-rechtlichen Anstalten hat keinen Verfassungsrang (Monopolkommission 1990, S. 294). Allerdings sollte dies dann auch umgekehrt für den Pressesektor gelten, eine Entwicklung in Richtung binnenpluraler Modelle oder eine spezielle Sicherung der Außenpluralität sollte bei fortschreitender Pressekonzentration verfassungskonform sein (vgl. Rager/Weber 1992, S. 15 ff.).

Die Begründung für die Sondersituation des Rundfunks ist nicht überzeugend. Praktisch alle Güter sind knapp und wenn ein Gut wie die terrestrischen Frequenzen auch möglicherweise besonders knapp gewesen sein mag, so hätte dieser Mangel erst recht einen Preismechanismus erfordert, um die optimale Allokation der Frequenzen zu sichern. Inzwischen können die faktischen Rundfunkübertragungsmöglichkeiten mit pro Kopf des Bundesbürgers zwischen drei und etwa 25 Fernsehprogrammen sowie zwischen etwa 5 und 30 Hörfunkprogrammen auch nicht mehr als knapp bezeichnet werden. Die faktische Vielfalt pro Kopf, etwa des Zeitungsbereiches wird damit schon bei weitem übertroffen. Und die Produktionskosten des Rundfunks können mit etwa zwei bis drei Mio. DM pro Jahr für lokalen Hörfunk und 100 Mio. DM pro Jahr für nationales Fernsehen auch nicht mehr als hoch bezeichnet werden. Das heißt, daß eine unterschiedliche medienpolitische Behandlung des Rundfunks und der Printmedien aus ökonomischer Sicht nicht angemessen ist.

Wenn eine Funktionsnorm für den Mediensektor konzipiert wird, dann sollte es also eine einheitliche Norm sein. Die herrschende Ökonomie liberaler Prägung würde vermutlich für die einheitliche Vorgabe individueller Freiheitsrechte plädieren, also letztlich für das offene Verfahren des ökonomischen Wettbewerbs, denn Meinungsvielfalt ist als Norm nicht operational zu definieren, und eine vorgegebene Ergebnisnorm behindert die Produktivität des Wettbewerbs.

Hier soll dazu noch nicht Stellung bezogen werden, weil zunächst untersucht werden muß, wie der Markt im Medienbereich funktioniert. Dazu sollen die wesentlichen Unterschiede zwischen dem System Wirtschaft und dem System Publizistik herausgestellt werden, denn ein Primat im Sinne einer Übernahme sämtlicher Normen und Bewertungsmaßstäbe soll hier für die Wirtschaft nicht postuliert werden.

2. Normen und Verfahren der Systeme Wirtschaft und Publizistik

Die im Mediensektor konkurrierenden Systeme der Wirtschaft und der Publizistik unterscheiden sich prinzipiell in zwei Punkten:

- im Normensystem und
- im Verfahren.

2.1. Wohlfahrt versus Vielfalt und publizistische Qualität — unterschiedliche Normen in Wirtschaft und Publizistik

Die **Norm im Bereich der Wirtschaft** ist die Maximierung des individuellen Nutzens, also die maximale Bedürfnisbefriedigung. Wertmaßstab sind allein die individuellen Bedürfnisse der Menschen, die sog. Konsumentenpräferenzen. Qualität oder Vielfalt spielen keine *eigenständige* objektive Rolle im Normensystem der Ökonomie, sie sind – je nach individueller Neigung – allerdings möglicherweise Bestandteil des individuellen Nutzens.

Diese ökonomische Sicht sei an einem Beispiel erläutert. Die individuelle Wohlfahrt wird durch die Bereitschaft der Konsumenten erfaßt, für den Konsum einen bestimmten Geldbetrag auszugeben. Abzüglich der dafür zu zahlenden Summe – in diesem Umfang muß der Konsument darauf verzichten, den nächstbesten Konsum zu finanzieren (Opportunitätskosten) – ergibt sich für den Konsumenten ein Nettowohlfahrtsüberschuß, die sogenannte Konsumentenrente[1]. Angenommen sei die Nachfrage-Preis-Beziehung PMN nach einem Programm A und ein Preis P_0, der gerade die Kosten der Produktion des Programms A deckt. Es ergibt sich dann eine Konsumentenrente in Höhe von P P_0 M. Alternativ sei angenommen, daß die Vielfalt steigt, indem zwei Programme B und C angeboten werden. Entscheidend für die Auswirkung der zunehmenden Vielfalt auf die durch die Konsumentenrente erfaßte individuelle Wohlfahrt sind nun einerseits die Kosten der Produktion der Vielfalt, hier der Programme B und C, und andererseits die Veränderung der Bruttowohlfahrt, hier erfaßt durch eine Verschiebung der Nachfrage-Preis-Beziehung.

---

1 Die Eignung der Konsumentenrente als Wohlfahrtsmaß ist nicht unumstritten. So muß beispielsweise vorausgesetzt werden, daß die Nachfragekurve gegeben ist; doch hängt ihr Verlauf von den Preisen anderer Güter und vom Realeinkommen ab, das seinerseits wiederum vom Preis des betrachteten Gutes beeinflußt wird. Bei gesamtwirtschaftlich nicht sehr bedeutenden Märkten, wie dem Medienmarkt, kann aber ein solcher Einkommenseffekt vernachlässigt werden. Das Konzept der Konsumentenrente erlaubt auch nur einen intrapersonalen, keinen interpersonalen Wohlfahrtsvergleich, aber es kann damit gezeigt werden, daß schon für ein Individuum zunehmende Vielfalt nicht per se die Wohlfahrt erhöht.

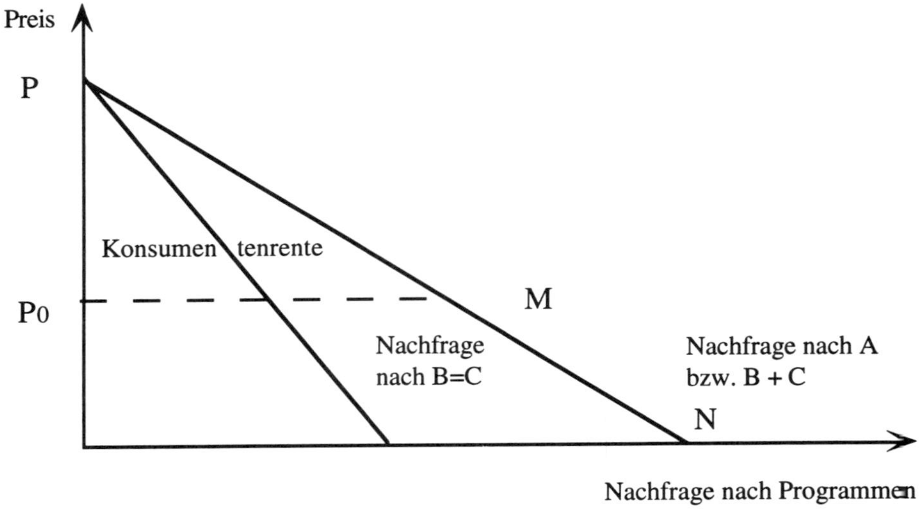

Abb. 1: Konsumentenrente bei Änderung der Programmvielfalt

Angenommen, die Nachfrage-Preis-Beziehung ändere sich nicht, die Gesamtnachfrage verteile sich vielmehr gleichmäßig auf die beiden Programme B und C. In diesem Fall bleibt die Konsumentenrente gleich, wenn Programm B und C zusammen so teuer wären wie Programm A allein. Dies ist allerdings unwahrscheinlich. Aufgrund der gerade im Medienbereich signifikanten Fixkostendegression (vgl. Kapitel 4) und der Größenersparnisse der Produktion sinken die Stückkosten der Produktion in aller Regel bis zur Sättigungsgrenze. Ein Programm ist pro Zuschauer ceteris paribus wesentlich billiger als zwei Programme für die gleiche Gesamtzuschauerzahl. Die Wohlfahrt würde also mit zunehmender Vielfalt abnehmen.

Unwahrscheinlich ist allerdings auch, daß die Nachfrage-Preis-Beziehung mit steigender Vielfalt der Programme unverändert bleibt. Es ist vielmehr anzunehmen, daß ein zweites Programm dazu beiträgt, die Bedürfnisse der Konsumenten insgesamt besser zu erfüllen, daß mithin die Nachfrage-Preis-Beziehung eine Rechtsverschiebung erfährt. In diesem Fall *kann* die Wohlfahrt zunehmen, nämlich dann, wenn durch das zusätzliche Programmangebot die Konsumentenpräferenzen intensiver erfüllt werden und die Bruttowohlfahrtszunahme die üblicherweise zu erwartende Kostenzunahme übersteigt.

Generell soll damit gezeigt werden, daß eine Erhöhung der Zahl der Anbieter und eine Erweiterung des Gütersortiments nicht notwendigerweise die Wohlfahrt erhöht. Es kommt dabei immer darauf an, ob das Ausmaß der zusätzlichen Befriedigung der Konsumenten die zusätzlichen Kosten der Vielfalt übersteigt. Daraus folgt, daß Vielfalt, auch publizistische Vielfalt, im System der Ökonomie kein Wert an sich ist; auch für Vielfalt gelten die in der Ökonomie üblichen Kosten-Nutzen-Kalküle.

Um diese ökonomische Sicht deutlich zu machen, wird im folgenden von **ökonomischer Qualität** gesprochen, wenn es allein um die individuelle Wohlfahrt geht. Inhaltlich kann und muß die „ökonomische Qualität“ nicht objektiv definiert werden, sie wird allein durch individuelle Konsumentenpräferenzen definiert.

Die zentrale **Norm im Bereich der Publizistik** (in Deutschland) ist die Vielfalt, die Vielfalt als verfassungsrechtlicher Zielwert (Hoffmann-Riem 1991, S. 15), die publizistische Vielfalt als Rechtsgebot (Branahl 1992b, S. 85 ff.). Neben dieser politisch fundierten Vielfaltsnorm, oder besser gesagt darunter, rangieren die Qualitätsmerkmale der Publizistik, die das System eher von sich heraus entwickelt hat. Diese Qualitätsmerkmale sind nicht ganz unstrittig (vgl. Ruß-Mohl 1992), aber überwiegend wird von folgenden Qualitätskriterien ausgegangen:

- Aktualität,
- Relevanz,
- Richtigkeit und
- Vermittlung (Sprache, Stil, letztlich die kommunikative Beziehung, vgl. Rager 1994).

Diese genannten Normen und die Vielfalt sollen hier als Kriterien für die **publizistische Qualität** verwendet werden. Publizistische Qualität ist also anders als die ökonomische Qualität objektiv inhaltlich durch die genannten Merkmale definiert.

Über die Rangordnung dieser Normen der Wirtschaft und der Publizistik kann nicht spekuliert werden. Wenn die Gesellschaft publizistische Vielfalt will, dann ist dies zu akzeptieren. Allerdings muß dann auch akzeptiert werden, daß damit individuelle Kosten-Nutzen-Kalküle nur begrenzt berücksichtigt werden: Publizistische Vielfalt ist mit großer Wahrscheinlichkeit teurer als die Vielfalt, die der Markt hervorbringen würde.

Wohlfahrt als Ziel der Wirtschaftspolitik kann nicht objektiv gemessen werden. Es besteht indes Konsens in der Wirtschaftswissenschaft, daß Wohlfahrt prinzipiell durch Wettbewerb gesteigert werden kann und daß daher der Wettbewerb durch Wettbewerbspolitik und Deregulierungen gesichert und verbessert werden muß.

Vielfalt als Ziel der Medienpolitik kann aus ökonomischer Sicht ebenfalls nicht objektiv gemessen werden (Heinrich 1992b). Vielfalt ist ein individuelles Konzept, der einzelne Konsument kann allenfalls für sich entscheiden, ob das Güterangebot vielfältiger geworden ist, aber die Ansichten darüber werden differieren. Aus der langen Diskussion um die Möglichkeit interpersoneller Wohlfahrtsvergleiche weiß man nun, daß aus individuellen Rangordnungen gesamtwirtschaftliche Rangordnungen nicht abgeleitet werden können (vgl. Baßeler/Heinrich 1976). Damit ist eine auch nur ordinale Meßbarkeit von globaler Vielfalt methodisch ausgeschlossen. Fraglich ist dann, ob Vielfalt ein taugliches Ziel der Medienpolitik sein kann.

Wenn Vielfalt Ziel der Medienpolitik ist, sollte idealiter eine ordinale Meßbarkeit zu erkennen erlauben, ob Vielfalt durch bestimmte Strukturveränderungen der Medienpolitik zugenommen oder abgenommen hat. Diese Beobachtung ist aber, wie ausgeführt, streng genommen nicht möglich. Es bleibt der Ausweg, Vielfalt qua Expertenurteil, etwa analog dem bei Warentests angewendeten Verfahren, zu erfassen.

Dazu müßten die relevanten Dimensionen der Vielfalt festgelegt werden, z. B. die Dimensionen Politik, Religion und Region, und die Gewichtung der Dimensionen für das Gesamturteil zur Vielfalt müßte vorgenommen werden, z.B. wird jede Dimension mit 33 1/3 Prozent gewichtet. Dies wäre zwar immer nur ein Ausschnitt aus allen denkbaren Dimensionen der Vielfalt, aber eine Reduktion auf die für wichtig gehaltenen Dimensionen sollte möglich sein.

Eine praktische Meßbarkeit dieser Dimensionen, etwa so wie man den Bremsweg und die Lebensdauer von Reifen mißt, erscheint bislang aber nicht möglich. Vielfalt als Ergebnisnorm ist durch eine zentrale Institution sinnvoll und justitiabel nicht erfaßbar und kontrollierbar. Dies ist durch die Analyse der Rundfunkaufsicht in der Bundesrepublik bestätigt. „Alle Versuche, praktikable inhaltliche Vielfaltsmaßstäbe zur Beurteilung von Programmschemata bei der Lizenzvergabe oder zur laufenden Programmkontrolle zu entwickeln, sind gescheitert" (Lange 1991, S. 13).

Hinzu kommt, daß es kaum möglich sein dürfte, eine Kausalität zwischen der Produktion von Vielfalt und den Strukturen des Mediensystems zu begründen. Veränderungen der Vielfalt können plausibel jeweils auch auf andere Ursachen zurückgeführt werden, etwa die Bevölkerungsdichte, die Parteienvielfalt, das Bildungssystem, Anteile von Minderheiten usw. Es erscheint daher sinnvoller, der Medienpolitik einfacher zu handhabende Ziele vorzugeben, etwa die Zahl oder die Marktanteile unabhängiger Medienunternehmen, und diese als Ziele per se zu formulieren. Dies hätte den Vorzug der Praktikabilität und den Nachteil einer lediglich plausiblen Begründungslinie zwischen Vielzahl und Vielfalt (vgl. Kapitel 4, Abschnitt 4). Aber viel mehr als Plausibilität und geschichtliche Erfahrung stützt den Zusammenhang von Wettbewerb und Wohlfahrt auch nicht.

2.2. Ökonomischer versus publizistischer Wettbewerb – die Verfahren

Wettbewerb ist maßgebliche Ordnungsregel in vielen Bereichen der Gesellschaft, im Bereich der Kunst, der Politik, des Sports, der Wirtschaft und der Wissenschaft. Wettbewerb ist ein dynamisches Ausleseverfahren, bei dem die Wettbewerber das gleiche Ziel haben und außenstehende Dritte darüber entscheiden, wer das Ziel in welchem Umfang erreicht. Daraus ergibt sich, sofern keine Absprachen vorliegen, eine Rivalität zwischen den Wettbewerbern und die gegenseitige Abhängigkeit der im Wettbewerb eingesetzten Parameter.

Dieses Ausleseverfahren Wettbewerb kann auf mehreren Ebenen unterschieden werden:

- Wettbewerb kann in verschiedenen Bereichen ausgetragen werden, z.B. in der Kunst, der Politik, in Sport und Wirtschaft,
- Wettbewerb kann mit verschiedenen Parametern ausgetragen werden, z.B. mit dem Parameter Schönheit, Überzeugungskraft, Schnelligkeit, Qualität, Preis,
- Wettbewerb kann mit verschiedenen Erfolgsmaßstäben gemessen werden, z.B. mit Kunstpreisen, Wählerstimmen, Weltrekorden oder Marktanteilen,

- Wettbewerb kann Handlungsfolgen in unterschiedlicher Weise zurechnen, z.B. vollständig bei Privateigentum und partiell oder unvollständig bei Nicht-Privateigentum.

Den größten Einfluß auf Inhalt und Ergebnis des Wettbewerbsprozesses haben der Erfolgsmaßstab und das Ausmaß der Zurechnung von Handlungsfolgen. Diese Kriterien dienen dementsprechend zur Abgrenzung der Konzepte „ökonomischer" und „publizistischer Wettbewerb".

Ökonomischer Wettbewerb ist Wettbewerb, dessen Erfolgsmaßstab direkt in Geld ausgedrückt werden kann, also zum Beispiel in Gewinn, Marktanteilen, Absatz oder Umsatz und bei dem zugleich die Zurechnung von Handlungsfolgen in Geld direkt und wesentlich spürbar ist. Auf den Bereich und die im Wettbewerbsprozeß eingesetzten Parameter kommt es nicht an. Ein Beispiel soll dies deutlich machen: Wenn ein Produzent journalistischer Aussagen, sei es ein Journalist oder ein Massenmedienunternehmen, mit welchen Parametern auch immer, um Honorar, Einkommen, Werbeeinnahmen oder Gewinn kämpft und die Handlungsfolgen in Geld ausgedrückt deutlich spürbar sind, dann ist das ökonomischer Wettbewerb. Offen kann dann bleiben, ob das ökonomischer Wettbewerb im Bereich der Publizistik ist oder ob die Publizistik dann funktional dem Bereich der Wirtschaft zuzurechnen ist.

Publizistischer Wettbewerb ist Wettbewerb, dessen Erfolgsmaßstab publizistische Kategorien sind und bei dem zugleich die Zurechnung von Handlungsfolgen in Geld direkt nur wenig spürbar ist, „reiner Ideenwettbewerb ohne jede wirtschaftliche Konsequenz" (Kantzenbach 1988, S.80). Welche publizistischen Kategorien Erfolgsmaßstäbe sind, dürfte Wandlungen unterworfen sein. Zur Zeit gelten politisch gesetzte Erfolgsmaßstäbe wie Ausgewogenheit und vor allem Meinungsvielfalt sowie die genannten Erfolgsmaßstäbe des Systems Publizistik: Aktualität, Richtigkeit, Relevanz und kommunikativer Erfolg.

Die Zurechnung von Handlungsfolgen ist im publizistischen Wettbewerb, in Geld ausgedrückt, gering. Eine „gute" oder „richtige" Meinung erbringt nicht notwendigerweise Einnahmen, und „schlechte" oder „falsche" Meinungen werden üblicherweise nicht mit geldlichen Sanktionen belegt. Eine Produzenten-Haftpflicht für die Folgen von Ideen, Meinungen und Wertungen existiert genauso wenig wie umgekehrt ein Verkaufserlös. Das gilt auch für ganze Programmteile. Ein qualitativ hochwertiges Programm erbringt nicht notwendigerweise mehr Reichweite und Einnahmen als ein anderes Programm von geringerem Niveau und schlechterer Qualität.

Generell ist die Bestimmung der Art des Wettbewerbs immer eine Frage des Grades, nicht der Existenz. So wird ein Sportler. der um olympisches Gold kämpft, gleichzeitig Prämien und Werbeeinnahmen anstreben, oder ein Journalist, der einen „Knüller" bringt, wird auch eine Verbesserung seines Marktwertes im Auge haben, also sowohl nach ökonomischen als auch nach außerökonomischen Maßstäben nach Erfolg streben. Letztlich kommt es darauf an, welche Motive der Aktivität vorherrschen. Auch die Zurechnung von Handlungsfolgen ist immer eine Frage des Grades, nicht der Existenz. Für ökonomischen Wettbewerb ist wichtig, daß Handlungsfolgen im wesentlichen zugerechnet werden, daß ein Wettbewerber im wesentlichen die Kosten seiner Aktivitäten selbst tragen muß und den Nutzen seiner Anstrengungen im wesentlichen selbst monetarisieren kann.

So ist auch und wohl ganz besonders die Art des Wettbewerbs im Bereich der Journalistik eine Frage des Grades, nicht der Existenz. Reiner publizistischer Wettbewerb ist vermutlich nur in religiös oder weltanschaulich motivierten Publikationen anzutreffen, reiner ökonomischer Wettbewerb, der wesentlich häufiger sein dürfte, ist zum Beispiel bei den neuen privatwirtschaftlichen Fernsehanbietern oder bei vielen Zeitschriften anzutreffen.

Dagegen stehen die öffentlich-rechtlichen Rundfunkanstalten überwiegend im publizistischen Wettbewerb: Sie streben in erster Linie nach Meinungsvielfalt und Ausgewogenheit und orientieren sich an ihrem Grundversorgungsauftrag. Das sind Erfolgsmaßstäbe, die in Geld nicht ausgedrückt werden können. Erst in zweiter Linie orientieren sich die öffentlich-rechtlichen Rundfunkanstalten an Einschaltquoten und Werbeeinnahmen, also ökonomischen Erfolgsmaßstäben. Und die Zurechnung von Handlungsfolgen in Geld ist für die öffentlich-rechtlichen Rundfunkanstalten relativ gering, weil eine Bestands- und Entwicklungsgarantie formuliert ist und diese gerade nicht an die Erfüllung ökonomischer Kriterien gebunden ist, sondern die Erfüllung des Grundversorgungsauftrages voraussetzt. Auch nach dem Kriterium der Zurechnung von Handlungsfolgen befinden sich die öffentlich-rechtlichen Rundfunkanstalten also primär im publizistischen Wettbewerb.

Für die einzelnen Journalisten gilt eine ähnliche Abstufung der Einbindung in ökonomischen bzw. publizistischen Wettbewerb. Die jeweilige Zuordnung wird beeinflußt von folgenden Strukturmerkmalen journalistischer Produktion:

- vom Ausmaß der Einbindung in die Medienunternehmung (angestellte bis freie Journalisten),
- vom Ausmaß der gewährten Handlungsautonomie zwischen innerer Pressefreiheit und Verlegerkompetenz,
- vom Ausmaß der Zurechnung von Handlungsfolgen zwischen hochgradig arbeitsteiliger Verbundproduktion und entwickelter Reichweitenmessung für Einzelbeiträge und
- vom Ausmaß der Akzeptanz journalistischer Berufsnormen.

Diese Strukturmerkmale sind so zu interpretieren, daß die Zuordnung zu den jeweils erstgenannten Merkmalen – angestellte Journalisten, innere Pressefreiheit, geringe Zuordnung von Handlungsfolgen, hohe Akzeptanz journalistischer Berufsnormen – eine Zuordnung zu primär publizistischem Wettbewerb implizieren – und vice versa.

2.3. Wettbewerbspolitik versus Medienpolitik – Kontrollen im System der Wirtschaft und der Publizistik

Die Politik hat der besonderen Bedeutung des Mediensektors und den Unterschieden zum System der allgemeinen Wirtschaft jedenfalls partiell durch spezielle Kontrollverfahren Rechnung getragen. Die Kontrolle im Bereich der Wirtschaft wird ausgeübt durch das **Gesetz gegen Wettbewerbsbeschränkungen** (GWB) und die verschiedenen Instanzen der Kartellbehörden. Konsequenterweise wird hier bei der Prüfung der Strukturbedingungen des Wettbewerbs allein der ökonomische Wettbewerb als Kriterium herangezogen, nicht aber die Vielfalt und die publizistische Qualität. Allenfalls kann der Bundeswirtschaftsminister im Wege einer Sondererlaubnis für Fusionen nach § 24, Abs. 3 GWB gesamtwirtschaftliche Vorteile oder ein überragendes Interesse der Allgemeinheit berücksichtigen – dies könnte auch die Meinungsvielfalt sein. Aber diese Ministererlaubnis ist die Ausnahme und im Mediensektor bislang nicht ausgesprochen worden. Es ist auch sehr unwahrscheinlich, daß sie angewendet werden wird, weil Konzentrationsprozesse zwar unter bestimmten Umständen gesamtwirtschaftlich vorteilhaft sein können, z.B. zur Sicherung von Arbeitsplätzen, aber kaum die Bedingungen zur Produktion von Meinungsvielfalt verbessern können.

Übersicht 1: Ordnungspolitik im Mediensektor

	Presse	Rundfunk	
		öff.-rechtl.	privat
Medienpolitik	entfällt	gilt	gilt
• Vielfaltsgebot	–	streng	gemildert
• Beschränkung der Werbung	–	streng	gemildert
• Konzentrationskontrolle	–	entfällt	streng
Wettbewerbspolitik		beschränkt[1]	gilt
• Kartellverbot	gemildert	normal	normal
• Mißbrauchsaufsicht	normal	normal	normal
• Fusionskontrolle	verschärft	normal	normal

1) Wenn die Vorschriften des Wettbewerbsrechts nicht mit der öffentlichen Aufgabe des Rundfunks kollidieren.

Kontrolle im Bereich der Publizistik wird ausgeübt durch das **Medienrecht** und die verschiedenen Instanzen der Kontrolle durch Medienrecht. Dabei geht es um die Sicherung der Vielfalt und im Komplex der Konzentration um die Sicherung einer Vielzahl unabhängiger Medieneigentümer im publizistisch relevanten Sektor. Faktisch beschränkt sich die Kontrollpolitik im Pressesektor auf die Wettbewerbspolitik, während im Rundfunk sowohl Medienpolitik als auch Wettbewerbspolitik Kontrolle ausüben. Übersicht 1 zeigt die Unterschiedlichkeit der Regelungsansätze, die im wesentlichen historisch bedingt ist und heute nicht mehr überzeugend begründet werden kann. Detaillierte Beschreibungen der Kontrollpolitik folgen in den Kapiteln zu den jeweiligen Medien.

Die Unterschiede und Überschneidungen der Systeme Wirtschaft und Publizistik sind also erheblich. Dies macht eine klare Trennung und ein klares Fundament der Bewertungsperspektive sowohl notwendig als auch schwierig. Im folgenden Abschnitt 3 wird daher die Funktionsweise des Mediensektors aus ökonomischer Sicht analysiert, es werden also ökonomische Normen und Kategorien zugrunde gelegt. In Abschnitt 4 wird dann versucht, die Funktionsweise des Mediensektors aus publizistischer Sicht, also unter Anwendung publizistischer Normenkategorien, zu analysieren.

3. Marktversagen im Mediensektor – eine Analyse aus ökonomischer Sicht

Der prinzipielle Ausgangspunkt der folgenden Überlegungen ist die Behauptung, daß der ökonomische Wettbewerb die individuelle Wohlfahrt maximiert. Der Wettbewerb bewirkt, daß das produziert wird, was die Konsumenten wünschen und zwar so billig wie möglich (allokative und produktive Effizienz). Die Wirtschaftswissenschaft hat allerdings auch einige wesentliche Abweichungen vom Marktmodell beschrieben, die dazu führen, daß die Behauptung von der generellen Optimalität jeder Marktproduktion nicht aufrecht erhalten werden kann. Das heißt nicht, daß alternative Organisationsmodelle dann a priori überlegen sind, vor ihrer Anwendung wären sorgfältige Kosten-Nutzen-Analysen durchzuführen. Mögliche Abweichungen vom reinen Marktmodell sind die Existenz öffentlicher Güter, die Produktion externer Effekte, die mangelnde Transparenz der Konsumenten und unter Umständen die Meritorität bestimmter Güter (vgl. Kapitel 1).

3.1. Information und Meinungsvielfalt als öffentliches Gut

Ein Gut ist ein öffentliches Gut, wenn es ohne Rivalität konsumiert werden kann (Nicht-Rivalität) und wenn Nicht-Zahler vom Konsum nicht ausgeschlossen werden können (Versagen des Ausschlußprinzips). Ob und in welchem Umfang die Massenmedien ein öffentliches Gut produzieren, kann nicht global gesagt werden. Man muß vielmehr die produzierten Güter nach ihrer Stellung im Konsumprozeß differenziert betrachten und folgende Ebenen unterscheiden:

- die stofflichen Träger der Information (z. B. Zeitung und elektromagnetische Wellen),
- die Information als Input in den privaten Medienkonsumprozeß und
- die öffentliche Meinung als Output des Medienkonsumprozesses in gesellschaftlicher Sicht.

Die stofflichen Träger der Information werden in den Kapiteln über die Teilbereiche des Mediensektors behandelt, hier geht es um die Information an sich und die öffentliche Meinung.

Information als partiell öffentliches Gut: Information ist gekennzeichnet durch Nicht-Rivalität – sie verbraucht sich im Konsum nicht – und partiell durch Nicht-Ausschluß von Nicht-Zahlern – Eigentumsrechte an Informationen sind in der Regel schwieriger durchzusetzen als Eigentumsrechte an Sachen. In diesem Fall sind Preise als Zuteilungsinstrument gesellschaftlich nicht notwendig bzw. können Preisforderungen vom Produzenten nur mit einigen Schwierigkeiten durchgesetzt werden. Die produzierte Menge Information ist mithin suboptimal, also zu gering, gemessen an den eigentlich vorhandenen Präferenzen des Publikums. Möglichkeiten, diesem Mangel zu begegnen, sind zum einen die staatliche Finanzierung und Gewährleistung der Produktion, wie dies im Bereich der Grundlagenforschung an Universitäten und der Bildungsproduktion an Schulen üblich ist. Zum anderen ist es begrenzt möglich, den privat verwertbaren Teil der Informationen zu steigern, indem Information zusammen mit Unterhaltung verkauft wird (Infotainment) oder indem der privat verwertbare Nutzen der Information in den Vordergrund der Berichterstattung gerückt wird (Rezipientenorientierung statt Generalanzeiger), mit möglichst genauer Zielgruppenorientierung wie z.B. bei Wirtschaftsbriefen oder Brancheninformationsdiensten.

Öffentliche Meinung als öffentliches Gut: Hier soll und kann nicht geklärt werden, was die Massenmedien im Rahmen der Produktion der öffentlichen Meinung erstellen. Es mag Meinungsvielfalt sein oder nur die Themenstruktur der öffentlichen Diskussion, es mag die Verbesserung der Funktionsweise der parlamentarischen Demokratie sein oder nur eine gewisse Richtigkeit der Auffassungen (eine „vorübergehend verfestigte Ansicht des Richtigen, die gewisse Kontrollen der subjektiven Vernunft und der öffentlichen Diskussion durchlaufen hatte"; Luhmann 1979, S. 31); es ist in ökonomischer Interpretation auf jeden Fall ein öffentliches Gut, in geradezu klassischer Weise gekennzeichnet durch Nicht-Rivalität und Nicht-Ausschluß.

Für die Produktion eines solchen Gutes, das im folgenden etwas plakativ „Meinungsvielfalt" genannt wird, werden keine Entgelte gezahlt, weil Eigentumsrechte an diesem Gut nicht begründet werden können und Nichtzahler von der Nutzung also nicht ausgeschlossen werden können. Ein solches Gut wird nicht in optimalem Umfang produziert, weil es nicht privat nachgefragt wird. Es ist nach dieser Sicht für die meisten Menschen eben nicht rational, allgemeine staatsbürgerlich-politische Informationen nachzufragen, obwohl alle Menschen an einer guten Funktionsweise des politisch-ökonomischen Systems interessiert sind, sie fragen vielmehr Information und Unterhaltung als privates Gut nach (vgl. Jensen 1979, S. 271 f.). Dies nach dem Motto „Soll doch das Kanzleramt die *Frankfurter Allgemeine Zeitung* abonnieren und dadurch lernen, was gute Ordnungspolitik ist" (Barbier, 1989, S. 47), ich, so wäre zu ergänzen, lese *Sport Bild* und die *Börsenzeitung*.

Die resultierende Unterproduktion dieses Gutes „Meinungsvielfalt" ist also ein Strukturfehler des Journalismus[2]. Um Mißverständnisse zu vermeiden, sei darauf

2 Diese Interpretation der öffentlichen Meinung als öffentliches Gut geht insbesondere auf Röpke zurück (Röpke 1970) und dürfte der herrschenden Meinung der Ökonomie entsprechen. Diese

verwiesen, daß dieses Gut durchaus von den Konsumenten gewünscht wird, sie sind nur nicht bereit, dafür zu zahlen, weil sie als nichtzahlende „Trittbrettfahrer" genauso gut in den Genuß dieses Gutes kommen wie als Zahler.

3.2. *Externe Effekte*

Externe Effekte sind unmittelbare Auswirkungen der ökonomischen Aktivitäten eines Wirtschaftssubjektes, die vom Verursacher nicht berücksichtigt werden und, im Gegensatz zu anderen ökonomischen Transaktionen, zwischen den Beteiligten keine Rechte auf Entgelt oder Kompensation begründen, also kurz gesagt, Wirkungen auf unbeteiligte Dritte (Drittwirkungen). Sofern es solche Effekte gibt, kann die Marktproduktion die optimale Allokation nicht gewährleisten, weil die Drittwirkungen ex definitione nicht in die privaten Kosten-Nutzen-Kalküle der Produzenten eingehen. Das klassische Beispiel sind Umweltschäden, die bei der industriellen Produktion anfallen.

Massenmedien produzieren externe Effekte in unüberschaubarer Fülle und Komplexität. Dazu gehören, um nur einige Felder zu benennen, etwa folgende Effekte:

- die Auswirkung der Wirtschaftsberichterstattung auf Börsenkurse und Rohstoffpreise bis hin zu Standortentscheidungen und zur konjunkturellen Entwicklung,
- die Auswirkung der politischen Berichterstattung auf Politikerkarrieren, politische Entscheidungen und Wählerverhalten,
- die Auswirkung der allgemeinen Berichterstattung auf Werteakzeptanz und Wertewandel, bis hin zur
- Auswirkung des Fernsehkonsums z.B. auf Gewaltbereitschaft und Kriminalität.

Es entspräche dem Marktmodell, diese externen Effekte, so wie es bei Umweltschäden versucht wird, zu erfassen, zu bewerten und dem Verursacher zuzurechnen, also die Handlungsfolgen zu internalisieren. Da aber die externen Effekte der Massenmedien nicht einmal qualitativ, geschweige denn quantitativ erfaßt werden können, ist eine Zurechnung nach dem Verursacherprinzip unmöglich. Es ist darüber hinaus sehr fraglich, ob eine Zurechnung sinnvoll wäre, weil dies die Produktivität des Meinungsbildungsprozesses erheblich mindern würde.

Insofern ist das Konzept der externen Effekte nicht geeignet, taugliche Einsichten in oder gar sinnvolle Handlungsanweisungen für die Produktion der Massenmedien zu liefern. Es ist allenfalls geeignet, eine methodisch einwandfreie Begründung für das Verbot pornographischer oder gewaltverherrlichender Darstellungen zu liefern, denn es geht in liberal-ökonomischer Sicht nicht darum, den einzelnen Konsumenten vor negativen psychischen Auswirkungen seines Konsums zu schützen, sondern der Gesellschaft die Folgekosten solcher Darstellungen zu ersparen.

Interpretation ist allerdings auch kritisiert worden (vgl. Braun 1988), ohne daß diese Kritik überzeugen konnte.

3.3. Mangelnde Qualitätstransparenz

Im Bereich der Wirtschaftswissenschaften kennt man das Konzept des Marktversagens in bezug auf die Produktqualität bei mangelnder Qualitätstransparenz. Wenn Konsumenten die Qualität von Produkten vor dem Kauf und Konsum nicht beurteilen können, sind sie – bei rationalem Verhalten – auch nicht bereit, eine bessere (= teurere) Qualität zu bezahlen, weil das Risiko besteht, ein Produkt von minderer Qualität zu erwerben. Auf der anderen Seite besteht für Produzenten kein Anreiz, eine bessere Qualität zu produzieren, weil die Konsumenten diese nicht erkennen können und nicht mit höheren Nachfragepreisen honorieren würden. Das bewirkt, daß nur die schlechtere (= billigere) Qualität auf den Markt kommt, die Produkte mit höherer Qualität verlassen den Markt. Es kommt zu einem sogenannten **Marktversagen in bezug auf die Produktqualität**, weil die Konsumenten eigentlich bereit wären, die bessere Qualität nachzufragen und zu bezahlen (vgl. von Ungern-Sternberg/von Weizsäcker 1981).

Dieses Marktversagen in bezug auf die Produktqualität dürfte im Journalismus besonders ausgeprägt sein, weil hier die Qualitätstransparenz besonders gering ist. Journalisten produzieren ein sehr komplexes Produkt, das aus den Elementen Information, Bildung, Unterhaltung und Meinungsvielfalt sowie Aufmerksamkeit für Werbung besteht. Die Elemente dieses Güterbündels haben sehr unterschiedliche Qualitätskriterien, und die Qualitätskriterien sind mit wenigen Ausnahmen nicht meßbar. Allenfalls kann die Aktualität der Information – der frühe Zeitpunkt einer Veröffentlichung und ihr Neuigkeitswert – sowie ihre Richtigkeit ansatzweise objektiv erfaßt werden. Diese teilweise Objektivierbarkeit unterscheidet den Journalismus von der Kunst, deren Qualität in keiner Dimension objektiv erfaßt werden kann. Aber Bedeutsamkeit, Vermittlungskompetenz und Unterhaltsamkeit kann so wenig gemessen werden wie der Umfang und die Qualität von Meinungsvielfalt. Journalisten produzieren also ein sogenanntes Geschmacksgut, ein Gut, dessen Qualität nur individuell und subjektiv erfaßt werden kann.

Allerdings stößt auch der Versuch, die Qualität von Medienprodukten individuell zu erfassen, auf erhebliche Schwierigkeiten, weil die Kosten der Informationsgewinnung hoch und der Nutzen der Informationsgewinnung gering sind. Im Prozeß der Informationsgewinnung unterscheidet man Suchgüter, bei denen eine Einschätzung der Qualität durch Beobachtung vor dem Kauf möglich ist und Erfahrungsgüter, deren Qualität erst nach Kauf und Konsum beurteilt werden kann, also eigentlich zu spät (vgl. Nelson 1974). Hunziker spricht von Medieninhalten als einem „trojanischen Pferd", weil ihre Inhalte beim Erwerb nicht erkennbar sind (Hunziker 1981, S. 13).

Medienproduktionen sind streng genommen fast reine Erfahrungsgüter. Ihre Qualität kann ex ante (vor dem Kauf) nicht beurteilt werden. Hier gilt Arrows Informationsparadoxon: Man kann den Wert von Informationen nicht beurteilen, bevor man sie kennt. Wenn man sie aber kaufen wollte, müßte man ihren Wert vorher kennen, und wenn man die Information kennt, braucht man sie nicht mehr zu kaufen. Und auch ex post (nach dem Kauf) sind die Kosten der Informationsgewinnung gerade bei

Medienprodukten wegen des hohen Zeitaufwandes des Medienkonsums sehr hoch, rationale Ignoranz dürfte mithin sehr häufig sein. In der Regel hat kein Rezipient Zeit, sowohl den *Spiegel*, *Focus* als auch *Die Zeit* gleichzeitig zu lesen. Und selbst wenn er diese Zeit hätte, könnte der Rezipient nicht beurteilen, in welchem Umfang seine Qualitätskriterien erfüllt sind. Er weiß nicht, wie genau recherchiert worden ist, und Objektivität, Genauigkeit und Richtigkeit kann er meist nicht beurteilen. „Der Stein der Wahrheit ist von seiner billigen Imitation nicht zu unterscheiden" (Kisch). Warentests zur Erleichterung des Qualitätsurteils gibt es bei Medienprodukten bezeichnenderweise nicht, sie wären zu schwierig und zu teuer. Schließlich wäre der Nutzen der Qualitätstransparenz relativ gering, weil Medienprodukte billig sind und weil es für die Rezipienten subjektiv auch gar nicht so wichtig ist, Medienprodukte von guter Qualität zu erwerben. (Dies scheint wichtiger bei Autos, Wein, Pauschalreisen oder Bohrmaschinen usw.)

In den USA gibt es seit einiger Zeit Ansätze, die Qualität von Medienproduktionen zu beurteilen und die Bewertungsergebnisse zu veröffentlichen, so z.B. die Kolumne „Timeswatch" der *New York Post,* die regelmäßig das örtliche Konkurrenzblatt, zugleich die angesehenste überregionale Tageszeitung der USA, kritisch beobachtet (vgl. Medienkritik Nr. 48/1993, S. 14). In eine ähnliche Richtung zielt die Arbeit unabhängiger und gemeinnütziger Einrichtungen zur systematischen Beobachtung von Medienproduktionen und Meinungstendenzen, die es seit fast zehn Jahren in den USA gibt. Das Center for Media and Public Affairs (CMPA, 1985 gegründet) in Washington D.C. analysiert die Berichterstattung einer Stichprobe von „tonangebenden" Medien, darunter die großen Networks, die drei großen Nachrichtenmagazine und die führenden Tageszeitungen, zu wichtigen Themen und vergleicht sie mit den Ergebnissen der Meinungsumfragen durch das Gallup-Institut. Die Ergebnisse dieser Untersuchungen werden zehnmal im Jahr in einem „Media Monitor" veröffentlicht. Meist handelt es sich um Schwerpunktthemen wie Konjunktur, Präsidentschaftswahl oder Abtreibung. Im Ergebnis wurde deutlich, daß die von den Medien zitierten Wissenschaftler andere Urteile abgegeben haben als der repräsentative Durchschnitt der Fachwissenschaftler. Dies gilt übrigens auch z.B. für die Wirtschaftsberichterstattung in Deutschland, die dem in der Fachwelt faktisch ignorierten „Memorandum", dem Gegengutachten zum Jahresgutachten des Sachverständigenrats, eine große Bedeutung zumißt.

Das amerikanische Beispiel hat inzwischen international Schule gemacht. In Kanada verfolgt das National Media Archive, in Schweden das Näringslivets Mediainstitut an der Universität Göteborg Themen und Tendenzen im Meinungsgeschehen (vgl. Medienspiegel 8/1993, S.5). In Deutschland veröffentlichen Fachzeitschriften – z.B. *epd*, *Funkkorrespondenz* und *Medienkritik* – ihre Beurteilungen ausgewählter Beiträge und z.B. das Adolf-Grimme-Institut vergibt Preise für gute Fernsehproduktionen, aber ein Gesamturteil über die objektive Qualität ist damit nicht gefällt.

Im Ergebnis wird die vom Rezipienten gewünschte Qualität der journalistischen Aussagenproduktion mithin nicht systematisch nachgefragt und daher vom Markt auch nicht produziert, allenfalls von Journalisten, die, intrinsisch motiviert, von sich aus Qualität produzieren. Es gibt ein Marktversagen in bezug auf die Qualität der Medienproduktion. Diese betrübliche Feststellung wird dadurch etwas relativiert, daß es für Medienunternehmen rational sein kann, durch eine sehr langfristige Qualitätsproduktion ein **Vertrauenskapital** beim Publikum zu schaffen, einen Markennamen, der eine Qualitätsprämie zu erzielen erlaubt. Aber diese Investition in den guten Markennamen bleibt eine langfristige Investition mit großer Unsicherheit. Außerdem besteht die Tendenz, eine Qualitätsproduktion durch den Einsatz bekannter Markenzeichen, wie z.B. bekannte Moderatoren oder Showmaster, lediglich vorzuspiegeln. Auch auf dem Werbemarkt scheint die Transparenz der Nachfrager relativ gering zu sein, obwohl hier scheinbar leicht objektivierbare Daten wie Preise, Reichweiten und Nutzerkontakte erhoben werden. Diese Daten werden indes nach einer fast unüberschaubaren Fülle von Kriterien differenziert, die einen Überblick sehr schwer machen. Entsprechend gering und in der Tendenz deutlich rückläufig ist die Zufriedenheit der Agentur- und Werbeleiter mit der Transparenz auf dem Werbemarkt (vgl. BDZV-Jahrbuch „Zeitungen '93“, S. 139).

3.4. Meritorität der Medienproduktion?

Meritorische Güter sind Güter, die von den Konsumenten in einem Ausmaß konsumiert werden, das nicht dem Ausmaß entspricht, das die politischen Entscheidungsträger oder andere Instanzen für wünschenswert halten. Zur Korrektur sind Eingriffe in die Konsumentenpräferenzen notwendig. Sofern ein Mehrkonsum erreicht werden soll – wie z.B. bei der Schulpflicht oder bei der zwangsweise abzuschließenden Sozialversicherung – spricht man von meritorischen Gütern; wenn der Konsum reduziert werden soll – wie z.B. bei Alkohol und Tabak – spricht man von demeritorischen Gütern (vgl. z.B. Petersen 1990, S. 128 ff.). Dies ist insbesondere im Bereich der Ökonomie ein heikles Problem, weil „eigentlich“ nur die individuellen Konsumentenpräferenzen zählen. Entsprechend zögerlich werden Eingriffe in die Konsumentensouveränität allenfalls mit der mangelnden Informiertheit oder der mangelnden Weitsicht der Konsumenten begründet.

Der positive Einfluß guter Informiertheit wird schon von Marshall in seiner klassischen Behauptung unterstellt, „that the more good music a man hears, the stronger is his taste for it likely to become“ (Marshall 1923, S. 94). Reicht diese Beobachtung, um das Publikum zu zwingen, Mozart zu hören? Und die klassische Formulierung der mangelnden Weitsicht findet sich bei Böhm-Bawerk (1921, S. 325 ff.). Damit läßt sich dann der Zwang zu einer Versicherung gegen die Risiken von Alter und Krankheit begründen, aber auch ein fernsehfreier Tag in der Woche?

In der Kommunikationswissenschaft wird schon eher von einer zu akzeptierenden Divergenz der Präferenzen von Rezipienten und „Experten“ ausgegangen und ein Medienkonsum beklagt, der so nicht stattfinden sollte. Bei Durchsicht der Werke der sogenannten Medienpropheten gewinnt man den Eindruck, Produktion und Konsum der elektronischen Massenmedien und hier vor allem des Fernsehens, seien ein demeritorisches Gut. Von Marshall McLuhan (1971) bis zu Neil Postman (1985) werden die Folgen des Konsums vor allem des Fernsehens als moralische Ausbeutung und

Zerstörung der Werte der Gesellschaft beschrieben. Sehr eindringlich warnt Eurich vor den Folgen des Medienkonsums und entwirft Thesen, wie seinen schädlichen Folgen zu begegnen wäre (vgl. epd/Kirche und Rundfunk Nr. 90/91 vom 20. November 1993). Aus ökonomischer Sicht können dies leider nur persönliche Werturteile sein; es sind allerdings Werturteile, die ich teile.

3.5. Mißbrauch von Information zur Meinungsmanipulation

Produktion und Verkauf von Information befriedigt immer die privaten Informationsbedürfnisse Einzelner und beeinflußt daneben in der Regel auch die öffentliche Meinung oder jedenfalls die Meinung von Teilöffentlichkeiten. In diesem Sinne sind die Wirkungen der Information immer privat und öffentlich zugleich. Dadurch entsteht das Problem, daß – opportunistisches Verhalten immer vorausgesetzt – die Beeinflussung der öffentlichen Meinung immer auch für private Zwecke mißbraucht werden kann.

Von Mißbrauch für private Zwecke wäre dann zu sprechen, wenn ein Gewinn nicht allein aus dem Verkauf der Primärinformation erzielt werden soll, sondern es das Ziel des Urhebers ist, öffentliche Sekundärwirkungen der Information privat zu nutzen. Dieses Ziel, einen privaten Zusatzgewinn zu erzielen, grenzt den Mißbrauch von Information vom legitimen Verkauf von Meinungen zu Dumpingpreisen ab.

Beispiele für die mißbräuchliche Zusatznutzung eines Informationsverkaufs lassen sich zahlreich finden: Meldungen, um den Kurs eigener Wertpapiere positiv zu beeinflussen; Berichte, um eigene Geschäftsbeziehungen zu fördern; positive Berichterstattung über wichtige Eigentümer des Medienkonzerns oder deren Freunde; oder ganz allgemein die Akkumulation von Ansehen, Einfluß und Macht, etwa für eine beabsichtigte politische Karriere. In diesen Fällen wird der private Nutzen des Käufers der Information als Vehikel für die Durchsetzung fremder Interessen mißbraucht.

Der *Anreiz*, Produktion und Verkauf von Information für private Zwecke zu mißbrauchen, ist recht groß, weil die Meinungsproduktion relativ billig sein kann, der private Zusatznutzen hingegen erheblich ausfallen kann. Eine Parallele ist allenfalls die Waffenproduktion, bei der die möglicherweise erzielbaren Raubgewinne die Produktionskosten deutlich übersteigen können. Auch die *Möglichkeit* eines Mißbrauchs ist relativ groß, weil die Mißbrauchsabsicht von den Rezipienten nicht leicht erkannt und vom Gesetzgeber nur schwer geahndet werden kann.

Die Produktion der Massenmedien ist mithin durch schwerwiegende Abweichungen vom reinen Marktmodell gekennzeichnet, Marktversagen ist in allen denkbaren Komplexen zu konstatieren und dies in jeweils erheblichem Umfang. Dabei ist die vorstehende Argumentation völlig in Denkmuster und Wertesystem der Ökonomie eingebunden. Mithin erhebt sich schon aus ökonomischer Sicht die Frage, ob die Medienproduktion, wie z.B. die Produktion von innerer und äußerer Sicherheit oder

Bildung und Wissen, nicht in marktfernen Organisationsmodellen besser aufgehoben wäre. Bevor diese Frage in Abschnitt 5 behandelt wird, soll untersucht werden, wie die Medienproduktion aus publizistischer Sicht zu beurteilen ist.

4. Vielfalt und Qualität im Mediensektor – eine Analyse aus publizistischer Sicht

Wertmaßstab der Publizistik sind die Vielfalt und nachgeordnet die Qualitätskriterien, die das System von sich heraus entwickelt hat, die Aktualität, die Richtigkeit, die Relevanz und die Vermittlung. Daher soll untersucht werden, inwieweit ökonomischer Wettbewerb Vielfalt und/oder journalistische Qualität produziert.

4.1. Ökonomischer Wettbewerb und Vielfalt

Ob und in welchem Umfang ökonomischer Wettbewerb zu Vielfalt führt, kann nicht genau gesagt werden, weil dies kein Thema für die Wirtschaftswissenschaft ist. Es lassen sich aber einige Entwicklungslinien der Produktion im Wettbewerbsprozeß beschreiben, die Aussagen zur Vielfalt der produzierten Güter und Dienstleistungen ermöglichen. Wichtig ist es, dabei zwei aufeinanderfolgende wettbewerbliche Anstrengungen zu unterscheiden, nämlich die Abfolge von **Innovation** und **Imitation** oder, anders formuliert, die Abfolge von maximaler und minimaler Produktdifferenzierung. Die Schumpetersche Pionierunternehmung versucht, durch Einführung neuer Produkte zu Lasten ihrer Konkurrenten mehr Nachfrage auf sich zu vereinen und damit höhere Gewinne zu erzielen. Gelingt ihr dies, so werden die Konkurrenzunternehmen versuchen, durch eine Imitation des erfolgreichen neuen Produktes ihrerseits die Kunden zurückzugewinnen. So wechseln sich Vielfalt und Vervielfältigung permanent ab, jede Innovation erhöht die Vielfalt und jede Imitation verringert die Vielfalt. Diese Beschreibung gilt im Prinzip für alle Märkte. Zu einem gegebenen Zeitpunkt sind die Produkte auf dem Markt häufig von überraschend ähnlicher Qualität, z. B. Autos, Kleider oder Fernsehprogramme, erst im Zeitablauf erfahren die Produkte Änderungen durch Innovationen. Damit wird deutlich, daß Vielfalt einen dynamischen Aspekt hat, der die Vielfalt im Zeitablauf betrifft und einen statischen Aspekt, der die Vielfalt zu einem gegebenen Zeitpunkt betrifft.

Wieviel **Vielfalt im dynamischen Sinne** entsteht, hängt ab vom Wettbewerbsgeist des Pionierunternehmens und von den Strukturbedingungen des Wettbewerbs, die jeweils mehr oder weniger zu Innovationen anspornen. Von großer Bedeutung ist hier die Freiheit des Marktzutritts, die Marktphase und die Zahl der Konkurrenten. Für den Fernsehmarkt der Bundesrepublik, auf dem Marktzutritt möglich ist, der sich in der Expansionsphase befindet und auf dem die Zahl der Konkurrenten wettbewerbliche Anstrengungen begünstigt, können die Strukturbedingungen des Wettbewerbs als gut bezeichnet werden. Vielfalt im dynamischen Sinne dürfte hier also recht ausgeprägt sein. Für den Zeitungsmarkt hingegen sind die Strukturbedingungen des Wettbewerbs in der Regel schlecht, dynamische Vielfalt ist mithin nicht zu erwarten. Festzuhalten bleibt, daß ökonomischer Wettbewerb, wenn er denn gut funktioniert, dynamische Vielfalt sichern kann. Allerdings ist fraglich, ob dynamische Vielfalt das Ziel der Medienpolitik ist. Formulierungen wie, es soll sichergestellt werden, „daß die Vielfalt der *bestehenden* Meinungen im Rundfunk in möglichster Breite und Vollständigkeit Ausdruck findet" (BVerfGE 57, 297, 320; 74, 279, 324; kursive Hervorhebung durch mich; J.H.), deuten darauf hin, daß Vielfalt primär im statischen Sinn gemeint ist.

Wieviel **Vielfalt im statischen Sinne** erzeugt wird, hängt wesentlich vom Verlauf der Stückkosten im Verhältnis zur Marktnachfrage ab. Wenn die Stückkosten mit steigender Ausbringung stetig sinken, dann wird das Produkt am billigsten von einem Monopolisten angeboten und langfristig wird es dann nur ein Produkt und einen Anbieter auf dem Markt geben. Da gerade für die Medienproduktion stetig fallende Stückkosten typisch sind, ist auf den Medienmärkten nur geringe statische Vielfalt zu erwarten (vgl. auch Spence 1976).

Wichtig ist, daß dies eine produktbezogene Betrachtung ist. Es wird aufgrund der Fixkostendegression langfristig nur ein Produkt und nachfolgend nur einen Anbieter auf dem jeweiligen Medienmarkt geben, nicht umgekehrt. Daher ist die Wahrscheinlichkeit, daß ein Medienmonopolist im Rahmen einer Produktdiversifizierungsstrategie ein vielfältiges Sortiment anbietet, gering. Dies macht nur einen Sinn, wenn damit ein Marktzutritt von Konkurrenten verhindert werden soll. Verzicht auf den ökonomischen Wettbewerb als Steuerungsinstrument für den Medienmarkt könnte die Aussichten für *statische* Vielfalt daher eher verbessern.

Dieser Befund gilt sowohl für das gesamte Medienprodukt als auch für seine einzelnen Elemente. Dynamisch gesehen werden neue Hörfunk- und Fernsehprogramme entwickelt, ja sogar die Zeitungen verändern ihr Gesicht, und es werden neue Elemente entwickelt, wie z. B. „Reality TV" oder „Wirtschaft im Lokalen". Statisch gesehen ist indes große Einheitlichkeit festzustellen. Der passende Vergleich ist der mit dem Sortimentsangebot von Supermärkten. In jedem Supermarkt gibt es ein vielfältiges Angebot und es gibt fünf oder sechs Supermarktketten, die sich in einigen Details unterscheiden, aber irgendwie ist zu bestimmten Zeitpunkten alles gleich. Dort wie hier fehlen die kleinen Einzelhandelsgeschäfte, die sich mittlerweile unter dem Dach von Supermärkten langsam wieder etablieren, und bei TV-Programmen politisch erzwungen werden und bei Zeitungen als Sonderseiten auftauchen.

4.2. Ökonomischer Wettbewerb und publizistische Qualität

Der ökonomische Wettbewerb produziert im Prinzip die Qualität, die die Kunden wünschen, im Mediensektor indes, wie ausgeführt, bei weitem nicht ausreichend. Ob das Publikum die gleichen Qualitätsmaßstäbe hat wie das System „Publizistik", ist unsicher. Nach einer neueren Studie gelten als Qualitätskriterien beim Publikum vor allem Attraktivität, Einfluß auf Gefühle, Vertrautheit und Vergnügungswert (Greenberg/Busselle 1992). Dies wären andere Qualitätsmaßstäbe als die, die das System

„Publizistik" von sich aus entwickelt hat, nämlich Aktualität, Richtigkeit, Relevanz und Vermittlung[3]. Wenn dies so ist, erhebt sich die gern gestellte und ungern beantwortete Frage, ob die Publizistik etwas anderes produzieren darf oder muß, als das Publikum wünscht. Um diese Erörterung zu vermeiden, sei Kongruenz der Qualitätskriterien von Publikum und Publizistik unterstellt. Es bleibt aber die Feststellung, daß die Bereitschaft und vor allem die Fähigkeit zur Qualitätskontrolle durch das Publikum ausgesprochen gering sind.

Wenn die Kontrolle der Qualität durch das Publikum gering ist, dann besteht ein Anreiz, billig zu produzieren: Der ökonomische Wettbewerb ist dann kein Wettbewerb um bessere Qualität, sondern ein Wettbewerb um billigere Produktion, also überwiegend ein **Kostenwettbewerb**. Wenn in der Publizistik der Zusammenhang zwischen Produktionskosten und Qualität auch nicht so direkt hergestellt werden kann wie z.B. im Automobilbau, so ist der Zusammenhang doch wenigstens eindeutig in der Richtung: Die genannten publizistischen Qualitätskriterien kosten in ihrer Gesamtheit Geld, und Beispiele für Kostensenkungen und nachfolgende Qualitätsverschlechterungen lassen sich denn auch zahlreich finden:

- Mehrfachverwertungen und Wiederholungen nehmen zu.
- Billige Produktionselemente nehmen zu. Nachrichten werden selbst produziert, was billiger ist, als zu recherchieren, und Meinungen, Werturteile und Positionen werden kolportiert, was billiger ist, als Argumente zu sammeln.
- Billige Qualitätsmerkmale gewinnen an Gewicht, vor allem Aktualität, Dramatik und Kuriosität statt gründlicher Recherche und ausgewogener Darstellung, die der Bedeutsamkeit des Themas Rechnung trägt (vgl. zur Kritik z.B. Haller 1993). Insbesondere wird die Aktualität durch die Nutzung des entfernungssparenden technischen Fortschritts immer billiger. So erlaubt das „Satelliten News Gathering" (SNG) die schnelle und billige Nachrichtenübertragung aus allen Teilen der Welt. Die Konsequenz ist die schnellste Übertragung jeweils aktueller Ereignisse durch mobile Sendestationen und ein Verzicht auf teure Landesstudios. Damit wird die Berichterstattung aktueller, aber auch oberflächlicher, weil auf Ereignisse nur reagiert wird, weil für Recherchen keine Zeit bleibt und weil Landeswissen bei den Reportern nicht vorhanden sein kann.
- Die Fertigungstiefe wird abgebaut, d. h., die Eigenproduktionen nehmen ab und die Auftrags- bzw. Kaufproduktionen nehmen zu. Das ist billiger als die Eigenproduktion – es realisiert die Größenvorteile der Produktion und die Diversifizierungsvorteile der Arbeitsteilung, aber es reduziert die Vielfalt und die Qualität der Produktion journalistischer Aussagen. Die Vielfalt wird reduziert, weil die Produktion standardisiert wird (Verwendung gleicher Elemente, gleicher

---

3 Hier wird eher vermutet, daß der Dissens zwischen dem Geschmack des Publikums und dem der Publizisten in der Dimension von Niveau und nicht in der Dimension von Qualität zu diskutieren ist. Gegen Qualität hat das Publikum nichts einzuwenden, aber es will eben nicht nur publizistische Angebote von hohem Niveau, sondern auch Sportübertragungen, Musikantenstadl und Pornofilme. Diese können aber gerne von guter Qualität sein.

Ideen, gleicher Personen: also Verwendung von klassischen Versatzstücken) und die Qualität wird sinken, weil die Qualität bei Auftragsproduktionen noch schlechter kontrolliert werden kann als bei Eigenproduktionen und weil die Interessensdivergenz zwischen Auftraggeber und Auftragnehmer, der vor allem Geld verdienen will, zunimmt.

Diese beschriebenen Entwicklungen sind vor allem im Bereich von Hörfunk und Fernsehen zu beobachten, was kein Zufall ist, weil hier der Wettbewerb wesentlich heftiger ist als im Zeitungsmarkt. Problematisch ist damit die Zulassung relativ vieler Rundfunkveranstalter für einen Markt, weil die Einnahmemöglichkeiten pro Programm und damit die publizistische Qualität pro Programm abnehmen müssen. Es ist aber auch fraglich, ob die publizistische Qualität z.B. des *Spiegel* durch die entstandene Konkurrenz von *Focus* zugenommen hat. Aus meiner subjektiven Sicht ist das zu verneinen.

Ökonomischer Wettbewerb führt im Mediensektor also zu

- erheblichem Marktversagen nach den Kriterien des Systems Ökonomie und
- erheblichen Funktionsmängeln nach den Kriterien des Systems Publizistik.

Daher ist nicht zu überlegen, ob der ökonomische Wettbewerb verbessert werden kann, sondern zu prüfen ist, ob eine Alternative begründet werden kann.

4.3. Publizistischer Wettbewerb, publizistische Qualität und Vielfalt

Theoretische Überlegungen machen *plausibel*, daß im publizistischen Wettbewerb mehr publizistische Qualität produziert wird als im ökonomischen Wettbewerb, weil die jeweiligen publizistischen Qualitätsmerkmale – z.B. Aktualität, Relevanz und Richtigkeit – Erfolgsmaßstäbe der Produktion sind. Dabei wird die Produktion publizistischer Qualität gefördert, wenn eine Zurechnung von Handlungsfolgen im Marktsinne nicht erfolgt, wie dies bei einer hochgradig arbeitsteiligen Verbundproduktion der Fall ist. So kann z.B. der Auflagenerfolg einer Zeitung nicht den Beiträgen je einzelner Journalisten zugerechnet werden. Dies erlaubt, Qualitätsmaßstäbe für Redakteure und Ressorts, zum Teil vom Markt entfernt zu entwickeln.

Über die Marktabhängigkeit entscheidet schließlich die Berufseinstellung der Journalisten – ihre innere Markt- bzw. Gemeinwohlorientierung. Wenn, wie eine neuere Studie zeigt (Bridges 1991), derjenige Typ Journalist zunimmt, der seinen Entscheidungen Zielgruppenanalysen und Leserquoten zugrunde legt und auch Werbung und Unterhaltung als sinnvolle Elemente journalistischer Produktion akzeptiert, dann bieten auch die Freiräume des publizistischen Wettbewerbs wenig Aussichten auf die Produktion publizistischer Qualität.

Wenn die Rezipientenforschung präzise und beliebig klein abstufbare Akzeptanzmessungen vorlegen kann – wie es beim Fernsehen der Fall ist – und die Reichweite das dominierende Qualitätsmerkmal ist, dann ist publizistischer Wettbewerb nicht mehr möglich. Handlungsfolgen werden dann zugerechnet nach den Maßstäben, die der Markt bestimmt. Dabei sind diese Maßstäbe in der Regel auch noch unnötig grob, weil sie nicht die Intensität der Publikumspräferenzen berücksichtigen, sondern lediglich die Zahl der Kontakte erfassen.

Vergleichende empirische Untersuchungen zur publizistischen Qualität journalistischer Produktion unter den alternativen Regimen des ökonomischen bzw. publizistischen Wettbewerbs liegen nicht vor. Die Programmanalysen von Krüger verwenden andere Kategorien (vgl. zuletzt Krüger/Zapf-Schramm 1994). Sie zeigen aber, daß öffentlich-rechtliche und private Hauptprogramme sich programmstrukturell wesentlich unterscheiden und daß eine einseitige Anpassung öffentlich-rechtlicher an kommerzielle Programmprofile nicht zu erkennen ist (ebd., S. 246). Im übrigen müssen Indizien herhalten wie z.B. die Preisverleihung des Adolf-Grimme-Instituts vorwiegend an Produktionen unter dem Regime des publizistischen Wettbewerbs.

Theoretische Überlegungen machen auch *plausibel*, daß publizistischer Wettbewerb mehr statische Vielfalt produziert als ökonomischer Wettbewerb, weil der Druck zu immerwährender Imitation erfolgreicher Konkurrenzprodukte weniger dringlich ist, weil auch für relativ kleine Marktsegmente produziert werden kann. Die geringe Größe solcher Marktsegmente würde anderenfalls nicht die hohen Pro-Kopf-Kosten von Minderheitsproduktionen tragen. So besteht ein gewisser Anreiz, durch neue, andersartige Produktionen publizistischen Erfolg zu erzielen. Es muß aber betont werden, daß unter publizistischem Wettbewerb in der Regel weder billig noch genau das produziert wird, was das Publikum in seiner Mehrheit wünscht.

Vielfalt in dynamischer Sicht dürfte hingegen in gleicher Weise Folge des publizistischen wie des ökonomischen Wettbewerbs sein. Dies liegt daran, daß bei publizistischem Wettbewerb zwar der Innovationsdruck geringer ist, aber die Suche nach Neuem, nach „Knüllern", nach Exklusivberichten, letztlich also die Suche nach Innovationen des „Pionierjournalisten" weniger durch Kostenzwänge behindert ist.

Publizistischer Wettbewerb kann letztlich nicht als Königsweg gesehen werden. Er ist in der Regel teurer als ökonomischer Wettbewerb und produziert zum Teil am Markt vorbei. Kontrolle wird ausgeübt im wesentlichen durch die individuelle Akzeptanz journalistischer Berufsnormen, funktioniert sozusagen „sponte sua sine lege" – also nur im „Goldenen Zeitalter". Und die Aussichten auf Produktion von Vielfalt sind nicht entscheidend besser als bei ökonomischem Wettbewerb, wenngleich vermutet werden kann, daß langfristig größere statische Vielfalt das Ergebnis ist.

Mithin wäre eine Mischung anzustreben zwischen rein ökonomischem und rein publizistischem Wettbewerb, eine Mischung, die die oben genannten Strukturmerkmale kombiniert. So müßte bei völliger Abhängigkeit von Marktentgelten und präzis entwickelter Erfolgskontrolle für einzelne Beiträge – wie im privaten, werbefinanzierten Rundfunk – ein Ausgleich durch ein hohes Maß an Handlungsautonomie für die angestellten Journalisten geschaffen werden, etwa nach dem 2-Säulen-Modell des NRW-Lokalfunks.

Entsprechend könnte bei Printmedien, die keine präzise Erfolgskontrolle für Einzelbeiträge bieten und mit der Mischfinanzierung aus Abonnentenpreisen und Werbeeinnahmen von der direkten Abhängigkeit des Erfolgs von „Lesequoten" ein wenig entfernt sind, die Handlungsautonomie auf eine Detailkompetenz beschränkt bleiben. Problematisch bleiben die Behandlung der nicht zu beeinflussenden Variable

„Akzeptanz journalistischer Berufsnormen“ und eine justitiable Ausgestaltung der Strukturmerkmale. Vermutlich bleibt die größere Vielfalt medienstruktureller Regelungen und die größere Autonomie der journalistischen Produktion ein Desideratum.

5. Staatliche Produktion und staatliche Überwachung als Alternative zum Markt?

5.1. Staatliche Produktion des öffentlichen Gutes Meinungsvielfalt?

Angesichts der Fülle der Probleme einer rein marktwirtschaftlich organisierten Medienproduktion ist es erstaunlich, daß regulierende Maßnahmen im Medienbereich die Ausnahmen geblieben sind, vor allem, wenn der Vergleich zu relativ stark regulierten Bereichen mit relativ geringem Marktversagen gezogen wird, wie Landwirtschaft, Verkehrswirtschaft, Banken und Versicherungswirtschaft, der Versorgungssektor sowie der Gesundheitsbereich. Üblicherweise ist der Staat aufgerufen, die Produktion wichtiger öffentlicher Güter zu sichern, indem er das Angebot durch Zwangseinnahmen (Steuern, Gebühren oder Beiträge) finanziert. So wird z. B. die Produktion von innerer und äußerer Sicherheit sowie von Bildung, Wissenschaft und Grundlagenforschung durch Zwangseinnahmen finanziert und unter staatlicher Aufsicht durchgeführt.

Aus mehreren Gründen erschiene die staatlich organisierte Produktion des öffentlichen Gutes „Meinungsvielfalt“ indes als bei weitem schlechtere Alternative zum Markt:

- Um die Produktivität des Meinungsbildungsverfahrens zu sichern, muß das Verfahren durch maximale Offenheit gekennzeichnet sein; alle denkbaren Möglichkeiten des Marktzutritts müssen gewährleistet sein. Dies schließt nicht aus, daß auch der Staat Akteur im Meinungsbildungsprozeß ist, aber es schließt eine privilegierte Stellung des Staates aus.
- Wenn die Funktionsweise der parlamentarischen Demokratie durch den öffentlichen Meinungsbildungsprozeß verbessert werden soll, dann setzt dies voraus, daß diese öffentliche Meinung staatsfern produziert wird.
- Das öffentliche Gut Meinungsvielfalt muß nicht nur produziert werden, sondern es muß auch konsumiert werden, damit die Funktionsweise des öffentlichen Meinungsbildungsprozesses verbessert wird. Diesen Konsum kann der Staat nicht besser sichern als private Medienunternehmen.

5.2. Staatliche Überwachung der Qualität der Medienproduktion?

In zahlreichen Sektoren der Wirtschaft wird die Qualität der Produktion staatlich organisiert überwacht, und es besteht eine prinzipielle Produzentenhaftung. So wird in der Bundesrepublik die Qualität beinahe aller Produkte überwacht, von der Sicherheit der Arzneimittel durch das Bundesgesundheitsamt, über Qualitätsnormen für Hackfleisch und die Sicherheit von Spielzeug durch die EU oder der Schutz vor Gefahren durch in-vitro neu kombinierte Nukleinsäuren durch die Zentrale Kommission für biologische Sicherheit. Es existiert eine nicht mehr überschaubare Fülle von Forschungs-, Entwicklungs- und Prüfeinrichtungen des Staates, wie z.B. die Bundesanstalt für Materialforschung, die Physikalisch-Technische Bundesanstalt oder das Deutsche Institut für Normung sowie zahlreiche Expertenkomitees und wissenschaftliche Beiräte. Nur die Qualität der Medienproduktion wird kaum überwacht, lediglich durch den Deutschen Presserat, durch die Landesmedienanstalten sowie durch Rundfunkräte der öffentlich-rechtlichen Rundfunkanstalten. Eine Produzentenhaftung existiert nicht. Es bleibt mithin zu prüfen, ob eine bessere Kontrolle der Medienproduktion möglich ist.

Aus der Theorie und Praxis der Regulierung unterscheidet man im wesentlichen zwei Kontrollansätze:

- die kontrollierende Behörde und
- das unabhängige Expertenkomitee (vgl. Kaufer 1981, S. 92 ff.).

Eine Kontrolle durch Behörden weist erhebliche Nachteile auf. Eine Behörde ist risikoscheu, sie neigt dazu, die Qualität der in Frage stehenden Produkte vor ihrer Zulassung zu testen, was bei der Medienproduktion nicht möglich ist. Eine Behörde kann kaum informelle Kontakte aufbauen und die Rekrutierung fähiger Mitarbeiter erweist sich in der Regel als unmöglich. Daher spricht sehr viel für eine Qualitätskontrolle im Medienbereich durch ein Expertenkomitee, etwa nach dem Muster des Sachverständigenrates zur Begutachtung der gesamtwirtschaftlichen Entwicklung oder der Monopolkommission zur Begutachtung des Wettbewerbs. Auf keinen Fall sollte das Komitee mit Vertretern der „gesellschaftlich relevanten Gruppen" besetzt sein, weil diese ausschließlich die Interessen ihrer jeweiligen Gruppen verfolgen und nicht das Ziel haben, die Qualität der Medienproduktion insgesamt zu kontrollieren. Der Staat sollte daher die Qualitätskontrolle im Medienbereich durch unabhängige Experten organisieren, dabei aber die strikte Unabhängigkeit eines solchen Gremiums – etwa nach dem Muster des Zentralbankrats – garantieren. Möglich erscheint z.B. auch eine öffentlich-rechtliche Journalistenkammer als überwachendes Expertenkomitee in Form einer berufsständischen Kammer, ähnlich den Ärzte- oder Rechtsanwaltskammern (Kriele 1990). Dabei besteht aber in großem Maße die Gefahr einer reinen Verbandsinteressenvertretung, dies beschränkt die Funktionsfähigkeit.

Ein solches Expertengremium hätte nicht nur die Aufgabe, die Qualität journalistischer Produktion zu sichern, sondern auch die Aufgabe, Mißbräuche der journalistischen Produktion für nicht direkt pekuniäre Zwecke des Herausgeber-Unternehmens zu verhindern. Weil Information wie kein anderes Gut geeignet ist, zur Verfolgung nicht-pekuniärer Ziele zu dienen – vor allem Ansehen, Einfluß und Macht zu allgemeinen oder für bestimmte Zwecke zu akkumulieren –, ist eine Kontrolle besonders dringlich. Vorbild könnte die Insider-Richtlinie der EU sein, die strikt verbietet, Insiderwissen zum persönlichen Vorteil zu mißbrauchen (Amtsblatt der EG, Nr. L 334/30 vom 18.11.1989).

Die Empfehlungen des Presserates im Wortlaut

a) Journalistinnen und Journalisten kann nicht verboten werden, *Freundschaften* mit interessanten Menschen aus Politik, Wirtschaft, Kultur, Wissenschaft, Showbusiness und Sport zu pflegen. Je prominenter diese Personen jedoch sind (oder werden), um so eher können sie Gegenstand journalistischer Beschreibung werden. Bei aller Freundschaft sollten daher die Medienschaffenden eine gewisse Distanz wahren.

b) Journalistinnen und Journalisten kann nicht verboten werden, *Vermögen* in Form von Aktien, Obligationen, Partizipationsscheinen oder Immobilien zu haben. Vermögen kann man auch erben. Medienschaffende sollten hingegen ihre Besitzverhältnisse, die berufsrelevant werden können und die geeignet sind, ihre berufliche Unabhängigkeit und die Äusserung ihrer persönlichen Meinung einzuschränken, gegenüber ihrer (Stamm-)Redaktion offenlegen.

c) Medienschaffende sollen Informationen, die sie von Berufs wegen erhalten und die noch nicht öffentlich sind, *nicht zu ihren eigenen wirtschaftlichen Vorteilen* nutzen.

d) Ähnlich wie die Parlamentsmitglieder sollen Redaktionsmitglieder auch ihre *Interessenbindungen* (Mitgliedschaft bei Parteien, in Verbandsvorständen und Verwaltungsräten) bekanntgeben. Die Redaktionen sollen die entsprechenden Verzeichnisse in regelmässigen Abständen (beispielsweise alle vier Jahre) veröffentlichen.

e) Medienschaffende, die *Wertpapiere* von Publikumsgesellschaften besitzen, sollen sie entweder *abgeben* oder nicht über die entsprechende Branche schreiben bzw. Sendungen produzieren.

f) Medienschaffende, die wegen persönlicher Beziehungen oder wegen wirtschaftlicher Interessen bei einem Thema befangen sind, sollen in *den Ausstand treten.* Der Ausstand ist dann gegeben, wenn eine «grosse Nähe» besteht.

g) Medienschaffende, die individuell und exklusiv Leistungen von Veranstaltern (wie Reisen, Benützung eines Autos, Sportartikel, Wertpapiere, Kunstgegenstände, Schmuck, Bargeld, Checks) *als Geschenk* angeboten erhalten, sollen das Angebot ablehnen.

h) *Vergünstigungen an ganze Gruppen* von Journalistinnen und Journalisten sind akzeptabel, wenn sie nicht mit Bedingungen verknüpft sind und die Berichterstattung frei bleibt. Nach Möglichkeit sollen sich die Medienunternehmen an den Kosten beteiligen. In der Berichterstattung ist darauf hinzuweisen, was vom Veranstalter bezahlt wurde.

i) Die *Veranstalter von «Medienereignissen»* (wie Besichtigungen, Bilanzpressekonferenzen, Reisen, Autotests, Sportanlässe, Messen) sind aufgefordert, ihrerseits Richtlinien über die Beziehungen zu den Massenmedien zu erlassen. Dabei wäre insbesondere zu stimulieren:

- Auf Vorinformationen und Spezialbehandlungen für einzelne Medien wird verzichtet.
- An Pressekonferenzen werden keine Geschenke abgegeben.
- Auf Reisen und Besichtigungen haben Medienschaffende das Recht, über den Anlass gar nicht oder sehr kritisch zu berichten.

j) Die Journalistinnen und Journalisten sind in erster Linie *dem Publikum verpflichtet.* Ihm gilt ihre Loyalität, und diese Loyalität lässt nichtoffengelegte Abhängigkeiten von Menschen und Institutionen, die Gegenstand journalistischer Berichterstattung sein können, nicht zu. Den Massenmedien kommt laut Bundesgericht eine Kritik und Kontrollfunktion zu (BGE 371388, 95 11492). Sie setzt eine gewisse Distanz zu den politischen, wirtschaftlichen, kulturellen, gesellschaftlichen und sportlichen Akteuren voraus.

Quelle: Neue Züricher Zeitung, Fernausgabe Nr. 147 vom 28/29. Juni 1992

Vorbild könnte die in guten Wirtschaftsredaktionen geübte Regel sein, als Wirtschaftsredakteur keine Aktien zu besitzen. Das würde bedeuten, daß Medienkapital strikt von anderem Kapital getrennt ist. Ist diese Trennung nicht zu gewährleisten, müßte in solchen Fällen eine Einflußnahme der Eigentümer auf die Medieninhalte verhindert werden. Zum mindesten aber wäre Transparenz über die Bindungen der „Medienschaffenden" herzustellen, wie dies der schweizerische Presserat empfiehlt. Wegen ihrer grundsätzlichen Bedeutung sollen diese Empfehlungen hier wiedergegeben werden. Dabei sollten unter dem Begriff „Medienschaffende" nicht nur Journalisten, sondern auch Eigentümer und Manager von Medienunternehmen erfaßt werden.

Literaturhinweise

Die rechtlichen Rahmenbedingungen des Journalismus beschreibt

Branahl, Udo (1992), Medienrecht, Opladen (Westdeutscher Verlag) 1992.

Das Spannungsverhältnis von Wirtschaft und Publizistik beschreibt

Hoffmann-Riem, Wolfgang (1991), Rundfunkrecht neben Wirtschaftsrecht, Baden-Baden (Nomos) 1991.

Die vielfältigen Aspekte von publizistischer Qualität und Vielfalt behandelt der Sammelband

Rager, Günther; Bernd Weber (Hrsg.) (1992), Publizistische Vielfalt zwischen Markt und Politik, Düsseldorf u.a. (Econ) 1992.

Eine Darstellung des Journalismus mit dem Instrumentarium der Systemtheorie bietet

Blöbaum, Bernd (1994), Journalismus als soziales System, Opladen (Westdeutscher Verlag) 1994.

4. Kapitel

Medienkonzentration

Medien sind Wirtschaftsgüter und produzieren Wirtschaftsgüter. Sie unterliegen den allgemein geltenden ökonomischen Gesetzmäßigkeiten und Handlungsmotiven. Entsprechend kann die Medienkonzentration in den ökonomischen Kategorien analysiert werden, die in Kapitel 1, Abschnitt 6 kurz vorgestellt worden sind. Allerdings unterliegen Medien ganz spezifischen ökonomischen Ursachen und Folgen der Konzentration, die in Abschnitt 2 und 3 beschrieben werden. Medien sind aber auch konstitutierende Elemente des Systems Publizistik und unterliegen auch den Normen und Handlungsmaximen der Publizistik. Daher wird in Abschnitt 4 die mögliche Kollision von Medienkonzentration und Meinungsvielfalt analysiert. Nach einer Erörterung der Möglichkeiten, Meinungsvielfalt operational zu erfassen und nach der Abgrenzung des publizistisch relevanten Sektors werden die Auswirkungen der verschiedenen Ebenen der Medienkonzentration auf die Meinungsvielfalt beschrieben. Den Abschluß bildet ein Überblick über die Ergebnisse empirischer Untersuchungen (Abschnitt 5) und ein Überblick über Konzentrationstendenzen in Europa (Abschnitt 6). Zuvor wird in Abschnitt 1 eine Einteilung von Medienkonzentrationsformen vorgenommen.

1. Formen der Medienkonzentration

Medienunternehmen können wie alle anderen Unternehmen der Wirtschaft auf vielfältige Weise miteinander verflochten sein. Die möglichen Verflechtungen liegen im Spektrum zwischen den Transaktionsformen Markt und unternehmensinterner Integration (Zentes 1992, S. 18) und auf den Ebenen horizontaler, vertikaler oder diagonaler Integration. Dabei beschreibt die Dichotomie Markt versus Unternehmung die Pole möglicher Strukturen von Unternehmensverflechtungen, dazwischen liegt ein Spektrum mehr oder weniger enger Unternehmensbeziehungen. Von zentraler wettbewerbspolitischer Bedeutung ist, daß durch Unternehmensverbindungen das Marktverhalten ex ante koordiniert wird. Eine solche Koordination reduziert im Prinzip den Entscheidungs- und Handlungsspielraum aller Beteiligten, reduziert also die Freiheit des Wettbewerbs. Nach dem Grad der Verbindlichkeit der ex-ante-Koordination unterscheidet man die Fusion, den Konzern, die Gemeinschaftsunternehmung und ein kooperatives Marktverhalten selbständig bleibender Unternehmen, die ihr Marktverhalten nur in speziellen Feldern ex ante koordinieren, im übrigen aber die Planungskompetenz behalten und partiell auch Wettbewerber bleiben können. Die Grenzen sind fließend.

Im Mediensektor sind alle genannten Formen der Konzentration zu beobachten eine besondere Rolle spielen hier Multimediakonzerne, Gemeinschaftsunternehmen sowie kooperative Verbindungen, insbesondere auf der Ebene der Lieferungen von Medieninputs. Dies liegt im wesentlichen an folgenden Besonderheiten des Mediensektors: Weil Mehrfachverwertungen des gleichen geistigen Inputs möglich sind, liegt es nahe, diese Mehrfachverwertung im eigenen Unternehmen oder jedenfalls in Kooperation sicherzustellen. Weil der Mediensektor ein politisch sensibler Bereich ist, unterliegt er häufig relativ strengen Konzentrationskontrollvorschriften und relativ großer öffentlicher Aufmerksamkeit, was zur Umgehung durch nicht leicht faßbare kooperative Unternehmensverbindungen veranlaßt. Schließlich ist der Mediensektor zumindest im audiovisuellen Bereich einem raschen technischen Wandel unterworfen (vgl. Kapitel 6). Dies bedeutet hohe Kosten und hohe Risiken in der Entwicklung neuer Produkte, die in Kooperation mit anderen Unternehmen verringert werden können.

Ein **Multimediakonzern** ist ein Konzern, dessen Aktivitäten sich in enger diagonaler Verflechtung schwerpunktmäßig auf mehrere Medien erstreckt.

Mediengemeinschaftsunternehmen entstehen, wenn mehrere Unternehmen ein Medienunternehmen gründen bzw. sich gleichzeitig oder nacheinander an einem Medienunternehmen beteiligen. Diese Art der Zusammenarbeit spielt gerade im Mediensektor eine große Rolle, zum Teil, weil Kontrollvorschriften anderes nicht zulassen, zum Teil, weil das Risiko neuer unternehmerischer Aufgaben eine Kooperation nahelegt. So sind praktisch alle privaten Hörfunk- und Fernsehveranstalter in der Bundesrepublik Gemeinschaftsunternehmen.

Kooperative Verbindungen selbständig bleibender Unternehmen lassen sich klassifizieren

- nach dem Grad der eingegangenen Bindung,
- nach der zeitlichen Dauer der eingegangenen Bindung und
- nach der Art der betroffenen Wettbewerbsparameter (z.B. Forschung, Ausbildung, Entwicklung und Erprobung neuer Techniken, Einkauf, Produktion und Vermarktung).

Entsprechend vielfältig sind die Formen und die Herausforderungen der Wettbewerbspolitik (vgl. Bundeskartellamt 1990, S. 30 ff) und der Medienpolitik (vgl. die unklare Beschlußlage der Direktorenkonferenz der Landesmedienanstalten zur Verbindung von Thomas und Leo Kirch).

Förmliche, langfristige Verbindungen von rechtlich und wirtschaftlich selbständig bleibenden Unternehmen werden auch **strategische Allianzen** genannt (Albach 1992, S. 664 mit Verweis auf weitere Definitionen). Interessant erscheint die weitere Unterscheidung von strategischen Gruppen, die eine jeweils ähnliche Wettbewerbsstrategie verfolgen, mit untereinander starkem Wettbewerb und strategische Familien, die solche Unternehmen umfassen, deren Erfolg am Markt entscheidend voneinander abhängt und deren Strategien komplementär sind. Dies umfaßt nicht nur die Lieferanten-Abnehmer-Beziehung, sondern auch die Bankinstitute, die Personalberater und den Staat (Albach 1992, S. 669).

So bilden z.B. *SAT 1* und *RTL* aufgrund ihrer ähnlichen Wettbewerbsstrategien eine strategische Gruppe, während die Zusammenarbeit von Kirch und Springer im Rechteeinkauf (ISPRA) und in der Rechteverwertung (*SAT 1*) als strategische Allianz bezeichnet werden kann. Das Kirch-Imperium, einschließlich der dazugehörigen Banken und der politischen Verbindungen kann als eine strategische Familie bezeichnet werden.

2. Ursachen der Medienkonzentration

Die Ursachen von Medienkonzentration sind von den Folgen nicht leicht zu trennen, weil die erwarteten Folgen von Medienkonzentration oft zugleich ihre Ursachen sind. Man kann indes pauschal die erhofften einzelwirtschaftlichen Vorteile der Medienkonzentration als Ursachen und die eher gesamtgesellschaftlichen Wirkungen als Folgen bezeichnen. Die einzelwirtschaftlichen Vorteile sind generell Machtvorteile und/oder Effizienzvorteile. Machtvorteile kann ein Medienunternehmen realisieren, wenn es in die Lage versetzt wird, andere Marktteilnehmer zu behindern oder auszubeuten. Eine solche Reduktion des Handlungsspielraums anderer ist sehr häufig eine Wettbewerbsbeschränkung, gerade im Mediensektor aber ausgeprägt häufig auch eine Beeinflussung der Politik. Medien produzieren nicht nur Waren, sondern auch „Waffen“ für politische und gesellschaftliche Auseinandersetzungen. Effizienzvorteile sind Kosten- bzw. Leistungsvorteile der Konzentration. Im folgenden werden vor allem die Effizienzvorteile der Medienkonzentration beschrieben, Machtvorteile lassen sich nicht generell analysieren.

2.1. Größenvorteile (economies of scale) von Medienverflechtungen

Größenvorteile liegen vor, wenn mit wachsender Betriebsgröße die Produktionskosten langsamer wachsen als die Ausbringungsmenge, wenn also die Stückkosten der Produktion mit steigender Betriebsgröße sinken. Die Ursachen hierfür sind vielfältig. Man kann z.B. unteilbare Maschinenkapazitäten besser nutzen, man kommt mit relativ weniger Reservekapazitäten aus oder die sogenannte Zwei-Drittel-Regel begründet, daß der Materialaufwand für zylindrische Produktionskapazitäten (z.B. Pipelines, Hochöfen, Schiffe) in der zweiten, das Volumen hingegen in der dritten Potenz wächst.

Auch Lerneffekte sind relevant: Wenn ein Betrieb immer wieder das gleiche produziert, steigt die Geschicklichkeit der Arbeiter, die Werksleitung lernt besser zu organisieren, und die Werkzeuge können optimal angepaßt werden. Das bedeutet, daß ein kleiner Betrieb, der nur wenig produziert, diese Lerneffekte viel geringer nutzen kann als ein Großbetrieb (vgl. Monopolkommission 1986, TZ 594 ff). Für Medienunternehmen sind solche Größenvorteile nicht sehr relevant, sehr viel bedeutsamer ist die Fixkostendegression und der Verbund von Rezipienten- und Werbemarkt. Alle genannten Formen begründen die Vorteilhaftigkeit der **horizontalen Integration.**

2.2. Fixkostendegression der Medienproduktion

Der immaterielle Gehalt der Medienproduktion, also der Gehalt an Informationen, kann von beliebig vielen Rezipienten gleichzeitig und/oder nacheinander konsumiert werden, ohne daß er dabei verbraucht wird. Diese Eigenschaft bezeichnet man als Nicht-Rivalität des Konsums von Information. Die Information wird in Form eines Prototypen nur einmal produziert und nachfolgend, je nach der Zahl der Rezipienten vervielfältigt und verteilt. Man spricht auch von der „Blaupausen-Industrie". Bei Printmedien verbraucht die Vervielfältigung des Prototypen Ressourcen der Distribution, z.B. Papier und Zustellkosten, während im Rundfunkbereich die Ausstrahlung, von geringen Stromkosten abgesehen, praktisch kostenlos ist. Der immaterielle Gehalt der Medienproduktion verbraucht sich aber in keinem Fall. Die Produktionskosten der Information sind unabhängig von der Zahl der Rezipienten, sie sind mithin fix in bezug auf die Zahl der Vervielfältigungen bzw. fix in bezug auf die Einschaltquote.

Dieser Sachverhalt begründet eine kontinuierliche Fixkostendegression bis zur Sättigungsmenge. Die fixen Kosten der Produktion der Information werden anteilsmäßig auf die Vervielfältigungen verteilt, und daher sinken die Stückkosten, die Kosten der Information pro Rezipient mit steigender Zahl der Rezipienten. Wenn die Stückkosten aber mit steigender Ausbringung stetig sinken, dann wird das Produkt am billigsten von einem Monopolisten angeboten. Langfristig wird auch nur ein Monopolist überleben. Dies ist mithin ein starkes Motiv für horizontale Zusammenschlüsse bzw. Kooperationen von Medienunternehmen. Die Zusammenhänge zeigt Abbildung 1.

Ein Alleinanbieter hätte Stückkosten in Höhe von K_0, während z. B. zwei gleichgroße Anbieter jeweils höhere Stückkosten von K_1 hätten. Dies ist eine Konstellation, die zum Preiskampf mit Verdrängung des Konkurrenten einlädt. Ruinöse Konkurrenz und anschließende Monopolisierung sind zu erwarten. Die Effizienz der Produktion ist in einem solchen Fall also keine Frage der technischen Betriebsgröße, sondern abhängig vom Umfang der Marktstellung: Am billigsten produziert der Monopolist. Dies muß als ein starkes Motiv für horizontale Zusammenschlüsse angesehen werden.

Der beschriebene Sachverhalt gilt für den Verbrauch aller geistigen Inputs in jedem Produktionszweig, z.B. für den Input von Forschungs- und Entwicklungsaktivitäten in der Automobil- oder Chemieindustrie und führt auch dort zu einer Fixkostendegression. Für den Mediensektor ist dieser Befund aber quantitativ wesentlich bedeutender, weil der Anteil der „Forschungs- und Entwicklungsausgaben" am Gesamtprodukt sehr viel höher ist als in der Industrie. Der Wert der Medienprodukte wird im wesentlichen durch ihren informativen Gehalt bestimmt.

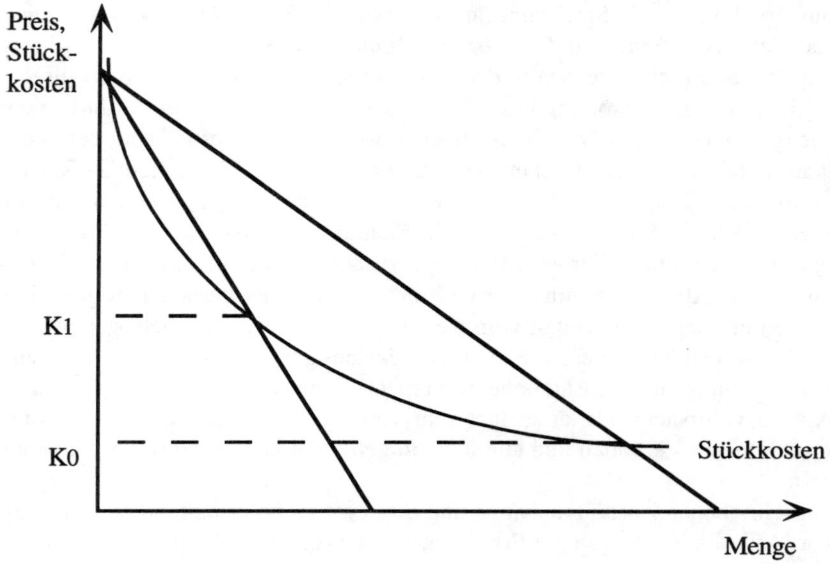

Abb. 1: Fixkostendegression

2.3. Verbund von Rezipienten- und Werbemarkt

Die zweite zentrale Besonderheit der Medienproduktion ist der Verbund von Rezipienten und Werbemarkt. Massenmedien produzieren in aller Regel für zwei Märkte: Information, Bildung und Unterhaltung für das Publikum und eine Verbreitungswahrscheinlichkeit von Werbebotschaften für die werbetreibende Wirtschaft. Dabei hängt der Marktwert der Werbung von der Nachfrage des Publikums ab. Eine solche Verknüpfung ergibt sich auch umgekehrt dann, wenn die Werbung selbst, wie z.B. bei der informativen Werbung in Zeitungen, vom Rezipienten nachgefragt wird. Mithin steigt der Ertrag der Medienproduktion mit steigender Nachfrage und ist mit ihr in einzigartiger Weise kumulativ verknüpft. Ähnliche Verknüpfungen sind sonst allenfalls bei Kommunikationsnetzen, z.B. im Telefonnetz zu beobachten. Auch hier steigt der Nutzen mit der Zahl der Nachfrager. Dieser Verbund sei im folgenden näher erläutert.

Angenommen sei, daß die Reichweite des Mediums (gemessen an der Auflage oder Einschaltquote) steigt. Wenn dann der Preis für die Verbreitung der Werbebotschaft, der sogenannte Werbegrundpreis konstant bleibt – was kurzfristig immer der Fall ist – dann wird die Verbreitung der Werbebotschaft pro Kopf der erreichten Rezipienten billiger, der sogenannte Tausenderpreis, der Preis für den Werbekontakt mit jeweils 1 000 Personen, sinkt. Mit sinkendem Tausenderpreis steigt grundsätzlich die Nachfrage nach Werberaum (Anzeigenseiten oder Werbezeiten) – eine Ausnahme bildet die Werbung in speziellen Rubriken, z.B. bei Familienanzeigen. Dies nennt man den **Mengeneffekt**. Mittelfristig bietet der sinkende Tausenderpreis dem Medienunternehmen einen Spielraum für die Erhöhung der Werbegrundpreise. Dies nennt man den **Preiseffekt** (vgl. Greiffenberg/Zohlnhöfer 1984, S. 591).

Die steigende Reichweite erhöht den Gewinn des Medienunternehmens direkt, wenn sie lediglich zur Erhöhung des Werbegrundpreises genutzt wird, ohne mehr Werbemenge zu verkaufen, weil zusätzliche Kosten für die Verbreitung der Werbung dann nicht anfallen, wohl aber die Einnahmen steigen. Die steigende Reichweite erhöht den Gewinn des Medienunternehmens auch dann direkt, wenn bei konstantem Werbegrundpreis zusätzliche Werbemenge verkauft wird und die Verbreitung der zusätzlichen Werbemenge keine zusätzlichen Kosten verursacht, wie beim Rundfunk. Allerdings müssen Rundfunkunternehmen berücksichtigen, daß eine Ausweitung der Werbezeiten vom Rezipienten in der Regel nicht gewünscht wird. Bei Zeitungen ist in diesem Fall zu berücksichtigen, daß die Verbreitung zusätzlicher Werbung auch zusätzliche Kosten in Form von Druck-, Papier- und Verteilkosten verursacht. Daher spricht sehr viel für die Strategie, vor allem die Werbegrundpreise zu erhöhen und allenfalls in geringem Umfang die Werbemenge zu steigern.

Die beschriebenen Zusammenhänge und Strategien sind prinzipiell auch so beobachtbar. Allerdings erfolgen die Erhöhungen der Werbegrundpreise zeitlich stark verzögert, weil Werbepreislisten vorab veröffentlicht werden und für eine ganze Planungsperiode – bei Rundfunkunternehmen in der Regel ein Jahr – unverändert bleiben.

Die Konsequenz dieses beschriebenen Verbunds von Werbe- und Rezipientenmarkt ist mithin die außerordentlich direkte Abhängigkeit des Gewinns von der *Entwicklung* der Reichweite: Steigt die Reichweite, so nimmt der Gewinn zu, und sinkt die Reichweite, so nimmt der Gewinn ab. Dies begründet – ein wenig anders als die Fixkostendegression – nicht die ökonomische Effizienz der Marktstellung eines Monopolisten, sondern die ökonomische Notwendigkeit, die Spirale „steigende Reichweite - steigende Werbegrundpreise - steigende Gewinne“ in Gang zu setzen, in Gang zu halten und auf keinen Fall abbrechen zu lassen. Bei entsprechend dynamischen Märkten wie dem Rundfunkmarkt sind durchaus mehrere expandierende Medienunternehmen denkbar. Nur bei Märkten, die sich, wie der Zeitungsmarkt, in der Stagnationsphase befinden, setzt die beschriebene Spirale eine Verdrängung der Konkurrenten in Gang, die in der Regel in der Monopolstellung endet. Allenfalls sind labile Gleichgewichtspositionen mehrerer Anbieter mit jeweils gleichbleibender Reichweite möglich.

Dieser Verbund von Rezipienten und Werbemarkt begründet Medienkonzentrationen, weil einzelne kleine Medienunternehmen in Konkurrenz zu größeren Marktteilnehmern auf dem gleichen Markt langfristig nicht überleben können.

Die Vorteilhaftigkeit horizontaler Verflechtungen betrifft auch die lockeren Formen kooperativer Verbindungen und Kooperationen in Teilbereichen gleicher Produktionsstufen, die im Mediensektor entsprechend vielfältig zu beobachten sind. Der Zusammenschluß der standortgebundenen lokalen Tageszeitungen im Rahmen der „Standortpresse GmbH“ bietet eine lockere Zusammenarbeit in den Bereichen

Marktforschung, Werbung und Weiterbildung und ähnliche Kooperationen bietet die „Regionalpresse", ein Zusammenschluß der überwiegend größeren regionalen Abonnementzeitungen; üblich ist auch eine Zusammenarbeit von Medienunternehmen im Bereich der Journalistenaus- und weiterbildung (z.B. Haus Busch und die Münchner Journalistenschule). Weit verbreitet sind gemeinsame Unternehmensaktivitäten im Bereich der Werbung, der Produktion und des Vertriebs, z.B. Anzeigengemeinschaften, Redaktionsgemeinschaften, Druckgemeinschaften oder Vertriebsgemeinschaften, und ganz typisch ist die Verwertung des jeweils gleichen Agenturmaterials durch Zeitungsverlage und Rundfunkanstalten.

2.4. Ersparnis von Transaktionskosten

Markttransaktionen verursachen Transaktionskosten, „costs of using the price mechanism" (Coase 1937, 390). Dies sind vor allem Suchkosten, Informationskosten, Kontraktkosten, Kontrollkosten und Anpassungskosten. Durch eine Eingliederung vor- oder nachgelagerter Produktions- bzw. Handelsstufen in die Unternehmung, also durch eine **vertikale Integration** können Transaktionskosten gespart werden. Ein Fernsehveranstalter, der seine Beiträge selbst produziert (Eigenproduktion), spart die aufgeführten Transaktionskosten; allerdings ist in der Regel die Eigenproduktion teurer und zusätzlich entstehen unternehmensinterne Organisationskosten. Erst ein Vergleich aller Kosten entscheidet über die relative Vorteilhaftigkeit der Eigenproduktion im Verhältnis zum Marktbezug.

Im Mediensektor sind die Kosten von Markttransaktionen relativ ausgeprägt, weil die Medienproduktion durch eine relativ große Unsicherheit gekennzeichnet ist. Die Definition, Messung und Kontrolle der Qualität der Produktion ist ungemein schwierig, außer der Festlegung von Produktionsmenge und Lieferzeit sind einfach zu handhabende Maßstäbe nicht verfügbar. Auch die Definition, Messung und Kontrolle der notwendigen Inputs in die journalistische Produktion ist ungemein schwierig. Die Wahrscheinlichkeit von Umweltveränderungen, die dann eine Veränderung der Produktgestaltung erfordern, ist sehr groß. Jederzeit können unvorhergesehene Ereignisse, über die berichtet werden muß, die Produktionsplanung ändern. Schließlich ist der Schutz des geistigen Eigentums nicht sicher zu gewährleisten. Bei diesem Ausmaß an Unsicherheiten sind vor allem die Informationskosten, die Kontrollkosten und die Anpassungskosten relativ hoch und es bestehen Anreize, die Transaktionen in die schützenden Beherrschungs- und Überwachungsstrukturen einer Medienunternehmung einzubetten. Gerade bei großer Komplexität der Produktion bestehen andernfalls der individuelle Anreiz und die individuelle Möglichkeit, die Produktionskosten zu senken, indem an der Qualität gespart wird. Die Integration innerhalb der Teamproduktion einer Unternehmung kann die Interessendivergenz verringern, weil die Interessen der Journalisten und der Medieneigentümer jetzt zusammengefaßt sind. Vor allem kann die interne Unternehmensorganisation Konflikte im Regelfall effizienter lösen als Gerichte, weil die relevanten Informationen billiger erhältlich sind und fachkundiger bewertet werden können als durch fachfremde Richter. Insgesamt kann die Qualität der Medienproduktion unternehmensintern wesentlich effizienter kontrolliert werden als im Marktbezug.

Im Mediensektor können idealtypisch folgende Produktions- bzw. Handelsstufen vertikal von unten nach oben unterschieden werden:

- Erstellung von Produktionsanlagen (Hardware), also z.B. Druckereien, Studioeinrichtungen, Ü-Wagen usw. (Stufe 1),
- Produktion von Medieninhalten (Software), also z.B. Filme, Bilder, Reportagen, Artikel usw. (Stufe 2),
- Zusammenstellung des Sortiments von Medieninhalten in Massenmedien, also Produktion der Zeitung, der Zeitschrift oder des Hörfunk- oder Fernsehprogramms (Stufe 3),
- Vertrieb der Massenmedien (Stufe 4),
- Verbreitung von Software durch nichtmassenmediale Vertriebswege, z.B. durch Kinos, Videomärkte und Archiv (Stufe 5),
- Verkauf von Werbung durch Media-Agenturen (Stufe 6) und
- Betreiben reiner Vertriebskanäle wie Kabelnetz und Satellit (Stufe 7).

Die Vorteilhaftigkeit vertikaler Integration ist besonders ausgeprägt in der Sicherung eines qualitativ und quantitativ befriedigenden Inputs von Mediensoftware in die Massenmedien, begründet also die Integration von Stufe 2 und 3. So verfügen alle Massenmedien über eigene Redaktionen und sind darüber hinaus typischerweise an solchen Unternehmen beteiligt, die Mediensoftware produzieren. So sind z.B. der Bertelsmann-Konzern an der Ufa oder der Springer-Konzern an der ISPRA beteiligt, und Zeitungsverlage sind die Eigentümer von *dpa*, um nur einige Beispiele zu nennen.

Daneben bestehen umgekehrt starke Motive, den Verkauf der Mediensoftware durch Beteiligung an nachgelagerten Verwertungsstufen zu sichern. Ein Beispiel dafür ist die Beteiligung des ursprünglich nur als Filme-Händler arbeitenden Kirch am Fernsehsender *SAT 1*, *Pro 7*, *Kabelkanal* und *DSF* sowie an Kinos und an Werbeagenturen. Diese Motive, einen Verkauf der Software zu sichern, sind im Medienbereich besonders ausgeprägt, weil aufgrund der Nicht-Rivalität im Konsum eine Mehrfachverwertung der Mediensoftware auf unterschiedlichen Märkten möglich ist. So kann der gleiche Spielfilm nacheinander an Erstaufführungskinos, an Videomärkte, an Pay-TV-Kanäle und schließlich an werbefinanzierte Fernsehveranstalter verkauft werden und diese Mehrfachverwertung wird üblicherweise zusätzlich regional differenziert. Diese Mehrfachverwertung wird Kaskadenstrategie genannt (Locksley 1988, S. 126 f.). Der Zugang zur Mehrfachverwertung ist dann erleichtert, wenn eine Beteiligung an den Firmen der nachfolgenden Verwertungsstufen besteht.

Weitere Formen der Integration können derzeit beobachtet werden, etwa der Erwerb von CBS durch Sony oder die Integration von Telefon- und Kabelnetzbetreibern in den Bereich der Softwareproduktion. Solche Integrationsvorhaben stellen indes keine medienspezifisch erklärbaren Besonderheiten dar.

2.5. *Verbundvorteile (economies of scope)*

Verbundvorteile liegen vor, wenn die Herstellung mehrerer Produkte durch das gleiche Unternehmen zu niedrigeren Gesamtkosten führt, als wenn die einzelnen Produkte von jeweils unterschiedlichen Unternehmen produziert werden. Verbundvorteile entstehen, wenn für zusätzliche wirtschaftliche Aktivitäten derselbe Input eingesetzt werden kann, weil dieser in der ersten Aktivität nicht vollständig verbraucht wird, z.B. bei Unteilbarkeiten oder bei Nicht-Rivalität im Verbrauch eines öffentlichen Gutes. Solche Vorteile werden im Verbund ähnlicher oder unterschiedlicher Produktionen, also in Formen diagonaler Verflechtung realisiert. Dabei geht der Trend eindeutig dazu, die diagonale Konzentration auf die Eingliederung jeweils ähnlicher Produktionen zu beschränken, sich also auf die Kernaktivitäten einer Unternehmung zu besinnen (Tichy 1991, 395), die enge Diversifizierung überwiegt (Kaufer 1980, 121 ff).

Entsprechend ist auch für den Mediensektor die enge Diversifizierung in Form des Medienverbunds oder des **Multimediakonzerns** typisch. Der Multimediakonzern läßt sich mit den üblichen Diversifizierungs- und Kontrollvorteilen einer Integration begründen, mit einer Umschichtung der Ressourcen aus langsam wachsenden Industrien in schneller wachsende Industrien und mit der Suche nach überlegenen Möglichkeiten in Industrien mit neuerem technischem Wissen (Kaufer 1980, 129). Dies erklärt die typische Ausbreitung von ursprünglich Printmedienunternehmen in den Bereich elektronischer Medien. Mit Ausnahme des Kirch-Konzerns sind alle großen deutschen Medienkonzerne ursprünglich Printmedienunternehmen gewesen. Der umgekehrte Fall einer Expansion von elektronischen Medienunternehmen in den Printbereich ist viel seltener und zudem meist auf die besondere Konstellation der Zeitungsmärkte in Ostdeutschland und Osteuropa zurückzuführen, die diese Märkte vorübergehend als Wachstumsmärkte interessant gemacht haben.

Daneben gibt es einige Verbundvorteile, die speziell die Existenz von Multimediakonzernen begründen. Dies ist die mögliche multimediale Mehrfachnutzung der gleichen Inputs wie Recherche, Lieferungen von Nachrichtenagenturen und Korrespondenten, Archive und Dokumentationen; dies ist die mögliche multimediale Mehrfachnutzung des gleichen Personals im Bereich der technischen Produktion, des Managements und der Verwaltung; dies sind Verbundvorteile einer gemeinsamen Werbung, insbesondere die gegenseitige Schaffung von Aufmerksamkeit durch redaktionelle Hinweise auf das Rundfunkprogramm eines verbundenen Senders und dies sind Verbundvorteile einer Integration von Medienunternehmung und Media-Agentur, weil damit das Programm optimal auf das gewünschte Werbeumfeld zugeschnitten werden kann und umgekehrt die Werbezeiten optimal vermarktet werden können.

Insgesamt gesehen existiert gerade im Medienbereich eine große Zahl gewichtiger Gründe für Verflechtungen. Die Wahl zwischen den verschiedenen Formen von Verflechtungen wird von den respektiven Vor- und Nachteilen bestimmt. Auch die lockeren Zusammenschlußformen realisieren die genannten Effizienzvorteile, versuchen aber, die möglichen Nachteile dauerhafter Formen der Verflechtung zu vermeiden. Diese Nachteile sind einmal die mögliche Kollision mit Konzentrationskontrollvorschriften und unerwünschter öffentlicher Aufmerksamkeit und zum anderen die Schwierigkeiten, einen Unternehmenszusammenschluß rückgängig machen zu können, wenn er nicht die gewünschten Vorteile bringt (Voigt 1993, 246).

3. Ökonomische Folgen der Medienkonzentration

3.1. Wettbewerbsnachteile versus Effizienzvorteile

Medienkonzentrationsprozesse haben Auswirkungen auf die wettbewerbliche Konstellation der Marktteilnehmer und auf die Effizienz der Medienunternehmen. Leider lassen sich die Auswirkungen weder allgemein noch präzise beschreiben. Die Wettbewerbsbedingungen können sich vor allem bei horizontalen Verflechtungen verbessern, wenn z.B. auf einem Markt, auf dem bisher ein großer und 15 kleine Anbieter vorhanden waren, diese 15 sich zu drei großen Anbietern zusammenschließen, die dann als Wettbewerber mit gleich großer Marktmacht auftreten (Aufholfusion) oder wenn ein vom Konkurs bedrohter Wettbewerber durch den Anschluß an einen Konkurrenten saniert wird (Sanierungsfusion). Bei einer Sanierungsfusion ist allerdings darauf zu achten, daß die vom Konkurs bedrohte Unternehmung nicht vom Marktführer übernommen wird, wie seinerzeit die *NRZ* von der *WAZ*, sondern von einem kleinen Mitbewerber, so daß die Sanierungsfusion zugleich eine Aufholfusion ist. Auch bei vertikalen und diagonalen Verflechtungen kann ein damit verbundener Ressourcenzustrom die Wettbewerbschancen kleinerer Medienunternehmen erhöhen, was z.B. beim Erwerb der *Berliner Zeitung* durch den vormaligen Zeitschriftenkonzern Gruner+Jahr erwartet worden war.

Im allgemeinen wird aber von einer Zunahme der Medienkonzentration eine Verschlechterung des Wettbewerbs erwartet. Die Preiskonkurrenz erlahmt, der Druck auf Produkt- und Prozeßinnovationen wird kleiner, die Flexibilität der Anpassung an veränderte Marktbedingungen nimmt ab und der Marktzutritt wird erschwert. Dabei gibt es kleinere Unterschiede zwischen den Verflechtungsebenen.

Horizontale Verflechtungen begründen dominierende Marktpositionen und erleichtern damit die kollektive Marktkontrolle z.B. durch Preisführerschaft. Bei vertikaler Verflechtung resultiert in der Regel ganz allgemein eine Vergrößerung des durch den Wettbewerb nicht kontrollierten Verhaltensspielraums, weil Marktmacht auf vor- bzw. nachgelagerte Produktions- und Handelsstufen übertragen wird. So wird bei der Übernahme von Vertriebsorganisationen der Konkurrenz der Zugang zur Nachfrage erschwert, z.B. wenn Zeitungsverleger den Pressegroßhandel übernehmen oder Filmproduzenten und Filmhändler Fernsehveranstalter aufkaufen.

Umgekehrt wird bei der Übernahme von Produktionskapazitäten der Konkurrenz der Zugang zum Angebot erschwert, z.B. wenn Fernsehveranstalter Filmproduktionsfirmen übernehmen. Generell wird die Möglichkeit eröffnet, Einstufenunternehmern zu behindern, insbesondere wenn diese zugleich Zulieferer bzw. Abnehmer und Konkurrenten sind. Bei diagonaler Verflechtung wird generell die Möglichkeit eröffnet, das reine Ausleseprinzip des Wettbewerbs durch Mischkalkulation (Crosssubsidizing) zu verbessern; indem Kosten bzw. Risiken auf die jeweils profitabelsten Firmen des Konzerns überwälzt werden, können kleinere Wettbewerber behindert werden oder andere Unternehmen können durch Kopplungsgeschäfte, z.B. Anzeigengemeinschaften benachteiligt werden.

Wenn der Wettbewerb durch Verflechtungen verschlechtert wird, resultiert ein Dilemma zwischen dem Ziel eines freien Wettbewerbs und dem Ziel ökonomischer Effizienz, weil und insoweit die Verflechtung Folge der Effizienz der Größe ist (Dilemma I). In vielen Fällen sind die Effizienzvorteile der Größe indes nicht so erheblich, daß sie die Verflechtungen überzeugend begründen können. Nur im Fall erheblicher Größenvorteile ist das Dilemma I wirklich relevant. Aber unglücklicherweise sind die Größenvorteile in Form der Fixkostendegression gerade im Mediensektor erheblich. Hier wäre die wirtschaftspolitische Entscheidung zu fällen, ob bei hohem Konzentrationsgrad dem Effizienzziel Priorität einzuräumen ist, oder ob eine Antikonzentrationspolitik durchgeführt werden soll, um die wettbewerblich-dezentralen Entscheidungsstrukturen wieder herzustellen (Herdzina 1993, S. 48).

In der Regel ist ein Verzicht auf die Realisierung von Größenvorteilen politisch nicht gewollt oder politisch nicht durchsetzbar und dies dürfte auch im Medienbereich so sein. Wenn die Verflechtung wirtschaftspolitisch akzeptiert wird, dann ist aber sicherzustellen, daß die Kostenvorteile tatsächlich realisiert und an die Verbraucher weitergegeben werden, weil der Wettbewerb diese Aufgabe ja nicht übernehmen kann (Dilemma II). Dies wird in der Regel durch eine Mißbrauchsaufsicht oder eine staatliche Regulierung zu erreichen versucht, allerdings meist ohne Erfolg. Daher ist eine konsequente wirtschaftspolitische Konzentrationskontrolle wichtig, der Mediensektor sollte kein wettbewerbspolitischer Ausnahmebereich sein. Dies ist hier insbesondere auch mit der Notwendigkeit begründet, die Vielfalt des Medienangebots zu sichern.

Generell flammt in solchen Debatten der alte Dissens zwischen Industriepolitik und Ordnungspolitik auf. Vertreter der Industriepolitik verweisen auf die höhere Effizienz der Größe, während Vertreter der Ordnungspolitik auf die guten Wirkungen des Wettbewerbs per se verweisen und darauf abstellen, daß die Effizienzvorteile von Zusammenschlüssen in empirischen Tests sich als viel geringer erwiesen haben als allgemein erwartet wird - sie enthalten nämlich keine Hinweise darauf, „daß Zusammenschlüsse merklich positive Auswirkungen auf Gewinn, Effizienz und Wachstum der Unternehmen haben“ (Tichy 1991, 359). Trotzdem müssen Konzentrationskontrollen sich immer mit dem Argument auseinandersetzen, sie behinderten eine effiziente Unternehmensführung und die internationale Wettbewerbsfähigkeit der Medienkonzerne.

3.2. Medienspezifische Wettbewerbsinsuffizienzen

Die Besonderheiten der Medienproduktion, insbesondere die Fixkostendegression und der Verbund von Werbe- und Rezipientenmarkt begründen spezielle wettbewerbliche Insuffizienzen. Die Fixkostendegression begründet **Monopole**, weil der Monopolist am billigsten produziert. Dies ist keine Frage der technischen Betriebsgröße, sondern eine Frage der Marktposition. Es kann eine Fülle von kleinbetrieblichen Medienunternehmen in Monopolstellung geben, wie es z.B. für den Zeitungssektor und auch im lokalen Hörfunk zu beobachten ist.

Der Verbund von Werbe- und Rezipientenmarkt, also vor allem die Spirale „steigende Reichweite/Erhöhung der Werbepreise/Zunahme des Gewinns" begründet ein relativ **aggressives Marketing**, ein Marketing, das immer darauf ausgerichtet sein muß, zusätzliche Rezipienten zu gewinnen, ohne die alten zu verlieren. Dies liegt daran, daß der zusätzliche Gewinn bei einer Zunahme der Nachfrage bzw. der zusätzliche Verlust bei einer Abnahme der Nachfrage im Mediensektor besonders ausgeprägt ist. Einerseits verursacht die Belieferung zusätzlicher Nachfrager keine zusätzlichen Kosten wie im Rundfunk bzw. nur geringe zusätzliche Kosten wie im Printsektor und andererseits erbringt die zusätzliche Nachfrage Einnahmen aus zwei Märkten. Und bei einem Nachfragerückgang werden Produktionskosten nicht oder nur geringfügig eingespart, während Einnahmen auf zwei Märkten sinken. Im Bereich der übrigen industriellen Produktion ist dies entscheidend anders. Ein Automobilunternehmen, das neue Märkte erschließen wollte, müßte auch zusätzliche Automobile produzieren und würde nur mit dem Verkauf der Autos auf dem Automarkt Geld verdienen, nicht auch noch mit einem Verkauf der Autos auf einem zweiten Markt, und bei einem Nachfragerückgang könnten substantielle Produktionskosten eingespart werden.

Indizien für die Aggressivität des Marketing im Medienbereich sind leicht zu finden. So ist der Mediensektor außerordentlich werbeintensiv, er steht mit Bruttowerbeinvestitionen von 1,039 Milliarden DM nach dem Sektor Auto und Handelsorganisation an dritter Stelle in der Rangfolge des Werbeeinsatzes (ZAW Jahrbuch „Werbung 1993", S. 10). Auch sind Prämien für die Vermittlung neuer Kunden oder Drückerkolonnen für die Abonnentenwerbung Marketinginstrumente, die sonst in der Wirtschaft nicht üblich sind. Und attraktive Gratissendungen eines Pay-TV-Kanals sind klassische Lockvogelangebote.

Die Fixkostendegression und der Marktverbund begründen schließlich erhebliche **Marktzutrittsschranken** (Heinrich 1984). Aufgrund der ausgeprägten Fixkostendegression sinken die Stückkosten der Medienproduktion bis zur Sättigungsmenge. Daher existieren erhebliche Betriebsgrößenvorteile für den etablierten Anbieter, weil der Newcomer zunächst immer mit höheren Kosten produziert als der etablierte Anbieter. Ein Marktzutritt wird nur dann erfolgreich sein, wenn es gelingt, den vorhandenen Anbieter auf eine nachrangige Marktposition zu verdrängen. Die kumulativ steigenden Erträge aufgrund des Marktverbunds bedeuten, daß ein Marktzutritt langfristig nur dann erfolgreich sein kann, wenn die Phase der Expansion dauerhaft gesichert ist, jedenfalls muß vermieden werden, daß der Newcomer in die Spirale sinkender Nachfrage und sinkender Erträge gelangt. Schließlich existieren erhebliche Produktdifferenzierungsvorteile etablierter Anbieter gegenüber potentiellen Wettbewerbern, weil die Konsumenten generell größere Präferenzen für etablierte Produkte haben als für neue und unbekannte Substitute. Dieser Effekt wird im Mediensektor deswegen verstärkt, weil die Qualitätstransparenz gering ist und eine ausgeprägte Nachfrageträgheit begründet. Ein Newcomer könnte diese Nachfrageträgheit nur mit erheblichen Aufwendungen durchbrechen.

Insgesamt sind die Strukturbedingungen der Medienproduktion für den ökonomischen Wettbewerb mithin sehr ungünstig, und der ökonomische Wettbewerb kann seine Funktion, die allokative und produktive Effizienz der Medienproduktion zu sichern, mithin nur sehr begrenzt erfüllen. Dabei ist zu beachten, daß damit noch nichts über den Zusammenhang von Medienkonzentration und Vielfalt ausgesagt ist, weil Vielfalt kein Ziel des ökonomischen Wettbewerbs ist (vgl. Abschnitt 4).

3.3. Zur Größe der Medienmärkte

Die Bedrohlichkeit des Befundes der Monopolgefahr hängt letztlich von der Zahl und der Größe der Medienmärkte ab. So bestimmt die Zahl der Medienmärkte, wieviele Monopole und wieviele Marktzutrittsmöglichkeiten es geben kann. Viele kleine Monopole auf vielen kleinen benachbarten Märkten sind weniger beunruhigend als wenige große Medienmonopole auf wenigen großen Medienmärkten. Daher ist zu untersuchen, welche Faktoren die Größe und Zahl von Medienmärkten bestimmen.

Allgemein formuliert hängt die Größe eines Marktes – üblicherweise mit dem Indikator Umsatz pro Periode erfaßt – von der Nachfrage und von den Distanzüberwindungskosten ab. Die Nachfrage ist konzeptionell schwer zu fassen. Die Medienproduktion ist kein einfach zu definierendes homogenes Produkt wie z.B. Koks oder Sojabohnen, sondern besteht aus einem komplexen Bündel unterschiedlichster Produkte, die auf zahlreichen Märkten miteinander konkurrieren. Diese Nachfrage und nachfolgend die entsprechenden Märkte können nach folgenden Kriterien unterschieden werden:

- nach der Güterkategorie (Information, Bildung, Unterhaltung, Werbung),
- nach der regionalen Reichweite, also nach Kommunikationsräumen,
- nach Ressorts und Teilressorts,
- nach der Aktualität und Periodizität und
- nach der Art der Medien.

Prima facie kann man für den Mediensektor also eine Vielzahl kleinerer Märkte vermuten. Diese Annahme wird durch die Praxis der Rechtsprechung, relativ stark segmentierte, kleine relevante Medienmärkte abzugrenzen, bestätigt (Spieler 1991, S. 44 ff). So ist z.B. ein europäischer Medienmarkt, etwa entsprechend einem europäischen Automobilmarkt, auch in Ansätzen nicht in Sicht.

Die Distanzüberwindungskosten begrenzen die Ausdehnung von Märkten, weil und insoweit die Produkte in zunehmend entfernte Orte transportiert werden müssen. Sie beschränken mithin die Vorteilhaftigkeit großbetrieblicher Produktion und die Degression der fixen Produktionskosten. So begrenzen Distanzüberwindungskosten z.B. sehr wirksam die Größe des Marktes für Zement oder Bauholz. Im

Mediensektor sind die Distanzüberwindungskosten – gemessen als Anteil der Kosten am Umsatz – indes sehr klein; nur bei Printmedien fallen sie überhaupt ins Gewicht. Sie steigen generell mit zunehmender Entfernung nur sehr wenig an; bei Übertragung durch Glasfaser und Satellit spielt die Entfernung als Determinante der Distanzüberwindungskosten praktisch keine Rolle mehr.

Mithin ist der Medienbereich durch zwei gegenläufige Marktkräfte gekennzeichnet. Die segmentierte und bislang überwiegend regional oder lokal gebundene Nachfrage begründet kleine und lokal gebundene Märkte, während die geringen Distanzüberwindungskosten eindeutig für eine Globalisierung der Medienmärkte sprechen. Die letztlich wirksame Marktsegmentierung wird vermutlich durch die Nachfrage determiniert, und eine Marktintegration kann nur über eine Integration der Nachfrage geschaffen werden. Dies ist wieder im Rahmen der Bemühungen um eine Integration der europäischen Medienmärkte deutlich geworden: Der Abbau von Handelshemmnissen hat bisher keinen Europarundfunk geschaffen. Die mögliche Unterschiedlichkeit der Marktentwicklung bedeutet, daß insbesondere auf den wenigen globalen Medienmärkten, wie ansatzweise dem Markt für Kino- und Fernsehfilme, Verflechtungskontrollen von eminenter Wichtigkeit sind. Auf kleinen, lokalen Märkten könnten Monopole eher hingenommen werden.

4. Medienkonzentration und publizistische Vielfalt

4.1. Erfassung publizistischer Vielfalt

Die zentrale Norm des Systems Publizistik ist die Vielfalt – die Vielfalt als verfassungsrechtlicher Zielwert (Hoffmann-Riem 1991, S. 15), die Vielfalt der von den Medien produzierten Meinungen. Daher hat ein freier Wettbewerb unabhängiger Medienunternehmen nicht nur seine essentielle Bedeutung für die ökonomische Effizienz der Medienproduktion, sondern auch und vor allem für die Sicherung einer Vielfalt von Medienangeboten. Und Medienkonzentrationen stellen nicht nur eine Bedrohung des Wettbewerbs dar, sondern auch und vor allem eine Bedrohung der Meinungsvielfalt. Allerdings sind die Zusammenhänge zwischen Wettbewerb und Meinungsvielfalt weder theoretisch noch empirisch geklärt, die Medienwissenschaft arbeitet bislang mit Hypothesen zum Zusammenhang von Medienkonzentration und Vielfalt.

Zur Erfassung der Meinungsvielfalt gibt es bislang folgende Ansätze (vgl. insgesamt Rager/Weber 1992 und Woldt 1992):

- Die Erfassung des Anteils bestimmter Meinungen am Gesamtmeinungsmarkt (Lasorsa 1991),
- die Erfassung der Unterschiedlichkeit von publizistischen Produkten durch Inhaltsanalyse (z.B. Schütz, laufende Jahrgänge und Rager 1982),
- die Erfassung der Marktanteile unabhängiger Medienunternehmen (z.B. die Analysen von Röper, laufende Jahrgänge und Heinrich, laufende Jahrgänge).

Dabei hat die Methode, den Output an Meinungsvielfalt direkt zu messen, den Nachteil, daß die Messung operational nicht durchzuführen ist und daß die Ergebnisse nicht mit den Strukturen des Mediensystems begründet werden können, sondern auch die Folge anderer Faktoren, z.B. Bevölkerungsdichte oder Einkommensverteilung sein können. Dagegen erscheint die Methode, den Input an Meinungsvielfalt zu messen, als operational, wenn relativ klare Unterscheidungskriterien herangezogen werden. Dieses Plädoyer für möglichst einfache Input-Kriterien ist darin begründet, daß die Wirtschaftswissenschaft eine objektive Messung von inhaltlicher Vielfalt für unmöglich hält (Heinrich 1992). Dagegen vertritt die Kommunikationswissenschaft eher die Notwendigkeit, publizistische Vielfalt inhaltsanalytisch zu erfassen (Knoche 1980, Woldt 1992).

In neuerer Zeit wird vor allem die Methode, die Rezipientenmarktanteile jeweils zusammengehörender Medienunternehmen zu erfassen, praktiziert (Diederichs, Heinrich, Röper, Grünbuch der EG 1992). Diese Methode ist operational, Ergebnisse solcher Analysen sind per se aussagekräftig, wenn z.B. gesagt werden kann, daß 40 Prozent aller Zeitungen den drei größten Zeitungsunternehmen entstammen usw. Die Ergebnisse solcher Analysen können direkte Zielgröße der Medienpolitik sein, wie es in manchen Kontrollvorschriften zur Medienkonzentration, z.B. im Rundfunkstaatsvertrag § 21, entsprechend genutzt wird (allerdings haben die Vorschriften des Rundfunkstaatsvertrags den Nachteil, daß sie sich nicht auf Publikumsanteile beziehen, sondern lediglich die Zahl möglicher Beteiligungen begrenzen). Eine Vielzahl unabhängiger Medienunternehmen ist mithin per se ein sinnvolles Ziel der Medienpolitik.

Allerdings muß gesehen werden, daß die Unabhängigkeit des Medieneigentums weder notwendige noch hinreichende Bedingung für publizistische Vielfalt ist, weil das Kriterium „Medieneigentum" den Informationsgehalt nicht berücksichtigt. So ist denkbar, daß unterschiedliche unabhängige Medienunternehmen die gleichen Inhalte produzieren oder daß ein Medienkonzern in seinen verschiedenen Medienunternehmen unterschiedliche Inhalte anbietet. Jedenfalls ist der Schluß von der Eigentumskonzentration auf die Meinungskonzentration nicht zweifelsfrei möglich. Die Eigentümer der Medienunternehmen geben in der Regel nur vage publizistische Leitlinien vor, die Festlegung der Inhalte der Medienprodukte obliegt den Redaktionen. Auch wenn eine publizistische Linie vorgegeben ist, bleibt den Redaktionen Spielraum für unterschiedliche journalistische Produktionen, weil die Produktqualität nicht spezifiziert vorgegeben werden kann.

Es besteht aber immer die *Gefahr*, daß Medieneigentümer die Verbreitung bestimmter Meinungen beeinflussen, z.B. durch die Ausbildungs- und Auswahlpraxis der Redakteure, durch Auswahl bestimmter Quellen, durch die Vorgabe typischer Rechercheinfrastrukturen und durch die Vorgabe bestimmter Meinungspositionen. Jedenfalls bestehen für die Medieneigentümer relativ größere Anreize auf die Produktqualität Einfluß zu nehmen, als für die Eigentümer anderer Unternehmen. Dies liegt an der doppelten Natur von Information, die zum einen privates Konsumgut ist, zum anderen Input in den Prozeß der öffentlichen Meinungsbildung. Und über diesen Input in den Prozeß der öffentlichen Meinungsbildung können Ziele verfolgt werden, die mit der Produktion sonstiger Wirtschaftsgüter nicht verfolgt werden können, z.B. die Gestaltung des Produktions- und Verkaufsumfeldes des Mediums, die Absatzwerbung und Public Relations für eigene Produkte sowie Absatzwerbung und Öffentlichkeitsarbeit für Meinungen, die der Medieneigentümer für wichtig hält. Jedenfalls stellt die Konzentration der Kontrolle des Zugangs zu den Medien auf einige wenige grundsätzlich eine Gefahr für die Meinungsvielfalt dar (Grünbuch 1992, S. 19; Mestmäcker 1978, S. 29 ff).

Die Abgrenzung unabhängiger Medienunternehmen ist ein im Einzelfall bisweilen mühseliges Unterfangen. Hier kommen die Bestimmungen des Gesellschaftsrechts, des Wettbewerbsrechts und des Rundfunkrechts zur Anwendung, auf die hier nicht weiter eingegangen wird (vgl. z.B. Heinrich 1993, S. 272 f). Angesichts der typischen Streuung des Eigentums auf größere und kleinere Eigentümer erscheint es darüber hinaus notwendig zu sein , nicht nur die Eigentumsverhältnisse per se transparent zu machen, sondern vor allem den Eigentümer zu erfassen, der die Kontrolle über das Unternehmen ausübt. Der die Kontrolle ausübende Eigentümer wird **Kontrolleur** genannt (Grünbuch 1992, S. 20).

In der Theorie und Praxis der EU-europäischen Fusionskontrolle, die hier beispielhaft angeführt werden soll, wird eine Mehrheitsbeteiligung per se mit der Kontrolle gleichgesetzt. Ob eine Minderheitsbeteiligung die Kontrolle über ein anderes Unternehmen begründet, wird im Einzelfall mit Blick auf die Entscheidungsstrukturen, die Zusammensetzung der Gesellschaftsorgane und die Konzentration des übrigen Eigentums entschieden. So ist die Tendenz zu erkennen, daß bei Beteiligungen zwischen 40 und 49,9 % ein kontrollierender Einfluß angenommen wird, auch ohne den Nachweis, daß das erwerbende Unternehmen eine rechtliche Entscheidungsbefugnis hat, wenn andere Umstände die Macht des Erwerbers deutlich stärken, z.B. die breite Streuung des sonstigen Eigentums. Bei darunter liegenden Beteiligungen wird eher nur ausnahmsweise auf kontrollierenden Einfluß geschlossen, wenn nämlich besondere Umstände jenem Minderheitsgesellschafter bestimmenden Einfluß verschaffen (Montag/Dohms 1993, S. 16). Insofern ist z.B. Leo Kirch nicht Kontrolleur bei Springer, weil seinem Anteil in Höhe von 35 Prozent plus einer Aktie eine Mehrheit der Springer-Erben in Höhe von 50,1 Prozent gegenüber steht.

Gerade für den Medienbereich ist es besonders schwierig, den Kontrolleur zu benennen, weil hier aufgrund der Konzentrationskontrollvorschriften wechselseitige Beteiligungen bis zu 25 Prozent typisch sind. Die Vermutung besteht, daß die jeweiligen nationalen Medien-Großunternehmen auch als Minderheitsgesellschafter die Medien über Zusammenschlüsse mit sog. „sleeping partners" kontrollieren und ihre Beteiligungen in anderen Ländern eher passiv nutzen (Grünbuch 1992, S. 26).

4.2. Die Abgrenzung des publizistisch relevanten Sektors

Die Erfassung der publizistischen Konzentration hat eine ganz spezielle medienpolitische Zielrichtung: Hier sollen Anhaltspunkte gewonnen werden, um die Entwicklung der publizistischen Vielfalt zu beurteilen. Diesem Ziel muß sich die Vorgehensweise unterordnen. Zunächst ist zu entscheiden, was die sachliche Bezugsebene der publizistischen Konzentrationsanalyse sein soll. Sicher ist, daß sich die publizistische Konzentrationsanalyse nicht auf relevante Märkte beziehen kann, weil es um die Erfassung des gesamten Spektrums an Meinungsvielfalt geht, unabhängig von der Art der Medien. Im publizistischen Wettbewerb ist die unterschiedliche werbliche Eignung der Medien unbeachtlich und Informationen verlieren ihren Warencharakter. Die Massenmedien haben ja für das System der Publizistik andere Funktionen als für das System der Wirtschaft: dort die Erfüllung einer öffentlichen Aufgabe, hier die Befriedigung individueller Bedürfnisse von Konsumenten und werbetreibender Wirtschaft. Entscheidend für die Abgrenzung des publizistisch relevanten Sektors ist die *funktionale Austauschbarkeit von Information im Hinblick auf die Produktion von Meinungsvielfalt*. Mithin sind alle Massenmedien einzubeziehen, die zur Produktion von Meinungsvielfalt beitragen können, also Zeitung und Zeitschrift, Hörfunk und Fernsehen sowie die jeweils vor- und nachgelagerten Informationsproduzenten und Informationshändler, wie Filmproduzenten, Programmproduzenten, Nachrichtenagenturen, Filmhändler und Rechtehändler.

Nachfolgend ist die angemessene regionale Abgrenzung des publizistisch relevanten Gebietes festzulegen. Da das Konzept der Meinungsvielfalt vor allem personengebunden und nicht regional definiert ist – es ist wenig sinnvoll zu sagen, daß es in Europa 12 000 Radiostationen gibt (European Radio Minibook 1992, S. 6), viel sinnvoller ist es zu ermitteln, wie viele Radios ein Europäer z. B. in Hamburg hören kann – ist die Bezugsgröße zunächst der einzelne Rezipient mit seinen Wahlmöglichkeiten.

Der publizistisch relevante Sektor ist das Gebiet, in dem die Medienangebote für den einzelnen Rezipienten im Hinblick auf die Produktion von Meinungsvielfalt funktional austauschbar sind. Dabei ist zu berücksichtigen, daß sich die Verbreitungsgebiete der Medien überschneiden, weil jeweils nationale, regionale und lokale Reichweiten denkbar sind. Mithin ist der publizistisch relevante Sektor das Gebiet, in welchem das Medium mit der kleinsten Reichweite verbreitet ist. Das wäre z. B. im Kreis Coesfeld (NRW), in dem fünf Zeitungen verbreitet sind, jeweils das Verbreitungsgebiet einer dieser Zeitungen bzw. das Schnittfeld ihrer Verbreitungsgebiete. Oder für Dortmund ist das Medium mit der kleinsten Reichweite der private Lokalfunk, dessen Verbreitungsgebiet dann den publizistisch relevanten Sektor bestimmt. In diesen Gebieten wäre dann das Gesamtangebot der Massenmedien zu ermitteln, im Prinzip also nationales und lokales Fernsehen, nationaler, regionaler und lokaler Hörfunk sowie nationale und lokale oder regionale Zeitungen, mithin die faktischen Wahlmöglichkeiten der Rezipienten.

Der publizistisch relevante Sektor unterscheidet sich also vom ökonomisch relevanten Markt in drei Punkten. Er umfaßt

- alle Massenmedien, nicht nur die ökonomisch konkurrierenden,

– ein regional anders geschnittenes Gebiet, das im Regelfall kleiner ist als der ökonomisch relevante Markt, und
– die vertikal integrierten Informationsproduzenten, Lieferanten und Händler,

Eine solche Abgrenzung liegt bislang nicht vor. Sie böte das Fundament für eine alle Medien einheitlich kontrollierende Medienpolitik, die dringend erforderlich, aber nicht in Sicht ist. Daher wird im folgenden weiterhin in konventioneller Weise klassifiziert.

4.3. Horizontale Medienkonzentration und publizistische Vielfalt

Im Zuge der horizontalen Medienkonzentration nimmt die Zahl der unabhängigen Medienunternehmen ab. Wenn damit auch die Zahl der Medienangebote abnimmt, was in der Regel der Fall ist und im Zuge des Zeitungssterbens in der Bundesrepublik zu beobachten war, dann ist damit eine Abnahme der publizistischen Vielfalt impliziert, weil ganz unwahrscheinlich ist, daß die Medienangebote vor ihrer Verflechtung homogen gewesen sind. Wenn im Zuge fortschreitender Medienkonzentration die Zahl der Medienangebote nicht abnimmt, sondern diese bei Aufrechterhaltung ihrer publizistischen Eigenständigkeit in Medienkonzerne integriert werden, wie z.B. die *Westfälische Rundschau*, die *Neue Rhein/Neue Ruhr Zeitung* und die *Westfalenpost* in den *WAZ*-Konzern, nimmt die Vielfalt aber nur dann ab, wenn die Medienkonzerne neben ihrer unternehmerischen Beteiligung einen Einfluß auf die Inhalte der Medienproduktion ausüben.

Ein direkter Einfluß ist nicht generell zu beobachten, er widerspricht der ökonomischen Logik jedenfalls dann, wenn diese Einflußnahme mit dem Ziel der Gewinnmaximierung kollidiert. Faktisch ist ein solcher Einfluß nicht ausgeschlossen, die *Welt* als publizistisches Flaggschiff des Springer-Konzerns ist das bekannteste Beispiel für eine Mißachtung der Marktgesetze aus publizistischem Verlegerinteresse. Indirekt wird zunehmende Konzentration die publizistische Vielfalt der Angebote indes verringern.

Zum einen werden die Möglichkeiten für eine Ausweitung der Unternehmensphilosophie des Medienkonzerns, der „Corporate Identity“, auf eine größere Zahl von publizistischen Einheiten vergrößert. Wenn z.B. die *FAZ* die *Märkische Allgemeine* oder der Springer-Konzern 50 Prozent der Anteile der *Leipziger Volkszeitung* erwirbt, dann hat das einen indirekten Einfluß auf die Prägung dieser Zeitungen, vor allem über die Mitarbeiterauswahl und die Mitarbeiterweiterbildung. Zum anderen erleichtern horizontale Medienkonzentrationen die Bedingungen für eine Mehrfachverwertung solcher journalistischer Produktionen, die unmodifiziert mehrfach in verschiedenen publizistischen Einheiten verwertet werden können, das können z.B. Beiträge über Gesundheit, Autos, Reise oder bunte Beilagen zu verschiedenen Ausgaben sein.

4.4. Vertikale Medienkonzentration und publizistische Vielfalt

Bei einer Zunahme der vertikalen Medienkonzentration wird auf den verschiedenen Produktions- und Handelsstufen die Marktkoordination zunehmend durch unternehmensinterne Koordination ersetzt. Dies verringert prinzipiell den direkten Einfluß der Nachfrage und der Konkurrenz und erlaubt, unternehmenseigene Vorstellungen stärker durchzusetzen als sonst üblich.

Dies soll zunächst an einem Beispiel erläutert werden. Wenn Leo Kirch nur Filmhändler wäre (was er ursprünglich war), dann würde er Filme auf den Filmproduktionsmärkten kaufen und sie auf den Filmverwertungsmärkten – Kino, Videomärkte, Fernsehen – verkaufen. Im Einkauf würde er aus dem vorhandenen Angebot im Wettbewerb mit konkurrierenden Nachfragern auswählen; er hätte keinen direkten Einfluß auf das Angebot, und seine Verwertungsvorstellungen würden sich über die zu zahlenden Preise mit den Verwertungsvorstellungen anderer Nachfrager messen müssen. Wenn Leo Kirch aber Filmproduktions-, Filmhandels- und Filmverwertungsunternehmen, insbesondere Fernsehanstalten und Filmtheater besitzt (was der Fall ist, vgl. Röper 1993a, S. 66 f.), dann hat er einerseits eine größere Einwirkungs*möglichkeit* auf das Produktionssortiment, und andererseits wird er weniger durch konkurrierende Nachfragewünsche kontrolliert. Die Kontrolle durch den Markt wird partiell durch die Kontrolle von Kirch ersetzt.

Die Bewertung dieser möglichen Kontrollsubstition Markt durch Medienunternehmen ist schwierig. Aus ökonomischer Sicht wird grundsätzlich eine Kontrolle durch den Markt präferiert, in kommunikationswissenschaftlicher Sicht ist das nicht so sicher. Und aus ökonomischer Sicht ist anzumerken, daß eine langfristige Mißachtung des Marktes durch privatkapitalistische Unternehmen nicht durchzuhalten ist. Wenn Leo Kirch z. B. Film– und Sportübertragungsrechte an *SAT 1* zu teuer und in falscher Auswahl verkauft, dann erhöht dies die Profitabilität eines Konzernunternehmens zu Lasten der Profitabilität eines anderen Konzernunternehmens, und fraglich wäre, was per saldo für Leo Kirch gewonnen ist.

Immerhin erscheint die vertikale Medienkonzentration in den Stufen als recht problematisch, in denen eine vom Markt nicht geregelte Beeinflussung von Medieninhalten möglich ist, also in der Verbindung von Fernsehausstrahlung und Filmproduktion sowie in der Verbindung von Fernsehausstrahlung und Werbeagentur. Demgegenüber bietet die Verbindung von Hardware- und Software-Produzenten keine speziell bedrohliche Perspektive für die Meinungsvielfalt, genauso wenig wie die Verbindung von Kabelnetzunternehmen mit Software-Produzenten. Generell bleibt aber bei jeder Form von vertikaler Medienkonzentration das Problem der Macht von Größe an sich.

4.5. Diagonale Medienkonzentration und publizistische Vielfalt

Spezielle publizistische Folgen der diagonalen Medienkonzentration sind nicht zu entdecken; hier wiederholen und verstärken sich die Folgen, die der horizontalen und der vertikalen Medienkonzentration jeweils für sich zuzuschreiben sind. Daher sollen sie nur noch einmal kurz aufgelistet werden:

- Die Möglichkeit der Einflußnahme des Medieneigentümers auf Medieninhalte wird ausgeweitet.
- Die Möglichkeit, Meinungen intern zu subventionieren, wird verbessert.
- Die Möglichkeit und das Motiv, den redaktionellen Teil der Medien für werbliche Zwecke zu mißbrauchen, gewinnt an Gewicht (Beispiele für diese „cross-promotion" gibt *Der Spiegel*, Nr. 21/1993 v. 24.5.1993; S. 37 f.).
- Die Möglichkeiten der Mehrfachverwertung nehmen zu (z.B. *Spiegel-TV*, *Stern-TV* und *Tele-FAZ*).
- Die Unternehmensphilosophie kann nun auch intermedial verbreitet werden.
- Die Kontrolle von Aktivitäten durch den Markt nimmt ab.
- Der intermediale Wettbewerb wird verschlechtert .
- Der Marktzutritt wird erschwert.

Die Liste ist eindrucksvoll lang, aber es ist nur eine Auflistung einer Ausweitung von *Möglichkeiten*, der Kontrolle durch den Markt oder durch die Politik zu entkommen.

5. Medienkonzentration und publizistische Qualität

Im Gegensatz zur ökonomischen Qualität ist die publizistische Qualität wenigstens im Prinzip durch objektive Merkmale bestimmt, wenngleich die Kriterien nicht einheitlich verwendet werden (Ruß-Mohl 1992). Überwiegend wird indes von den Kriterien Aktualität, Relevanz, Richtigkeit und Vermittlung ausgegangen, (Rager 1994). Mithin ist zu prüfen, ob ein Zusammenhang zwischen Medienkonzentration und publizistischer Qualität hinlänglich begründet werden kann.

Die horizontale Verflechtung ist ambivalent zu bewerten. Einerseits ist die horizontale Medienkonzentration auch in erheblichen Effizienzvorteilen begründet, die dazu führen *können*, daß die größeren Einnahmen in die Produktion publizistischer Qualität investiert werden. Ein gutes Beispiel sind der *Spiegel* und *Die Zeit*, die, wenn auch nicht rechtlich, so doch ökonomisch gesehen Monopolisten gewesen sind und gute publizistische Qualität produziert haben. Mehr Wettbewerb könnte die Einnahmen pro Medium verringern, und nachfolgend den Input in die Produktion publizistischer Qualität, also zu einer Verringerung der Redaktionsstärke oder der Redaktionsetats führen. Andererseits bietet die horizontale Konzentration die *Möglichkeit*, Meinungsvielfalt zu verringern und eine Einheitlichkeit der Berichterstattung zu betreiben. In Abwägung beider Möglichkeiten kommt es eher darauf an, Mißbräuche zu verhindern, als darauf zu setzen, daß Monopolisten im Durchschnitt gute publizistische Qualität produzieren. Vor allem für die Konkurrenz im Lokalen ist gezeigt worden, daß der Umfang des Lokalteils mit zunehmender Monopolisierung abnimmt (Pätzold/Röper 1992, S. 644 ff) – ein Indiz für die Vorteilhaftigkeit des Wettbewerbs.

Die diagonale und die vertikale Verflechtung ist viel weniger ambivalent zu beurteilen. Hier sind die Effizienzvorteile - deren Gegenwert in die Produktion publizistischer Qualität investiert werden könnte - sehr viel geringer als bei der horizontalen Konzentration und andererseits sind die Gefahren durch Einbußen an dezentraler Kontrolle durch den Markt oder ggfs. durch die Politik erheblich. Daher kommt es vor allem darauf an, Schranken für diagonale und vertikale Medienkonzentrationen zu errichten.

6. Empirische Untersuchungen

Bei den zahlreichen empirischen Untersuchungen zum Komplex von Konzentration sowie Vielfalt und Qualität ist nicht immer ganz klar, was untersucht wird: die ökonomische oder die publizistische Konzentration und die Vielfalt oder die Qualität der journalistischen Produktion. Daher soll vorab klassifiziert werden.

6.1. Zur Klassifikation empirischer Untersuchungen

Zunächst wäre zu unterscheiden, was die determinierende Variable der Untersuchung ist: die ökonomische oder die publizistische Konzentration. Bei der ökonomischen Konzentration geht es um die Erfassung von Anteilen von Medienunternehmen am relevanten Markt. Dabei empfiehlt es sich, zusätzlich nach dem Ausmaß eines möglichen Ressourcenverbundes folgende Konstellationen zu unterscheiden:

- Marktanteile unabhängiger Medienunternehmen (z.B. *FAZ* und *Frankfurter Rundschau*)
- Marktanteile verbundener, aber konkurrierender Medienunternehmen (z.B. *Westfälische Rundschau* aus dem *WAZ*-Konzern und *Ruhr-Nachrichten* aus der *RN*-Gruppe)
- Marktanteile miteinander verbundener Medienunternehmen (z.B. *Westdeutsche Allgemeine, WAZ* und *Neue Ruhr/Rhein Zeitung, NRZ*),

weil das Ausmaß eines möglichen Verbundes mit einem Medienkonzern neben der rechnerisch erfaßten Konzentration auch Struktur und Intensität des Wettbewerbs beeinflussen wird.

Bei der publizistischen Konzentration geht es um die Erfassung von Rezipientenanteilen jeweils miteinander verbundenen Medieneigentums. Dabei ist es zweckmäßig, hier nach den Formen des Verbunds zu differenzieren:

- Verbund in Form einer rechtlichen Einheit (z.B. die verschiedenen Ausgaben der *BILD*-Zeitung)
- Verbund in Form einer wirtschaftlichen Einheit (z.B. alle Medien des Springer-Konzerns)

– Verbund in Form vermuteter Kontrolle (z.B. wird zu vermuten sein, aber nur zu vermuten sein, daß Kirch der Kontrolleur von *DSF* ist).

Bei den Untersuchungsmethoden ist vor allem die Zeitreihenanalyse von der Querschnittsanalyse zu unterscheiden. Die Zeitreihenanalyse untersucht, wie sich Medien im Übergang von einem Regime zu einem anderen verändern, also wie sich z.B. der *Südkurier* verändert, nachdem der Holtzbrinck-Konzern eine Minderheitsbeteiligung erworben hat oder wie sich die *Neue Ruhr/Neue Rhein Zeitung* nach der Fusion mit dem *WAZ*-Konzern verändert hat. Die Querschnittsanalyse untersucht dagegen die Unterschiedlichkeit von Medien in einer bestimmten Zeitperiode, also etwa die Unterschiedlichkeit von Zeitungen, die miteinander im Wettbewerb stehen, z.B. die *Westfälische Rundschau* und die *Ruhr-Nachrichten*, gegenüber Zeitungen, die in ihrem Verbreitungsraum das Gebietsmonopol haben, z.B. die *Kieler Nachrichten* und die *Saarbrücker Zeitung*.

Schließlich sollte unterschieden werden, was die Untersuchungsziele sind, die Erfassung journalistischer Qualität oder die Erfassung der Vielfalt. Oft werden beide Aspekte vermischt.

Die Qualität der journalistischen Aussagenproduktion wird einmal mit Input-Ersatzindikatoren erfaßt, von denen die wichtigsten sind:

– Redaktionsstärke, unter Umständen auch Redaktionsetats,
– Zahl der bezogenen Nachrichtendienste und
– Umfang des Archivs und der Dokumentationsquellen.

Zum anderen wird mit Output-Kriterien gemessen, von denen die wichtigsten sind:

– Umfang des Nachrichtenteils oder anderer Teile von spezieller Bedeutung,
– Umfang von Eigenproduktionen,
– Umfang/Anteile unterschiedlicher Programmkategorien.

Die Vielfalt zu erfassen, erweist sich als besonders schwierig. Überlegungen zur Vielfalt in konzeptioneller Sicht stellt Lasorsa (1991) an. Danach hängt Vielfalt von der Zahl der unterschiedlichen Meinungen ab und von der Gleichmäßigkeit ihrer Verteilung zwischen den Menschen. Wenn es zwar viele Meinungen gibt, aber eine davon dominiert, dann ist Meinungsvielfalt kleiner, als wenn weniger Meinungen existieren, diese aber gleichmäßig verteilt sind.

Zur konkreten Erfassung der Vielfalt bieten sich zwei Ansätze. Einmal kann die Vielfalt durch eine Inhaltsanalyse, zum anderen durch Befragung der Rezipienten bestimmt werden, dabei ist die Inhaltsanalyse eindeutig die dominierende Methode. Diese läßt sich weiter differenzieren nach den gewählten Ansatzpunkten der Inhaltsanalyse:

– Erfassung der Grobstruktur von Medieninhalten (Genres, Themenbereiche),
– Erfassung der Themen (Akteure, Orte) und
– Erfassung der Argumentation (vgl. Woldt 1992, S. 193).

6.2. Ökonomische Konzentration und Medieninhalte

Von den 21 in den letzten 45 Jahren in den USA erstellten Studien zum Einfluß von Konzentration und Wettbewerb auf den Inhalt von Zeitungen stellen 14 keinen Zusammenhang fest, während sieben Studien einige Anhaltspunkte für einen Zusammenhang liefern. Allerdings weisen diese Studien methodische Mängel auf, die ihre Ergebnisse stark relativieren (vgl. Busterna u. a. 1991). Und auch die Studie von Busterna u.a. (1991) selbst kommt zu dem Ergebnis, daß unterschiedliche Wettbewerbssituationen keinen signifikanten Einfluß auf den Input in die journalistische Produktion haben (Busterna u. a. 1991, S. 737). Dies ist ein Ergebnis, das z.B. auch Picard resümiert und dahingehend erweitert, daß professionelle Normen und journalistische Standards mehr zur Erklärung der Medieninhalte beitragen als Marktstrukturen (Picard 1989, S. 79 ff.). Auch die für die Bundesrepublik erstellten Studien zeigen keinen nachweisbaren Einfluß des Wettbewerbs auf Zeitungsinhalte. Immerhin gibt es aber einige Studien, die einen Einfluß des Wettbewerbs auf Medieninhalte feststellen. So kommt Lasorsa zu dem Ergebnis, daß Zeitungswettbewerb die Meinungsvielfalt signifikant beeinflußt (Lasorsa 1991, S. 46).

6.3. Publizistische Konzentration und Medieninhalte

Die Studien zum Zusammenhang von Medienverbund und Medieninhalt sind offenbar widersprüchlich. Sieben Studien enthalten Hinweise, daß die Zeitungsqualität von Verbundzeitungen besser ist, 13 Studien zeigen, daß die Qualität von Verbundzeitungen schlechter ist, und elf Studien finden keine eindeutigen Unterschiede (vgl. Busterna u. a. 1991, S. 731). Ein ähnliches Fazit ziehen Akhavan-Majid u. a. (1991) aus der vorliegenden Literatur. Die Studie von Akhavan-Majid u. a. selbst zeigt allerdings, daß im Vergleich zu anderen Blättern bei den Zeitungen der Gannett-Gruppe eine deutlich größere Neigung bestand, Stellung zu beziehen, eine deutlich größere Einheitlichkeit der Meinungen zu beobachten war und schließlich eine deutlich geringere Flexibilität der Standpunkte zu erkennen war (Akhavan-Majid u.a. 1991, S. 64 ff.). Insgesamt können die empirischen Untersuchungen also nicht viel zur Klärung des Zusammenhangs von Konzentration, Vielfalt und Qualität beitragen. Immerhin ist interessant, daß die Überlegenheit des Wettbewerbs nicht mit Sicherheit behauptet werden kann.

7. Struktur und Perspektiven der Medienkonzentration in Europa

Im folgenden wird zur Illustration der theoretischen Überlegungen ein Überblick über die Medienkonzentration in Europa gegeben. Über den Stand der Konzentration in Deutschland und in den Teilsektoren informieren die Spezialkapitel.

Unter den zehn größten Medienkonzernen der Welt sind nur drei europäische Konzerne zu finden – Bertelsmann, Fininvest und Havas wenn man nach Medienumsatz geht bzw. Fininvest, Bertelsmann und Matra/Hachette wenn man nach Gesamtumsatz geht – und unter den 25 größten Medienkonzernen der Welt finden sich nur acht europäische Konzerne. Hieraus wird ein Nachholbedarf an Größe abgeleitet, um auf dem Weltmarkt konkurrenzfähig zu bleiben bzw. zu werden (Grünbuch 1992).

Ob zu Recht, darf bezweifelt werden: Gerade im Medienbereich spielen Effizienzvorteile der Größe ja eine relativ geringe Rolle, auch generell werden die Vorteile von Zusammenschlüssen zunehmend skeptisch gesehen. „Alle mir bekannten Untersuchungen über Mergers und Acquisitions zeigen, daß kartellrechtlich erlaubte Fusionen unrentabel sind und die erwarteten Synergievorteile sich schnell als Fata Morgana erweisen. Es gibt keinen überzeugenden Grund für die Annahme, daß dies bei strategischen Allianzen anders sein sollte. Die vor Eintritt in eine strategische Allianz im allgemeinen angefertigten Bildchen einander ergänzender Synergieprofile gehören mit Recht zu den am strengsten gehüteten Vorstandsunterlagen. Für den Vorstand sind sie das notorische Pfeifen im dunklen Keller, für den Aufsichtsrat wären sie der schriftliche Offenbarungseid des Vorstandes, wenn er sie zu Gesicht bekäme. Aber manche Geschäftsführungen werfen ohnehin nur Nebel mit Worten wie Synergiepotential, Globalisierungsstrategie, Increasing Returns to R & D, Optimierung der strategischen Potentiale und erheischen damit Zustimmung, wenn sie Beirat oder Aufsichtsrat nicht ohnehin vor vollendete Tatsachen stellen.“ (Albach 1992, S. 668). Dem ist nichts hinzuzufügen.

Tabelle 1 gibt einen Überblick über die 20 größten Medienkonzerne in Europa. Sie zeigt folgende Strukturen der Medienaktivitäten im Bereich der klassischen Massenmedien sowie bei Film- und Tonproduktion, bei der Buchherstellung, im Druckgewerbe und bei der Werbeproduktion. Öffentlich-rechtliche Medienunternehmen sind dabei nicht berücksichtigt:

- Die Medienkonzerne konzentrieren sich auf das Mediengeschäft, Ausnahmen sind nur Fininvest (Berlusconi) mit einem Anteil des Medienumsatzes am Gesamtumsatz von 45 Prozent und allenfalls Matra/Hachette mit 62 Prozent und Pearson mit 64 Prozent.
- Die Medienkonzerne sind mit einer Ausnahme Multimediakonzerne; in der Regel sind sie an mindestens drei der vier klassischen Massenmedien und an Filmproduktionsfirmen beteiligt. Die einzige Ausnahme ist der Bauer-Verlag, der mittlerweile zwar auch einige kleinere Engagements im Rundfunksektor hat (37,6 Prozent bei *RTL 2* und 25 Prozent bei *Radio Hamburg*), aber nach wie vor fast 100 Prozent der Einnahmen aus den Zeitschriftengeschäft erzielt. Der Bauer-Verlag ist auch sonst eine Ausnahme, er ist ein reines Familienunternehmen ohne Bindung zu anderen Konzernen.

Dieser Befund deckt sich mit den vorstehenden theoretischen Erörterungen, insbesondere eine sehr enge Mediendiversifizierung scheint effizient zu sein, ein Gemischtwaren-Medienkonzern verursacht vermutlich zu hohe Kontrollkosten.

Tab. 1: Strukturmerkmale der 20 größten europäischen Medienkonzerne 1991/1992

		Umsatz (in Mio DM)		Aktivitäten im Medienbereich									
		Medien	Gesamt	1	2	3	4	5	6	7	8	9	10
1	Bertelsmann	11349,0	15954,0	x	x	x	x	x		x	x	x	
2	Fininvest	10634,0	23409,3		x		x		◊		x		◊
3	ARD	6450,0	6450,0			x	◊						
4	Havas	5807,9	7796,0			x	x		◊	x	x		x
5	Matra/Hachette	5512,8	8947,6	x	x	x	x	x	x		x		
6	BBC	5357,7	5357,7		x	x	x	x					
7	RAI	4281,8	4534,6				◊	x					
8	Reed Elsevier	4043,1	4775,1	x	x					x	x		
9	Gruner+Jahr AG	3603,0	3603,0	x	◊								
10	Springer AG	3342,0	3681,3	◊	x	x	x	x		x			
11	RCS Edit. SpA	3251,8	3422,8	x	x			x	x		x		
12	Pearson plc	2981,9	4685,5	x	x						◊		x
13	Bauer Verlag	2660,5	2839,5		◊								
14	CLT	2428,9	2428,9	x	x	x	◊						
15	Kirch [1]	2 - 3000	2 - 3000	x	x	x	x	◊					
16	VNU	2185,0	2427,7	x	x		x						
17	ZDF	2103,0	2103,0				◊						
18	News Internat.	1959,2	2038,2	x	x		x						
19	Canal+	1906,0	2059,0		x	x	◊						
20	RTL (D)	1900,0	1900,0				◊						

Spalten: 1 = Zeitung, 2 = Zeitschrift, 3 = Hörfunk, 4 = Fernsehen, 5 = Filmproduktion, 6 = Werbung, 7 = Druck, 8 = Buch, 9 = Ton, 10 = Sonstige

1) Angaben für Kirch sind grobe Schätzungen: Das „manager-Magazin" schätzt den Umsatz 1992 auf 3 Mrd. DM 2) ◊ Schwerpunkt-Aktivität

Quelle: Media Map 1993, Geschäftsberichte

Die obige Übersicht 1 zeigt einige qualitative Strukturen der Medienkonzentration in Westeueuropa: die gegenseitige Verflechtung, das Ausmaß kontrollierender Personen oder Institutionen und den Umfang von Auslandsgeschäften in Form von Beteiligungen an anderen Medienunternehmen, aufgegliedert nach dem unternehmerischen Engagement in Europa und im sonstigen Ausland. Das außereuropäische Engagement ist dabei in der Regel als gering einzustufen.

Übersicht 1: Strukturen der Medienkonzentration

Medienkonzern	Eigentümer (Anteile in %)	Kontrolleur	Beteiligung (in %) in Europa	Sonstiges Ausland
Bertelsmann	Bertelsmann-Stift. Bucerius (10,7)	Bertelsmann-Stiftung (Mohn)	35	27,1 (vor allem USA)
Fininvest	Berlusconi (100)	Berlusconi	DSF (33,5) Telecinco (25) TF 1 (3,9)	gering
Havas	ursprünglich Staat Vorstand (29,1) Canal + (8,8) Eaux (6,8) Banken (gestreut)	?	vor allem über die Werbeagentur IP in 18 Ländern	gering
Matra/Hachette	MMB-Holding (40) (Familie Lagadére) Banken (gestreut)	Lagadére ?	Zeitschriften-anteile in E, I, UK, Türkei	gering
Springer	Springer Erben (50,1), Leo Kirch (35,1), Streubesitz	Springer Erben	Zeitschriften in Ö, Ungarn, CSFR, E, F, UK, NO	gering
Reed Elsevier	Pearson (11,2) Streubesitz	Pearson ?	Brancheninformation in Europa	gering
RCS	Agnelli (93,1)	Agnelli	EL Mundo (46) geringe Anteile an Zeitschriften in D, F, GR, UK	gering
Pearson	Pearson (20) Murdoch (10,7) Elsevier (9,3)	Pearson ?	Wirtschaftszeitung in E, F	gering
Kirch	Kirch (100)	Kirch	Zeitung/Zeitschrift in CSFR, Telepiu/It/34 % Schweiz	gering
Bauer	Bauer (100)	Bauer	Zeitschriften-anteile in Ö, F, I, E, UK, Polen, CSFR, Ungarn	USA
CLT	Audiofina (55,3) Banken/Vers. Havas (16,6), Bertelsmann (4)	Staat Luxemburg	58 D 23 F, 19 Benelux/sonst.	gering
News International	Murdoch (39,6)	Murdoch	Zeitung/Zeit-schriften in Un-garn, TV in E, GR	gering
Canal +	Havas (23,9) Eaux (20,6) Banken (gestreut)	?	größere TV-Anteile in B, D, E, UK, NL	gering

Quelle: Geschäftsberichte

Daraus lassen sich folgende charakteristische Merkmale der europäischen Medienkonzentration erkennen:

Kontrolle durch Personen oder Familien als Spezifikum: Von den 14 Medienkonzernen – ohne die vier öffentlich-rechtlichen und nach Zuordnung von Gruner+Jahr zu Bertelsmann und RTL zu CLT – sind Fininvest, Bertelsmann, Matra/Hachette, Springer, Kirch, RCS, Bauer und News International Konzerne, die ganz oder überwiegend von Personen bzw. Familien dominiert und kontrolliert werden; bei Reed/Elsevier und Pearson spricht viel für die Vermutung, daß die Pearson Familie dominiert, und bei Matra/Hachette ist vermutlich die Familie Lagadére wohl auch dominierend; echte Streukapitalgesellschaften sind nur Havas, Canal+ und CLT. Zehn bis elf der größten vierzehn Medienkonzernen in Europa werden demnach von Personen beherrscht; ganz ausgeprägt ist dies bei Mohn, Springer, Kirch, Berlusconi, Murdoch und Agnelli. Dies gibt zur Sorge Anlaß, weil eine mögliche Kontrolle durch Aktionäre und Aufsichtsrat dann gering ist. Eine solche starke Ausrichtung auf Personengesellschaften ist in den übrigen Bereichen der Wirtschaft nicht üblich, dürfte indes auch im Medienbereich „aussterben".

Geringe Kapitalverflechtung der Medienkonzerne untereinander: Überraschend ist die geringe Kapitalverflechtung der Medienkonzerne untereinander. Nur Kirch ist mit 35,1 Prozent nennenswert an Springer beteiligt, geringere Beteiligungen bestehen von Havas (16 Prozent) und Bertelsmann (4 Prozent) an CLT, Kreuzverflechtungen bestehen zwischen Havas (23,9 Prozent an Canal+) und Canal+ (8,8 Prozent an Havas) sowie zwischen Pearson (11,2 Prozent an Reed/Elsevier) und Reed/Elsevier (9,3 Prozent an Pearson) und Murdoch ist zugleich beteiligt an News International (39,6 Prozent) und Pearson (10,7 Prozent). Möglicherweise ist dies eine Folge der noch sehr starken Personenorientierung der Medienkonzerne.

Medienkonzerne sind nationale Konzerne, keine multinationalen Konzerne (Multis): Nur Bertelsmann ist wirklich international vertreten, 35 Prozent des Umsatzes werden in Europa erzielt, 27,1 Prozent im nichteuropäischen Ausland, davon 20,8 Prozent in USA (Geschäftsbericht 1991/1992). CLT ist ein Luxemburger Konzern, der seinen Umsatz zu 81 Prozent in zwei Ländern erzielt, dies kann man nicht als einen wirklich internationalen Schwerpunkt bezeichnen. Die Auslandsbeteiligungen aller anderen Medienkonzerne können, ohne daß exakte Angaben vorliegen, als gering eingestuft werden; allenfalls Canal + zeigt ein größeres Engagement im Ausland im Fernsehbereich und Bauer und Springer im Zeitschriftenbereich. Wie sich das zahlenmäßig häufige Engagement in Südost-Europa einmal auswirken wird, bleibt abzuwarten. Insgesamt ist die nationale Gebundenheit der Medienkonzerne erstaunlich, zumal wenn man bedenkt, daß auch ein Export von Medienprodukten nicht stattfindet. Dieser Befund ist sicher nicht allein mit den nationalen Medienkontrollvorschriften zu erklären, sondern auch mit nationalen Empfindlichkeiten und der nationalen Gebundenheit der Mediennachfrage.

Übersicht 1 zeigt nicht die zahlreichen Verbindungen der Medienkonzerne über Tochterfirmen, Gemeinschaftsunternehmen und strategische Allianzen. Hier gibt es keinerlei feste Strukturen, fest scheint bislang nur die Abneigung von Bauer gegenüber Kirch; im übrigen ist alles möglich, etwa die geplante Gemeinschaftsunternehmung Media Service GmbH von Bertelsmann, Kirch und Telekom.

Literaturhinweise

Die klassischen Werke zur Medienkonzentration sind in Deutschland

Mestmäcker, Ernst-Joachim (1978), Medienkonzentration und Meinungsvielfalt, Baden-Baden (Nomos) 1978 und
Kübler, Friedrich (1982), Medienverflechtung, Frankfurt (Metzner) 1982.

Beide sind rechtswissenschaftlich orientiert.Einen Überblick über die Medienkonzentration in Deutschland geben

Röper, Horst; Ulrich Pätzold (1993), Medienkonzentration in Deutschland, Düsseldorf (Europäisches Medienistitut) 1993.

Über theoretische und empirische Aspekte der Medienkonzentration in Europa informiert

Sánchez-Tabernero, Alfonso (1993), Media Concentration in Europe, Düsseldorf (Europäisches Medieninstitut) 1993.

5. Kapitel

Journalismus in der Medienunternehmung

In diesem Kapitel soll die ökonomische Logik der Institution „Medienunternehmung“ untersucht werden, und zwar auf der Ebene der Unternehmung insgesamt, auf der Ebene der unmittelbaren journalistischen Produktion und auf der Ebene der Unternehmensstruktur. Dabei steht die journalistische Produktion im Mittelpunkt, Aktivitäten wie Verwaltung, Vervielfältigung und Vertrieb begründen keine Besonderheiten der Medienproduktion.

1. Zur Existenz der Medienunternehmung

Journalisten produzieren in der Regel innerhalb der Organisationsform der Unternehmung; nur selten wird individuell produziert und vermarktet wie z.B. bei einigen Wirtschaftsbriefen. Auch dies unterscheidet den Sektor Journalismus von den Sektoren Kunst und Wissenschaft, in denen überwiegend individuell produziert wird. Journalisten arbeiten nicht wie Dichter oder Forscher. Die Einbindung der journalistischen Produktion in die Medienunternehmung bedeutet auch eine Einbindung in die bürokratischen Strukturen einer Unternehmung, in das System von Handlungsanweisungen, Leistungsanreizen und Erfolgskontrollen in hierarchischer Ordnung. Damit besteht ein Spannungsverhältnis zwischen der ökonomischen Effizienz der Medienunternehmung und der notwendigen Autonomie und Gestaltungsfreiheit der journalistischen Produktion (vgl. die klare Beschreibung dieses Spannungsverhältnisses durch Saxer 1993, S. 297). Daher ist es sinnvoll zu untersuchen, warum die journalistische Produktion in Medienunternehmen integriert ist. Dies läßt sich im wesentlichen mit den Vorteilen horizontaler und vertikaler Integration begründen.

1.1. Die Vorteile der horizontalen Integration – die Breite der Medienunternehmung

Die Medienproduktion umfaßt in der Regel einen Güterbündelkomplex von erheblicher Sortimentsbreite, der die Elemente Information, Bildung, Unterhaltung und Werbung in unterschiedlicher und wechselnder Ausprägung enthält. In diesem Sinne ist die Medienproduktion mit dem Angebot in einem Supermarkt zu vergleichen, in dem zwar die Aufschrift und Aufstellung der Regale längerfristig konstant bleiben, aber das Angebot in den Regalen praktisch täglich erneuert wird.

Aus der Sicht der Nachfrage ist die Breite des Medienproduktionssortiments folgendermaßen zu begründen:

- Die Rezipienten wünschen ein vielfältiges Informationsangebot.
- Die Rezipienten wissen vorab nicht spezifiziert, worüber sie sich informieren wollen, sie erwarten also Auswahlmöglichkeiten („Einkaufsbummel-Prinzip“)
- Die Rezipienten sparen „Einkaufskosten“, wenn sie die Informationen im Bündel statt einzeln und spezifiziert nachfragen.

Aus der Sicht des Angebots spart diese Sortimentsproduktion Kosten der Marktforschung und Kosten des Vertriebs. Weil die Medienunternehmen die Präferenzen der Rezipienten in der Regel nicht genau kennen – man weiß nicht, was der Leser will – und nur zu sehr hohen Marktforschungskosten erkunden könnten, ist es im Prinzip billiger, ein breites Informationssortiment anzubieten und dem Rezipienten die Auswahl zu überlassen. „Die Masse könnt Ihr nur durch Masse zwingen, ein jeder sucht sich endlich selbst was aus. Wer vieles bringt, wird manchem etwas bringen“ (Goethe, Faust, Vorspiel auf dem Theater).

Die Kosten der Produktion von Streuverlusten substituieren also die Kosten einer Marktforschung. Je größer die Kosten der Marktforschung, desto umfangreicher sollte ceteris paribus die Inkaufnahme der Produktion von Streuverlusten sein. Große Streuverluste wären also zu vermuten bei täglicher Produktion für diffuse Zielgruppen, kleinere Streuverluste bei weniger häufiger Produktion für klar konturierte Zielgruppen. Also sollten die Streuverluste bei Zeitungen ausgeprägter sein als bei Zeitschriften. In der Tat sind die Streuverluste, jedenfalls bei Zeitungen, relativ groß, wie z.B. die Allensbacher Nutzungsumfragen ergeben (vgl. BDZV-Jahrbuch „Zeitungen '92“, S. 369). Nur drei Sparten, nämlich Lokales, Innenpolitik und Anzeigen werden von mehr als der Hälfte der Befragten regelmäßig gelesen, die restlichen elf Sparten werden von weniger als der Hälfte der Bevölkerung regelmäßig gelesen. Mithin ist der größte Teil der Zeitungsproduktion als Streuverlust zu charakterisieren.

Selbst wenn die Kundenpräferenzen detailliert bekannt wären – Rezipient X will z. B. nur lokalen Sport und Anzeigen, Rezipient Y will Außenpolitik, Kultur und Lokales usw. – wäre es billiger, das gesamte Produktsortiment in hoher Auflage zu produzieren und an alle Rezipienten gleichermaßen zu liefern, als jeweils spezielle Kombinationen in kleiner Auflage zu produzieren und an spezielle Kundengruppen zu liefern. Dies liegt daran, daß die Spezialisierung von Produktion und Vertrieb nur wenig Ressourcen einspart – lediglich im Printbereich werden einige Papier- und Druckkosten gespart – dafür aber hohe zusätzliche Verteilkosten impliziert. Im Printbereich müßte die Zustellung wie im Postversand vorsortiert und gezielt verteilt werden, im Rundfunkbereich würde jede Spezialisierung eigene Distributionskapazitäten (Frequenzen oder Kabel- und Satellitenkanäle) benötigen. Die Existenz von speziellen Stadtteilausgaben bei Zeitungen widerspricht obigen Feststellungen nicht, weil diese nur geringe zusätzliche lokale Verteilkosten verursachen.

Ergänzend wird eine gewisse Medienunternehmensgröße durch folgende Größenvorteile der Produktion fundiert:

- Mit steigender Unternehmensgröße können Spezialisierungsvorteile der Arbeitsteilung besser genutzt werden. Solche Spezialisierungsvorteile sind in möglicherweise bestehenden unterschiedlichen Berufsbefähigungen der Journalisten begründet sowie in möglichen Lerneffekten. Ein Journalist, der längerfristig in einer speziellen Sparte arbeitet, z. B. in der Sparte Wirtschaft im Lokalen, kann spezielle Kenntnisse erwerben und spezielle Recherche- und Produktionsinfrastrukturen aufbauen und besser nutzen als ein Journalist, der häufig die Sparten wechselt. Der allgemein wichtigste Vorzug der Arbeitsteilung, nämlich kostengünstige Massenproduktion durch den Einsatz großer Spezialmaschinen zu ermöglichen, kann für die journalistische Produktion in der Medienunternehmung indes nicht realisiert werden.
- Mit steigender Größe bietet die Medienunternehmung den angestellten Journalisten die Chance eines gleichmäßigeren Einkommens, weil sie im Pool aller Beiträge das Verwertungsrisiko des einzelnen, also das Risiko, seine Produkte verkaufen zu können, verringert (Risikostreuung).
- Schließlich existieren einige Größenvorteile der Kontrolle von Urheber- und Verwertungsrechten. Aufgrund der Fixkostendegression der notwendigen Kontrollkosten ist die zentrale Kontrolle am billigsten. Dies begründet indes vor allem die zentralisierte Kontrolle der Verwertungsrechte, z.B. in der Bundesrepublik durch die VG Wort.

1.2. Die Vorteile der vertikalen Integration – die Tiefe der Medienunternehmung

Die Vorteilhaftigkeit einer vertikalen Integration von Produktionsprozessen ist in der Einsparung von Transaktionskosten begründet. Solche Transaktionskosten sind die genannten Informations-, Vereinbarungs-, Kontroll- und Anpassungskosten (vgl. Kapitel 1). Ein Fernsehveranstalter, der einen Beitrag selbst produziert, spart diese Kosten, allerdings sind in der Regel seine Produktionskosten höher. Entscheidend für die Höhe der Transaktionskosten sind

- der Umfang transaktionsspezifischer Investitionen (die Spezifität),
- die Häufigkeit von Transaktionen,
- die Unsicherheit von Transaktionen und
- die Transaktionsatmosphäre.

Im folgenden wird zu untersuchen sein, in welchem Umfang diese Merkmale für die Medienproduktion in den Teilbereichen journalistische Produktion und Vervielfältigung, also Druck und Vertrieb bzw. Ausstrahlung, zutreffen.

Die **Spezifität** ist inkorporiert im Wert solcher Investitionen, die innerhalb einer bestimmten Medienunternehmung einen höheren Wert haben als außerhalb. Die Spezifität ist auf seiten der Journalisten relativ gering. Es kann sich lediglich um spezielle Fertigkeiten handeln, die nur bei diesem Medium verwertet werden können, also z.B. die Investition in die Recherche-Infrastruktur eines Lokaljournalisten bei einem Medienmonopol. Auf seiten des Unternehmers ist die Spezifität größer, der

Wert seiner Investitionen, vor allem in den Markennamen, in den Abonnentenstamm bzw. in die Hörer- und Seherbindung, ist im Regelfall an die spezielle Unternehmung gebunden; fraglich ist, ob der Wert der Investition auf andere Objekte übertragen werden kann. Generell ist die Spezifität indes bei der journalistischen Produktion nicht sehr ausgeprägt, und auch im Bereich der Vervielfältigung existiert sie kaum. Der Wert von Druckmaschinen ist nicht an den Druck einer bestimmten Zeitung oder Zeitschrift gebunden, umgekehrt hängt auch der Wert der Zeitung oder Zeitschrift nicht von der Verwendung bestimmter Druckmaschinen ab. Allerdings ist die Notwendigkeit absoluter Pünktlichkeit und Verläßlichkeit des Drucks ein Argument, den Druckvorgang in die Printmedienunternehmung zu integrieren.

Daher sollte bei Massenmedien die vertikale Integration von Druck und journalistischer Produktion je größer sein, desto aktueller das Medium ist. Und so ist es: Buchverlage verfügen nur ganz selten über eine eigene Druckerei, Zeitungsverlage immerhin zu 40-50 Prozent (vgl. Kapitel 8, Tabelle 21) und Zeitschriftenverlage nur zu 30 Prozent (vgl. Kapitel 10, Tabelle 15). Eine ähnliche Argumentation gilt für den Vertrieb. Tageszeitungen müssen sicherstellen, daß die Zeitung absolut zuverlässig und pünktlich zugestellt wird. Eine unzuverlässige Zustellung, wie z.B. bei Anzeigenblättern oder ähnlichen Werbemedien üblich, würde den guten Ruf der Zeitung empfindlich stören. Daher ergibt sich ein starkes Motiv für eigene Zusteller speziell bei Tageszeitungen, weniger bei Zeitschriften, und bei Büchern schon gar nicht.

Für den Rundfunk stellen sich solche Probleme weniger. Pünktlichkeit und Qualität der Ausstrahlung begründen die Einbindung dieser Aktivität in den Betrieb sehr viel weniger, Kabel- und Satellit sind daher auch unabhängig, und Sendeanlagen betreibt die Telekom – allerdings auch aus rechtlichen Gründen.

Die **Unsicherheit** ist das Merkmal, das die journalistische Produktion dominierend kennzeichnet:

– Die Definition, Messung und Kontrolle der Qualität der Produktion ist ungemein schwierig, außer der Festlegung von Produktionsmenge und Lieferzeit sind einfach zu handhabende Maßstäbe nicht verfügbar.
– Die Definition, Messung und Kontrolle der notwendigen Inputs in die journalistische Produktion ist ungemein schwierig.
– Die Wahrscheinlichkeit von Umweltveränderungen, die dann eine Veränderung der Produktgestaltung erfordert, ist sehr groß. Jederzeit können unvorhergesehene Ereignisse, über die berichtet werden muß, die Produktionsplanung ändern.
– Schließlich ist der Schutz des geistigen Eigentums nicht sicher zu gewährleisten.

Bei diesem Ausmaß an Unsicherheit bestehen erhebliche Anreize, die jeweiligen Investitionen in sie schützende Beherrschungs- und Überwachungsstrukturen einzubetten. Gerade bei großer Komplexität der Produktion besteht anderenfalls der individuelle Anreiz und die individuelle Möglichkeit, die Produktionskosten zu senken, indem an der Qualität gespart wird. Die Integration innerhalb der Teamproduktion einer

Unternehmung kann die Interessendivergenz verringern, weil die Interessen der Journalisten und der Medieneigentümer jetzt zusammengefaßt sind. Vor allem kann die interne Unternehmensorganisation Konflikte im Regelfall effizienter lösen als Gerichte, weil die relevanten Informationen billiger erhältlich sind und fachkundiger bewertet werden können als durch Richter und weil die Qualität der Produktion besser überwacht werden kann. So liegt es nahe, einen Arbeitnehmervertrag auf der Basis gegenseitig anerkannter Grundsätze abzuschließen, wie es im Journalismus, anders als bei Schriftstellern, auch üblich ist.

Für den Bereich der Vervielfältigung ist Unsicherheit nicht gegeben: Der Druck und der Vertrieb bzw. die Ausstrahlung sind technisch einfache und gut kontrollierbare Aktivitäten, eine Einbindung in die Unternehmung erscheint nicht angezeigt, der Marktbezug sollte billiger sein.

Die **Häufigkeit** der Transaktionen hat insofern einen erheblichen Einfluß auf das Ausmaß der vertikalen Integration, als mit steigender Häufigkeit Spezialisierungsvorteile und Größenvorteile der Bürokratieinvestition „Unternehmung" realisiert werden können. Mit steigender Häufigkeit gibt es Spezialisierungsvorteile bei der Koordination, Kostendegressionen im Bereich der Investitionskosten interner Organisation sowie Lerneffekte bei wiederholter Abwicklung. Je häufiger die Transaktion, desto eher ist ceteris paribus eine langfristige kostensparende Vertragsgestaltung angezeigt (wenn überhaupt Gründe dafür sprechen).

Die Häufigkeit der Transaktionen ist ein Merkmal, das die Massenmedien untereinander deutlich unterscheidet. Die Häufigkeit der Transaktionen steigt mit dem Grad an Tagesaktualität und mit dem Umfang an tagesaktueller Berichterstattung in den Medien. Die Häufigkeit ist also groß bei Tageszeitungen und weniger groß bei Zeitschriften und unterschiedlich groß im Rundfunk. Ceteris paribus sollte die Einbindung der journalistischen Produktion in eine Medienunternehmung mithin je ausgeprägter sein, desto aktueller die Berichterstattung ist. Der Anteil der Produktion, der durch freie Journalisten erstellt wird, sollte bei Tageszeitungen kleiner sein als bei Wochenzeitungen und Zeitschriften, und dieser Anteil sollte kleiner sein in den aktuellen Sparten, also z.B. kleiner in der Nachrichtenredaktion als in der Kulturredaktion. Diese Regel gilt dann auch für die schwächeren Argumente im Bereich der Vervielfältigung: Wenn überhaupt eine vertikale Integration angezeigt ist, dann am ehesten bei dem aktuellsten Medium, der Tageszeitung.

Die **Transaktionsatmosphäre**, also die Summe der sozialen und technischen Rahmenbedingungen innerhalb derer Leistungsverträge abgeschlossen werden, ist im Bereich des Journalismus durch das Selbstverständnis und die Ethik des Journalisten geprägt. In ziemlich einzigartiger Weise – allenfalls gibt es bei Ärzten, Apothekern oder Anwälten eine ähnliche Selbstbeschränkung – legen allgemein akzeptierte journalistische Verhaltensformen die Qualitätsnormen fest, die der Journalist sozusagen aus eigenem Antrieb erfüllt. Dies verringert das übliche Ausmaß an Opportunismus und macht die Einbindung in das kontrollierende Vertragsnetzwerk Medienunternehmung etwas weniger dringlich.

Es gibt mithin eine Reihe von Gründen, speziell die journalistische Produktion in das Vertragsnetzwerk Medienunternehmung einzubinden, vor allem die Unsicherheit im Produktionsprozeß und die Unsicherheit in der Qualitätskontrolle. Diese Einbindung ist stets zu prüfen vor dem Hintergrund einer größeren Effizienz der Marktproduktion und der in der Regel größeren Dezentralität und Autonomie der Marktproduktion durch kleine unabhängige Produzenten, die damit in der Regel auch ein größeres Innovationspotential aufweisen.

Daher liegt es nahe, Zwischenformen zwischen Markt und Unternehmung zu suchen, die billig und innovativ sind, aber doch eine gewisse Kontrolle ermöglichen. Die ungewöhnlich breit gefächerten Formen der Einbindung mehr oder weniger unabhängiger Journalisten – Freie, feste Freie, Pauschalisten, Korrespondenten, Pressebüros und kleine unabhängige Produktionsfirmen – zeigen den Erfolg dieser Bemühung.

Die weitere Entwicklung der vertikalen Integration wird von zwei Faktoren abhängen. Zum einen wird entscheidend sein, ob der Kostenwettbewerb weiter zunimmt und damit einen Abbau der vertikalen Integration begründet. Diese Entwicklung ist für den Rundfunksektor mit großer Wahrscheinlichkeit zu erwarten, für den Printbereich wird dies unterschiedlich und abgeschwächt zu prognostizieren sein.

Zum anderen ist zu prüfen, ob in der Reihe der Faktoren, die die vertikale Integration begründen, Änderungen zu erwarten sind. So wird sich die Unsicherheit verringern, wenn die Medienproduktion, wie im Rundfunkbereich zu beobachten, weiter automatisiert wird und durch Großcomputer (z.B. library management system von Sony) gesteuert wird, der auf vorab produziertes Material zurückgreift. So wird z.B. bei *RTL 2* das gesamte Programm bis auf die Nachrichten vom Computer gefahren. Auch die Musikprogramme werden zunehmend nicht mehr vom Radioveranstalter konzipiert, sondern automatisiert übernommen. Insgesamt ist also ein weiterer Abbau der vertikalen Integration von Medienunternehmen zu erwarten.

2. Der Verbund von journalistischer Produktion und Werbung

Diversifizierungsvorteile (auch economies of scope oder Verbundvorteile genannt) begründen eine Integration von Unternehmen in technisch oder absatzmäßig benachbarte Sektoren. Diversifizierungsvorteile liegen vor, wenn die Herstellung mehrerer Produkte durch das gleiche Unternehmen zu niedrigeren Gesamtkosten führt, als wenn die einzelnen Produkte von jeweils unterschiedlichen Unternehmen produziert werden. Solche Vorteile entstehen, wenn für zusätzliche wirtschaftliche Aktivitäten derselbe Input eingesetzt werden kann, weil dieser in der ersten Aktivität nicht vollständig verbraucht wird - z. B. bei gewissen Unteilbarkeiten oder bei Nicht-Rivalität im Verbrauch eines Produktionsfaktors.

Für Medienunternehmen ergeben sich vor allem Diversifizierungsvorteile im Verbund von Werbung und journalistischer Produktion. Dies liegt an folgenden Verknüpfungen:

- Die journalistische Produktion und die Werbung werden in der Regel an die gleichen Abnehmer geliefert, die Verteilkosten sind relativ unabhängig von der

Liefermenge (die Verteilkosten im Printsektor hängen nur unwesentlich vom Gewicht der Printmedien ab, im Rundfunksektor hängen sie praktisch überhaupt nicht von der Sendezeit ab). Dies erspart im Verbund des Vertriebs die relativ hohen lokalen Verteilkosten der Werbebotschaften (Verbundvorteile im Vertrieb).

- Sofern es sich um Werbung mit überwiegend suggestivem Charakter handelt (Markenartikelwerbung und generell solche Werbung, die eher emotional ausgerichtet ist), die also nicht um ihrer selbst willen rezipiert wird, muß der Konsum der journalistischen Produktion die Aufmerksamkeit und Bereitschaft für die Rezeption der Werbebotschaft miterzeugen (Verbundvorteile im Konsum).
- Schließlich realisiert die partiell mögliche Nutzung derselben Produktionsanlagen wie Druckmaschinen, Sendemasten usw. auch einige Verbundvorteile in der Produktion.

Diese Verbundvorteile sind insgesamt so erheblich, daß die Verbreitung von Werbebotschaften in aktuell berichtenden Massenmedien die überwiegende Werbeform darstellt. Rund 94 Prozent der vom ZAW erfaßten Nettowerbeeinnahmen entfallen auf solche Werbeträger, die Werbung im Verbund mit journalistischer Produktion verbreiten. Nur rund sechs Prozent entfallen auf die Direktwerbung per Post und die Außenwerbung (ZAW Jahrbuch „Werbung“ 1992).

Welche Auswirkung dieser Verbund von Produktion, Distribution und Konsum auf die Inhalte der journalistischen Produktion hat, ist pauschal nicht zu sagen. Sicher ist nur, daß erhebliche Anreize bestehen, die Inhalte der journalistischen Produktion so zu gestalten, daß gleichzeitig Aufmerksamkeit für die Rezeption der Werbebotschaften mitproduziert wird. Diese Anreize steigen mit steigendem Anteil des Werbeumsatzes am Gesamtumsatz und mit sinkendem Informationsgehalt der Werbung. Sie sind also sehr groß bei den werbefinanzierten privaten Rundfunkanstalten, wenig ausgeprägt bei Zeitungen, deren Werbung überwiegend informativ ist, und überhaupt nicht vorhanden bei den verschiedenen Formen des Pay-TV.

Partiell bestehen also Anreize, die journalistische Produktion auf solche Inhalte zuzuschneiden, die speziell als Werbeumfeld geeignet sind und auf solche Inhalte, die sich an Rezipienten richten, die als Adressaten der Werbung besonders interessant sind, das sind üblicherweise Rezipienten zwischen 14 und 50 Jahren mit überdurchschnittlich hohem Einkommen. Dieses Auswahlkriterium ist deswegen problematisch, weil dann nicht mehr genau das produziert wird, was die Rezipienten im Durchschnitt eigentlich wünschen. Eine Remedur durch den Markt – also über die Veränderung von Auflagen bzw. Reichweiten – kann nur begrenzt erwartet werden, weil die Rezipienten, die „eigentlich werbefreie andere“ Medienprodukte wünschen, diese teurer bezahlen müßten, so daß sie im Zweifel doch auf den Werbeumfeld-Journalismus zurückgreifen.

Insgesamt bestehen also deutliche Anreize, die journalistische Produktion in das Vertragsnetzwerk einer Unternehmung und damit in hierarchische Strukturen und Formen einzubinden. Dies ist problematisch, weil die hierarchischen Informations- und Anweisungsstrukturen den journalistischen Produktionsprozeß lähmen. Journalisten können also nicht so autonom produzieren wie z. B. freie Schriftsteller, und aktuell berichtende Massenmedien können ihre Produktionen auf dem Markt der Informationen nicht so zusammenkaufen wie z. B. Buchverlage.

3. Die Medienunternehmung als Prinzipal und Agent

Interessante Einblicke in die Funktionsweise der Medienunternehmung ergeben sich, wenn man sie im Rahmen der Prinzipal-Agent-Theorie analysiert. Die Prinzipal-Agent-Theorie (principal-agency-theory) untersucht die ökonomischen Beziehungen zwischen Auftraggeber (Prinzipal) und Auftragnehmer (Agent) bei

- Unsicherheit,
- Informationsasymmetrie und
- Opportunismus.

Es besteht Unsicherheit über die Folgen ökonomischer Aktivitäten, wobei der Auftragnehmer, der Agent, einen Wissensvorsprung gegenüber dem Auftraggeber, dem Prinzipal, hat. Solche Prinzipal-Agent-Beziehungen bestehen vor allem in den verschiedenen Formen von Arbeitgeber-Arbeitnehmer-Beziehungen wie Eigentümer-Manager, Patient-Arzt, Klient-Rechtsanwalt oder Verleger-Chefredakteur und in den verschiedenen Arten von Käufer-Verkäufer-Beziehungen speziell bei komplexen Gütern wie Versicherungen oder Medienprodukten (vgl. allgemein zur Prinzipal-Agent-Problematik Arrow 1985 und Schneider 1987, S. 26 ff, S. 553 ff.).

Agenten handeln stellvertretend, aber stark selbständig und opportunistisch. Der Agent verfügt also über Handlungsspielräume, weil der Prinzipal bei seinem beschränkten Informationsstand detaillierte Handlungsanweisungen nicht geben und nicht kontrollieren kann. Dies ist problematisch, weil der Agent andere Interessen als der Prinzipal hat. Der Agent wird nämlich seinen eigenen Nutzen auch dann maximieren, wenn seinem Vorteil ein größerer Schaden bei dem Prinzipal gegenübersteht, insgesamt also Wohlfahrtsverluste entstehen. Umgekehrt wird der Prinzipal versuchen, durch geeignete Kontrollverfahren einen Schaden für sich zu vermeiden. Daraus resultieren sogenannte Agency-Kosten. Diese bestehen aus

- Überwachungs- und Kontrollkosten des Prinzipals,
- Garantiekosten des Agenten und dem
- verbleibenden Wohlfahrtsverlust, konzeptionell gedacht als Differenz zur erreichbaren Wohlfahrt bei vollständiger, gleichgewichtiger und kostenloser Informationsbeschaffung.

Insofern kann das Prinzipal-Agent-Problem als „Kernfrage einer Lehre von den Innenbeziehungen einer Institution schlechthin“ (Schneider 1987, S. 26) bezeichnet werden.

Für die Medienunternehmung ist die Prinzipal-Agent-Problematik typisch und zwar auf allen denkbaren Ebenen der Produktion. Sie existiert zwischen Journalist und Rezipient ebenso wie auf allen Hierarchiestufen der Produktion: zwischen

Redakteur und Ressortleiter, zwischen Redaktion und Chefredaktion, zwischen Chefredaktion und Unternehmensleitung. Der jeweilige Prinzipal kann z. B. das Aufspüren von Ereignissen, die Güte der Recherche, das Schreiben, Sprechen oder Filmen und die Produktqualität nicht gut beurteilen und bewerten. So kann man zwar Zeit- und Qualitätsvorgaben für einen Reifenaustausch, aber kaum für eine Rechercheaufgabe sinnvoll formulieren. Eine Kontrolle durch die Analyse von Konkurrenzmedien („Was haben die anderen gebracht?") ist eine gebräuchliche und noch relativ billige Methode der Qualitätsbewertung, aber auch sie kostet viel Zeit und liefert letztlich nur relative Bewertungsmaßstäbe, weil auch die Produktion der Konkurrenz der gleichen Prinzipal-Agent-Problematik unterworfen ist.

Die Prinzipal-Agent-Problematik erfordert Phantasie und Logik bei der Konzipierung geeigneter Anreiz- und Kontrollmöglichkeiten. Bisher sind allerdings nur wenige allgemeine Aussagen hierzu erarbeitet worden (Schneider 1987, S. 563); eine große Rolle spielen stark ergebnisabhängige Anreizsysteme, was nicht überraschend ist. Auch Kontrollmechanismen, wie sie in der langen Diskussion um die Ausgestaltung der Unternehmensverfassung etwa als Schutz für Aktionäre, Gläubiger und Arbeitnehmer entwickelt worden sind, bieten einen Lösungsansatz für typische Prinzipal-Agent-Probleme.

Spezielle Anreiz- und Kontrollmöglichkeiten sind in der Medienunternehmung darüber hinaus nicht entwickelt worden, es bleibt bei den üblichen Möglichkeiten der Ausgestaltung von Anreiz- und Kontrollsystemen, die im folgenden beschrieben werden. Die Besonderheit der Medienproduktion ist zusammenfassend in der Vielstufigkeit der Anreiz- und Kontrollprobleme begründet, die auf jeder Stufe der Produktion die Gefahr beschwören, daß vor allem an den Kosten der Produktion, am Ressourceneinsatz gespart wird, statt den Input in die Produktion von Qualität zu erhöhen.

4. Anreizsysteme im Journalismus

4.1. Mängel im Anreizsystem

Die „geistige" Produktion der Journalisten wird hier im Prinzip wie jede andere Produktion von Gütern und Dienstleistungen gesehen (Coase 1974, S. 389). Sie verbraucht die knappen Ressourcen Arbeit, Kapital, Natur und Zeit und reagiert auf individuelle Kosten-Nutzen-Anreize. Daher wird bisweilen von journalistischer Aussagen*produktion* gesprochen.

Zielsetzung der Journalisten – wie aller Wirtschaftssubjekte – ist die individuelle Nutzenmaximierung. Daher benötigt die journalistische Produktion, wie jede Produktion im arbeitsteiligen Produktions- und Tauschprozeß, ein System von Leistungsanreizen und Erfolgskontrollen, das die von der Gesellschaft bzw. vom Publikum gewünschten Produktionsergebnisse zumindest partiell als Handlungsfolgen auf den Journalisten zurechnet. Als optimales Anreiz- und Kontrollsystem gilt in der Wirtschaftswissenschaft die Definition und Durchsetzung von Eigentumsrechten, die Handlungsfolgen in geeigneter Weise zurechnet (vgl. Kapitel 1).

Für die journalistische Produktion ergeben sich allerdings schwerwiegende Probleme in der Definition, Durchsetzung und Übertragung von Eigentumsrechten:

- Für den eigentlichen Output der journalistischen Produktion, die öffentliche Meinung, können Eigentumsrechte nicht definiert und durchgesetzt werden (die öffentliche Meinung ist nicht marktfähig).
- Für den unmittelbaren Output der journalistischen Produktion, nämlich Information, Bildung und Unterhaltung, können formal Urheber- und Verwertungsrechte definiert werden, aber die Durchsetzung dieser Rechte ist mit hohen Kosten verbunden und daher unvollkommen.
- Der *Wert* der journalistischen Produktion ist ganz schwierig zu ermitteln, daher kann der Wert der Eigentumsrechte an journalistischen Produktionen, anders als z.B. bei Grundstücken und Häusern, kaum definiert werden.
- Bei der Übertragung von Eigentumsrechten an journalistischer Produktion besteht eine ausgeprägte Informationsasymmetrie zwischen den Vertragspartnern, die einen weiten Spielraum für opportunistisches Verhalten öffnet und eine erhebliche Prinzipal-Agent-Problematik begründet.

Das Anreizsystem ist also nicht optimal, weil der Nutzen des Journalisten nicht an eine direkte Gratifikation für die Produktion ökonomischer oder publizistischer Qualität gebunden ist. Der Nutzen des Journalisten wird vielmehr durch ein komplexes und mit großen Unsicherheiten behaftetes und möglicherweise noch zu entwickelndes Gratifikationssystem berührt, das vor allem aus folgenden Elementen bestehen kann:

- Ergebnisbeteiligung,
- Kostenerstattung,
- Urheber- und Verwertungsrechte,
- Investition in den journalistischen Markennamen,
- Garantiegewährung und Haftpflicht,
- Kollegenkritik,
- Berufsnormen,
- Sicherung der Qualifikation auf hohem Niveau.

Daher soll im folgenden untersucht werden, welche Möglichkeiten diese Elemente eines Anreizsystems bieten.

4.2. Anreizelemente im Journalismus

Es ist zu prüfen, ob nicht trotz der beschriebenen Schwierigkeiten, Handlungsfolgen zuzurechnen, einige Möglichkeiten bestehen, den Journalisten am Ergebnis seiner Produktion zu beteiligen (**Ergebnisbeteiligung**). Dies setzt voraus, daß der

Marktwert der Produktion und der Leistungsbeitrag des einzelnen Journalisten ermittelt werden können.

Bei Printmedien ist der Marktwert als Umsatz sehr einfach festzustellen, allerdings kann der Leistungsbeitrag des einzelnen im Rahmen der Sortimentsproduktion nicht festgestellt werden. Daher ist eine individuelle Ergebnisbeteiligung nicht möglich; allenfalls ist eine Ergebnisbeteiligung, die die Journalisten pauschal oder nach Einkommen gestaffelt am Jahresgewinn der Medienunternehmung teilhaben läßt, denkbar (wie z.B. beim *Spiegel*). Aber eine solche pauschale Zurechnung löst das Anreizproblem nicht.

Bei elektronischen Medien kann der Marktwert der Produktion etwas unscharf über die Einschaltquote ermittelt werden, die als Indikator für Umsatzpotentiale herangezogen werden kann. Und der Leistungsbeitrag des einzelnen kann dann abgeschätzt werden, wenn die Einschaltquote plausibel einem Hauptakteur, etwa einem Sänger, einem Showmaster oder einem Moderator, zugerechnet werden kann. Mit diesen Unschärfen kann also in besonderen Einzelfällen eine Ergebnisbeteiligung im Rundfunk eingeführt werden, und so wird es in diesen Fällen häufig auch gemacht. Entsprechend werden Auftragsproduktionen im Fernsehen zunehmend über eine Entlohnung, die aus einem Fixum und einer reichweitenabhängigen Erfolgsprämie besteht, am Markterfolg beteiligt. Aber dies bleiben Ausnahmen – was aus der Sicht der Ökonomie zu bedauern und aus der Sicht der Publizistik zu begrüßen ist, weil auf diese Weise z.B. der Lokalteil den Kulturteil subventioniert und generell Minderheitsproduktionen noch möglich sind, weil sie nicht als solche erkannt werden.

Ein Verfahren der **Kostenerstattung**, wie das sogenannte Cost-plus-Verfahren, das eine Erstattung der Produktionskosten nebst einem Gewinnaufschlag vorsieht, trägt sehr zur Entfaltung eines kreativen Produktionspotentials bei, wie man z. B. aus der Beschaffungspraxis technisch komplexer Waffensysteme („Jäger 90") weiß. Aber dies Verfahren ist recht teuer, wie man ebenfalls aus der genannten Beschaffungspraxis weiß, und setzt voraus, daß die Notwendigkeit der abzurechnenden Kosten überprüfbar bleibt, damit die Kosten nicht ins Unendliche wachsen. Diese Überprüfbarkeit ist im Mediensektor indes kaum zu leisten, und generell ist ein Kostenerstattungsverfahren für kapitalistisch-marktwirtschaftlich organisierte Medienunternehmen zu teuer. So wird es nur in Einzelfällen bei speziellen Medien angewendet, wie z.B. bei der *Zeit* oder beim *Spiegel.*

Wenn dem Journalisten auch der Wert seiner Produktion in der Regel nicht zugerechnet werden kann und die Kosten seiner Produktion auch nicht erstattet werden können, so besteht in der Institution des **Urheber- und Verwertungsrechtes** doch die Möglichkeit, Eigentumsrechte wenigstens *pauschal* zu definieren und durchzusetzen. So erhält der freie Journalist meist ein Entgelt, das sich pauschal an der Produktionsmenge orientiert: eine Mark pro Zeile oder 150 Mark für einen „gebauten" Rundfunkbeitrag. Dies erinnert an die „Tonnenideologie" in der sozialistischen Planwirtschaft, führt also zur unnötigen Aufblähung der Produktion entsprechend den vorgegebenen starren Erfassungsnormen. Gemildert wird die zu erwartende Fehlsteuerung im Medienunternehmen allerdings dadurch, daß die Produktionsmenge in Zeilen oder Sekunden gemessen, eine vorgegebene Obergrenze hat.

Schließlich muß berücksichtigt werden, daß der pauschale Schutz des Eigentums durch Urheber- und Verwertungsrechte an der journalistischen Produktion nur zu hohen Kontrollkosten durchgesetzt werden kann, weil „Raubkopien“ billig zu erstellen und schwer festzustellen sind. Dies – der unzureichende Schutz des Eigentums – ist problematisch, wie man aus der Diskussion um die Ausgestaltung von Patentrechten weiß (vgl. z.B. Kaufer 1985, S. 57 ff.). Die Produktion wird auf dem Markt angeboten, bevor sie ihren größten Wert erreicht, weil der Journalist immer befürchten muß, daß andere Journalisten ihm zuvorkommen, und die Produktion wird mit geringen Abwandlungen imitiert. Es kommt zu einer „Herum-Erfinderei“, zu nur kleineren Verbesserungen oder Veränderungen des Produktes, die unter Berücksichtigung ihrer Produktionskosten den Gesamtnutzen für die Gesellschaft mindern.

Der wichtigste „rein ökonomische“ Anreiz für Journalisten ist sicher die **Investition in den eigenen Markennamen** und die Verwertung dieser Investition durch Gehaltssteigerungen bzw. steigende Pauschalgratifikationen. Dazu bedarf es einer langfristigen Produktion journalistischer Beiträge von auffallender Qualität (z.B. das journalistische Werk von Joseph Roth). Dies sind im Printbereich überwiegend Beiträge von publizistischer Qualität, im Bereich der elektronischen Medien auch Beiträge von ökonomischer Qualität, d. h. Beiträge mit großer Reichweite.

Durch eine solche Qualitätsproduktion kann mithin ein Produzenten-Goodwill aufgebaut werden. In der Aufbauphase verursacht die Qualitätsproduktion allerdings in der Regel Verluste, weil die Produktion publizistischer Qualität teuer ist und nur langfristig als solche erkannt wird. Die Investition in den journalistischen Markennamen ist also eine langfristige Investition mit großer Unsicherheit. Um solche Investitionen zu fördern, bedarf es mithin relativ großer Anreize, die in der Tarifstruktur für Journalisten nur ansatzweise zu entdecken sind.

Schließlich ist zu prüfen, ob nicht negative Sanktionen in Form von **Garantie oder Haftung** für die Inhalte der journalistischen Produktion geeignete Anreizinstrumente sein können. Eine gewisse Garantie für die Richtigkeit von Tatsachenbehauptungen muß aus rechtlichen und ökonomischen Gründen übernommen werden. Das Publikum will sich auf die Richtigkeit von Tatsachenbehauptungen verlassen können, und der ökonomische Wettbewerb um das Vertrauen in das jeweilige Medium veranlaßt die Produktion von Richtigkeit (so schon Löbl, 1903, S. 63 f.). Die Gewähr erstreckt sich indes nicht eigentlich auf den Inhalt der Aussagen, sondern nur auf die Korrektheit der Wiedergabe (Zitat) und auf die Korrektheit der Quellenangabe. Für Meinungen muß und kann eine Garantie für die Richtigkeit nicht übernommen werden, hier geht es um Akzeptanz oder Ablehnung (vgl. zur Prüfung der Richtigkeit Blöbaum 1994, S. 282 ff.).

Eine umfassende Haftpflicht für die (monetären) Folgen journalistischer Aussagen ist hingegen aus zwei Gründen nicht denkbar. Zum einen können die (monetären) Folgen journalistischer Aussagen in der Regel auch ansatzweise nicht ermittelt werden. So ist einer der wenigen Versuche, die Folgen der Berichterstattung ökonomisch zu erfassen – die Studie von Kepplinger/Roth (1978) zum Einfluß der Wirtschaftsberichterstattung auf die Entwicklung der Ölkrise im Winter 1973/74 – prinzipiell sehr verdienstvoll, aber sie zeigt auch, daß die Interpretation nach dem Muster „post hoc ergo propter hoc“ nicht haltbar ist.

Zum anderen sollten die (monetären) Folgen journalistischer Aussagen vermutlich auch nicht umfassend zugerechnet werden, weil dies für das gesellschaftliche Ziel des Journalismus – Produktion von Meinungsvielfalt und Meinungsfortschritt – kontraproduktiv wäre. Über Stahlkrisen, Würmer im Seefisch oder Gewalt gegen Ausländer würde sonst wohl nicht berichtet werden. Aber eine möglichst starke Selbstbindung, sich für die Folgen seiner Aussagen verantwortlich zu fühlen, entspricht ökonomischer Grundposition (vgl. zum Konzept der Haftbarkeitsverantwortung Weischenberg 1991). Das ökonomische Postulat einer *optimalen* Zurechnung von Handlungsfolgen begründet das zweckrationale und verantwortungsethische Handeln im Sinne Max Webers: Zweckrationalität als Bereitschaft, Handlungen an den möglichen Folgen auszurichten und Verantwortungsethik als Bereitschaft, für die Handlungsfolgen geradezustehen (Weber 1968, S. 56 ff.).

Dies begründet dann eine verantwortungsbewußte Form der Berichterstattung. Wenn die Massenmedien durch eine dramatisierende Berichterstattung über die Ausschreitungen in Hoyerswerda und Rostock zu einer Selbststilisierung und Heroisierung der Gewalttäter beitragen (vgl. Ohlemacher 1993), dann ist die Konsequenz der Verzicht auf Dramatisierungen in der Darstellung, aber nicht der Verzicht auf Berichterstattung über Gewalt gegen Ausländer.

Wie wirksam **Kollegenkritik** für die Aufrechterhaltung von Berufsnormen und publizistischer Qualität ist, kann nicht gesagt werden. Es besteht lediglich eine starke Vermutung, daß sie eine gewisse Wirksamkeit entfaltet (vgl. Kepplinger 1992). Die Wirksamkeit ist aber deswegen relativ gering, weil die wirksamste Form der Kritik – die öffentliche Kritik mit Namensnennung – im Journalismus, anders als z. B. in der Wissenschaft, nur wenig geübt wird (vgl. Kepplinger 1993, speziell S. 182). Immerhin existiert ein kleiner Ausschnitt an institutionalisierter Kritik in entsprechenden Fachzeitschriften wie *epd-Pressedienst*, *Funkkorrespondenz* und *Medienkritik*. Die Wirkung ist indes nicht meßbar und scheint gering zu sein.

Wenn Handlungsfolgen nicht angemessen zugerechnet werden können, bleibt häufig nur das Vertrauen auf eine intrinsische Motivation, eine Motivation, die in sich selbst ruht und die Einhaltung von Produktionsnormen nahelegt. Und in der Tat spielen gerade für den Journalismus allgemein akzeptierte Produktionsnormen (**Berufsnormen**) eine zentrale Rolle. Dies sind meist sowohl redaktionsspezifische Mitgliedsregeln (vgl. Rühl 1988, S. 13), als auch vor allem allgemeine journalistische Arbeits- und Berufsnormen („Normen als Stabilisatoren des Systems Journalismus“, Rühl 1980, S. 286). Zwar ist Moral kein Ersatz für Recht (Rühl 1988, S. 14) und – so wäre hinzuzufügen – auch kein Ersatz für die Zurechnung von Handlungsfolgen, aber dennoch sind solche Normen von zentraler Funktionalität, um einen Grundstandard an Qualität der journalistischen Produktion zu sichern. Es sind Normen, die Journalisten aus eigenem Antrieb einhalten und deren Einhaltung letztlich auch nur von ihnen selbst kontrolliert werden kann. „Wir müssen darauf vertrauen, daß die Verlage und die Journalisten ihren Bürger- und Medienpflichten gemäß von sich aus handeln.“ (W. v. Humboldt)

Dabei kommt es aus ökonomischer Sicht – die eine solche Motivation durchaus akzeptiert, wenn Handlungsfolgen nicht zugerechnet werden können – darauf an, die intrinsische Motivation nicht durch von außen auferlegte Preisgestaltungen und Regulierungen zu zerstören. Dies würde nämlich das Ausmaß an Selbstbestimmung verringern (vgl. Frey 1992). Die Wirtschaftswissenschaft sieht deutlich, daß viele Aktivitäten nicht effizient überwacht werden können. Dies wird generell bei höher qualifizierten Tätigkeiten vermutet. Bei wissenschaftlichen, künstlerischen oder auch bei Management-Aktivitäten hängt das Ergebnis sehr stark von der intrinsischen Motivation ab. Regulierungen wären hier eher kontraproduktiv (Frey 1992, S. 175) Wirksam wären allenfalls sehr große Gehälter und sehr große Gehaltsunterschiede wie sie im Topmanagement üblich sind, um zu letztlich nicht meßbaren Leistungen aus eigenem Antrieb anzuspornen.

Die **Sicherung der journalistischen Qualifikation** auf hohem Niveau ist bislang als eher nicht installiertes Anreizelement zu interpretieren. Man weiß aus der betriebswirtschaftlichen Organisationstheorie, daß eine Standardisierung der Qualifikation ein Instrument ist, um Aufgaben zu koordinieren, die sonst nicht leicht koordiniert werden können, und daß eine Ausbildung auf hohem Qualifikationsniveau einen Grundstandard an Produktqualität sichern kann, auch wenn die Konsumenten die Qualität kaum erkennen können (vgl. Picot 1990, S. 150). So wird z.B. die standardisierte Ausbildung auf hohem Niveau von Medizinern begründet. Für den Journalismus fehlt es offenbar an entsprechenden Anreizen, die Qualifikation auf hohem Niveau zu sichern. Die Forderung selbst ist ja recht alt (vgl. Blöbaum 1994, S. 250 f.). Vermutlich ist bislang der plausible Nachweis einer Begründungslinie von Ausbildung zu publizistischer Qualität und/oder Erfolg auf dem Markt nicht geführt worden. Immerhin sind Absolventen des Studiengangs Journalistik der Universität Dortmund überdurchschnittlich häufig Träger von Journalistenpreisen, allein drei von sieben bei der jüngsten Verleihung des Axel-Springer-Preises für Nachwuchs-Journalisten im Mai 1994 und zwei von drei beim Lokaljournalistenpreis der Konrad-Adenauer-Stiftung im Juni 1994.

Insgesamt ist das Leistungsanreizproblem im Journalismus nicht befriedigend gelöst[1]. Die Konsequenz kann nur sein, im Prinzip alle Elemente des Leistungsanreizsystems zu nutzen und weiterzuentwickeln, insbesondere wäre ein Ausbildungsstandard auf hohem Niveau zu sichern und die Bedeutung selbstverpflichtender Normen zu erhalten. So betont z. B. die Rundfunkkommission der LfR NRW als Fazit einer Expertendiskussion: „Alle Diskussionsteilnehmer waren sich einig, daß das Selbstverständnis und die Ethik des Journalismus die entscheidende Voraussetzung für die

1 Ein eher skurriles Indiz dafür ist letztlich die ganz außerordentlich große Fülle von Journalistenpreisen – 145 Preise mit einer Preisgeldsumme von rund 1,5 Mio. Mark (Journalistenjahrbuch 1989, S. 470) – sind für die rund 36 000 Journalisten in Deutschland vielleicht tatsächlich schon ein wirksamer Leistungsanreiz.

Festlegung von Grenzen in der Berichterstattung sind und deswegen gestärkt werden müssen" (Pressemitteilung der LfR NRW vom 19.11.1992).

Um Mißverständnissen vorzubeugen, sei darauf hingewiesen, daß die beschriebenen Mängel des Anreizsystems nicht in der Wirtschaftsordnung „Kapitalistische Marktwirtschaft" begründet sind, sondern Folge der arbeitsteiligen Verbundproduktion und Folge des opportunistischen Verhaltens der Menschen sind.

5. Arbeitsprogramme im Journalismus

Da der Anreizmechanismus vor allem im Hinblick auf die *Qualität* des Outputs nicht zufriedenstellend funktioniert, wird im journalistischen Produktionsprozeß das Gewicht auf die Minimierung der notwendigen Inputs verlagert. Publizistische Qualität ist kein vom Publikum gesetztes und kontrolliertes Datum, sondern eher Variable im Entscheidungsprozeß des Journalisten, und eher absolut ist mithin das Bestreben, Kosten im journalistischen Entscheidungsprozeß zu minimieren.

Die Kosten im Entscheidungsprozeß des Journalisten sind im wesentlichen die Kosten

- der Informationsgewinnung,
- der Informationsanalyse und
- der Informationsanwendung.

Diese Kosten sind aufgrund der Komplexität der journalistischen Aufgabe relativ hoch, und entsprechend groß ist der Bedarf an geeigneten Arbeitsprogrammen, um Entscheidungskosten zu sparen. Dabei werden Entscheidungskosten vor allem durch Routine-Programme und die langfristige Anwendung jeweils unveränderter Routine-Programme gespart. In diesem Sinn können die im Journalismus üblichen, langfristig angewendeten Routine-Arbeitsprogramme als kostensparende Entscheidungsprogramme interpretiert werden.

Die im Journalismus entwickelten Entscheidungsprogramme sind:

- Programme zur Sammlung von Informationen,
- Programme zur Selektion und Prüfung von Informationen und
- Programme zur Darstellung von Informationen,

die genau die genannten Kosten der Gewinnung, Analyse und Anwendung von Informationen verringern.

Im einzelnen soll hier auf die Beschreibung der Programme verzichtet werden (vgl. dazu die fundierte Darstellung bei Blöbaum 1994, S. 220 ff.). Interessant ist hier vor allem, daß diese noch heute verwendeten Arbeitsprogramme im wesentlichen in der zweiten Hälfte des 19. und zu Beginn des 20. Jahrhunderts entwickelt worden sind. Dies bestätigt die aus der Ökonomik der Entscheidungsfindung entlehnten Thesen:

- Die Minimierung der Entscheidungskosten wird nicht hinreichend durch qualitative Anforderungen an den Output des Journalismus kontrolliert, und

- die erfolgreichste Minimierung von Entscheidungskosten ist die Konstanz der Entscheidungsroutinen.

Schließlich müssen Entscheidungsprogramme unter Kostengesichtspunkten einfach sein. Dem entspricht das vorherrschende Selektionsprogramm nach der Aktualität der Information, und dies erklärt das hartnäckige Festhalten an dieser Selektionsnorm trotz aller Kritik.

6. Zur Struktur der Medienunternehmung – die Organisation der journalistischen Produktion

In diesem Abschnitt wird zum einen untersucht, wer der optimale Eigentümer der Medienunternehmung ist und in dieser Eigenschaft dann auch die Organisationsstruktur der Medienunternehmung festlegt, zum anderen wird beschrieben, wie die journalistische Produktion in der Medienunternehmung zu organisieren ist. Das sind auch die für die Publizistik relevanten Fragen. Es ist hingegen nicht notwendig, die Organisation anderer Teilbereiche der Medienunternehmung, wie z. B. Verwaltung, Marketing oder Vertrieb, zu beschreiben, weil hier relevante Besonderheiten der Medienunternehmung gegenüber anderen Industrieunternehmen nicht auszumachen sind.

6.1. Der optimale Eigentümer der Medienunternehmung: Soll das Kapital die Arbeit oder die Arbeit das Kapital beschäftigen?

Eigentümer der klassischen kapitalistischen Unternehmung ist das Wirtschaftssubjekt, das folgende Rechte besitzt: das Recht auf den Residualerlös (Gewinn), das Recht der Unternehmensleitung und das Recht, diese beiden Rechte frei zu veräußern. Damit wird hier zunächst vorausgesetzt, daß die Medienproduktion kapitalistisch-marktwirtschaftlich organisiert ist. Der optimale Eigentümer ist dann der, der mit der größten firmenspezifischen Investition, also mit einer Investition, die speziell auf den Unternehmenszweck zugeschnitten ist, in Vorlage tritt. Er ist dann der effizienteste Risikoträger, weil er im Konkursfall die größten Verluste zu erleiden hätte.

Der optimale Eigentümer der typischen Industrieunternehmung ist der Eigentümer des Kapitals, weil er das größere Verlustrisiko, nämlich Kapital- *und* Arbeitsplatzverlustrisiko trägt. Der optimale Eigentümer kann auch, wenngleich eher selten, der Eigentümer des Faktors Arbeit, also der Arbeiter sein, wenn er, wie z.B ein Arzt oder ein Rechtsanwalt durch die Investition in den Markennamen der Praxis, firmenspezifische Leistungen erbringt, die er als angestellter Arbeiter nicht erbringen würde und die bei einem Konkurs der Firma eher verloren wären als die Investitionen des Kapitaleigners, der Praxisräume und Geräte zur Verfügung stellt.

Im Fall der Medienunternehmung erbringt derjenige die größte firmenspezifische Investition, der durch geeignete Marketingmaßnahmen – z.B. Werbung, Gestaltung der Produktqualität und längere Verlustproduktion – in den Markennamen der Medienunternehmung investiert und einen Rezipientenstamm aufbaut. Eine solche Investition ist von hoher Unsicherheit gekennzeichnet, zahlreiche mißlungene Marktzutrittsversuche vor allem zum Pressemarkt zeigen dies. Dieser Investor sollte dann der Eigentümer sein, weil er das größte Interesse hat, das Überleben und Prosperieren der Medienunternehmung zu sichern, die arbeitenden Journalisten könnten hingegen ohne Kapitalverluste die Firma wechseln. Dieser Sachverhalt begründet die klassische **Verlegerkonstruktion**: den Eigentümer des Kapitals als Eigentümer der Medienunternehmung.

Gegen Journalisten als Eigentümer der Medienunternehmung sprechen vor allem zwei Gründe:

- Notwendige Kontroll-, Überwachungs- und Anreizsysteme kollidieren dann leichter mit den Vorstellungen der Journalisten über angemessene und angenehme Arbeitsbedingungen.
- Die Vielzahl der Eigentümer verringert die Zurechenbarkeit von Entscheidungen auf die Urheber und verstärkt das kurzfristige Interesse der Eigentümer an Gewinnausschüttungen statt an langfristigen Maßnahmen zur Sicherung der Existenz der Medienunternehmung.

Zu dieser allgemein-theoretischen Ableitung paßt die Antwort von *Spiegel*-Herausgeber und 50-Prozent-Eigentümer Rudolf Augstein auf die Frage, warum er seine Entscheidung, den Mitarbeitern des *Spiegel* 1974 50 Prozent der *Spiegel*-Anteile zu schenken, ursprünglich rückgängig machen wollte. „Augstein: ‚Ich hatte Zweifel. Ich war unsicher, ob wir uns dadurch nicht zu sehr blockierten. Ich dachte mir, daß wir unbeweglicher seien als andere. Es geht oft darum, daß wir gerne Rücklagen bilden würden, anstatt die Gewinne auszuschütten. Da sind die Mitarbeiter natürlich ein bißchen schwerhörig. 'Spiegel: ‚Das heißt, Sie haben Ihre Großzügigkeit bereut?' Augstein: ‚Zwischendurch habe ich es bereut. Heute tue ich das nicht mehr. Wir sind zwar etwas unbeweglicher als andere, aber das wird durch das größere Selbstbewußtsein der Mitarbeiter kompensiert.'" (Augstein im Spiegel-Gespräch; Der Spiegel Nr. 44/1993, S. 50 f.).

Immerhin sind Journalisten als Eigentümer von Medienunternehmen eher denkbar denn Arbeiter als Eigentümer von „normalen" Industrieunternehmen, weil das Interesse an einer langfristigen Sicherung der Medienunternehmung bei starker Identifikation mit der Richtung des Mediums das kurzfristige Interesse an Gewinnausschüttung übertreffen kann, z.B. bei der *taz*. Die oben von Augstein angesprochene Stärkung des Selbstbewußtseins der Mitarbeiter ist hingegen ein generelles und generell nur schwach wiegendes Argument für die Eigentümerfunktion von Mitarbeitern. Diese Argumentation wird bezeichnenderweise auch nur dafür bemüht, die Miteigentümerfunktion von Arbeitnehmern zu begründen, allerdings ohne Beteiligung an unternehmerischen Entscheidungen. So sind z.B. die Mitarbeiterbeteiligungen bei Bertelsmann Vorzugsaktien ohne Stimmrecht.

Der Staat als Eigentümer von Medienunternehmen hat den Nachteil, daß die Vertreter des Staates kein genuines Interesse an der langfristigen Effizienz der Medienunternehmung haben können, weil kein Vertreter des Staates Eigentumsrechte an Medienunternehmen persönlich gewinnbringend verkaufen könnte. Vertreter des Staates müssen daher andere ihnen vorteilhaft erscheinende Ziele verfolgen – etwa die Unterbringung eines verdienten oder die Abschiebung eines unbeliebten Parteimitglieds, die Erhaltung der Arbeitsplätze im Wahlkreis des entscheidenden Abgeordneten oder die Sicherung des Partei- bzw. Staatseinflusses auf die Berichterstattung. Und das Management einer Medienunternehmung im Staatsbesitz neigt dazu, das verfügbare pekuniäre und nichtpekuniäre Nutzenpotential der Firma extensiv zu nutzen (Furubotn/Pejovich 1972, S. 1154).

So bewilligt sich das Management selbst hohe Löhne und üppige Statussymbole und neigt dazu, auch den untergeordneten Mitarbeitern hohe Löhne und angenehme Arbeitsbedingungen zuzuerkennen, weil dies aus der Sicht des Managements kostenlose Gratifikationen sind, deren Gegenwert in Form von Dankbarkeit, Ansehen und gutem Arbeitsklima aber dem Management zufließt (Ein gutes Beispiel ist das Gehaltsniveau und die Gehaltsstruktur im öffentlich-rechtlichen Rundfunk). Nichts davon sichert die Akzeptanz und die Effizienz der Medienunternehmung.

Mithin wäre es außerordentlich wichtig, bei nichtkapitalistischem Eigentum an Medienunternehmen sicherzustellen, daß es im Eigeninteresse der Eigentümer ist, die publizistische Qualität der Berichterstattung zu sichern. Der Staat oder gesellschaftlich relevante Gruppen können dies nicht; sie vertreten immer Interessen, die nicht den Interessen des Systems Publizistik entsprechen. Wenn überhaupt, könnten allenfalls unabhängige Sachverständige eine solche Eigentümerrolle funktional angemessen übernehmen, ein „Sachverständigenrat für Medienfragen“ oder eine „Medienkommission“, entsprechend etwa der Monopolkommission.

Es wäre ebenfalls außerordentlich wichtig, allerdings zugleich auch außerordentlich schwierig, die Effizienz der Produktion einer Medienunternehmung in Staatsbesitz zu sichern. Dies könnte allenfalls eine unabhängige Wirtschaftsberatungsgesellschaft erreichen, die am Einspar-Erfolg beteiligt ist; das Parlament, Rechnungshöfe oder gesellschaftlich relevante Gruppen könnten dies nicht.

6.2. Die journalistische Produktion als Unternehmensaufgabe

Im ökonomischen Wettbewerb wird langfristig die Organisation der Unternehmung von ihren Aufgaben bestimmt (Picot 1990, S. 115). Die Aufgabe der Medienunternehmung ist die journalistische Produktion mit den Arbeitsschritten Recherchieren – Schreiben, Sprechen, Filmen – Redigieren – Produktgestaltung. Diese Tätigkeiten sind, ökonomisch betrachtet, durch folgende Merkmale gekennzeichnet:

– Die journalistische Produktion ist eine sogenannte Nicht-Grenzprodukt-Arbeit (vgl. zum Begriff Kaufer 1980, S. 488), der Wert ihrer Produktion ist individuell kaum zu erfassen, allenfalls kann im Rahmen eines Teams der Leistungsbeitrag ermittelt werden.

- Die journalistische Produktion ist häufigen und nicht leicht vorhersehbaren Änderungen bei Terminen, Produktionsmengen und qualitativen Produktionsanforderungen unterworfen und zwar je ausgeprägter, desto aktueller und genereller die Medienproduktion ist. Die Aufgabe ist durch einen hohen Grad an Unsicherheit gekennzeichnet; in der betriebswirtschaftlichen Organisationstheorie spricht man von einer großen Veränderlichkeit und Unsicherheit der Aufgabe (Picot 1990, S. 116 f.).
- Die journalistische Produktion ist in der Regel – abgesehen von sehr speziellem Journalismus, wie z.B. Börsenberichterstattung – durch Aufgabenvielfalt gekennzeichnet. Die Produktionsverfahren, nämlich die Art der Recherche, die Darstellungsformen und die Darstellungstechniken sowie der Produktionsgegenstand, nämlich das Thema der journalistischen Produktion, sind im Rahmen der notwendigen Sortimentsbreite von großer Heterogenität. Man spricht von einer geringen Ähnlichkeit der Aufgabe (Picot 1990, S. 118).
- Schließlich ist die sogenannte Strukturiertheit der journalistischen Produktion relativ gering. Bei gut strukturierbaren Aufgaben sind das angestrebte Ergebnis, die notwendigen Inputs und die Ursache-Wirkungs-Beziehungen, die zum Ergebnis führen, gut bekannt, bei gering strukturierten Aufgaben eher unbekannt (Picot 1990, S. 116). Für die journalistische Produktion ist das Ergebnis in den Dimensionen Menge (Zeilen oder Sekunden) und Zeitpunkt der Fertigstellung relativ gut zu bestimmen, aber Qualität, Inputs und Ursache-Wirkungs-Beziehungen sind eher unbekannt. Dementsprechend kann die journalistische Produktion auch nur in geringem Maße in exakte, einander eindeutig zuzuordnende Lösungsschritte zerlegt werden. Eine Fließbandfertigung ist auch nicht ansatzweise denkbar.

Insgesamt ist die journalistische Produktion also durch eine Nicht-Grenzprodukt-Arbeit, eine geringe Strukturiertheit, eine geringe Ähnlichkeit und eine hohe Veränderlichkeit gekennzeichnet. Dies entspricht etwa dem von Picot so genannten Aufgabentyp „professionalisierte Dienstleistung", die z.B. von Ärzten, Lehrern, Professoren oder Unternehmensberatern erbracht wird (Picot 1990, S. 153). In kommunikationswissenschaftlicher Sicht beschreibt Weischenberg die journalistische Tätigkeit als redaktionelle Arbeit im Prinzip in der gleichen Weise. Zur redaktionellen Arbeit „gehört im einzelnen,

- daß die Produktion nicht bis ins Einzelne in arbeitsteilig ausgeführte Routinearbeit zerlegt werden kann,
- daß die redaktionellen Einzelentscheidungen im Rahmen der Alltagsarbeit nicht zeitlich präzise aufeinander abgestimmt werden können,
- daß sich die Redaktion ständig wechselnden Umweltsituationen und Umwelterwartungen anpassen muß und
- daß sich das redaktionelle Entscheidungshandeln häufig in der Situation der Ungewißheit und des Risikos abspielt." (Weischenberg 1992, S. 303).

6.3. Bildung von organisatorischen Einheiten und deren Ausstattung mit Rechten und Pflichten

Bei großem Anteil von Nicht-Grenzprodukt-Arbeit erweist es sich als effizient, im Arbeitsteam ein Mitglied funktional so zu spezialisieren, daß es als sogenannter Team-Organisator

- die Leistungsfähigkeit und Leistungsbereitschaft der Teammitglieder erkundet,
- die erbrachte Leistung mißt und überwacht und
- die Arbeitsverträge abschließt.

Zur Steigerung der Leistungsbereitschaft des Team-Organisators selbst erhält dieser ein Residualeinkommen, d.h., er ist am Gewinn beteiligt (Kaufer 1980, S. 489 f.). Damit ist zugleich die Rolle des Chefredakteurs in der Medienunternehmung in wesentlichen Zügen beschrieben, wenn man ergänzt, daß der Chefredakteur zusätzlich die Einhaltung der Grundsätze der Medienunternehmung überwacht und nur selten am Gewinn beteiligt ist. Diese funktionale Notwendigkeit des Team-Organisators spricht gegen eine kollegiale Redaktionsverfassung, die faktisch auch die Ausnahme geblieben ist (vgl. Weischenberg 1992, S. 277 ff.).

Die journalistische Produktion muß dann im nächsten Schritt als Aufgabe strukturiert und auf spezialisierte Stellen verteilt werden, um die Vorteile der Arbeitsteilung – hier die Vorteile der Spezialisierung auf bestimmte Fähigkeiten und Tätigkeiten – auszuschöpfen. Zwar gibt es auch den guten „Allround-Journalisten", aber in der Regel wird eine Spezialisierung als vorteilhaft beurteilt. Bei einer so gering strukturierten und unsicheren Aufgabe wie der journalistischen Produktion sind allerdings einer möglichen Stellenspezialisierung enge Grenzen gesetzt. Gering strukturierte und unsichere Aufgaben fordern für ihre Bewältigung vielmehr eine breite Qualifikation und eine ganzheitlich orientierte Tätigkeit des Stelleninhabers.

Zugleich gilt, was gerade für die journalistische Produktion bedeutsam ist, daß eine weitgetriebene Spezialisierung zu Monotonie und entsprechendem Motivationsverlust führen würde. Letztlich steigen mit zunehmender Spezialisierung auch die Kosten der Koordination der Teilproduktionen, ein Faktor, der gerade bei der Koordination von so schwer codifizierbaren Produktionen wie der Aussagenproduktion ins Gewicht fallen würde. Mithin ist für die journalistische Produktion nur eine geringe Aufgabenteilung sinnvoll.

Für den Umfang, für den die Vorteile der Arbeitsteilung eine **Aufgabenteilung** nahelegen, ist dann zu entscheiden, ob eher nach dem Objekt (den Kernprodukten der Unternehmung) oder eher nach der Verrichtung (den Kernaktivitäten der Unternehmung) gegliedert werden soll. Nach den Erkenntnissen der betriebswirtschaftlichen Organisationstheorie sollte eine unstrukturierte und unsichere Aufgabe eher nach dem Objekt als nach der Verrichtung geteilt werden, weil dies einen höheren Grad an notwendiger Handlungsautonomie sichert (vgl. z.B. Bea/Dichtl/Schweitzer 1991, S. 153).

Also sollte die journalistische Produktion *eher* nach Ressorts als nach Tätigkeiten wie Recherchieren, Schreiben, Sprechen, Filmen, Redigieren und Produktgestaltung gegliedert werden. Dies ist im Bereich des Nachrichtenjournalismus für Deutschland überwiegend auch so beobachtet worden, während eine stärkere Trennung nach Verrichtungen (Trennung nach journalistischen Rollen) z.B. in den USA und Schweden festzustellen war (Donsbach 1993). Diese Unterschiedlichkeit ist wohl vor allem historisch zu erklären (vgl. ebda.), ökonomisch gesehen sollten die Vorteile der Arbeitsteilung gegenüber den Vorteilen einer ganzheitlichen, überwiegend objektorientierten Gliederung auch international gleich gesehen werden.

Im Rundfunkbereich ist die journalistische Produktion stärker nach Verrichtungen gegliedert als im Printbereich. Dies liegt daran, daß dort die Vorteile der Arbeitsteilung in künstlerisch-technischen Aktivitäten wie Kameraführung, Schneiden oder Unterlegen von Musik relativ groß sind, während sie im Printbereich mit der Einführung von Textverarbeitungssystemen geringer geworden sind. Allgemein geht der Trend von der Verrichtungsgliederung zur Objektgliederung oder anders formuliert, von der Werkstattfertigung zum Prinzip der Fertigungsinsel (vgl. z. B. Bohr/Eberwein 1989). Dies reduziert die Komplexität der Informationsbeziehung und verbessert die Aussichten auf die Produktion guter Qualität.

Bei der **Verteilung von Entscheidungsrechten**, die sich auf die inhaltliche Gestaltung der Aufgabe beziehen, muß grundsätzlich der Grad von Delegation bzw. Partizipation bestimmt werden. Für den Komplex der Delegation von Entscheidungsrechten gilt das Subsidiaritätsprinzip, wonach die jeweils unterste Stelle, die für eine Entscheidung geeignet ist, auszuwählen ist. Jede Delegation entlastet die höheren Ebenen, erlaubt häufig eine genauere und problemnähere Entscheidung und beschleunigt die Entscheidungsprozesse. Ein hohes Maß an Delegation ist insbesondere bei schwachstrukturierten und unsicheren Aufgaben angezeigt, setzt aber voraus, daß die Qualifikation des Personals gesichert wird. In der redaktionellen Praxis sind Entscheidungsrechte in der Tat weitgehend an die unterste Ebene delegiert, insbesondere Routineentscheidungen werden auf unteren Zuständigkeitsebenen weitgehend kollegial getroffen (Weischenberg 1992, S. 279); Schulz spricht von dezentral-kollegialem Entscheidungshandeln (Schulz 1974, S. 241). Nur Richtlinienkompetenzen werden in der Regel vom Verleger und vom Chefredakteur ausgeübt.

Ein hoher Partizipationsgrad bietet die Chance, verstärkt Wissen und Motivation zu mobilisieren und zu nutzen und fördert in der Regel die Leistungsmotivation und die Identifikation mit der Unternehmung, aber er macht die Entscheidungsfindung langsamer und kostspieliger. Vor allem wegen des hohen Zeitaufwandes ist ein hoher Partizipationsgrad in der Medienunternehmung mithin nicht sehr sinnvoll. Entsprechend hat die Institution, die in der redaktionellen Praxis zum Informationsaustausch über die vergangene (Blattkritik) und zukünftige Gestaltung der journalistischen Produktion dient, nämlich die Redaktionskonferenz, keine Entscheidungsbefugnis (Weischenberg 1992, S. 317 f.). Dies würde die Entscheidungsprozesse vermutlich zu sehr verlangsamen. Also ist ein hoher Delegationsgrad und ein nicht sehr ausgeprägter, allenfalls informeller Partizipationsgrad kennzeichnend für die hierarchische Gliederung der journalistischen Produktion.

In der Bildung der organisatorischen Einheiten und ihrer Ausstattung mit Rechten und Pflichten ist für die unstrukturierte und unsichere Aufgabe der journalistischen

Produktion insgesamt also nur ein geringes Maß an Hierarchie angemessen. Für dieses geringe Maß an Hierarchie spricht schließlich auch der für Hierarchien typische Kontrollverlust im Wege der Informationsübermittlung (das Gesetz der abnehmenden Kontrolle von Downs), ein Kontrollverlust, der gerade für die journalistische Produktion nicht akzeptierbar wäre.

6.4. *Organisatorische Beeinflussung der journalistischen Produktion*

Die **Programmierung**, also die Vorgabe genereller ablaufsteuernder Vorgaben, verringert die Organisations- und Transaktionskosten innerhalb der Unternehmung. Sie ist aber nur beschränkt möglich bei unsicherer und unstrukturierter Aufgabe. Hier bieten sich als ablaufsteuernde Vorgaben vor allem an:

- die Vorgabe allgemeiner Verfahrensrichtlinien, die den Lösungsweg für die Aufgabe einschränken und das Ergebnis eingrenzen;
- die Vereinheitlichung der Qualifikation durch einheitliche Ausbildung und
- eine Wertorientierung, eine Programmierung des Verhaltens durch Werte, die in der Unternehmung entwickelt und gepflegt werden.

Auf genau diese Weise wird die journalistische Produktion in der Medienunternehmung in der Tat gesteuert. Es existieren nur vage inhaltliche Rahmenrichtlinien, allerdings ergänzt durch präzise formale Strukturierungen in Form von Mengen- und Zeitvorgaben. Es existieren Mitgliedsrollen, die Verhaltenserwartungen definieren, deren Einhaltung die journalistische Produktion in der Redaktion mitgestaltet (vgl. Rühl 1980, S. 251 ff.). Relativ allgemein akzeptierte ethische und professionelle Standards in Form der Individualethik, der Professionsethik und der Institutionenethik (vgl. Weischenberg 1992, S. 170 ff.) schaffen eine gewisse Wertorientierung und damit eine gewisse Programmierung der journalistischen Produktion[2]. Nur die Sicherung einer einheitlichen Ausbildung auf hohem Niveau fehlt im Journalismus.

Für die **Gestaltung** der Information und Kommunikation in der Medienunternehmung ist ebenfalls der notwendige Aufgabenbezug bei der Wahl der Kommunikationsmittel zu beachten. Grundsätzlich gilt, daß die Koordination der arbeitsteiligen Produktion den Austausch von Informationen – also Kommunikation – voraussetzt. In der Wahl der Kommunikationsformen ist vor allem zwischen mündlicher und schriftlicher sowie freier und gebundener Kommunikation abzuwägen. Die mündliche Kommunikation weist vielschichtige und flexible Ausdrucks- und Dialogmöglichkeiten auf, sie eignet sich damit für die Kommunikation im Rahmen gering strukturierter und ungewisser Aufgaben wie der journalistischen Produktion, eine

2 Die Frage, in welchem Umfang solche Normen akzeptiert werden und welchen Wandlungen sie unterworfen sind, kann und soll hier nicht thematisiert werden (vgl. auch hierzu Weischenberg 1992, S. 170 ff.), wichtig ist, daß ihre Notwendigkeit auch ökonomisch fundiert ist und daß die besondere Bedeutung, die solche Normen haben, auch Ausweis der ökonomischen Effizienz des Systems Publizistik ist.

dokumentenorientierte Kommunikation ist für die Koordination der journalistischen Produktion hingegen nicht geeignet.

Bei der Wahl der Gebundenheit der Kommunikation geht es um den Grad der Festlegung der Kommunikationsbeziehungen. Ungebundene Kommunikationssysteme, in denen jeder selbst entscheiden kann, mit welchen Stellen er auf welchem Wege Informationen austauscht, begünstigen die Vermittlung von Wissen und erhöhen die Flexibilität von Entscheidungen. Sie eignen sich insbesondere für unstrukturierte und ungewisse Aufgaben, daher sollte schon aus theoretischen Erwägungen in Medienunternehmen die mündliche und ungebundene Kommunikation vorherrschen, was in der Praxis auch der Fall ist.

Insgesamt ist die Organisation einer Unternehmung auch Ausdruck von Macht und bedeutet ihre Durchsetzung. Diese Macht kann vor allem durch formale Legitimation, durch Sanktionen oder durch die Autorität in Folge einer besseren Informiertheit oder einer anerkannten Persönlichkeit ausgeübt werden. In der Medienunternehmung, die unstrukturierte und ungewisse Aufgaben zu lösen hat, muß sich die Machtausübung in hohem Maße auf die fachliche und persönliche Autorität stützen können, weil ein Bezug auf eine formale Machtbasis den Informationsaustausch und die Problemlösungen eher blockiert.

Zusammenfassend kann man sagen, daß die typische Organisationsstruktur der Medienunternehmung im Wettbewerb – dies gilt also nur sehr beschränkt für den öffentlich-rechtlichen Rundfunk – der idealtypischen Struktur der Organisation einer wenig strukturierten und ungewissen Aufgabe entspricht. Aus ökonomischer Sicht sind die notwendigerweise kreativitätsfreundlichen Strukturen von Medienorganisationen (Saxer 1993, S. 303) mithin in dem Maße etabliert, wie es der Sachzwang der Effizienz zuläßt. Der Verleger (Rundfunkunternehmer) als Eigentümer des Kapitals ist typischerweise Eigentümer der Medienunternehmung und versucht in dieser Eigenschaft die langfristige wirtschaftliche Existenz und Prosperität der Medienunternehmung zu sichern. Der Chefredakteur als Team-Organisator übernimmt vor allem die Organisation des Arbeitseinsatzes der Journalisten. Und die Redaktion ist eine Arbeitsorganisation, die im Prinzip funktional auf den vorliegenden Aufgabentyp zugeschnitten ist:

- Sie stellt relativ selbständig und objektorientiert die journalistische Produktion rechtzeitig und in vorbestimmter Menge sicher.
- Die Kommunikation erfolgt überwiegend mündlich und ungebunden.
- Für die Produktion existieren nur vage inhaltliche Rahmenrichtlinien.
- Spezifische Mitgliedsregeln sowie ethische Normen sind partiell Ersatz für nichtformulierbare detaillierte Handlungsanweisungen.

Anzumerken bleibt lediglich eine, in diesem Zusammenhang allerdings nicht unwichtige Ausnahme: Eine Standardisierung der Qualifikation als Instrument zur Qualitätssicherung und zur Koordination der dezentral geleisteten Arbeit ist im Journalismus so wenig gegeben wie in praktisch keinem anderen Beruf.

Literaturhinweise

Analysen der Struktur journalistischer Aussagenproduktion in primär kommunikationswissenschaftlicher Sicht bieten:

Rühl, Manfred (1980), Journalismus und Gesellschaft, Mainz (von Hase & Koehler) 1980.

Weischenberg, Siegfried (1992), Journalistik. Medienkommunikation: Theorie und Praxis, Band 1, Opladen (Westdeutscher Verlag) 1992.

Blöbaum, Bernd (1994), Journalismus als soziales System, Opladen (Westdeutscher Verlag) 1994.

6. Kapitel

Das Mediensystem im Wandel

In diesem Kapitel sollen die Grundlinien und Perspektiven des Wandels der Medienlandschaft insgesamt beschrieben werden. Die grundlegenden Antriebskräfte des Wandels der Wirtschaft allgemein und damit auch des Mediensektors im besonderen sind die durchgehende Deregulierung – also die Marktöffnung und Kommerzialisierung aller Bereiche der Wirtschaft und der technische Fortschritt[1]. Dabei hat die Deregulierung einen spezifisch EU-europäischen Ansatz, ist geradezu die Antwort der EU auf die seinerzeit beklagte „Eurosklerose" (Giersch 1985), während der technische Fortschritt naturgemäß regional nicht gebunden ist. Die Kommunikationsindustrie insgesamt und der Mediensektor insbesondere liegen im Schnittfeld von Deregulierung und technischem Fortschritt und gelten als zentrale Wachstumsindustrie. Am Horizont strategischer Unternehmensplanung und politischer Perspektiven taucht der elektronische „Information Super Highway", die elektronische Info-Bahn als ökonomische Jahrhundertaufgabe auf, die vergleichbar dem Bau von Eisenbahn und Autobahn in den letzten 150 Jahren, nun die Infrastruktur für die immaterielle Kommunikation des nächsten Jahrhunderts abgeben soll.

1. Grundlinien und Perspektiven der Deregulierung

Die Deregulierung trifft besonders jene Branchen, die bislang durch regulierende Maßnahmen stark geschützt waren, also die gesamte Telekommunikationsbranche und den Rundfunkbereich ganz speziell. Die Deregulierung öffnet Produktion und Vertrieb dem Markt und setzt die betroffenen Produktionszweige verstärkt dem Zwang aus, Produkt- und Prozeßinnovationen zu erproben, also stets über kostensparende Verfahren und neue Produkte nachzudenken und diese einzuführen.

Prozeßinnovation heißt zunächst einmal Aufbau einer **effizienten Organisation** der Medienunternehmung und nachfolgend permanente Anpassungen an Rationalisierungszwänge, die von Veränderungen der Faktor-Preis-Relationen ausgehen werden. Eingeführt werden muß

- eine strategische Unternehmensplanung,
- ein effizientes System der Leistungsabrechnung und Leistungskontrolle,
- eine Betriebsorganisation, die der Struktur der Aufgaben Rechnung trägt und

1 Dieser Begriff entstammt der Fortschrittsgläubigkeit der Ökonomie, neutraler wäre sicher die Bezeichnung „technischer Wandel".

– ein konsequentes Medienmarketing.

Ansätze hierzu werden gemacht. Zeitungsverlage entdecken seit einiger Zeit das Marketing (vgl. den Tagungsband der Pressestiftung RWV und des BDZV „Vom Zeitungsverkauf zum Zeitungsmarketing" 1986), das *ZDF* plant eine „Verbesserung des innerbetrieblichen Rechnungswesens durch Einführung eines neuen Kosten-Rechnungs-Systems (SAP) und Budgetierung der indirekten Kosten" (ZDF-Positionspapier 1993, S. 33) und die *ARD* wird im Zuge ihrer geplanten Einsparmaßnahmen vermutlich ebenfalls einige Ansätze zur Effizienzsteigerung der Unternehmensorganisation realisieren.

Neben der Einführung einer effizienten Organisation der Medienunternehmen wird im Trend ein **Abbau der Eigenproduktion** erfolgen, ein „Outsourcing", wie es im Medienbereich bisweilen genannt wird. So will das *ZDF* Aufgaben verstärkt auf freie Mitarbeiter verlagern und betriebliche Tätigkeitsbereiche wie Wartung, Versorgung, Außenübertragung und Kamerateams in den Markt auslagern (ZDF-Positionspapier 1993, S. 32 f.).

RTL hat dies von Anfang an konsequent verfolgt und z. B. von 1992 auf 1993 die Zahl der Beschäftigten von 760 auf 750 verringert und zugleich die Zahl der im Markt durch Auftragsproduktionen geschaffenen Arbeitsplätze von 1 400 auf 2 000 erhöht. Auch Printmedien gehen zunehmend dazu über, Teile der Produktion in den Markt zu verlagern – z.B. Themenbeilagen, Anzeigenkollektive oder Sonderveröffentlichungen zu den Themen Auto, Mode, Essen, Gesundheit, Lifestyle, TV-Übersicht. Die Marktproduktion ist billiger und – was speziell für den Medienbereich wichtig ist – die Marktproduktion gilt als flexibler und kreativer. Freie Journalisten sind zwar nicht per se kreativer als festangestellte, aber sie können neue Ideen relativ unbehindert von bürokratischen Strukturen ausprobieren, können also mehr wie Dichter arbeiten denn als Proletarier des Geistes.

Schließlich wird ein weiteres zentrales Element der Kommerzialisierung auch in Medienunternehmen die Einführung von sogenannten **Profit Centers** sein, das sind betriebliche Teilbereiche, die im Prinzip als selbständige Unternehmenseinheiten konzipiert sind und ihre Leistungen je nach Kosten und Erträgen über den Betrieb oder über den Markt abrechnen (vgl. „Medien: Trend zum Profit Center", in: Horizont, Nr. 16/1994, S. 35). Dies sichert ein permanentes Kosten- und Wirtschaftlichkeitsdenken. So hat die *BBC* das „*BBC*-Resource-Management-System" eingeführt. Hier können z.B. die Programmacher entscheiden, ob sie die *BBC*-internen Produktionskapazitäten nutzen oder vergleichbare Dienstleistungen am Markt kaufen. Sie setzen damit die entsprechenden *BBC*-Abteilungen unter erheblichen Effizienzdruck (vgl. Ridder 1993, S. 157).

Kommerzialisierung bedeutet auf der Marktebene eine weitere **Zunahme von Unternehmenszusammenschlüssen**, sei es in Form dauerhafter Verbindungen oder in Form strategischer Allianzen (vg. Kapitel 4). Dies ist die Folge der zunehmenden Globalisierung des Wettbewerbs und der kürzer werdenden Produktlebenszyklen, die die Forschungs- und Entwicklungskosten neuer Produkte erhöhen.

2. Grundlinien und Perspektiven des technischen Fortschritts im Mediensektor

Technischer Fortschritt spart allgemein – und so auch im Mediensektor – Arbeit, Distanzüberwindungskosten und Kosten der Informationsverarbeitung. Am spektakulärsten ist zur Zeit der technische Fortschritt, weil er Distanzüberwindungskosten einspart. Der Transport – allgemein eben die Distanzüberwindung – wird schneller, besser, einfacher, damit billiger – und zwar vor allem auf große Entfernung und relativ zu den Kosten der Produktion.

Ein Beispiel soll dies deutlich machen. Die Produktionskosten in A betragen 100 DM, die Produktionskosten in B betragen 80 DM, die Transportkosten betragen 30 DM. Wenn der technische Fortschritt alle Kosten gleichmäßig halbierte, dann betrügen obige Kosten 50 DM: 40 DM: 15 DM, und ein Handel fände immer noch nicht statt. Erst wenn der technische Fortschritt die Transportkosten stärker reduziert als die Produktionskosten, wird ein Handel entstehen, etwa bei folgender Kostenkonstellation: 50 DM: 40 DM: 5 DM. Diese Eigenschaft des technischen Fortschritts, speziell Transportkosten zu sparen, begründet die zunehmende Globalisierung des Wettbewerbs, den hochentwickelte Länder wie Deutschland jetzt verstärkt spüren: Industrielle Arbeitsplätze wandern in andere Länder ab. Dies gilt allerdings nicht für die Arbeitsplätze der Journalisten, weil die journalistische Produktion relativ stark an den Raum des Konsums gebunden ist. Der *Bonner Generalanzeiger* kann nur in Bonn produziert werden.

Im übrigen gelten die oben dargestellten Zusammenhänge in ähnlicher Weise und teilweise besonders deutlich auch für den Mediensektor, nämlich für die Übertragung von Informationen. Die bekannteste Informationsübermittlung der Antike, die Botschaft des Sieges der Athener über die Perser bei Marathon, hat den Überbringer mehrere Stunden und das Leben gekostet, heute kostet ein Ferngespräch nach Athen fünf Mark und, wenn man Glück hat, keine zehn Sekunden. Ferngespräche werden im Verhältnis zu Ortsgesprächen immer billiger, die Entfernung spielt als Determinante der Übertragungskosten immer weniger eine Rolle. Die Ursache sind neuartige Übertragungsnetze wie Glasfaserkabel, neuartige Übertragungswege über Satellit und vor allem die jetzt einsetzende **Digitalisierung** von Informationen. Inzwischen scheint die Digitalisierung und Kompression von Informationen schnell und billig möglich zu sein (Funk- Korrespondenz 41/1993, S. 21).

Damit werden die Distanzüberwindungskosten im Mediensektor noch einmal deutlich kleiner, und sie werden in Zukunft nicht mehr in Entfernung und Zeiteinheit oder Reichweite und Frequenz gemessen, sondern in Megabit pro Sekunde. Dies hat folgende Konsequenzen:

– Die Knappheit der Vertriebskapazität, die so hartnäckig wie fälschlicherweise behauptete Frequenzknappheit, ist nun endgültig passé. Es gibt keine technischen Schranken mehr für die Verbreitung von Informationen, nur noch ökonomische Schranken. Damit erscheint es nicht sehr sinnvoll zu prognostizieren, es werde im Jahr 2000 in Europa 1 000 Fernsehkanäle geben, genauso wenig wie es sinnvoll ist, die Zahl der Wasserleitungen zu prognostizieren. Es wird so viele Kanäle geben, wie kaufkräftig nachgefragt werden. Allerdings werden dies keine Fernsehkanäle sein, sondern allgemeine Netze zur Übertragung von Informationen.

- Der Marktzutritt für neue Anbieter von neuen Informationsdiensten wird billiger, und damit wird es entsprechend viele Marktzutrittsversuche mit neuartigen Datendiensten geben. Möglicherweise werden dies auch die vielgenannten Special-Interest-Programme mit einer Mischfinanzierung aus Pay-TV und Werbung sein, aber dies zieht allzu deutliche Parallelen zum Zeitschriftenmarkt und trägt den Möglichkeiten digitalisierter Informationsübertragung nicht hinreichend Rechnung. Sicher wird es die Fülle der am Heimterminal jederzeit abrufbaren Datendienste geben: Telefongespräche, Behördeninformationen, Computerdaten, digitale Filme und Fernsehprogramme, Videospiele und Homeshopping im weitesten Sinne, also einschließlich Finanzdienstleistungen und Partnerservice.
- Mit den erweiterten Nutzungsmöglichkeiten wird der Wert der Information an sich, der Wert der Rechte am geistigen Eigentum explodieren, genauso wie die Kosten der Kontrolle dieser Rechte, oder Informationen werden endgültig ein so freies Gut wie Luft und Wasser.
- Die Übertragungskosten z. B. für Sport und Spielfilme, für die man mehr Bits braucht, werden höher als die Übertragungskosten für Zeichentrickfilme, Homeshopping oder die Telezeitung; hier wird es also einen gewissen Anreiz geben, die Übertragung von stark bewegten Bildern zu reduzieren – und den Fernsehschirm als „Kamin“ oder „Aquarium“ zu nutzen.
- Schließlich wird sich die Kosten-Nutzen-Relation des Transports von Informationen auf Papier zum Transport durch digitale Netze permanent zugunsten der Digitaltechnik verschieben; dies auch, weil die Produktions-, Verteil- und Entsorgungskosten von Papier in Zukunft weiterhin relativ steigen werden. Damit rückt die Zeitung, der Katalog und das Lexikon per Bildschirm näher und der handgeschriebene Brief wird zum Luxusgut werden.

Die Digitalisierung von Informationen erlaubt eine **Verschmelzung** der verschiedenen Informationsübertragungsnetze. Man wird über die gleichen Netze telefonieren, fernsehen und ganz allgemein die verschiedensten Informationen abrufen und austauschen können. Diese technische Verbesserung bietet ganz erhebliche Zusammenschlußmotive für die bislang getrennt agierenden Medienunternehmen. Es wird insbesondere für Netzbetreiber aussichtsreich, vorhandene Netze durch neue Dienste besser auszulasten, um eine stärkere Degression der fixen Kosten zu erreichen. Aber auch umgekehrt ist es für Anbieter von Informationsdiensten strategisch wichtig, den Zugang zu Vertriebskanälen zu sichern. Entsprechende Muster von Unternehmenszusammenschlüssen sind derzeit zu erkennen, wobei interessanterweise der Anstoß zum Zusammenschluß primär von der Vertriebsseite kommt. Einige Beispiele seien genannt:

- In den USA fusionieren Bell Atlantic (eine der innovationsfreudigen Baby-Bells, die aus der Zerschlagung der alten AT&T hervorgegangen sind) und TCI (ein marktführender Kabelgigant) oder der Medienkonzern Viacom und die Filmproduktionsfirma Paramount.
- In Frankreich bündeln die Eigentümer von Canal Plus, einem der großen Medienkonzerne, nämlich Havas (23,5 Prozent), Generale des Eaux (20,1 Prozent – das ist ein marktführendes Versorgungs- und Bauunternehmen, sozusagen der „Kabelleger“ der Gruppe) sowie Société Generale (5,1 Prozent – das ist die Bank in dem Verbund) ihre Anteile von 48,7 Prozent in einem Aktionärspaket und binden gleichzeitig die Groupe Bruxelles Lambert (das ist die Hauptaktionärin von CLT) sowie France Telecom in den Aktionärskreis von Havas ein (Handelsblatt vom 15.2.1994).
- In Deutschland gründen der Kirch-Konzern, der Bertelsmann-Konzern und die Telekom eine gemeinsame Servicegesellschaft, die Pay-TV- und Pay-Per-View-Konzepte mit ihren komplexen Abrechnungssystemen umsetzen soll; Einzelunternehmen wie Quelle und Otto haben die Absicht bekundet, das Fernsehen als Vertriebsinstrument einzusetzen; der Axel Springer Verlag und die Telekom sind Gesellschafter einer Gemeinschaftsunternehmung, die elektronisches Shopping und Banking betreiben will; und die Deutsche Bank, RWE und Mannesmann wollen ein privates Telekommunikationsnetz aufbauen, um gerüstet zu sein, wenn 1998 das Fernmeldemonopol der Telekom fällt (Medienkritik Nr. 7/1994, S. 14 ff.).

Dies sind nur einige Beispiele aus jüngster Zeit, die zeigen können, in welche Richtung die strategische Unternehmensplanung von Medienkonzernen weist.

Mit der Digitalisierung von Informationen trägt der technische Fortschritt schließlich ganz erheblich bei zur Einsparung von Kosten der Informationsgewinnung und -verarbeitung. Such-, Sortier-, Verwaltungs- und Lagerhaltungskosten von Informationen werden drastisch reduziert. Auswirkungen auf das Mediensystem sind bislang nur in Ansätzen erkennbar: Das eigene Archiv wird überflüssiger und Recherchen in Datensammlungen werden billiger. Damit wird eine präzise und einfach zu handhabende „Etikettierung“ von Informationen immer wichtiger, um eine präzise, computergesteuerte Auswahl und Komposition von Informationen zu ermöglichen, etwa die Auswahl von Musiktiteln eines Radioprogramms nach dem gewünschten Musikformat oder die gesamte Programmsteuerung durch Computer, wie derzeit schon bei *RTL 2* durch das Library Management System.

3. Grundlinien und Perspektiven des Wandels der Medienproduktion

Beweggrund des Wandels der Medienproduktion selbst ist ebenfalls die Kommerzialisierung der Produktion sowie die kommerzielle Orientierung und kommerzielle Nutzung des technischen Fortschritts. „Kommerzialisierung“ bezeichnet immer das Bestreben von Medienunternehmen, die produktive und allokative Effizienz ihrer

Produktion zu steigern, also billiger zu produzieren und genauer das zu produzieren, was den Wünschen des Publikums entspricht.

3.1. Steigerung der produktiven Effizienz

Die Steigerung der produktiven Effizienz wird sich im wesentlichen in billigerer Produktion, in Mehrfachwertung und in Produktion direkt vermarktbarer Inhalte niederschlagen.

Um billig zu produzieren, müssen die relativ teuren Inputs in die journalistische Produktion reduziert werden, also vor allem die persönliche Recherche vor Ort, und durch billige Inputs substituiert werden, also durch Aktualität, selbst produzierte Skandale, billige Emotionen und Dramatik (etwa durch die drei T: Tiere, Tränen, Tote). Der Verzicht auf die im Regelfall teurere Eigenproduktion spart Geld – und dies ganz besonders, wenn auf kostenloses PR-Material zurückgegriffen werden kann. Billige Programm-Genres werden zunehmen, bis hin zum Fernsehen als Aquarium- oder Kaminersatz (vgl. 3. Kapitel, Abschnitt 4.2.).

Ganz besonders nahe liegt im Mediensektor die Kosteneinsparung durch die Mehrfachverwertung der sich im Konsum ja nicht verbrauchenden Inhalte der Medienproduktion. Man spricht sehr plastisch von der sogenannten Kaskadenstrategie (Locksley 1988, S. 126 f.), einer sich sozusagen verdünnenden Verbreiterung der Produktion im Vertrieb. Dies nimmt einmal die Form von Wiederholungen im gleichen Verbreitungsgebiet an und zum anderen die mehrfache Verwendung auf unterschiedlichen Märkten, die regional (zuerst USA, dann Nordrhein-Westfalen...) oder sachlich (zuerst Kino, dann Pay-TV, dann Video, dann werbefinanziertes Fernsehen...) abgegrenzt sein können. Dies ist auch deswegen problemlos durchführbar, weil die zeitliche Gebundenheit des Konsums eine Arbitrage im Prinzip ausschließt.

Um die Medienproduktion schnell und direkt in Einnahmen zu verwandeln, wird – der Rate des Erkenntnisfortschritts in der Werbewirkungsforschung nur wenig verzögert folgend – ein stets passenderes Werbeumfeld zu produzieren sein. Das bedeutet einmal eine Zunahme der lukrativen Formate – also zur Zeit ein stärkerer Zuschnitt der Programme auf Jüngere[2] – und immer ein Zuschnitt auf kaufkräftige Konsumenten; zum anderen eine Zunahme der Programmelemente, die für die Werbewirkung für förderlich gehalten werden. Diese wechseln zum Glück und sind keineswegs nur negativ zu sehen: „Lederhosen-Pornofilme" und Gewaltfilme gelten als schlechtes Umfeld für Werbung. Sehr stark emotionalisierende Programmelemente, wie sie z.B. bei Reality-TV präsentiert werden können, bewirken offenbar eher eine Abnahme der Aufmerksamkeit für die Werbebotschaft (Mundorf/Zill-

2 Ob die Beschränkung der Werbung auf Konsumenten bis 49 Jahre zur Maximierung des Werbeerfolgs sinnvoll ist, soll hier nicht beurteilt werden. Immerhin macht sich das Werbefachblatt *Horizont* (Heft 10/1994, S. 8) über diesen Zuschnitt lustig: „Das Menschenbild dem Deutschlands Werbestrategen offensichtlich anhängen ist so eine Art oberhalb der fiktiven Gürtellinie 'ab 49' querschnittsgelähmten, autistischen Gesellschaft, unbelehrbar und unfähig zu begreifen, was die Werbeleute von ihr wollen: daß sie die ausgelobte Ware kauft".

mann/Drew 1991). Generell scheint es wichtig zu sein, daß die Stimmung von Programmumfeld und Werbespot übereinstimmt, damit Werbung positiv beurteilt wird (Kamins/Marks/Skinner 1991). Dies sollen hier nur Beispiele sein, um zeigen zu können, *daß* die Wünsche der Werbung treibenden Wirtschaft Einfluß auf die Programmgestaltung haben und in Zukunft sicher noch stärker haben werden.

Abschließend sei darauf hingewiesen, daß die hier so bezeichnete Steigerung der produktiven Effizienz eindeutig eine Abnahme der publizistischen Qualität der Medienproduktion bewirkt und bewirken wird.

3.2. Steigerung der allokativen Effizienz

Steigerung der allokativen Effizienz heißt, daß Medienunternehmen sich stets und stärker darum bemühen müssen, das zu produzieren, was das Publikum wünscht. Mithin müssen Medienunternehmen zunächst ganz allgemein der zunehmenden Ausdifferenzierung der Gesellschaft Rechnung tragen. „Weil in dem Verlauf der Ausdifferenzierung der Gesellschaft immer weitere funktionale Subsysteme – Berufe, wissenschaftliche Disziplinen, Dienstleistungen usw. – sich ausprägen, die alle gezwungen sind, zusätzliche interne Kommunikationsstrukturen aufzubauen und kommunikative Verbindungen zu ihrer Umwelt zu etablieren, wachsen eben die Kommunikationsbedürfnisse in diesen Gesellschaften exponentiell und nicht bloß linear, um so mehr, als unter diesen Bedingungen die gesamtgesellschaftliche Wachstumsrate sich beschleunigt“ (Saxer 1993, S. 294). Vermutet wird, daß eine stärkere Orientierung am individuell zurechenbaren Nutzen der Medienproduktion (Heinrich 1989, S. 284 ff.), daß verstärkte Anstrengungen in Richtung der Produktion von „Gebrauchsverstehen“ (Rühl 1990) den Rezipientenpräferenzen Rechnung tragen.

Abzusehen ist, daß die klassischen Nachrichtenauswahlfaktoren durch Publikumspräferenzen ergänzt oder gar ersetzt werden, also z.B. durch Gefühl und Nähe oder generell durch vermehrt unterhaltende Elemente. Jedenfalls hat sich im Fernsehen die Nutzung der Nachrichten für alle untersuchten Sender zusammen – *ARD*, *ZDF*, *SAT 1* und *RTL* – von 1989 auf 1992 um zehn Prozentpunkte verringert, obwohl das Angebot an Nachrichtensendungen zugenommen hat. Zugleich ist das Unterhaltungsangebot, dessen Menge ebenfalls ausgeweitet wurde, deutlich mehr genutzt worden; man spricht vom Unterhaltungsslalom (Darschin/Frank 1993).

Schließlich wird in der Regel eine stärkere Segmentierung der Produktion erwartet, eine Segmentierung des Publikums in ein Unterhaltungspublikum und ein Informationspublikum (Wössner 1993) und eine darüber hinaus einsetzende Segmentierung der Nachfrage in sehr spezielle Interessensbereiche entsprechend der Differenzierung der Berufe und Freizeitaktivitäten, also z.B. Printmedien und Rundfunkprogramme für spezielle Sportarten oder spezielle Heimwerkerproduktionen.

Die ökonomische Logik spricht allerdings gegen eine sehr starke Segmentierung der Medienproduktion. Eine Kleinserienproduktion hat nur dann eine Marktchance, wenn sie nicht viel teurer ist als eine Großserienproduktion (wie z.B. bei Wein oder

Käse) oder wenn die Kleinserienproduktion eine deutlich bessere Qualität liefert, die erkennbar ist und vom Konsumenten honoriert wird (z.B. bei Ferrari oder Haute Couture). Beides ist für die Medienproduktion nicht absehbar. Aufgrund der ganz ausgeprägten Fixkostendegression ist die Kleinserienproduktion gerade im Medienbereich pro Kopf sehr viel teurer als die Großserienproduktion (der *Spiegel* für 10 000 Käufer müßte wenigstens 500 DM pro Stück kosten). Es sind keine Argumente dafür erkennbar, daß eine Kleinserien-Medienproduktion bessere Qualität liefert. Im Gegenteil: Der *Spiegel*, von zehn Redakteuren produziert, hätte sicher das Niveau einer Schülerzeitschrift. Die Konsequenz für die oft genannten 1000 Programme im Europa des Jahres 2000 ist, daß diese entweder sehr teuer und/oder sehr schlecht sein müssen, und beides macht ihre Akzeptanz sehr fraglich.

Relativ stark von der Nachfrage gestützt scheint die lokale Segmentierung der Medienproduktion zu sein. Dies hat die Zeitungsproduktion schon immer ausgezeichnet, dies zeigt sich darin, daß die Lokalradios mittlerweile wohl doch ihre ökonomische Lebensfähigkeit unter Beweis gestellt haben (vgl. Heinrich 1993), und dies wird in den Versuchen, Lokalfernsehen in der Bundesrepublik einzuführen, erneut sichtbar. Mittlerweile (Frühjahr 1994) existieren in München, Berlin und Nürnberg lokale Fernsehprogramme, und zahlreiche weitere lokale Fernsehprogramme sind geplant, so in Hamburg, Leipzig, Dresden, Chemnitz und Zwickau. Indes zeigen sich hier ganz deutlich die ökonomischen Zwänge der Finanzierung und Akzeptanz solcher Kleinserienprogramme. Schamoni, der das erste Fernsehvollprogramm *IA Brandenburg* seit dem 23.11.1993 ausstrahlt, sprach ursprünglich von Investitionen von 10 Mio. Mark und von einem „Low-Budget- oder besser No-Budget-Sender" (Schamoni 1993, S. 38), zwischenzeitlich von deutlich mehr als 25 Mio. DM (Medienspiegel Nr. 2/1994, S. 6) und mittlerweile von notwendigen 40 Mio. DM pro Jahr (Horizont Nr. 10/1994, S. 49). Nach den Erfahrungen der Regionalproduktionen von *RTL* und *SAT 1* ist kaum vorstellbar, daß ein lokales Fernsehprogramm weniger als 100 Mio. DM pro Jahr kosten könnte.

Die Steigerung der allokativen Effizienz erfordert eine Zunahme der Marktforschungsaktivitäten und – da die Marktforschung niemals ganz verläßliche Prognosen liefern kann – eine permanente Produktinnovation, ein permanentes Austesten neuer Formen, Inhalte, Verpackungen und Kombinationen von Medienproduktionen. Seit etwa 1992 wird zunehmend von „interaktivem Fernsehen" gesprochen, das die Möglichkeit eines aktiven Zugriffs der Zuschauer auf Informationen und Bilder bietet, also etwa eine Beeinflussung der gewünschten Kameraperspektive bei Sportübertragungen oder eine Beeinflussung der Themen bei Talkshows usw. ermöglicht. In Deutschland startete am 18. April 1994 die erste interaktive Gameshow beim *Kabelkanal*. Die Gameshow, die auf einem Computerspiel basiert, lädt werktäglich zum Mitspielen ein. Die Zuschauer können beim Sender anrufen und dann den Helden via Tastentelefon in vier verschiedenen Schwierigkeitsgraden durch verschiedene Welten bewegen (Horizont Nr. 10/1994, S. 51).

Aus ökonomischer Sicht muß eine Interaktion, die diesen Namen verdient, aufgrund der notwendigen Reservekapazität des Kommunikationsnetzes recht teuer sein. Wenn sehr viele Zuschauer gleichzeitig und für eine gewisse Zeit mit dem gleichen Sender kommunizieren wollen, wird die herkömmliche Kommunikationsnetzstruktur überfordert – so wie die „Lustbarkeits-Infrastruktur“ des Starnberger Sees überfordert würde, wenn alle Münchener gleichzeitig dorthin führen, eine Vorstellung, die schon Karl Valentin beunruhigt hatte.

Die beschriebenen Perspektiven der Mediengesellschaft gelten weltweit, der spezifisch EU-europäische Zuschnitt wird im folgenden Abschnitt dargestellt.

4. Medien im Europäischen Binnenmarkt

Die EU ist schon jetzt größter Markt der Welt. Wie Tabelle 1 zeigt, ist die EU bei weitem bevölkerungsreicher als die USA und Japan und übersteigt im Bruttoinlandsprodukt das Niveau von Japan und der USA. Zugleich dominiert die EU im Welthandel.

Tab. 1: Die EU im Vergleich zu USA und Japan 1992

	EU 12	**USA**	**Japan**
Bevölkerung in Mio. Einwohner[1]	346	255	124
Bruttoinlandsprodukt (BIP)[2]	6 169	6 039	2 122
Privater Konsum[2]	3 759	4 140	1 210
Bruttoanlageinvestitionen[2]	1 201	789	650
Einfuhr[2]	1 657	670	165
Ausfuhr[2]	1 710	641	216

1) EU einschl. ostdeutsche Bundesländer
2) in Mrd. US-$, zu lfd. Preisen und Kaufkraftparitäten von 1985

Quelle: IW, „Internationale Wirtschaftszahlen 1994“

Mit dem bevorstehenden Beitritt von Schweden, Norwegen, Finnland und Österreich wird die EU in den relevanten Dimensionen um rund zehn Prozent zulegen, die absehbare Erweiterung nach Ost-und Südosteuropa wird den Wirtschaftsraum Europa noch einmal deutlich erweitern. Zugleich ist der Mediensektor Wachstumsbranche, insbesondere im audio-visuellen Bereich. Im Schnittfeld von regionaler und sektorieller Wachstumsdynamik bietet der Mediensektor im entstehenden Binnenmarkt ein bevorzugtes Expansionsfeld strategischer Unternehmensplanung.

4.1. Zur Übertragbarkeit der ökonomischen Theorie der Marktintegration auf den Mediensektor

Das Movens der europäischen Integration ist aus ökonomischer Sicht die Freihandelsidee. Die EU will die Vorteile eines von ökonomischen, politischen und rechtlichen Schranken und Hemmnissen befreiten Handels realisieren. Dazu mußten und müssen die Handelsschranken abgebaut werden; zuerst von 1958 bis 1968 Zölle und Importkontingente, anschließend – und dies wird permanente Aufgabe sein – nichttarifäre Handelshemmnisse wie unterschiedliche nationale Normen, Zulassungs- und Prüfverfahren, Steuerschranken oder Grenzkontrollen. Man verspricht sich davon eine zunehmende Integration der Märkte – also eine Vergrößerung der Märkte – mit folgenden Vorteilen:

- Realisierung der Größenvorteile der Produktion,
- zunehmende Degression der fixen Kosten der Produktion und
- Zunahme des Wettbewerbs.

Diese Überlegung sei an folgendem Beispiel illustriert: Statt daß in jedem Land der EU ein Monopolunternehmen Lokomotiven produziert, werden nach erfolgter Marktintegration nur noch drei Unternehmen im Europäischen Binnenmarkt Lokomotiven produzieren. Weil die Betriebsgröße zunimmt, kann billiger produziert werden und weil die Zahl der Anbieter auf dem relevanten Markt zunimmt, steigt auch der Wettbewerb, und schließlich wird die Konkurrenzfähigkeit auf dem Weltmarkt verbessert. Zu fragen ist, ob dies auch für Medienprodukte gilt.

Größenvorteile der Produktion sind im Mediensektor allenfalls gering. Kleine, unabhängige Produktionsfirmen produzieren in der Regel billiger als große Rundfunkanstalten. Auch bei Printmedien sind kleine und mittlere Unternehmensgrößen offenbar effizienter als Großunternehmen (vgl. Kapitel 8). Allerdings bietet die Marktintegration ein Potential für erhebliche Degressionen der fixen Kosten der Medienproduktion. Wenn z.B. ein Rundfunkprogramm nicht nur in Deutschland, sondern in der gesamten EU verbreitet würde, könnten die fixen Kosten pro Kopf auf etwa ein Viertel sinken. Die entscheidende Frage ist daher, ob eine Marktintegration für Medienmärkte erwartet werden kann.

Für Medienprodukte wird grundsätzlich eine starke nationale, regionale und sogar lokale Gebundenheit der Nachfrage beobachtet, dies gilt für Zeitungen und Zeitschriften wie für Hörfunk- und Fernsehprogramme, eine Ausnahme bilden allenfalls Spielfilme und Wirtschaftszeitungen. Ein internationaler Handel, wie z. B. bei Rohstoffen und praktisch allen Industrieprodukten, findet – mit Ausnahme von Spielfilmen – nicht statt. Ob sich in Europa ein einheitlicher Medienmarkt entwikkeln wird, kann hier nicht mit Sicherheit beurteilt werden. Allerdings sind die Aussichten nicht günstig.

Einen **Kommunikationsraum Europa**, einen europäischen Raum mit gemeinsamen Themen, mit einer gemeinsamen europäischen Öffentlichkeit gibt es bislang nicht. Selbst zentrale europäische Ereignisse, wie z.B. der Vertrag von Maastricht und die geplante Einführung einer europäischen Währungsunion, sind allenfalls gemeinsames Thema, werden aber bislang unter dem Blickwinkel der jeweiligen nationalen Interessen behandelt und stellen damit keine einheitliche europäische Öffentlichkeit her. „Kommunikationsräume entstehen aber und verändern sich mit politisch-administrativen Grenzen, mit Anlage und Ausbau von Verkehrswegen, mit Wohnungsbau und Arbeitsbeschaffung, mit Technik und Freizeitanlagen. Sie bilden sich dort, wo lebensweltliche Strukturen entstanden sind, die Anlässe für Kommunikation bieten" (Roegele 1993, S. 2). Da der ökonomische und mittlerweile auch der politische westeuropäische Integrationsprozeß relativ weit fortgeschritten ist, könnte, analog obiger These, abgewartet werden, bis sich der dem Integrationsprozeß zugehörige Kommunikationsraum entwickelt hat.

Dabei kann man sich die Europäisierung der massenmedialen politischen Öffentlichkeit in zweifacher Weise vorstellen: als Entstehung einer die nationalstaatlichen Öffentlichkeiten überlagernden eigenständigen europäischen Öffentlichkeit oder als Europäisierung der jeweiligen nationalen Öffentlichkeiten (Gerhards 1993). Bislang gibt es aber wenig Indizien für eine eigenständige europäische Öffentlichkeit, allenfalls eine Europäisierung von nationalen Öffentlichkeiten ist in Ansätzen zu beobachten. Generell hinkt die Entstehung einer europäischen Öffentlichkeit dem Integrationsprozeß weit hinterher. Warum das so ist, ist relativ klar: Die europäische Integration ist geprägt durch nichtöffentliches Verwaltungshandeln ohne große öffentliche Kontroversen, ist also für die Medien kein Thema.

Es fehlt mithin bislang die zentrale Voraussetzung für einen europäischen Medienmarkt, die Gemeinsamkeit der Nachfrage. Hinzu kommt das Sprachproblem. Eine europaweite Verbreitung von Medien würde eine entsprechende Übersetzung voraussetzen, was die Konsumkosten für kleinere Länder und kleinere Nachfragesegmente deutlich erhöhen würde. In ökonomischer Terminologie entstehen mit den Übersetzungskosten sogenannte sprungfixe Kosten, die nur bei größerer Nachfrage ökonomisch tragfähig erscheinen. Auf eine Übersetzung kann aber in der Regel nicht verzichtet werden, weil die Nutzung fremdsprachiger Medien äußerst gering ist. Die fremdsprachigen Rundfunkprogramme erreichten z.B. in den untersuchten Ländern Deutschland, Niederlande, Flandern, Dänemark, Schweden und Norwegen 1992 einen Marktanteil zwischen 2,7 Prozent in Deutschland und 13,3 Prozent in Dänemark (Zimmer 1993, S. 361).

Die bisherigen Erfahrungen mit europäischen Medien sind dementsprechend ernüchternd gewesen. Existierende Europaprogramme, als solche gelten *MTV Europe, Eurosport* und *Euronews*, haben eine geringe Reichweite, und das gleiche gilt für Programme von eher internationalem Zuschnitt wie *Superchannel* und *CNN International*. Hier ist bezeichnend, daß sich z.B. mit dem deutschsprachigen Musikprogramm *Viva* national gefärbte Ableger erfolgreicher Europaprogramme bilden.

Im Printbereich sind europaweit genutzte Medien nicht in Sicht, eine Ausnahme bilden allenfalls spezielle Wirtschaftszeitungen. So kann der Mediensektor als eine der letzten nationalen Bastionen bezeichnet werden. Wenn dies so bleibt, dann bietet die europäische Integration keine Effizienzvorteile für die Medienproduktion, auch der Wettbewerb wird nicht zunehmen. Allerdings bemüht sich vor allem die EU-Kommission, doch eine Integration der Medienmärkte zu erreichen.

4.2. Integrationsansatz und Integrationsbemühungen der EU

Medien unterliegen als Güter bzw. Dienstleistungen den allgemeinen Bestimmungen des EWG-Vertrages (EWGV). Dies sind

- die Bestimmungen über den freien Warenverkehr (Art. 7a, 9, 30-36 EWGV),
- die Bestimmungen über die Freizügigkeit der Arbeitnehmer (Art. 48-51 EWGV),
- die Bestimmungen über den freien Dienstleistungsverkehr, weil Rundfunk Dienstleistung im Sinne von Art. 60 EWGV ist (Art. 59-66 EWGV),
- die Bestimmungen zur Niederlassungsfreiheit (Art. 52-58 EWGV) und
- die Bestimmungen zum freien Wettbewerb (Art. 85-94 EWGV) sowie die Fusionskontrollverordnung.

Es ist lange Zeit strittig gewesen, ob die EG die Regelungskompetenz für den Medienbereich habe, weil Medien Kulturgüter und keine Wirtschaftsgüter seien, der EG-Vertrag aber primär auf wirtschaftliche Ziele ausgerichtet sei (vgl. z.B. Delbrück 1987). Diese Diskussion dürfte jetzt aber abgeschlossen sein:

- Mit der Verabschiedung der „Richtlinie zum Fernsehen ohne Grenzen" am 3.10.1989 hat sich die EG die Regelungskompetenz selbst verliehen.
- Es hat niemals eine gegenständlich abgegrenzte Kompetenz der EG gegeben vielmehr war die Kompetenzzuweisung an den Zielen und Erfordernissen der Integration funktionsorientiert (Schwartz 1987).
- Schließlich hat die Erweiterung der EWG-Verträge durch den Vertrag von Maastricht eine, wenn auch begrenzte, Kompetenz für Bildung und Kultur begründet (Art. 126-128 EWGV).

Strittig ist nur, ob und in welchem Umfang Massenmedien unter die Ausnahmetatbestände der Art. 36, 56, 66, 90 und 92, Abs. 2 und 3 EWGV fallen. Dies kann nur im Einzelfall geprüft werden und wird daher in den Spezialkapiteln behandelt.

Nach zähen und zum großen Teil ins Stocken geratenen Bemühungen, die genannten Freiheiten zu verwirklichen, haben die EG-Mitgliedsstaaten 1985 quasi einen neuen Anlauf beschlossen: die **Einheitliche Europäische Akte** (EEA), die im Juli 1987 in Kraft getreten ist. Die EEA schreibt zentrale Weiterentwicklungen der „alten" EWG vor, insbesondere wird die neue Zielsetzung „Binnenmarkt '92" entwickelt und eine Revision des Abstimmungsverfahrens beschlossen, das nunmehr auch Mehrheitsentscheidungen vorsieht (vgl. Baßeler, Heinrich, Koch 1991, Kapitel 23 und 24). Kern des Projekts „Binnemarkt '92" ist das Weißbuch zur Vollendung des Binnenmarktes, das 282 Harmonisierungsmaßnahmen vorsieht, die im Einzelfall dann auch den Mediensektor betreffen können. Diese Maßnahmen, die praktisch alle durchgeführt worden sind, betreffen folgende Bereiche:

- Beseitigung der Grenzkontrollen,
- technische Harmonisierung und Normung,
- Liberalisierung des öffentlichen Auftragswesens,
- Freizügigkeit der Arbeitnehmer und Selbständigen,
- freier Dienstleistungsverkehr,
- freier Kapitalverkehr,
- Schaffung geeigneter Rahmenbedingungen für die industrielle Zusammenarbeit und

– Beseitigung der Steuerschranken.

So werden z.B. die öffentlich-rechtlichen Rundfunkveranstalter von der Liberalisierung des öffentlichen Auftragswesens betroffen oder der Tendenzschutzparagraph des Betriebsverfassungsgesetzes von den zu schaffenden Rahmenbedingungen für die industrielle Zusammenarbeit tangiert. Die zweite Erweiterung der „alten" EWG-Verträge durch den Vertrag von Maastricht berührt den Mediensektor bislang erkennbar nicht, nur die erwähnte subsidiäre Kompetenzzuweisung für den Bereich Bildung und Kultur schafft möglicherweise den Anfang einer Basis für eine einheitliche EU-Medienpolitik.

Bei dem Ziel, Handelshemmnisse zu beseitigen, gehen der EU-Vertrag und die Organe der EU im Grundsatz vom **Prinzip der funktionellen Integration** aus. Es gilt prinzipiell die gegenseitige Anerkennung nationaler Vorschriften, auch beim grenzüberschreitenden Handel, und der Wettbewerb wird dann entscheiden, welche Vorschriften sich am Markt durchsetzen. Analog zum Besteuerungsprinzip beim grenzüberschreitenden Handel wird das Prinzip der Anerkennung nationaler Vorschriften generell Ursprungslandprinzip genannt. Was im Ursprungsland rechtens ist, bleibt rechtens auch beim Grenzübertritt in das Bestimmungsland. Das heißt z.B., daß Rundfunkprogramme oder Zeitungen, die in einem Mitgliedsland rechtmäßig verbreitet werden, im Prinzip nicht unter Hinweis auf anderslautende nationale Regelungen in einem anderen Land verboten werden können. Damit wird im Prinzip Handelsfreiheit gewährleistet.

Für die Bundesrepublik Deutschland ist das Ursprungslandprinzip, das eine de jure- und de facto-Diskriminierung ausländischer Produktionen verbietet, z.B. im Fall der Hamburger und Bremer Landesmediengesetze relevant gewesen. Hamburg hatte die Weiterverbreitung ausländischer Rundfunkprogramme in Kabelanlagen verboten, und Bremen hatte das gleiche Ziel faktisch dadurch erreicht, daß in Bremen das Gebot galt, die Vielfalt der in Bremen bestehenden Meinungen in möglichster Breite und Vollständigkeit zum Ausdruck zu bringen, was ausländische Anbieter naturgemäß nicht können. Diese Fälle wurden von der EU-Kommission untersagt, die Gesetze sind dann entsprechend modifiziert worden (vgl. Schwartz 1991, S. 3). Dies ist übrigens eine Parallele zum sicher bekannteren Verbot des Deutschen Reinheitsgebots für importiertes ausländisches Bier.

Nur wenn die – vom EuGH recht restriktiv interpretierten – Ausnahmetatbestände des Art. 36 (öffentliche Sittlichkeit, Ordnung und Sicherheit, ... Schutz der Gesundheit und des Kulturgutes usw.) und des Art. 56 in Verbindung mit Art. 66 EWGV (öffentliche Ordnung, Sicherheit oder Gesundheit) greifen, besteht Bedarf für eine sog. **institutionelle Integration**, eine Integration durch politisch gesetzte Harmonisierungsregeln. Das klassische Beispiel im Mediensektor war das von Belgien ausgesprochene Verbot, im belgischen Kabelnetz Fernsehprogramme mit Werbung auszustrahlen. Dies behinderte den freien Handel von Fernsehprogrammen, wurde aber vom EuGH im Debauve-Urteil als ausnahmsweise gerechtfertigte Beschränkung gebilligt (EuGH 18.3.1980). Daraufhin ergab sich die Notwendigkeit, für die Gewährleistung von Freihandel die verschiedenen nationalen Vorschriften über die Ausstrahlung von Fernsehwerbung zu harmonisieren. Dies ist inzwischen – übrigens gegen das Votum von Belgien – in der Richtlinie zum „Fernsehen ohne Grenzen" geschehen. Und seitdem muß Belgien den Import von Fernsehprogrammen mit Werbung, die dieser Richtlinie entspricht, hinnehmen (vgl. Heinrich 1991).

Nach der Interpretation der EU-Kommission sind Handelshemmnisse im Mediensektor vor allem in folgenden Bereichen begründet:

- im unterschiedlichen Urheberrecht,
- im unterschiedlichen Medienrecht (z.B. Bestimmungen zur Meinungsvielfalt und zur Konzentrationskontrolle),
- in unterschiedlichen technischen Normen und
- in unterschiedlichen Wettbewerbsbedingungen (z.B. unterschiedliche Finanzierungsformen des Rundfunks oder unterschiedliche nationale Filmförderungsmaßnahmen).

Auf Harmonisierungen in diesen Bereichen richten sich vielfältige Bemühungen der EU-Kommission. Eine Urheberrechtsrichtlinie ist inzwischen erlassen, die das Sendelandprinzip festschreibt, eine angemessene Vergütung für Urheber fordert und das Exklusivrecht der Urheber auf Vermietung und Verleihung vorsieht (Richtlinie 92/100 EWG des Rates vom 19.11.1992 zum Vermietrecht und Verleihrecht... Amtsblatt der EG Nr. L 346/61 vom 27.11.92). Möglichkeiten und Notwendigkeiten zur Harmonisierung von Medienkonzentrationskontrollvorschriften diskutiert das Grünbuch der Kommission „Pluralismus und Medienkonzentration im Binnenmarkt" (KOM (92) 480 endg vom 23.12.1992), und zahlreiche Richtlinien schreiben technische Normen für Rundfunkübertragungen fest. Da sich diese Harmonisierungsbestrebungen primär auf den Rundfunk richten, werden sie dort näher beschrieben. Insgesamt ist festzuhalten, daß das Ziel der Medienpolitik der EU-Kommission nicht die Sicherung der Meinungsvielfalt ist, sondern die Herstellung und Aufrechterhaltung des Binnenmarktes und der freie Handel mit Informationen.

Eine eigenständige europäische Medienpolitik, also eine Politik, die sich nicht (nur) auf die Erfordernisse der Integration gründet, versucht das Europäische Parlament zu initiieren. In der „Entschließung zur Medienkonzentration und Meinungsvielfalt" vom 16.9.1992 fordert das Europäische Parlament die Kommission auf, Regelungsvorschläge vor allem für folgende Bereiche zu erarbeiten:

- Sicherung der journalistischen Unabhängigkeit in allen Medien (Punkt 25),
- Kontrolle der Medienkonzentration (Punkt 27),
- Errichtung eines Europäischen Medienrates (Punkt 29) und
- Erarbeitung eines Medienkodexes zur Wahrung der Berufsethik (Punkt 24).

So wünschenwert diese Forderungen auch sein mögen, so ist doch sehr fraglich, ob die EU die Kompetenz für eine genuine Medienpolitik hat. Mit den Erfordernissen des Europäischen Binnenmarktes läßt sich diese Medienpolitik schwerlich begründen.

4.3. Wettbewerbspolitik der EU im Mediensektor

Die grundlegenden Regelungen der EU-Wettbewerbspolitik sind enthalten in Art. 85 EWGV (Kartellverbot), Art. 86 EWGV (Mißbrauchsaufsicht) sowie der Fusionskontrollverordnung (VO 4064/89), die am 21.9.1990 in Kraft getreten ist. Darauf wird hier nicht näher eingegangen (vgl. Emmerich 1991, S. 505 ff.). Art. 85 und 86 erfassen nur solche wettbewerbsbeschränkenden Maßnahmen, die geeignet sind, den Handel zwischen den Mitgliedsstaaten zu beeinträchtigen (Zwischenstaatlichkeitsklausel), was sehr weit ausgelegt wird (Emmerich 1991, S. 512 f.). Die Fusionskontrolle greift nur, wenn es sich um grenzüberschreitende Großfusionen von gemeinschaftsweiter Bedeutung handelt. Die gemeinschaftsweite Bedeutung ist gegeben, wenn die Umsätze der beteiligten Unternehmen zu mindestens zwei Dritteln grenzüberschreitend sind. Im Prinzip gilt der Vorrang des EU-Rechts vor nationalem Recht (vgl. Emmerich 1991, S. 516).

Die Wettbewerbspolitik im Medienbereich wirft **Anwendungsprobleme** auf. Im Medienbereich bezieht sich die EU-Wettbewerbspolitik in erster Linie auf den Rundfunkbereich, weil nur hier nennenswert grenzüberschreitender Handel existiert. Und im Rundfunkbereich betreffen Art. 85 und 86 nicht die Produktion und Ausstrahlung von Rundfunkprogrammen, sondern vor- und nachgelagerte wirtschaftliche Aktivitäten, vor allem Programmbeschaffung und Werbeeinnahmen (Fröhlinger 1993, S. 59). Der Bereich der Printmedien wurde bisher von der EU-Wettbewerbspolitik kaum berührt (Wagner 1992, S. 4).

Die Fusionskontrolle betrifft im Prinzip alle Medienunternehmen, wegen des hohen Schwellenwertes von fünf Millarden ECU faktisch nur Mediengroßkonzerne. Im Rahmen der Fusionskontrolle besteht ein Vorbehalt, der es Mitgliedsstaaten erlaubt, jeweils strengere nationale Maßnahmen zum Schutz der Medienvielfalt zu treffen (Art. 21, Abs. 3 Fusionskontrollverordnung). Hier kann also ein nationales Verbot einer Fusion ausgesprochen werden, oder es können strengere Auflagen erteilt werden als sie nach EU-Recht notwendig wären (positive Selbstdiskriminierung). Eine von der Kommission untersagte Fusion kann indes nicht mit Verweis auf den Schutz der Meinungsvielfalt national erlaubt werden. Der nationale Vorbehalt gilt, solange die EU keine medienrechtlichen Regelungen zum Schutz von Pluralismus und Meinungsfreiheit erlassen hat. Ob solche Regelungen sinnvoll oder notwendig sind, wird derzeit von der Kommission geprüft (vgl. Grünbuch 1992).

Meinungsvielfalt ist nicht in den Gründungsverträgen der Gemeinschaft verankert, sie wurzelt vielmehr nur in den Verfassungen der Mitgliedsstaaten und in Art. 10 EMRK. Die Organe der Gemeinschaft und insbesondere der EuGH sehen es aber als ihre Pflicht an, im Rahmen der Meinungsfreiheit dieses Grundrecht zu gewährleisten (vgl. Wagner 1992, S. 2 mit entsprechenden Verweisen). Allerdings interpretiert die EU-Kommission Meinungsvielfalt als formales Freiheitsrecht (vgl. Kapitel 3, Abschnitt 1), nicht als Ergebnisnorm.

Schwerpunkt der **praktischen Kontrolltätigkeit** der EU-Kommission war der Fernsehprogrammarkt. Ziel war stets, den Marktzutritt für neue Anbieter dadurch zu erleichtern, daß Lieferbindungen geahndet wurden und Exklusivverträge aufgebrochen wurden. Ein kennzeichnendes Beispiel ist der Fall ARD - MGM/U.A. Hier ging es darum, eine Konzentration von Filmrechten in den Händen öffentlich-rechtlicher Fernsehveranstalter zu verhindern. Dadurch würde der Marktzutritt privater Konkurrenten unangemessen erschwert (vgl. WuW, 1990, S. 436-442).

Schon nach den „alten" Wettbewerbsregeln von Art. 85 und insbesondere von Art. 86 EWGV war es möglich, Unternehmenszusammenschlüsse unter bestimmten Voraussetzungen zu untersagen. War dies aber schon im Bereich der übrigen Wirtschaft seltene Ausnahme, so ist im Medienbereich nur eine einzige Fusion näher überprüft worden (Fininvest/Mondadori), ohne daß eine Untersagung ausgesprochen worden ist (vgl. Wagner 1992, S. 3). Die Fusionskontrollverordnung von 1990 hat die Voraussetzungen für eine Medienkonzentrationskontrolle verbessert, ohne indes Konzentrationsprozesse bisher verhindern zu können:

- Den Grenzwert von 5 Milliarden ECU erreichen nur Fininvest und Bertelsmann, u. U. auch Hachette; d. h. auch größere Fusionen wie Springer und Maxwell oder Springer und Kirch bleiben in der Regel unter der EU-Relevanzschwelle.
- Die Bagatellklausel – wenigstens zwei der beteiligten Unternehmen müssen mehr als 250 Mio. ECU im Gebiet der EU umsetzen – erlaubt den Anschluß entsprechend kleiner/mittlerer Unternehmen an Großkonzerne. So könnte Bertelsmann praktisch alle privaten Rundfunkunternehmen erwerben, ohne der EU-Fusionskontrolle zu unterliegen.
- Gerade im Medienbereich sind die Unternehmen schwerpunktmäßig in ihren jeweiligen nationalen Märkten tätig, daher wird wegen der Zwei-Drittel-Grenze in der Regel die EU-Fusionskontrolle ausgeschlossen.
- Die Abgrenzung der relevanten Märkte führt im Medienbereich generell zu einer Vielzahl jeweils unterschiedlicher relevanter Märkte (Print versus Rundfunk, lokal, regional, national), die sich einer einheitlichen Medienkonzentrationskontrollpolitik entziehen. So sind Fusionen zwischen Print- und Rundfunkunternehmen oder Fusionen zwischen Medienunternehmen, die auf verschiedenen lokalen Märkten agieren (z.B. Holtzbrinck/Südkurier) grundsätzlich nicht zu untersagen. Im Rahmen der EU besteht diese Problematik unverändert fort, die Schaffung des Binnenmarktes hat jedenfalls keinen einheitlichen relevanten Medienmarkt geschaffen.
- Schließlich können industrie- und kulturpolitische Ziele eine Fusionskontrolle verhindern, weil gerade in der Politik der Kommission , die die EU-Kartellbehörde ist, eine Förderung konkurrenzfähiger Unternehmensgrößen angelegt ist.

Es muß indes betont werden, daß bei Nichtgreifen der EU-Fusionskontrolle die jeweiligen nationalen Fusionskontrollvorschriften Anwendung finden. Bis Ende 1992 gab es nur zwei Fälle von Medienkonzentration mit gemeinschaftsweiter Bedeutung, die als **Beispiele für die Kontrollpraxis** dienen können. Der Erwerb der Kabel- und Satellitenfernsehsender der britischen Printmediengruppe W. H. Smith durch Canal plus, die Generale Des Eaux und ESPN (eine Tochtergesellschaft von Capital Cities/ABC) wurde nicht untersagt, weil er nicht zu einer marktbeherrschenden Stellung der beteiligten Unternehmen geführt hat. Und die Gründung eines Frühstücksfernsehsenders in Großbritannien als Gemeinschaftsunternehmung von Walt Disney und britischen Medienunternehmen wurde nicht untersagt, weil es kein eigentlicher Unternehmenszusammenschluß war (vgl. hierzu Fröhlinger 1993, S. 63).

Ein interessanter Testfall für die Anwendung der Fusionskontrolle war die Fusion zwischen der British Satellite Broadcasting (BSB) und der Sky International von Murdoch im Januar 1991. Dies war eine Fusion, der Schwellenwert von 5 Mrd. ECU wurde von Murdoch und BSB überschritten, aber der gemeinschaftsweite Umsatz erstreckte sich zu mehr als zwei Dritteln auf Großbritannien. Daher konnte die EU-Kontrolle nicht greifen. Die britische Wettbewerbsbehörde genehmigte den Zusammenschluß aus Gründen des public interests (vgl. Wagner 1992, S. 9).

Im wesentlichen bleibt die Fusionskontrolle im Medienbereich also Aufgabe der nationalen Kartellbehörden. Allerdings verfügen nur Deutschland, Frankreich, Irland, Italien, Portugal, Spanien und das Vereinigte Königreich über Fusionskontrollvorschriften, während die kleineren Mitgliedsstaaten Belgien, Dänemark, Griechenland, Luxemburg und die Niederlande darauf verzichten (Wagner 1992, S. 10). Zudem weisen die entsprechenden nationalen Vorschriften erhebliche Unterschiede auf: Lediglich in Deutschland existiert eine verschärfte Fusionskontrolle im Medienbereich, aber nur für Printmedien; und nur in Deutschland kann eine relativ strenge wettbewerbliche Ausrichtung der Kontrollpolitik konstatiert werden. In den anderen Ländern werden neben wettbewerblichen im Regelfall auch allgemeine wirtschaftspolitische Belange berücksichtigt. Mithin kann ein Bedarf für eine EU-einheitliche Konzentrationskontrolle festgestellt werden.

Das Mediensystem wird sich tiefgreifend wandeln. Der technische Fortschritt und die Kommerzialisierung werden die Medienproduktion billiger machen, Marktzutrittsschranken werden abgebaut und die medialen Präsentationsformen von Information werden verschmelzen. Die Auswirkungen der Europäisierung der Medienlandschaft werden gering bleiben, die Medienproduktion wird weiterhin regional gebunden sein. Im übrigen sind Prognosen ein Wagnis, vor allem können die Reaktionen der Politik auf den Wandel des Mediensystems bestenfalls erahnt werden.

Literaturhinweise

Der Wandel des Mediensystems wird überwiegend in Festreden und in den aktuellen Mediendiensten wie der *Funkkorrespondenz* oder dem *epd-Pressedienst* beschrieben. Die Bemühungen um eine Integration des Mediensystems beschreibt

Zimmer, Jochen (1993), Europas Fernsehen im Wandel. Probleme einer Europäisierung von Ordnungspolitik und Programmen, Frankfurt u.a. (Lang) 1993.

Einen Überblick über das Mediensystem in Europa gibt

Euromedia Research Group (Hrsg.) (1992), The Media in Western Europe. The Euromedia Handbook, London u.a. (Sage) 1992.

7. Kapitel

Begriffe, Institutionen und Rahmenbedingungen des Pressesektors

In diesem Kapitel wird ein knapper Überblick über Konzepte, Institutionen und Regelungen gegeben, die die Presse, also Zeitung und Zeitschrift gemeinsam, betreffen. Damit soll eine gewisse Sensibilität für Probleme der praktischen Statistik vermittelt werden und zugleich sollen zähe Wiederholungen in den nachfolgenden Kapiteln vermieden werden.

1. Abgrenzung des Pressesektors und pressestatistische Erhebungen

Zur Presse zählen in den westlichen Industrieländern alle kontinuierlich periodisch erscheinenden, an die Allgemeinheit gerichteten Druckwerke (Print-Medien). Der rechtliche Begriff der Presse („Pressefreiheit") ist demgegenüber umfassender, weil er sich auf alle nicht durch „Rundfunk" und „Film" beschriebenen Medien bezieht. So wird auch das handschriftlich gefertigte Flugblatt mit zur „Presse" gezählt, ebenso wie Bücher und Broschüren. Auf den Inhalt der Druckwerke kommt es nicht an. Im engeren ökonomisch-statistischen Sinn zählen zur Presse die Zeitungen und Zeitschriften.

Im Pressesektor werden sowohl die Unternehmen als auch die verlegten Objekte, die Zeitungen und Zeitschriften erfaßt. Insbesondere stehen folgende statistische Erhebungen zur Verfügung:

- die Pressestatistik des statistischen Bundesamtes,
- das Jahrbuch „Zeitungen" des BDZV,
- die Hauptgutachten der Monopolkommission,
- die Zeitungsstatistik von Walter J. Schütz,
- die Daten zur Konzentration der Publikumszeitschriften von Helmut H. Diederichs, später Horst Röper,
- die Analysen zur Konzentration im Medienmarkt von Horst Röper,
- die ZAW Jahrbücher „Werbung in Deutschland",
- die IVW (Informationsgemeinschaft zur Feststellung der Verbreitung von Werbeträgern), die speziell die Auflagen der ihr angeschlossenen Printmedien ermittelt,
- der „Stamm", der alle periodisch erscheinenden Druckschriften (und alle Werbemöglichkeiten in Deutschland beschreibt) und

- die AG.MA (Arbeitsgemeinschaft Media-Analyse e.V.), die speziell die Werbereichweiten der ihr angeschlossenen Medien ausweist.

In diesen Erhebungen werden die untersuchten Einheiten nicht generell einheitlich abgegrenzt. Eine jeweils genaue Klärung ist notwendig.

2. Unternehmenseinheiten

Ein **Verlag** im Sinne der Medienökonomie ist eine Unternehmung, die Produkte des Medienmarktes produziert und vertreibt, insbesondere Zeitungen, Zeitschriften, Bücher, aber auch Musikalien und Bilder. Ein Presseverlag ist also eine Unternehmung, deren Schwerpunkt die Produktion und der Vertrieb von Zeitungen und Zeitschriften bildet. Presseverlage gehören nach Handelsrecht zu den Grundhandelsgewerben. Sie sind als Wirtschaftsunternehmen darauf angewiesen, einen Gewinn zu erzielen.

Das statistische Bundesamt erfaßt als **Verlagsunternehmen** alle Unternehmen, die Zeitungen oder Zeitschriften verlegen. Als Unternehmen gilt dabei die kleinste rechtlich selbständige Einheit, die aus handels- und/oder steuerrechtlichen Gründen Bücher führt und bilanziert (Der Aufbau einer Pressestatistik 1977, S. 292). Das sind also Verlagsunternehmen in der Rechtsform einer Einzelunternehmung, einer OHG, KG, AG, KGaA, GmbH oder Genossenschaft sowie eines wirtschaftlichen Vereins. Ein Idealverein, oder ein Verein, der politische, religiöse, wissenschaftliche, künstlerische oder sportliche Interessen verfolgt, ist in der Regel kein Unternehmen und daher auch kein Verlagsunternehmen im Sinne der Pressestatistik.

Ein **Verlag im Sinne des Presserechts** ist hingegen nicht an die Unternehmenseigenschaft gebunden. Der Verlag ist nach dem Pressegesetz derjenige, der das Erscheinen und Verbreiten des Druckwerks bewirkt. Dies kann dann z.B. auch ein Idealverein sein.

Der **Verleger** ist der wirtschaftliche Leiter des Presseunternehmens, er ist haftender Inhaber und Geschäftsführer mit Direktionsrecht. Im einzelnen richten sich seine Befugnisse nach der gewählten Rechtsform des Presseverlags. Er ist Kaufmann im Sinne des Handelsgesetzbuches, und er kann eine natürliche oder juristische Person sein. Im Pressegewerbe ist der Typ des sog. Eigentümerverlegers noch recht häufig, der Verleger ist dann zugleich Eigentümer und Geschäftsführer des Verlags. Zunehmend wird allerdings die reine Geschäftsführung an bezahlte Angestellte, an Manager delegiert. Der Verleger bleibt dann der Inhaber der Unternehmung.

Wirtschaftlich unterscheidet sich die Tätigkeit des Presseverlegers nicht von der Tätigkeit der Leiter anderer Wirtschaftsunternehmen. Publizistisch bedeutsam ist die üblicherweise durch den Verleger bestimmte Festlegung einer publizistischen Grundlinie der Zeitung. Im Zusammenhang mit der publizistischen Aufgabe der Zeitung steht die **presserechtliche Definition des Verlegers**, der damit auch presserechtlich festgelegte Aufgaben und Rechte hat. Danach ist Verleger jeder, der das Erscheinen und Verbreiten von Druckwerken bewirkt.

Generell ist mit dem Verlagsunternehmen nicht das **Unternehmen als wirtschaftliche Einheit** erfaßt. Eine wirtschaftliche Einheit wird nach Gesellschaftsrecht durch die **einheitliche Leitung** definiert, ihr liegt üblicherweise (nicht notwendigerweise)

- ein Beherrschungsvertrag,
- ein Gewinnabführungsvertrag und
- ein kapitalmäßige Verflechtung

zu Grunde. Man spricht dann von einem **Konzern** (vgl. Kapitel 1).

Daneben ist der **Zusammenschluß** im Sinne des GWB zu unterscheiden, als loseste Form einer wirtschaftlichen Einheit, die rechtlich definiert ist (§ 23, Absatz 2 GWB). Wesentlich sind vor allem

- Anteilserwerb von $\geq$ 25% des Kapitals oder der Stimmrechte oder
- generelle Konzernbildung (§ 18 Akt G) oder
- Personengleichheit von mindestens der Hälfte der Mitglieder geschäftsführender Organe (z.B. Vorstand oder Aufsichtsrat einer AG) oder
- sonstige Verbindungen, die einen beherrschenden Einfluß begründen.

Dies sind annähernd auch die Abgrenzungskriterien für die Definition der **Verlagsgruppe** von Röper (vgl. Röper 1989, S. 326). Daneben werden weitere Unternehmenseinheiten definiert wie die Kategorie „Verlag als Herausgeber" und „Verlag als wirtschaftliche Einheit" von Schütz, der sich speziell auf den Zeitungsmarkt bezieht.

Zur Kategorie **Verlage als Herausgeber** (Schütz) lassen sich alle Ausgaben zusammenfassen, bei denen im Impressum der gleiche Herausgeber und/oder Verlag erscheint. Da einmal den Angaben im Impressum nach den Pressegesetzen der Länder ein verpflichtender Charakter zukommt und zum anderen hier ein nachprüfbares Merkmal gegeben ist, kann sich darauf die Bestimmung der Verlagsstruktur stützen. Allerdings darf man nicht übersehen, daß in einzelnen Fällen das Impressum zur Vortäuschung lokaler Gebundenheit auf Selbständigkeit schließen läßt, in Wirklichkeit aber nur ein Agenturverhältnis besteht.

Die Zahl der tatsächlich als Unternehmen tätigen Zeitungsverlage (gleichgesetzt etwa der Zahl der Verlage, die Anstellungsverträge mit Redakteuren schließen) läßt sich – da unterschiedliche Kooperationsformen anzutreffen sind – nicht exakt bestimmen; sie liegt geringfügig unter der Zahl der Verlage als Herausgeber. Da nur Ausgaben mit gleichem „Mantel" (dem allgemeinen Teil) zunächst innerhalb desselben Verlages als Herausgeber und dann innerhalb derselben Publizistischen Einheit gezählt werden, sind in der Zahl der Verlage als Herausgeber Mehr-Zeitungs-Verlage, also Betriebe, die mehr als eine Zeitung mit unterschiedlichem Mantel herausgeben, als Unternehmen entsprechend mehrfach enthalten.

Für die Kategorie **Verlage als wirtschaftliche Einheiten** (Schütz) werden alle Verlage als Herausgeber zusammengefaßt, die in bestimmten Bereichen der Zeitungswirtschaft kooperieren (z.B. Druck, Vertrieb, Anzeigenverbund), wenn diese

Zusammenarbeit über die Zugehörigkeit zu Anzeigenringen und Anzeigengemeinschaften hinausgeht (Schütz 1989, S. 748 f.).

Damit ist die Kategorie „Verlag als wirtschaftliche Einheit“ im Sinne von Schütz eine speziell für den Bereich der Zeitungswirtschaft konzipierte Kategorie von wirtschaftlicher Einheit, die weniger enge Verbindungen voraussetzt als der Zusammenschluß im Sinne des GWB oder der Konzern im Sinne des Gesellschaftsrechts.

Die Tabellen 1 und 2 geben einen Überblick über die Entwicklung der Unternehmenseinheiten:

Tab. 1: Unternehmen des Pressemarktes in Westdeutschland in der Abgrenzung der Pressestatistik von 1976 bis 1990

	1976	1978	1980	1982	1984	1986	1988	1990
Verlage [1] insgesamt	1703	1879	1964	2043	2108	2223	2452	2564
- Zeitungsverlage [1]	309	308	309	309	307	305	297	293
- reine Zeitungsverlage	98	93	92	83	88	77	80	75
- Zeitschriftenverlage	1074	1228	1312	1385	1445	1545	1770	1850
- reine Zeitschriftenverl.	636	724	798	830	867	913	1039	1143

1) Die Abgrenzung erfolgt nach dem in der Statistik der Wirtschaftszweige üblichen Schwerpunktprinzip. Daneben erfaßt das statistische Bundesamt auch alle anderen Unternehmen, die Zeitungen oder Zeitschriften verlegen. Diese sind hier nicht aufgeführt.

Quelle: Pressestatistik

Tab. 2: Unternehmen des Zeitungsmarktes in der Abgrenzung von Schütz von 1949 bis 1989 (Westdeutschland)

	1949	1954	1964	1967	1976	1981	1985	1989	1993
Verl. als Herausg.	137	624	572	534	402	391	381	357	343

Quelle: Schütz 1989, 1994

In der Größenordnung und in der Tendenz der Entwicklung entsprechen sich die „Zeitungsverlage“ der Pressestatistik und die „Verlage als Herausgeber“ nach Schütz. Wie die Tabellen zeigen, hat die Zahl der Zeitungsverlage in den vergangenen Jahren abgenommen, während die Zahl der Zeitschriftenverlage hingegen kontinuierlich und deutlich zugenommen hat.

3. Produkteinheiten

Zeitungen werden üblicherweise durch folgende Kriterien definiert:

– Aktualität, d.h. Neuwertigkeit, Gegenwartsbezogenheit,

- Publizität, d.h. grundsätzliche Zugänglichkeit,
- Universalität, d.h. die grundsätzliche Offenheit für alle Lebensbereiche,
- Periodizität, d.h. regelmäßiges Erscheinen (Brand/Schulze 1987, S. 7).

Dementsprechend definiert das Statistische Bundesamt wie folgt:

Zeitungen sind alle periodischen Veröffentlichungen, die in ihrem redaktionellen Teil der kontinuierlichen, aktuellen und thematisch nicht auf bestimmte Stoff- oder Lebensgebiete begrenzten Nachrichtenübermittlung dienen, also in der Regel mindestens die Sparten Politik, Wirtschaft, Zeitgeschehen, Kultur, Unterhaltung sowie Sport umfassen und im allgemeinen mindestens zweimal wöchentlich erscheinen. Die Sonntagszeitungen, die die Nachrichtenlücke eines Tages schließen, werden hier einbezogen (Pressestatistik 1988, S. 6).

Abgrenzungsprobleme bereiten solche Medien, die nach allgemeinem Sprachgebrauch zwar Zeitungen genannt werden, aber nicht alle Kriterien erfüllen. So erfüllt das *Handelsblatt* nicht das Kriterium der Universalität und die politischen Wochenzeitungen (z.B. *Die Zeit* oder der *Bayernkurier*) erfüllen das Kriterium einer streng definierten Aktualität ebenso wenig wie die Sonntagszeitungen. Im Zweifel sollte das vorherrschende journalistische Nachrichtenauswahlkriterium, die Aktualität, auch dominierendes Definitionsmerkmal sein. **Aktualität** umfaßt formal ein mindestens zweimal wöchentliches Erscheinen und inhaltlich die auf den Tag bezogene Nachrichtenauswahl. Das *Handelsblatt* oder die *Ärzte Zeitung* sollten mithin als Zeitungen gelten, nicht hingegen die Wochen- oder Sonntagszeitungen.

Als **Zeitschriften** im Sinne der Pressestatistik werden alle periodischen Druckwerke mit kontinuierlicher Stoffdarbietung angesehen, die mit der Absicht eines zeitlich unbegrenzten Erscheinens mindestens viermal jährlich herausgegeben werden, soweit sie keine Zeitungen sind. Hierzu zählen insbesondere Publikumszeitschriften, wissenschaftliche Zeitschriften, andere Fachzeitschriften, Zeitschriften der Vereine, Verbände, Körperschaften u.ä., überregionale, regionale oder lokale Wochenblätter, auch wenn sie die Bezeichnung „Zeitung" führen, sowie Anzeigenblätter, Kunden- und Kennziffernzeitschriften, unabhängig davon, ob sie unentgeltlich abgegeben werden oder nicht (Pressestatistik 1988, S. 6). Dabei handelt es sich um eine sehr heterogene Grundgesamtheit (vgl. Kapitel 10.

Im Bereich der Zeitungen muß schließlich geklärt werden, was als jeweils unterschiedliche Zeitung gelten soll, was die **kleinste pressestatistische Einheit** ist. Dies ist bedeutsam, weil Zeitungen sich häufig in unterschiedlichen Teilen unterscheiden, meist im

- Mantel,
- im Lokalteil und/oder
- im Anzeigenteil.

Das Statistische Bundesamt unterscheidet folgende Kategorien:

Hauptausgabe ist in der Regel die für den Verlagsort bestimmte Ausgabe einer Zeitung, in Zweifelsfällen die Ausgabe mit dem höchsten Anteil an der Gesamtauflage. **Nebenausgaben** sind Bezirks-, Lokal- oder Stadtteilausgaben, die im Inhalt, vor allem im Lokalteil, teilweise auch im Titel (die sogenannten Kopfblätter) von der zugehörigen Hauptausgabe abweichen.Haupt- und jeweils zugehörige Nebenausgaben werden als **Gesamtausgabe** bezeichnet. Die Anzahl ist gleich der Zahl der Hauptausgaben. Angaben zur Auflage gelten stets für die Gesamtausgabe (Pressestatistik 1988, S. 8).

Größere Bedeutung haben in der wissenschaftlichen Diskussion die Kategorien von Schütz. Er unterscheidet folgende Zeitungseinheiten:

Die **(redaktionelle) Ausgabe**: Die Ausgabe ist durch entsprechende inhaltliche Gestaltung (z.B. Regionalseiten, lokaler Text- und Anzeigenteil) auf das jeweilige Verbreitungsgebiet abgestimmt. Dieses Kriterium wird auch von Ausgaben erfüllt, bei denen der örtliche bzw. regionale Teil nicht täglich erscheint, er nur in seiner Reihenfolge geändert wird oder unverändert bleibt und lediglich durch den Wechsel des Haupt- oder Untertitels („Kopfblätter“) die Ortsbezogenheit und damit der Bezug auf ein bestimmtes Verbreitungsgebiet hergestellt wird. Dagegen werden unterschiedliche „Formen“ bestimmter Ausgaben, die sich aus der unter Umständen notwendigen Aktualisierung ergeben, nicht als Ausgaben gezählt (Schütz 1989, S. 748 f.). Dabei weist Schütz darauf hin, daß in der Regel die Ausgabe durch Unterschiede im lokalen Textteil definiert wird, nur in wenigen Fällen sind es unterschiedliche Anzeigenbelegungseinheiten bei gleichem lokalen Textteil (Schütz 1989, S. 752, FN. 5).

Die **Publizistische Einheit:** In der Kategorie Publizistische Einheit werden alle Verlage als Herausgeber mit den jeweiligen Ausgaben zusammengenommen, die in ihrem Mantel, im Regelfall den Seiten 1 und 2 mit den aktuellen politischen Nachrichten, vollständig oder (bei Übernahme von Spaltenmatern) in wesentlichen Teilen übereinstimmen. Daraus ergibt sich: Innerhalb der Publizistischen Einheit haben alle Ausgaben, unabhängig von ihrer verlegerischen Struktur, den weitgehend gleichen Zeitungsmantel. Ausgaben, die dem gleichen Verlag als Herausgeber zugeordnet sind, stimmen darüber hinaus auch noch in ihrem Impressum überein (Schütz 1989, S. 749).

Es ist sicher sinnvoll, der Merkmalsausprägung „aktueller politischer Teil“ im Mantel besonderes Gewicht zu verleihen, weil im Zuge der Vielfaltsdiskussion die Unterschiedlichkeit des politischen Teils als wesentlich erkannt wurde. Mit zunehmendem Interesse des Lesers an lokaler oder regionaler Berichterstattung gewinnt indes auch die Unterschiedlichkeit der Lokalteile an Gewicht (Pätzold/Röper 1984). Es ist – solange nicht nach neuen Kriterien erfaßt wird – müßig, über die relevante Einheit zu räsonieren. Die vorhandenen Daten müssen so, wie sie vorliegen, akzeptiert und allerdings auch entsprechend bewertet werden. Der zentrale Mangel der vorgestellten statistischen Einheiten ist, daß damit Unternehmensverflechtungen nicht untersucht und ausgewiesen werden können. Dazu bedarf es ergänzender Analysen, die insbesondere von Röper, Diederichs und Schütz vorgelegt werden. Tabelle 3 zeigt zur Illustration die Entwicklung der Zeitungseinheiten nach der Pressestatistik, die Entwicklung der Zeitungseinheiten nach Schütz zeigt Tabelle 8 im 9. Kapitel.

Tab. 3: Entwicklung der Zeitungseinheiten in der Abgrenzung der Pressestatistik von 1976 bis 1990 (Westdeutschland / Tageszeitungen)

Zeitungseinheit	**1976**	**1978**	**1980**	**1982**	**1984**	**1986**	**1988**	**1990**
Zeitungen insgesamt	1178	1186	1208	1205	1234	1246	1220	1219
davon Hauptausgaben	365	362	359	355	349	347	347	343
davon Nebenausgaben	813	824	849	850	885	899	873	876
davon eigener Mantel [1]	118	115	118	123	123	126	120	124

1) ganz in der eigenen Redaktion erstellt

Quelle: Pressestatistik

4. Auflagenkontrolle und Reichweitenanalysen

Die Auflage von Printmedien ist wichtige Meßlatte, um die Werbewirksamkeit, insbesondere den Tausend-Leser-Preis eines Printmediums zu bestimmen. Entsprechend wichtig ist eine objektive Kontrolle der Auflage. In der Bundesrepublik ermittelt die IVW (Informationsgemeinschaft zur Feststellung der Verbreitung von Werbeträgern e.V.) die Auflagenzahlen der ihr angeschlossenen Printmedien. Dazu müssen die rund 1 200 Mitglieder einerseits vierteljährlich ihre Auflage melden – diese Daten werden dann in den vierteljährlichen IVW-Auflagenlisten veröffentlicht – und andererseits sind die Mitglieder verpflichtet, ihre Angaben zweimal jährlich von einem der sechs IVW-Prüfer kontrollieren zu lassen. Insgesamt werden 454 Zeitungen, 658 Publikumszeitschriften, 958 Fachzeitschriften, 45 Kundenzeitschriften, 86 Branchen-Fernsprechbücher und 2 Kalender (Stand1993) erfaßt. Seit 1990 sind die Regeln verschärft. Die Verlage müssen die Auflage in den Rubriken

- Einzelverkauf,
- Reguläres Abonnement,
- Auslandsverkauf und
- Sonstiger Verkauf

ausweisen. Sinn dieser Regelung ist, den geringeren werblichen Nutzwert der Exemplare zu erfassen, die in den sonstigen Verkauf gehen (Messen, Hotels, Fluggesellschaften usw.). Der Auslandsverkauf wird u.a. deswegen gesondert erfaßt, weil unverkaufte Auslandsexemplare aus Kostengründen nicht remittiert werden und daher über Zulieferungen an Dritte im Ausland die Auflage geschönt werden könnte.

Insbesondere die Werbewirtschaft benötigt genauere Angaben über die Reichweite der verschiedenen Werbemedien nach unterschiedlichen Zielgruppen. Diese Reichweite wird in **speziellen Reichweitenanalysen** insbesondere differenziert ausgewiesen nach

- soziodemographischen Merkmalen (Alter, Ausbildung, Einkommen, ...),

- Ausstattung der Haushalte mit Gebrauchsgütern,
- Freizeitverhalten,
- Kaufverhalten und
- Mediennutzung (vgl. MA 91 Textausgabe, Erläuterungen S.29 f).

Solche Daten werden für die Presse in standardisierter Form im Rahmen der jährlichen Medienanalysen (MA) von der Arbeitsgemeinschaft Media-Analysen e.V. (AG.MA) erhoben (vgl. Kapitel 2).

5. Pressespezifische Rahmenbedingungen

Art. 5 GG garantiert die **individuellen Freiheitsrechte** Meinungsäußerungsfreiheit und Informationsfreiheit als in einzigartiger Weise fundierte individuelle Produzenten- und Konsumentensouveränität. Allerdings gelten dies Rechte nur formal: Das Grundrecht der Meinungsäußerungsfreiheit „gibt dem Einzelnen weder einen Anspruch auf Bereitstellung eines Auditoriums, noch auf Bereitstellung von Mitteln und Instrumenten zur Informationsverbreitung, insbesondere keinen Anspruch gegen die Massenmedien darauf, in ihnen zu Gehör zu kommen“(Branahl 1992a, S. 18). Die Nutzung der Informationsquellen muß, wenn sie Ressourcen verbraucht, bezahlt werden.

Die **Pressefreiheit** nach Art. 5 GG garantiert die freie journalistische Aussagenproduktion „von der Beschaffung der Information bis zur Verbreitung der Nachrichten und Meinungen“ (BVerfGE 10, S. 118 ff). Diese Pressefreiheit bedeutet

- Freiheit des Marktzutritts, der nicht von einer staatlichen Zulassung abhängig sein darf,
- daß jeder insbesondere als Verleger oder Journalist tätig werden darf. „Er muß dazu weder bestimmte persönliche noch sachliche Voraussetzungen erfüllen Die Tätigkeit ist weder vom Erreichen eines Mindestalters noch vom Nachweis einer bestimmten Qualifikation abhängig“ (Branahl 1992a, S. 19). Eine staatliche Produktionskontrolle findet nicht statt.

Positiv wird die Funktionsfähigkeit der Presse durch einige Sonderrechte gestützt. Das sind der Auskunftsanspruch der Massenmedien, das Zeugnisverweigerungsrecht sowie Beschlagnahmungs- und Durchsuchungsverbote.

Zusätzlich wird die Presse durch die institutionelle Funktionsgarantie des Staates gestützt. Hier sind zu nennen:

- der ermäßigte Mehrwertsteuersatz für Vertriebserlöse (z.Zt. 7 % statt 15 %),
- der subventionierte Postzeitungsdienst,
- die erlaubte Preisbindung zweiter Hand für Verlagserzeugnisse sowie
- die erlaubten Gebietsschutzkartelle im Pressegrosso (vgl. Abschnitt 6).

Damit sind – in einzigartiger Weise – formal unbeschränkte Freiheitsrechte garantiert, eine so gut wie vollkommene Konsumenten-, Produzenten- und Arbeitnehmersouveränität. Schranken existieren in den Vorschriften der allgemeinen Gesetze, der Gesetze zum Schutz der Jugend und dem Recht der persönlichen Ehre.

Problematisch ist die Aufgabenabgrenzung zwischen Verlegern und angestellten Journalisten. Hier besteht ein Konflikt zwischen dem Dispositionsrecht des Verlegers und den Freiheitsrechten der Redakteure. Solange eine Regelung der sog. „inneren Pressefreiheit" nicht vorliegt, gilt das weitgehende Dispositionsrecht des Verlegers:

- die **Grundsatzkompetenz**, die publizistische Haltung des Presseorgans zu bestimmen und
- die **Richtlinienkompetenz**, die publizistische Haltung des Presseorgans bei neu auftretenden Zeitfragen zu bestimmen.

Die sog. **Detailkompetenz**, die Entscheidung über tagesaktuelle Fragen, wird in der Regel vom angestellten Redakteur ausgeübt. Allerdings hat der Verleger ein Informationsrecht und bei wichtigen Einzelfragen auch ein Weisungsrecht. Damit hat der Verleger, also der haftende Eigentümer der Presseunternehmung das gemeinhin übliche Recht des Unternehmers (Eigentümer und Geschäftsführer in Personalunion), das Produktsortiment und die Produktqualität zu bestimmen. Dieses Recht wird sogar besonders dadurch geschützt, daß die Mitbestimmungsrechte der Belegschaft in den sog. **Tendenzbetrieben** (vor allem Zeitungs- und Zeitschriftenverlage) stark eingeschränkt sind. Nach dem Betriebsverfassungsgesetz haben Betriebsräte in Presseunternehmen nur beschränkte Mitbestimmungsrechte bei Einstellung oder Kündigung von Redakteuren. Sie dürfen nur soziale Gründe berücksichtigen, aber keinen Einfluß auf die Tendenz des Pressemediums ausüben (vgl. § 118 Abs. 1 BetrVG).

Damit ist die Pressefreiheit vor allem Freiheit des Unternehmers. Dies entspricht wirtschaftswissenschaftlicher Grundposition. Zu betonen ist, daß die Pressefreiheit wie alle Medienfreiheiten nicht um ihrer selbst willen geschützt ist. Ihr kommt vielmehr eine dienende Funktion zu: „Durch sie soll sichergestellt werden, daß die Massenmedien ihre Rolle als ‚Medium' und ‚Faktor' im Prozeß der öffentlichen Meinungs- und Willensbildung wahrnehmen können." (Branahl 1992a, S. 19). Dies ist der Kern der öffentlichen Aufgabe der Presse.

Aus wirtschaftswissenschaftlicher Sicht ist überrraschend, daß diese öffentliche Aufgabe im Rahmen einer privatwirtschaftlichen Ordnung der Presse erfüllt werden soll. Diese Regelung folgt indes wesentlich aus dem Gebot der Staatsferne. Zudem sind andere Möglichkeiten öffentlich-rechtlicher Strukturen gerade im Meinungsmarkt nicht überzeugend (vgl. Kapitel 3)

Notwendig ist aber, daß „alle gesellschaftlichen Gruppen und geistigen Richtungen auch tatsächlich zu Wort kommen, daß also ein Meinungsmarkt besteht, auf dem die Vielfalt der in der Gesellschaft vertretenen Auffassungen unverkürzt zum Ausdruck gelangt" (Branahl 1992a, der hier die entsprechende Position des Bundesverfassungsgerichts wiedergibt, BVerfGE 57, S. 295 ff., 323). Dieses Vielfaltspostulat bezieht sich auf das Gesamtangebot der Berichterstattung. Daher ist die Meinungsvielfalt durch die wirtschaftliche Konzentration gefährdet.

Insgesamt kennzeichnet die journalistische Aussagenproduktion ein in den übrigen Wirtschaftszweigen nicht gegebenes Maß an wirtschaftlicher Freiheit, insbesondere Verlegerfreiheit. Die Kontrolle durch den **Deutschen Presserat** als beruflichem Selbstkontrollorgan von Verlegern und Journalisten ist relativ wenig wirksam, da eine mit hoheitlicher Gewalt ausgestattete Standesgerichtsbarkeit für die Presse nicht existiert (und aufgrund der Freiheit von Standeszwang auch nicht existieren darf).

Als eine pressespezifisch besondere gesetzliche Bestimmung ist das Pressestatistik-Gesetz zu nennen, das die Presseunternehmen zu relativ detaillierten Angaben gegenüber dem Statistischen Bundesamt verpflichtet. Allerdings werden die wichtigen Beteiligungsverhältnisse nicht angegeben und die alle zwei Jahre ausgewiesene Kostenstrukturstatistik wird auf Grund freiwilliger Teilnahme der Verlage erstellt.

6. Pressevertrieb

Im Pressesektor spielt der Pressevertrieb eine besondere Rolle, weil sichergestellt werden soll, daß die Informationsfreiheit auch materiell fundiert wird, daß also eine Vielzahl von Pressetiteln überall und zu jeder Zeit und zu gleichen Bedingungen erhältlich ist.

In Deutschland hat sich ein etwa dreistufiges Pressevertriebssystem herausgebildet zwischen Verlag, Großhandel (Presse-Grosso) und dem Einzelhandel mit folgenden Hauptvertriebswegen:

- Absatz über Grossisten an Einzelhandel,
- Absatz über das verlagseigene Abonnement an Leser,
- Absatz über Abonnements des Handels an Leser und
- Absatz über ein verlagseigenes Zustellsystem.

Daneben gibt es spezielle Absatzwege von geringerer Bedeutung, z. B. die direkte Lieferung der Verlage an den Bahnhofsbuchhandel. Der wichtigste Absatzweg ist insgesamt der Vertrieb über das Pressegrosso, speziell bei Zeitungen dominiert allerdings das verlagseigene Zustellsystem (vgl. Kapitel 8). Die Grossisten werden von den Verlagen direkt oder von sogenannten nationalen Distributoren beliefert. Diese Vertriebsgesellschaften bieten kleineren Verlagen die Vertriebsabwicklung an und fungieren als eine Art Zwischenlieferant zum Grosso, übernehmen jedoch durch die Beibehaltung des Remissionsrechts kein Verkaufsrisiko. Die nationalen Distributoren sind zum Teil Tochterunternehmen der marktbeherrschenden Großverlage.

In Westdeutschland gab es 1992 80 Grossisten, davon 74 mittelständische verlagsunabhängige Grossisten, fünf Presse-Grossisten, die sich ganz in Verlagsbesitz befanden und eine Grosso-Unternehmung, die sich mehrheitlich in Verlagsbesitz befand (Monopolkommission 1992, S. 316; Presse-Grosso-Geschäftsbericht 1993, S. 189).

In Ostdeutschland wurde ein Mischsystem mit zehn unabhängigen Presse-Grossisten und neun Presse-Grossisten mit Verlagsbeteiligung etabliert. Die Verlagsbeteiligung wurde als Kompromiß in Verhandlungen mit dem Bundeskartellamt folgendermaßen geregelt: An den verlagszugehörigen Grosso-Unternehmen sind die Verlage Bauer, Burda, Gruner+Jahr und Springer mit zusammen 25 Prozent, weitere 13 westdeutsche Verlage mit zusammen 25 Prozent, Verlage der ehemaligen DDR mit insgesamt 25 Prozent und ein Gesellschafter- Geschäftsführer, der Bürger der ehemaligen DDR sein mußte, ebenfalls mit 25 Prozent beteiligt (Bundeskartellamt 1991, S. 106). Dabei beliefern die unabhängigen Presse-Grossisten 41 Prozent der Bevölkerung in vorwiegend ländlichen Gebieten, während die Ballungszentren, in denen etwa 59 Prozent der Bevölkerung leben, von den verlagsgebundenen Grossisten beliefert werden (Monopolkommission 1992, S. 318).

Das Postulat der Informationsfreiheit begründet oder erklärt jedenfalls einige strukturelle Besonderheiten des Pressevertriebs:

- die Preisbindung von Verlagserzeugnissen,
- den Gebietsschutz des Presse-Grossisten,
- den Kontrahierungszwang,
- das Dispositionsrecht von Verlag und Großhandel und
- das Remissionsrecht des Einzelhandels.

Die **Preisbindung von Verlagserzeugnissen**: § 16 GWB begründet – als Ausnahme vom allgemein geltenden Verbot der Preisbindung zweiter Hand – die Zulässigkeit der Preisbindung von Verlagserzeugnissen, in erster Linie Bücher, Zeitungen und Zeitschriften, aber auch z.B. Musikalien, Kalender und Kunstblätter. Die Begründung hatte in erster Linie auf Bücher abgestellt. Es soll vor allem der leistungsfähige Sortimentsbuchhandel gegenüber großen Buchhandlungen und Versandbuchhandlungen geschützt werden, die bei Freigabe der Preisbindung – so wird befürchtet – nur noch Bestseller billig verkaufen und andere, schwerer verkäufliche Bücher aus dem Sortiment nehmen. Es würden mithin sowohl kleine Buchhandlungen als auch Bücher mit kleiner Auflage in ihrer wirtschaftlichen Existenz bedroht. Die Begründung für Zeitungen und Zeitschriften ist entsprechend modifiziert zu übernehmen: Es geht um den Schutz von Zeitungen und Zeitschriften mit kleiner Auflage und um den Schutz kleiner Pressekioske und ergänzend darum, daß alle Bürger sich überall zu gleichen wirtschaftlichen Bedingungen informieren können. Fraglich ist die Vereinbarkeit der deutschen Preisbindung für Verlagserzeugnisse mit dem vorrangigen Artikel 85 EWGV. Vorläufig ist diese Regelung vom EUGH akzeptiert worden, allerdings vermutet Emmerich, daß die Preisbindung für Verlagserzeugnisse im Binnenmarkt auf Dauer nicht aufrechterhalten bleiben kann (Emmerich 1991, S. 143 f.).

Der **Gebietsschutz des Pressegroßhändlers**: 91,5 Prozent aller Einzelhandelsverkaufsstellen werden von nur einem, die restlichen 8,5 Prozent von zwei Großhändlern beliefert (Presse-Grosso 1990). Dieser faktische Gebietsschutz der Pressegroßhändler wird durch vertikale Vertriebsbindungen zwischen Verlag und Großhändler über die jeweils ausschließliche Belieferung in einem bestimmten

Gebiet gesichert. Gleichzeitig wird ein Verbot vereinbart, andere Grossisten oder Einzelhändler außerhalb dieses Gebietes zu beliefern. Eine solche vertikale Vertriebsbindung ist nach § 18 GWB zulässig, solange das Bundeskartellamt die Bindung nicht für unwirksam erklärt, unterliegt aber der Mißbrauchsaufsicht nach § 22 GWB und dem Diskriminierungsverbot nach § 26, Abs. 2 GWB. Kartellrechtliche Probleme mit dem Presse-Grosso ergeben sich meist aufgrund der Verletzung des Diskriminierungsverbots (Monopolkommission 1992, S. 317).

Kontrahierungszwang: Der Gebietsschutz beinhaltet für den Großhändler einen Kontrahierungszwang. Er muß alle Einzelhändler seines Gebietes beliefern, und er muß jeden Titel in sein Vertriebsprogramm aufnehmen, den ein Verlag auf den Markt bringen will. Das heißt aber nicht, daß der Grossist jeden Titel an alle Einzelhändler liefern muß, er kann vielmehr den Vertrieb nach eigenem Ermessen gestalten, also festlegen, welche Titel er an welche Einzelhändler liefert. Das heißt auch, daß der Großhändler die Marktchancen neuer Titel vorab beurteilt. Titel, denen er wenig Marktchancen einräumt, liefert er auch nur an wenige große Einzelhandelsverkaufsstellen. Dabei orientiert der Großhändler sich meist an den Verkäufen etablierter Konkurrenztitel. Dies Dispositionsrecht von Verlag und Großhandel, nämlich das Recht, das Sortiment und die Menge der Sortimentselemente des Einzelhandels zu bestimmen, ist ganz ungewöhnlich, weil üblicherweise der Einzelhandel das Recht und die Möglichkeit hat, sein Verkaufssortiment in Struktur und Menge selbst zu bestimmen. In Verbindung mit dem Remissionsrecht verstößt dies nach einer Entscheidung des BGH vom 1.12.1981 (WuW/E BGH 1879), aber nicht gegen § 9 AGBG und nicht gegen § 26, Abs. 2 GWB.

Remissionsrecht: Das Remissionsrecht ist das Recht, nichtverkaufte Exemplare an den Verlag zurückgeben zu können. Dies verlagert das Absatzrisiko voll auf den Verlag. Ohne dieses Recht würden Groß- und Einzelhändler nur so viele und solche Pressetitel vertreiben, wie sie erwarten können, mit relativer Sicherheit verkaufen zu können. Es käme also der Art wie der Menge nach zu einer Unterversorgung. Wie Tabelle 4 zeigt, sind die Remissionsquoten im Zeitablauf leicht angestiegen und betrugen 1992 im Durchschnitt beachtliche 39,3 Prozent.

Wettbewerbspolitische Beurteilung des Pressevertriebs: Die Preisbindung schließt den Preiswettbewerb auf den Handelsstufen aus, und der Gebietsschutz schließt den Wettbewerb der Verlage um den Absatzweg zum Einzelhandel aus. Verlage können sich nicht den Absatzweg suchen, der ihnen am geeignetsten erscheint, allerdings können sie immer den Vertrieb im Abonnement oder den Vertrieb als unentgeltlich verteiltes Presseobjekt wählen. Durch die Abschaffung dieser beiden Elemente könnte der Wettbewerb im Pressevertrieb erhöht werden. Allerdings ist sehr fraglich, ob der Wettbewerb die Leistungsfähigkeit des Vertriebssystems verbessern würde. Es würde zu einer Konzentration im Einzelhandel kommen und vermutlich zu einer Vorwärtsintegration der Verlage in den Vertrieb. Dies würde den Marktzutritt kleinerer Verlage erschweren und die Vielfalt der Versorgung verringern. Jedenfalls bietet das bestehende Vertriebssystem eine pünktliche, umfassende und flächendeckende Versorgung mit allen Objekten der Verlage (Monopolkommission 1992, S. 319). Daher erscheint das derzeitige System des

Pressevertriebs nach gegenwärtigem Erkenntnisstand als hinnehmbar (Monopolkommission 1992, S. 319). Dieser Einschätzung wird hier gefolgt.

Strukturkennziffern des Pressevertriebs: 1992 erwirtschafteten 97 Pressegroßhändler – 80 in Westdeutschland, 17 in Ostdeutschland – einen Gesamtumsatz von 5 377 Mio. DM, sie haben 17 000 Beschäftigte und beliefern 108 250 Verkaufsstellen (Presse-Grosso-Geschäftsbericht 1993). Die Zahl der Titel ist sprunghaft angestiegen wie Tabelle 4 zeigt. Dies hat dazu geführt, daß sich immer mehr Titel die gleiche Ladenfläche teilen müssen und den Einzelhandel überschwemmen.

Seit 1.8.1993 ist deshalb ein neues, koordiniertes Vertriebsmarketing in Kraft. Das vom Presse-Grosso mit dem Bundesverband Deutscher Zeitungsverleger und dem Verband Deutscher Zeitschriftenverleger vereinbarte Vertriebsmarketing soll zu einer spürbaren Marktentlastung führen. Schlecht verkäufliche Titel werden nicht mehr in das Sortiment aufgenommen, um die Remissionsquoten zu senken. Zudem werden die Angebotszeiten reduziert: Titel, die sechs oder mehr Wochen beim Einzelhändler ausliegen sollen, wird es künftig nicht mehr geben.

Tab.4: Kennzahlen des Pressevertriebs von 1978 bis 1992 (Westdeutschland)

	1978	**1981**	**1984**	**1987**	**1990**	**1992**
Zahl der Titel	1 023	1 565	2 260	2 802	3 401	3 600
Verkaufsstellen	84366	85736	90916	93039	92615	92600
Einwohner pro Verkaufsstelle	727	719	676	658	659	699
Ø Umsatz pro Verkaufsstelle[1]	524	603	784	821	908	994
Ø Remission in Prozent[2]	35,7	35,5	36,3	37,7	40,1	39,3

1) in DM pro Woche 2) Wertangabe

Quelle: Presse-Grosso-Geschäftsberichte

Die Zahl der Verkaufsstellen stagniert für Westdeutschland bei gut 90 000, diese sind in der Regel sehr kleine Verkaufsstellen mit einem durchschnittlichen Umsatz aus dem Verkauf von Presseerzeugnissen von rund 1 000 DM pro Woche, die im Durchschnitt knapp 700 Einwohner versorgen. Dies kann man als flächendeckendes Vertriebsangebot bezeichnen.

Die **Handelsspannen** sind Gegenstand von Verhandlungen, sie werden anhand von verkaufter Auflage, Remissionsquoten und Distributionsaufwand festgelegt, wobei Verhandlungsgeschick und Marktmacht der Verhandlungspartner eine Rolle spielen (vgl. Wolf 1983, S. 88 und Reimer/Weigt 1991, S. 87 ff.). Die Handelsspannen betragen für den Großhandel (Presse-Grosso) zwischen 15 und 25 Prozent. Sie sind etwa wie folgt gestaffelt:

- rund 15 Prozent für hochauflagige Zeitschriften (wie *Spiegel* oder *Stern*) und
- rund 25 Prozent für Zeitschriften mit niedriger Auflage sowie
- rund 17 Prozent für regionale Tageszeitungen und
- rund 20 Prozent für überregionale Tageszeitungen.

Im Einzelhandel liegen die Handelsspannen in etwa der gleichen Größenordnung bei etwas geringerer Staffelung:

- rund 18 Prozent für hochauflagige Zeitschriften,
- rund 19 Prozent bis knapp 25 Prozent für niedrigauflagige Zeitschriften sowie
- rund 17 Prozent bei regionalen Tageszeitungen und
- rund 20 Prozent bei überregionalen Tageszeitungen.

Bei Einführung neuer Titel werden deutlich höhere Handelsspannen eingeräumt. Generell beziehen sich die Angaben zur Handelsspanne auf den Netto-Vertriebserlös, das ist der Verkaufspreis im Einzelhandel abzüglich dem Mehrwertsteuersatz von 7 Prozent. Die Angaben entsprechen denen von Reimer/Weigt (1991, S. 88), Jacob (1988, S. 238) und denen des Presse-Grosso (Geschäftsbericht 1993, S. 126).

Literaturhinweise

Einen guten Überblick über Strukturen der Zeitung und der Zeitungs- bzw. Presselandschaft geben

Brandt, Peter; Volker Schulze (Hrsg.), Medienkundliches Handbuch: Die Zeitung. Zeitungssystematischer Teil, wechselnde Auflage, Aachen (Hahn).

Brummund, Peter; Peter Schwindt (1982), Der Pressemarkt in der Bundesrepublik Deutschland, Köln (Pahl Rugenstein) 1982.

Sehr ausführlich berichten über die historische Entwicklung und den gegenwärtigen Zustand der Presselandschaft in Deutschland

Pürer, Heinz; Johannes Raabe (1994), Medien in Deutschland. Band 1: Presse, München (Ölschläger) 1994.

8. Kapitel

Mikroökonomik der Zeitung – die Zeitungsunternehmung

In diesem Kapitel werden die mikroökonomischen, also die einzelwirtschaftlichen Aspekte der Zeitungsproduktion beschrieben. Dazu zählen vor allem Produkteigenschaften, Bestimmungsgründe der Nachfrage, die Verbundproduktion als determinierendes Merkmal der Zeitungsproduktion, eine Analyse der Kosten- und Gewinnstrukturen, eine Beschreibung von Unternehmensstrukturen und Betriebsgrößen sowie eine Darstellung der zentralen Bereiche Vertrieb und Marketing. Abschließend wird ein kurzer Ausblick auf die Zeitung der Zukunft gegeben. Dabei wird nicht auf konkrete Zeitungsverlage Bezug genommen, sondern eine typisierende Darstellung angestrebt, die sich zum Teil auf den Zeitungsverlag als Unternehmen und zum Teil auf die Zeitung als Produkt bezieht.

1. Produkteigenschaften der Zeitung

Die Zeitung als Informationsträger ist durch folgende Merkmale gekennzeichnet:

- Räumliche Mobilität: Die Zeitung kann ohne große Transportkosten vom Leser an den jeweils gewünschten Konsumort gebracht werden. Damit kann die Zeitung mehrfach genutzt werden und wird typischerweise auch an mehreren Orten – zu Hause, auf dem Weg zur Arbeit, bei der Arbeit – gelesen.
- Sachliche Mobilität (Wahlfreiheit): Der Leser kann entscheiden, welche Teile der Zeitung er nutzt. Diese Auswahl wird dadurch erleichtert, daß die Zeitung klare Gliederungsmerkmale hat – Seiten, Ressorts, Rubriken, Überschriften – die es dem Leser erleichtern, die Informationen nach seinen Präferenzen zu ordnen.
- Zeitliche Mobilität: Der Leser kann entscheiden, wann und in welchem zeitlichen Umfang er die Zeitung nutzt, weil die Informationen zeitlich einfach gespeichert werden können. Allerdings ist der ökonomische Informationsgehalt, nämlich der Aktualitätswert einer Information, nicht lagerfähig („Nichts ist so alt und so wertlos wie die Zeitung von gestern.“).
- Zeitliche Intensität: Lesen erlaubt eine schnellere Informationsaufnahme als Hören oder Sehen, daher bietet die Zeitung pro Rezeptionszeit mehr Informationen als elektronische Medien.

- Regionalisierbarkeit: Die Zeitung kann relativ kostengünstig auf regional definierte Zielgruppen (Kreis, Stadt, Stadtteil) zugeschnitten werden.
- Variierbarkeit: Die Zeitung kann in ihrer Größe (Seitenzahl) von Tag zu Tag verändert werden.

Diese objektiven Merkmale werden zum Teil auch in den Inhalten der Zeitung sichtbar. Die klassische Abonnementzeitung ist primär ein regionales oder lokales Medium. Sie ist das bei weitem bedeutendste Medium für die Lokalberichterstattung. Anzeigenblatt und Lokalfunk treten weit dahinter zurück. Die Zeitung ist ein argumentatives Medium, sie bietet (bisweilen) ausführliche Informationen zu Hintergründen und Zusammenhängen von Ereignissen.

Die Akzeptanz der Medien wird traditionell durch die Dimension „Objektivität" (prozentuale Zustimmung zum Statement „berichtet wahrheitsgetreu"), „relative Glaubwürdigkeit" (Alternativentscheidung zwischen den Medien) und die „Bindung" (es würden sehr vermissen bzw. es würden sich entscheiden für) erfaßt. Hier ist der Befund für die Tageszeitung in den Dimensionen Objektivität und relative Glaubwürdigkeit im Mediavergleich betrüblich. Nur 19 Prozent der Befragten meinen, daß die Tageszeitung wahrheitsgetreu berichtet und nur 22 Prozent würden sich alternativ für die Tageszeitung entscheiden. Der Befund zur Bindung erscheint eher widersprüchlich: 63 Prozent der Befragten würden die Tageszeitung sehr vermissen, aber nur 20 Prozent würden sich für die Tageszeitung entscheiden.

Die Entwicklung der Akzeptanz der Tageszeitung zeigt die folgende Tabelle 1, zum Intermedia-Vergleich sei auf die Tabellen 9 bis 12 im 2. Kapitel verwiesen. Wenn auch die Akzeptanz der Tageszeitung relativ gering ist, so ist doch die Entwicklungstendenz aus der Sicht der Tageszeitung positiv. In allen Dimensionen hat die Zustimmung im Zeitablauf seit 1985 zugenommen.

Tab. 1: Die Entwicklung der Akzeptanz der Tageszeitung von 1970 bis 1990 (Westdeutschland / Entscheidung in Prozent)

	1970	**1974**	**1980**	**1985**	**1990**
Objektivität	23	22	21	18	19
Relative Glaubwürdigkeit	12	14	15	21	22
Würde sehr vermissen	47	53	60	57	63
Alternativentscheidung	15	17	18	20	20

Quelle: Massenkommunikation IV, S. 230, S. 255

Genauere Einblicke in die Akzeptanz der Medien gibt das sogenannte „redaktionelle Image". Hier zeigt sich, daß die Zeitung im Intermedia-Vergleich in fast allen Dimensionen hinter das Fernsehen eingestuft wird. Insbesondere gilt die Zeitung als relativ wenig interessant, wenig aktuell, wenig entspannend und wenig unterhaltsam. Nur in der Dimension „Hilfe bei der Meinungsbildung" und vor allem bei dem Statement „berichtet ausführlich über alle Ereignisse aus meiner näheren Umgebung“ nimmt die Tageszeitung einen Spitzenplatz ein (vgl. Tabelle 12 in Kapitel 2). Hier zeigt sich, daß die Zeitung auch im Urteil der Leser primär ein lokales und argumentatives Medium ist.

Die genannten Merkmale der Zeitung beziehen sich, wenngleich dies in den Befragungen so nicht getrennt wird, in erster Linie auf den Zeitungstext, Zeitungswerbung ist nur partiell und implizit angesprochen. Daneben existieren Untersuchungen speziell zur werblichen Eignung der Massenmedien. Aus solchen Untersuchungen läßt sich zusammenfassend schließen, daß die Zeitung als Werbeträger folgendermaßen gekennzeichnet werden kann:

– Sie vermittelt eher argumentative und rationale Werbung.
– Sie kann relativ gut regional gesteuert werden.
– Sie kann aktuell und flexibel auf Kundenwünsche reagieren.
– Das werbliche Image der Zeitung ist insgesamt weniger positiv als das des Fernsehens, aber wohl etwas positiver als das Image von Hörfunk und Publikumszeitschrift.
– Die Produktionskosten der Werbebotschaft sind gering, hingegen sind die Verbreitungskosten relativ hoch.

Insgesamt gilt die Zeitung damit als wichtiges Basismedium in regionalen und lokalen Räumen (vgl. Kapitel 2, Abschnitt 4.6.).

2. Zeitungsnachfrage

Bei der Nachfrage nach Zeitungen muß deutlich unterschieden werden zwischen der Nachfrage der Leser nach Information, Bildung und Unterhaltung und der Nachfrage der Werbenden nach Verbreitung ihrer Botschaft.

2.1. Nachfrage der Leser

Die Nachfrage der Leser nach Zeitungen läßt sich erfassen im Mengenindikator „verkaufte Auflage“ und im Wertindikator „Umsatz“.[1] Dabei ist darauf zu achten, daß im erfaßten Umsatz nur die Zahlungen der Leser enthalten sind (dieser Teil des Umsatzes aus dem Zeitungsgeschäft wird vom Statistischen Bundesamt „Umsatz aus Vertrieb“ genannt). Wie Tabelle 2 zeigt, ist die Zeitungsnachfrage von 1980 bis 1990 mengenmäßig praktisch konstant geblieben, wertmäßig hat die Nachfrage hingegen um 65 Prozent zugenommen. Das bedeutet, daß die ausgewiesene Zunahme des Umsatzes aus dem Vertrieb fast ausschließlich auf Preissteigerungen zurückzuführen ist.

---

1 Es erscheint nicht zweckmäßig, die Nachfrage in Seitenzahlen oder auch Papiermengen zu erfassen, wie es z.B. Udell 1978 macht, weil Nachfrageobjekt die Zeitung ist und nicht Seiten oder Papier. So erfaßt man z.B. auch Kraftfahrzeuge nach ihrer Zahl und nicht nach ihrem Gewicht.

Die **Determinanten der Zeitungsnachfrage** – wie übrigens die Determinanten der Nachfrage nach vielen anderen Gütern – sind nicht genau bekannt. Üblicherweise wird die Nachfrage nach einem Gut als abhängig angesehen vom Preis dieses Gutes, vom Preis konkurrierender bzw. komplementärer Güter, vom Einkommen und von der Bedarfsstruktur sowie von demographischen Faktoren wie Bevölkerungszahl und Bevölkerungsstruktur. Tabelle 2 stellt diese möglichen Determinanten der Zeitungsnachfrage zusammen.

Tab. 2: Determinanten der Nachfrage nach Tageszeitungen von 1980 bis 1990 (Westdeutschland)

	1980	**1982**	**1984**	**1986**	**1988**	**1990**	**+/- in %**
Auflage in Mio. Stück	20,7	21,5	21,3	21,0	20,3	21,0	+1,3
Umsatz (Vertrieb) in Mio. DM	2639	3167	3343	3708	3977	4355	+65,0
BIP in Mrd. DM	1472	1588	1751	1925	2096	2425	+64,8
Volkseinkommen in Mrd. DM	1 49	1224	1358	1509	1653	1896	+65,0
Umsatz-Anteil am BIP in Promille	1,79	1,99	1,91	1,93	1,90	1,80	+0,6
- am Volkseinkommen in Promille	2,30	2,59	2,46	2,46	2,41	2,30	0,0
Bevölkerung in Mio.	61,6	61,6	61,2	61,1	61,5	63,3	+2,7
Auflage pro 1000 Einwohner	336	348	349	343	331	331	- 1,5
Haushalte in Mio.	24,8	25,3	26,0	26,7	27,4	28,7	+15,8
Auflage pro 1000 Haushalte	834	847	820	785	742	729	-12,6
Monatsabonnement in DM[1]	14,11	16,3	17,7	20,3	22,0	23,9	+69,7
Einzelpreis in DM[2]	0,62	0,70	0,75	0,83	0,91	0,99	+59,7
Preisindex[3]	82,8	92,6	98,0	99,9	101,4	107,0	+29,2

1) für Abonnementzeitungen 2) für Tageszeitungen wochentags
3) für die Lebenshaltung aller privaten Haushalte

Quelle: Statistisches Bundesamt

Das Einkommen wird global erfaßt als Bruttoinlandsprodukt (BIP) bzw. als Volkseinkommen, das im betrachteten Zehnjahreszeitraum um 64,8 bzw. 65 Prozent gestiegen ist. Der Wert der Nachfrage ist gleichlautend um 65 Prozent gestiegen. Diese Parallelität drückt sich in praktisch konstanten Anteilen des Vertriebsumsatzes am BIP bzw. am Volkseinkommen zwischen 1980 und 1990 aus. Bei genauerer Betrachtung wird aber deutlich, daß diese Anteile seit 1982 kontinuierlich abnehmen; sollte sich dieser Trend fortsetzen, so würde man die Zeitung als ein inferiores Gut[2] bezeichnen. Man kann aus dieser Parallelität von Vertriebsumsatz und Volkseinkommen bzw. BIP indes nicht schließen, daß das Volkseinkommen

2 Ein Gut, dessen Ausgabeanteil am Einkommen mit steigendem Einkommen abnimmt, bezeichnet man als inferiores Gut.

bzw. das BIP und, entsprechend disaggregiert, das Einkommen der Leser die entscheidende Determinante der Zeitungsnachfrage ist. Dazu bräuchte man eine entsprechende Theorie, die nicht existiert und hier auch nicht entwickelt werden soll.

Plausibler erscheint es, die mengenmäßige Zeitungsnachfrage als abhängig von der Bevölkerung und/oder der Zahl der Haushalte anzusehen, weil Zeitungslesen so etwas wie ein „habitueller Bestandteil des Lebens“ ist (so der Medienspiegel, Nr. 36/1991, S. 5 in Zusammenfassung der Studie der Regionalpresse „Einkaufs- und Informationsverhalten 1990“), weil mithin viele Menschen regelmäßig eine Zeitung kaufen, unabhängig von Preis- und Einkommenssituationen. Dies wird durch die Angaben in Tabelle 2 gestützt. Die mengenmäßige Zeitungsnachfrage entwickelt sich parallel zur Bevölkerung, die Auflage pro 1 000 Personen ist mit 340 bis 330 Exemplaren relativ konstant geblieben, allerdings mit leicht abnehmender Tendenz. Pro Haushalt hat die Auflage indes deutlich abgenommen: Hatte Anfang der 80er Jahre nur rund jeder siebte Haushalt keine Tageszeitung, so war dies Ende der 80er Jahre schon jeder vierte Haushalt. Insgesamt kann mithin von der Bevölkerungszahl als zentraler Determinante der Zeitungsnachfrage ausgegangen werden (vgl. auch Blankenburg 1994, S. 9).

Zeitungspreise beeinflussen die Zeitungsnachfrage nicht erkennbar. Zeitungspreise sind mit rund 60 bzw. rund 70 Prozent deutlich stärker gestiegen als der Preisindex für die Lebenshaltung, der im gleichen Zeitraum nur um rund 30 Prozent zugenommen hat, ohne daß die mengenmäßige Zeitungsnachfrage signifikant gesunken ist. Dies deutet auf eine sehr geringe direkte Preiselastizität der Zeitungsnachfrage hin. Die relativen Preise der konkurriendenden Medien Zeitschrift, Hörfunk und Fernsehen haben offenbar ebenfalls keinen Einfluß auf die Zeitungsnachfrage. Wie Tabelle 7 in Kapitel 2 zeigt, ist die Zeitung das mit Abstand teuerste Massenmedium, das zudem im Zeitablauf auch relativ zu den anderen Massenmedien teurer geworden ist, ohne daß dieser Preisanstieg offenbar die Nachfrage nach Zeitungen beeinflußt hat.

Insgesamt kann also eine recht stabile gesamtwirtschaftliche Nachfrage nach Zeitungen beobachtet werden, wobei die Bevölkerungszahl bislang als wesentlicher Bestimmungsgrund gelten kann. Welchen Einfluß die Bevölkerungsstruktur, also der Altersaufbau der Bevölkerung hat, ist schwer zu sagen. Beobachtet wird einerseits ein Reichweitenverlust der Tageszeitungen insbesondere bei Jugendlichen, aber mittlerweile auch bei den über 70jährigen (vgl. BDZV Jahrbuch „Zeitungen ‘93“, S. 143 ff.), so daß der Einfluß einer zunehmenden Veralterung der Bevölkerung auf die Zeitungsnachfrage nicht abgeschätzt werden kann.

Die gesamtwirtschaftliche Stabilität der Zeitungsnachfrage findet eine gewisse Entsprechung in der sogenannten **Leser-Blatt-Bindung** des einzelnen Lesers. In der Kommunikationswissenschaft wird die Leser-Blatt-Bindung oder allgemeiner die Nutzer-Medium-Bindung meist als eine länger dauernde enge Beziehung zwischen Medianutzern und Medium bezeichnet, eine gefühlsmäßige Verbindung, beruhend auf psychischen, sozialen, emotionalen und rationalen Faktoren (vgl. Koschnick 1988, S. 324 ff.). Eine solche Bindung wird im Rahmen von Media-Analysen durch Fragen nach der Nähe, nach dem Grad des Vermissens, nach der möglichen Bereitschaft, auf ein Medium zu verzichten usw. zu erfassen gesucht, um vor allem Aussagen über Werbewirkungen machen zu können. Danach besteht eine relativ enge Bindung der Leser an die Zeitung an sich, 63 Prozent der Befragten würden z.B. die Zeitung sehr vermissen, falls es sie nicht gäbe (vgl. Tabelle 1).

Aus wirtschaftswissenschaftlicher Sicht ist ein etwas anders definiertes Konzept aussagekräftiger, die sogenannte Markentreue oder Produkttreue (bisweilen auch Nachfrageträgheit genannt). Die Markentreue spiegelt ein habituelles Verhalten, im Extrem das gewohnheitsmäßige Kaufen der stets gleichen Marke (Kroeber-Riel 1984, S. 335). Im Zeitungsbereich wäre Markentreue also eine **Titeltreue**, ein Festhalten der Leser an der einmal gewählten Zeitung, an „ihrer" Zeitung. Wie verbreitet eine solche Titeltreue ist, ist schwer zu sagen. Da z.B. in rund der Hälfte aller Gebiete in der Bundesrepublik nur eine Zeitung erscheint (vgl. Tabelle 10 in Kapitel 9), wäre dort das Festhalten an einer Zeitung nicht notwendigerweise Titeltreue, sondern möglicherweise auch nur Bindung an die Zeitung an sich. Immerhin wird ein längeres Festhalten der Abonnenten an der einmal gewählten Zeitung beobachtet. „Die Medienkonsumenten sind konservativ. Nicht umsonst besteht ein durchschnittliches Schweizer Zeitungsabonnement länger als eine durchschnittliche Ehe" (Ulrich Saxer in der *Welt* am 26.10.1993).

Die Markentreue auf dem Zeitungsmarkt kann theoretisch gut erklärt werden. Bei mangelnder Qualitäts- und Preistransparenz ist das Risiko, beim Kauf einer anderen Marke schlechter zu fahren, schwer zu kalkulieren. Markentreue erspart dann ein solches Kaufrisiko oder erspart die erheblichen Kosten einer möglichen Informationsgewinnung. Da die Qualitätstransparenz im Mediensektor – und damit auch im Zeitungssektor – ausgesprochen gering ist (vgl. Kapitel 3), ist Titeltreue Ausdruck eines rationalen Käuferverhaltens. Hinzu kommen Vorteile der Gewöhnung an eine bestimmte Zeitung; der Leser weiß im Regelfall, welche Informationen wo plaziert sind und spart mithin Suchkosten, wenn er der Zeitung treu bleibt. Schließlich bestehen bei Abonnementzeitungen Kündigungskosten, die einen Wechsel verhindern können, allerdings auch Vermittlungsprämien, die einen häufigen Wechsel wiederum nahelegen könnten.

Die **Zeitungsnachfrage** richtet sich mit recht unterschiedlicher Intensität auf die einzelnen Inhalte der Zeitungen. Tabelle 3 zeigt, daß vor allem lokale Berichte und nachfolgend die Teile Innenpolitik, Anzeigen und Alltagsberichte im allgemeinen immer gelesen werden, Wirtschaft, Wissenschaft und Technik sowie der Fortsetzungsroman stoßen hingegen auf ein geringes Interesse. Ähnliche Befunde für „am Stichtag genutzte Zeitungsangebote" legt die Studie Massenkommunikation IV (1992, S. 204) vor. Insgesamt wird deutlich, daß weniger als die Hälfte der jeweiligen Zeitungsangebote genutzt wird. Damit wird ein erhebliches Ausmaß an Streuverlusten deutlich.

Im Tagesablauf wird die Zeitung überwiegend vormittags genutzt. Sie erzielt in den Vormittagsstunden von 6 bis 13 Uhr einen Anteil von rund 30 Prozent der gesamten Mediennutzung. Nachmittags geht die Zeitungsnutzung stark zurück und ist ab 20 Uhr bedeutungslos (vgl. IPA-plus Research 1992).

Tab. 3: Interessenstruktur der Leser von Tageszeitungen von 1955 bis 1990[1].

	1955	1972	1976	1978	1981	1984	1987	1990
Lokale Berichte	72	80	80	84	82	83	81	84
Innenpolitik, Inland	46	61	61	59	63	62	59	58
Anzeigen	51	55	54	58	53	52	46	51
Alltagsberichte	44	42	40	46	44	46	43	50
Leserbriefe	37	38	37	48	43	42	40	46
Sport	35	40	41	44	41	41	40	45
Außenpolitik, Ausland	39	47	46	44	52	49	46	44
Leitartikel	26	38	34	41	44	41	39	44
„Frauenseite“	39	33	33	35	36	32	33	35
Gerichtsberichte	41	34	30	39	33	34	31	35
Kulturelles Leben	37	29	27	33	33	30	28	33
Wirtschaftsteil	21	28	26	28	28	27	27	30
Technik + Wissenschaft	24	21	25	26	24	25	22	25
Fortsetzungsroman	30	18	13	18	16	13	12	14

1) Ursprungsdaten aus den IfD-Umfragen (Allensbach). Die Frage lautet: „In den Tageszeitungen steht heute soviel, daß man gar nicht immer alles lesen kann. Könnten Sie mir bitte nach dieser Liste hier sagen, was Sie im allgemeinen immer lesen?“ Zustimmung der Befragten in Prozent (Mehrfachnennungen möglich).

Quelle: BDZV-Jahrbücher „Zeitungen“, lfd. Jahrgänge

2.2. Nachfrage nach Zeitungswerbung

Die Nachfrage der werbenden Unternehmen und Haushalte läßt sich erfassen im Mengenindikator „Zahl der Anzeigenseiten“ und im Wertindikator „Umsatz aus Anzeigen“. Wie Tabelle 4 zeigt, ist die Nachfrage nach Zeitungswerbung mengenmäßig leicht zurückgegangen, wertmäßig hat sie deutlich um gut 40 Prozent zugenommen. Das bedeutet, daß die Nachfragesteigerung allein auf Preissteigerungen zurückzuführen ist. Der Anteil der Zeitungswerbung am BIP, die Zeitungswerbeintensität, hat in der Dekade von 1980 bis 1990 von 3,78 auf 3,28 Promille abgenommen, der Marktanteil der Zeitungswerbung ist von 43 auf 32 Prozent gesunken. Allerdings hat im gleichen Zeitraum der Beilagenumsatz um fast 150 Prozent zugenommen. Dieser Beilagenumsatz wird für Abonnementzeitungen und pro Monatsstück ausgewiesen, ist mit den übrigen Werten der Tabelle 4 also nicht direkt vergleichbar. Die deutliche Zunahme ist aber ein Indiz dafür, daß Beilagenwerbung die Werbung in Zeitungen zum Teil substituiert hat.

Die Entwicklung des Umfangs der Zeitungswerbung läßt sich prinzipiell auf folgende Faktoren zurückführen:

– eine Veränderung der werblichen Qualität,

- eine Veränderung der Buchungssituation,
- eine Veränderung der Kostenrelationen der Werbeträger.

Tab.4: Zeitungswerbung: Umfang, Umsatz, Preise und Relationen

	1980	1982	1984	1986	1988	1990	+/- in %
Anzeigenseiten (in 1000)	1 772	1 622	1 637	1 609	1 634	1 691	- 4,6
Anzeigenumsatz (in Mio. DM)	5 569	5 561	6 273	6 719	7 134	7 949	+42,7
Umsatz pro Anz.seite (in DM)	3 143	3 428	3 832	4 184	4 366	4 701	+49,6
Anzeigengrundpreis[1] (in DM)	2,95	3,13	3,40	3,49	3,71	3,99	+35,3
TKP[2] (in DM)	183,6	192,5	221,6	248,5	261,9	273,6	+49,0
Ø Auflage	17118	17805	17289	16838	16670	17184	+ 0,4
BIP (Mrd. DM)	1 472	1 588	1 751	1 925	2 096	2 425	+64,8
Werbeintensität[3] (in Promille)	3,78	3,50	3,58	3,49	3,40	3,28	- 13,2
Marktanteil[4] (in Prozent)	43	40	38	40	35	33	- 23,3
Beilagenums. pro Monatsstück[5]	2,00	2,39	3,21	3,42	4,14	4,99	+150,0

1) Für die 45 mm breite Millimeterzeile der Wochentagsausgabe (Hauptausgabe) 2) Tausend-Käufer-Preis (Umsatz pro Anzeigenseite dividiert durch die durchschn. Auflage x 1000) 3) Anteil der Werbung in Tageszeitungen am BIP 4) Anteil der Zeitungswerbung am gesamten Werbeumsatz 5) Abonnementzeitungen (in DM)

Quellen: Pressestatistik, ZAW-Jahrbücher „Werbung", BDZV-Jahrbücher „Zeitung"

Zwar hat sich die werbliche Qualität der Zeitung nicht verändert, aber der Werbetrend geht in Richtung einer mehr emotional konzipierten Werbung, die in Zeitungen kaum zu vermitteln ist. Daher hat sich die Position der Zeitung im Media-Mix relativ verschlechtert. Zudem haben sich die Buchungsmöglichkeiten für Fernsehwerbung mit der Öffnung des Marktes für private Veranstalter wesentlich verbessert, und schließlich ist Zeitungswerbung im Zeitablauf im Media-Mix relativ teurer geworden (vgl. auch Tabelle 18 in Kapitel 2)[3].

Die Aufteilung der Werbung auf einzelne Zeitungstitel hängt vor allem von der regionalen Reichweite der Zeitung ab (wer in Dortmund werben will, muß in einer Dortmunder Zeitung werben). Wenn Konkurrenzzeitungen existieren, spielen die Werbepreise – Werbegrundpreise und Tausenderpreise – für die Aufteilung eine Rolle und die Marktposition. So kann die Erstzeitung auch bei gleichen Preisen wie

3 In diesem Zusammenhang muß noch einmal auf die Problematik der Berechnung eines durchschnittlichen Tausenderpreises hingewiesen werden. So sind die Tausenderpreise in Tabelle 4 relativ hoch. Dies liegt an zwei Dingen: Zum einen sind es 1000 *Käufer-* und nicht 1000 *Leser*preise, zum anderen ist die zur Berechnung herangezogene durchschnittliche Auflage recht klein, weil die Gesamtauflage durch die Zahl der Zeitungen insgesamt, also Haupt- und Nebenausgaben, dividiert wird. Mithin kann ein solcher global-statistisch berechneter Tausenderpreisänderungen der Preise gut abbilden, ist aber nicht gut für einen Intermediavergleich geeignet.

für die Zweitzeitung mit höheren Werbeeinnahmen rechnen (vgl. zur Anzeigenpreisbildung Noll 1977). Im übrigen ist der intramediale Wettbewerb selten und gering. So zeigt Noll, daß die Tausenderpreise von Monopolzeitungen sogar niedriger sind als die Tausenderpreise von Wettbewerbszeitungen (Noll 1977, S. 61 ff.), ein Befund, der aus den USA bestätigt wird (Reimer 1992). Relevanter ist die intermediale Konkurrenz der Zeitungswerbung zu anderen lokalen Medien wie Anzeigenblatt und lokaler Hörfunk.

Die **Struktur der Zeitungswerbung** wird regelmäßig für Regionalpresse-Zeitungen mit dem Indikator „Anteil am Anzeigenumfang" ermittelt. Die folgende Tabelle 5 gibt einen Überblick über die Entwicklung.

Tab. 5: Millimeter-Anzeigen-Umfangentwicklung von Regionalpresse-Zeitungen (Westdeutschland) in Prozent

	1982	**1984**	**1986**	**1988**	**1990**	**1992**
Überregionale Anzeigen	5,97	6,79	7,37	8,56	8,16	7,32
Lokale Geschäftsanzeigen	47,58	43,77	41,20	37,50	33,56	32,04
Stellenanzeigen	7,07	7,83	10,92	13,83	19,82	18,12
Familienanzeigen	8,08	7,58	7,48	6,81	6,74	6,65
Immobilienanzeigen	11,71	13,17	10,72	9,68	9,57	11,84
Kfz-Markt	7,93	9,08	9,50	9,22	7,57	9,66
Veranstaltungen	2,90	2,61	2,62	3,08	3,11	3,17
Reise	-	-	2,48	2,75	2,49	2,75
Sonstige	8,76	9,16	7,70	8,56	8,98	8,44
Wachstumsrate reales BSP	-1,1	3,1	2,2	3,7	4,9	0,9

Quellen: BDZV-Jahrbuch „Zeitungen '93", S. 114; Statistisches Bundesamt

Allerdings sind die ausgewiesenen Rubriken nicht per se von Interesse. Aus publizistischer Sicht wäre ein relevantes Differenzierungsmerkmal das Ausmaß des Konsumverbunds, also das Ausmaß, in dem Leser zur Wahrnehmung der Werbebotschaft „verführt" werden müssen bzw. selbst ein aktives Informationsinteresse haben. Bei Stellenanzeigen, Familienanzeigen, Immobilienanzeigen und Kfz-Markt kann ein überwiegend aktives Informationsinteresse der Leser vorausgesetzt werden, dies entspricht einem Anteil von rund 45 Prozent der gesamten Anzeigenmenge. Bei den Rubriken Reise, Veranstaltungen, lokale Geschäfte dürfte partiell ein aktives Informationsinteresse vorhanden sein, dies umfaßt dann rund 37 Prozent der Anzeigenmenge. Nur bei überregionalen Anzeigen (Markenartikelwerbung) ist es wichtig, den Leser zur Lektüre zu verführen. Insgesamt ist Zeitungswerbung also überwiegend gesuchter Lesestoff. Die Notwendigkeit, durch eine entsprechende Gestaltung der Werbung und des Werbeumfeldes Aufmerksamkeit zu produzieren, ist relativ gering.

Aus ökonomischer Sicht ist die Einkommensabhängigkeit und die Preisempfindlichkeit der Nachfrage interessant. Als einkommens- bzw. konjunkturabhängig gelten insbesondere die Stellenanzeigen (BDZV-Jahrbuch „Zeitungen '93", S. 120 ff.). Ihr Umfang ist starken Schwankungen unterworfen, die in der Tat jedenfalls zum Teil mit den Schwankungen der Wachstumsrate des Bruttoinlandsprodukts verknüpft werden können. Die übrigen Rubriken weisen eine relative Stabilität auf, nur für lokale Geschäftsanzeigen ist langfristig eine deutliche Abnahme zu beobachten. Das ist sicher auch eine Folge der Substitution der Zeitungswerbung gerade in dieser Rubrik durch Anzeigenblatt und Beilagen.

Die Preisempfindlichkeit, oder anders formuliert die Preiszahlungsbereitschaft, der Anzeigenkunden ist vor allem für die Zeitungsunternehmen relevant, die durch eine entsprechende Preisdifferenzierung ihren Gewinn steigern können. So ist zu vermuten, daß die Zahlungsbereitschaft der Anzeigenkunden vor allem von folgenden Faktoren abhängt:

- vom Auftraggeber (Haushalt oder Unternehmung),
- vom Ausmaß des notwendigen Konsumverbunds (muß die Anzeige im Textteil plaziert werden?),
- von der Konkurrenzsituation (ist Werbung in Konkurrenzmedien möglich?),
- von der Leseattraktivität der Anzeige.

Diese Annahmen decken sich mit der üblichen Preisstruktur der Zeitungswerbung. Am teuersten ist die gewerbliche Anzeige im Textteil, und generell ist die jeweilige private Anzeige immer billiger als die gewerbliche Anzeige. Von Preisunterschieden, die auf unterschiedliche Produktionskosten (schwarz-weiß oder farbig bzw. Fließsatz oder gestaltete Anzeigen) beruhen, sei hier abgesehen (vgl. Übersicht 2 in Kapitel 2).

3. Verbundproduktion – Produktion für den Leser- und Werbemarkt als charakteristisches Merkmal

3.1. Prinzip der Verbundproduktion

Zeitungsbetriebe produzieren und verkaufen zwei Güter gleichzeitig: Information, Bildung und Unterhaltung für den Lesermarkt sowie eine Verbreitungswahrscheinlichkeit von Werbebotschaften für den Werbemarkt. Diese Güter werden in Verbundproduktion mit variierbarer Kopplung produziert. Die Leser erwerben das gesamte in der Zeitung enthaltene Informationsangebot, auch das Informationsangebot, das im Anzeigenteil enthalten ist; die Werbungtreibenden erwerben die Wahrscheinlichkeit, daß ihre Botschaft von X Lesern gelesen wird. Diese Verbundproduktion von redaktionellem Text und Anzeigen ist ökonomisch begründet in Verbundvorteilen der Produktion, Verbundvorteilen im Konsum und Verbundvorteilen im Vertrieb (vgl. Kapitel 5). Das Verbundverhältnis zeigt sich quantitativ in der Produktionsstruktur und wertmäßig in der Umsatzstruktur.

3.2. *Relation von Textteil zu Anzeigenteil*

Die folgende Tabelle 6 gibt einen Überblick über das quantitative Verbundverhältnis im Zeitablauf und im Querschnitt für verschiedene Zeitungstypen. Dabei wird deutlich, daß signifikante Unterschiede zwischen den Zeitungstypen nicht existieren, daß hingegen der Anzeigenseitenanteil im Zeitverlauf deutlich von 42,5 auf 37,3 Prozent gesunken ist. Diese Änderung des Verbundverhältnisses deutet darauf hin, daß der redaktionelle Teil als Werbeumfeld im Zeitablauf aufwendiger gestaltet werden mußte: Die Investition in das Werbeumfeld mußte erhöht werden. Dies wird auch dadurch deutlich, daß der Anzeigenseitenumfang für alle Zeitungen (bezogen auf die Hauptausgaben) von 1 160 000 (1980) auf 1 151 000 (1990) abgenommen hat, während der Textseitenumfang von 1 668 000 auf 1 934 000 Seiten (1990) zugenommen hat (vgl. Pressestatistik). Etwas grob vereinfacht kann man sagen, daß ein gutes Drittel der Zeitung aus Anzeigen besteht.

Tab. 6: Der Anzeigenseitenanteil (Hauptausgaben) verschiedener Zeitungstypen in Prozent

Zeitungstyp	1980	1982	1984	1986	1988	1990
Tageszeitungen	42,5	40,7	38,6	37,7	37,0	37,3
Abonnementzeitungen	42,5	40,8	38,6	37,6	37,3	37,5
Straßenverkaufzeitungen	42,1	40,5	37,9	40,9	36,9	38,5
Zeitungen insgesamt	42,5	40,7	38,6	37,7	37,0	37,3

Quelle: Pressestatistik

3.3. *Umsatzstruktur*

Bedeutsamer als das Mengenverhältnis erscheint das Wertverhältnis, das Verhältnis von Umsatz aus Anzeigen und Umsatz aus Vertrieb, die sog. Umsatzstruktur, weil damit die Bedeutung der beiden Finanzierungsquellen sichtbar wird. Die folgende Tabelle 7 zeigt den Umsatz aus Anzeigen im Verhältnis zum Gesamtumsatz zunächst einmal für die verschiedenen Zeitungstypen im Zeitablauf. Aus der Darstellung ist zu erkennen, daß der Umsatzanteil aus dem Anzeigenverkauf knapp zwei Drittel beträgt, daß dieser Umsatzanteil im Zeitablauf, wenn man vom Übergang 1980 auf 1982 einmal absieht, bemerkenswert konstant geblieben ist und daß ein deutlicher Unterschied zwischen Abonnementzeitungen und Straßenverkaufzeitungen besteht. Abonnementzeitungen finanzieren sich zu zwei Dritteln, Straßenverkaufzeitungen lediglich knapp zur Hälfte aus Anzeigen. Das dürfte daran liegen, daß Straßenverkaufzeitungen sich einerseits nicht gut für bestimmte Anzeigenrubriken eignen (z.B. Familien- und Stellenanzeigen) und andererseits keine präzise regionale Abdeckung bieten können.

Tab. 7 : Anteil des Umsatzes aus dem Verkauf von Anzeigen am Gesamtumsatz für verschiedene Zeitungstypen von 1980 bis 1990 in Prozent

Zeitungstyp	**1980**	**1982**	**1984**	**1986**	**1988**	**1990**
Tageszeitungen	67,8	63,7	65,2	64,4	64,2	64,6
Abonnementzeitungen	69,4	65,8	67,0	66,2	65,7	66,2
Straßenverkaufztg.	51,4	44,6	48,9	48,6	49,9	48,8
Zeitungen insgesamt	67,1	63,1	64,7	63,9	63,8	64,1

Quelle: Pressestatistik

Tabelle 8 zeigt die Umsatzstruktur für den absolut dominierenden Zeitungstyp, die Abonnementzeitung, gegliedert nach der Auflagenhöhe. Dabei zeigt sich, daß mit steigender Auflagenhöhe der Anteil der Anzeigenerlöse zunimmt. Diese Entwicklung ist vermutlich auf zwei Gründe zurückzuführen. Zum einen sind kleine Zeitungen oft Zweitzeitungen, die weniger Anzeigen bekommen als Erstzeitungen, zum anderen ist bei kleinen Zeitungen die Konkurrenz durch die örtlichen Anzeigenblätter direkter.

Tab. 8: Anzeigenumsatz im Verhältnis zum Gesamtumsatz für Abozeitungen 1990

Auflage von - bis (in 1000)	0 - 2,5	2,5 - 5	5 - 10	10 - 25	25 - 50	50 - 75	75 - 125	125 - 250	250 und mehr	gesamt
Umsatzanteil Anz. in %	55,7	64,7	61,1	62,9	63,6	64,7	64,2	65,8	74,2	66,2

Quelle: Pressestatistik

Tab. 9: Umsatzstruktur von regionalen Abonnementzeitungen in DM je Monatsstück und in Prozent (Westdeutschland)

	1988	**1990**	**1992**
Anzeigen-/ Beilagenumsatz	38,14 (66,6)	40,17 (66,5)	44,19 (66,1)
Vertriebsumsatz	19,14 (33,4)	20,23 (33,5)	22,70 (33,9)
Gesamtumsatz	57,28 (100)	60,41 (100)	66,89 (100)

Quelle: BDZV-Jahrbücher „Zeitungen“

Wegen der Bedeutung der Anzeigen als Finanzierungsquelle von Zeitungen wird die Umsatzstruktur noch einmal für regionale Abonnementzeitungen für die plastische Bezugsgröße „Monatsstück“ (ein Zeitungsexemplar für einen Monat) ausgewiesen und dabei auf die Statistik des BDZV zurückgegriffen. Hier bestätigt sich die Zwei-Drittel-Finanzierung der Zeitung aus Werbung. Dies ist eine Relation, die im internationalen Vergleich als recht hoch gelten kann. Wie Tabelle 10 zeigt, kann für die dort aufgeführten europäischen Vergleichsländer sehr grob gesprochen eher von einer 1:1-Finanzierung gesprochen werden.

Die Konsequenzen der Verbundproduktion sind im wesentlichen eine Subvention des Textteils durch den Anzeigenteil und die Auflage-Anzeigen-Spirale, die im folgenden näher betrachtet werden sollen.

Tab. 10: Umsatzstruktur europäischer Tageszeitungen 1987 in Prozent

Staat	**Anzeigen (%)**	**Vertrieb (%)**
Deutschland	64,5	35,5
Belgien	54,2	45,8
Frankreich	57,0	43,0
Großbritannien	48,8	51,2
Italien	43,9	56,1
Niederlande	53,3	46,6
Österreich	56,0	44,0

Quelle: Erdmann/Fritsch 1990, S. 53

3.4. Subvention der Zeitung durch die Werbung

Werbung macht die Medien billig und Konsumgüter teuer. Um wieviel die Zeitung durch Werbung billiger wird, soll im folgenden für den Zeitungstyp Abonnementzeitung 1990 kalkuliert werden. Dabei wird der Anschaulichkeit halber das durchschnittliche Monatsstück von Tabelle 9 zugrunde gelegt.

Der Umsatz beträgt 60,41 DM, dabei entfallen 66,5 Prozent auf die Werbung und 33,5 Prozent auf den Text. Die Kosten sind schwieriger zu kalkulieren. Nach Tabelle 13 entfallen für den Zeitungs*verlag* im Jahre 1990 im gewichteten arithmetischen Mittel Kosten in Höhe von 94 Prozent des Umsatzes. Dieser Wert soll hier auch für das Objekt Zeitung übernommen werden. Die Kosten des Monatsstücks wären mithin 56,79 DM (60,41 x 0,94).

Die Aufteilung der Kosten auf die Produktion des Textteils und des Anzeigenteils soll hier proportional zur Seitenzahl vorgenommen werden – also 62,5 Prozent für den Textteil und 37,5 für den Anzeigenteil. Das ist eine Schätzung, weil andere Angaben nicht vorliegen, und es ist eine Schätzung, die die Kosten für die Produktion des Anzeigenteils mit Sicherheit zu hoch ansetzt. Die kalkulierte Subvention ist mithin der unterste mögliche Wert.

Kalkulation der Subvention für das Monatsstück 1990
(in DM und in Prozent des Gesamtumsatzes / bzw. der Gesamtkosten)

Gesamt-Umsatz	60,41	100 %
Gesamt-Kosten	56,79	94 %
Gesamt-Gewinn	3,62	6 %
Text-Umsatz	20,23	33,5 %
Text-Kosten	35,49	62,5 % der Kosten
Text-Gewinn	- 15,26	- 25,3 %
Anzeigen-Umsatz	40,17	66,5 %
Anzeigen-Kosten	21,29	37,5 % der Kosten
Anzeigen-Gewinn	18,88	31,3 %

Die Textproduktion allein macht also einen Verlust von 15,26 DM, die Anzeigenproduktion allein erwirtschaftet fiktiv (sie wäre allein ja nicht marktfähig) einen Gewinn von 18,88 DM und deckt damit den Verlust der Textproduktion. Ohne Anzeigen müßte das Monatsabonnement mindestens 35,49 DM kosten; bei entsprechendem Gewinn von sechs Prozent 37,62 DM, statt wie tatsächlich 23,94 DM. Damit subventioniert die Werbung den Textteil mit 13,68 DM oder 57 Prozent.

Anders formuliert, sind 47 Prozent des Anzeigenumsatzes Gewinn und 53 Prozent sind Kosten. Dieses Ergebnis deckt sich mit den Angaben von Noll, der als Kostenanteil am Anzeigenumsatz 54,3 bis 61,9 Prozent errechnet (Noll 1977, S. 57) und mit den Angaben von Reddaway, der von einem Kostenanteil von 50 Prozent ausgeht (Reddaway 1963, S. 206).

Solche Kalkulationen können letztlich nur Eckwerte deutlich machen. Nicht berücksichtigt ist in dieser Beispielsrechnung, daß der größere Teil der Anzeigen aktiv gesuchter Lesestoff ist und mithin zum Teil die Bereitschaft der Nachfrager, den Preis für die Zeitung zu zahlen, begründet. Ohne Werbung wäre die Zeitung nicht nur um mindestens 57 Prozent teurer, sondern die Nachfrage nach Zeitungen würde auch kleiner sein.

3.5. Die kumulative Dynamik der Einnahmen

Die Konsequenz der Verbundproduktion für den Leser- und Werbemarkt zugleich ist eine kumulativ-dynamische Verknüpfung von Nachfragesteigerung und Gewinn, die als relativ einzigartig gilt. Ausgangspunkt sei dabei eine zufällige Erhöhung der Nachfrage der Leser (N_L). Daraufhin wird die Auflage erhöht, dies senkt – bei konstanten Anzeigengrundpreisen – die Tausendkontaktpreise der Werbung. Sinkende Tausenderpreise führen in der Regel zu einer Zunahme der Nachfrage nach Werbung (N_W). Diesen Zusammenhang nennt man den **Mengeneffekt.** Während die ursprüngliche Auflagensteigerung üblicherweise den Gewinn nicht erhöht (vgl. die Kalkulation in Abschnitt 5.3.), so wird der Mehrverkauf von Anzeigen den Gewinn auf jeden Fall steigern, weil maximal etwa 50 Prozent des Anzeigenumsatzes Kosten sind und etwa 50 Prozent Gewinn (vgl. die Kalkulation im vorhergehenden Abschnitt 3.4.).

Üblicherweise wird der so beschriebene Mengeneffekt nur kurzfristig realisiert. Mittelfristig – mit der Herausgabe neuer Werbepreislisten – werden die Anzeigengrundpreise (PW) erhöht, weil die gesunkenen Tausenderpreise hier Spielräume zur Preiserhöhung geschaffen haben. Diese Erhöhung der Anzeigengrundpreise (der **Preiseffekt**) steigert den Gewinn direkt. Daraus resultiert die folgende Wirkungskette:

N_L steigt -> N_W steigt -> Gewinn steigt (Mengeneffekt)
-> P_W steigt -> Gewinn steigt (Preiseffekt)

Darüber hinaus ist speziell für die Werbung in Zeitungen zu berücksichtigen, daß auch der Anzeigenteil einer Zeitung gesuchter Lesestoff ist (vgl. Tabelle 3). Also steigt mit dem Umfang des Anzeigenteils die Nachfragebereitschaft der Leser. Welche Auswirkungen das hat, ist ungewiß. Zunächst ist zu sehen, daß diese Erhöhung nur kurzfristig wirken könnte, solange die Anzeigengrundpreise konstant sind. Darüber hinaus ist zu sehen, daß dies nur im Falle direkter Konkurrenz zu einer Zeitung in der gleichen Region die Nachfrage erhöhen könnte, für Monopolzeitungen ist diese Wirkung unwahrscheinlich. Mithin dürfte dieser Zusammenhang von Anzeigenteil und Lesernachfrage die Verknüpfung von Nachfrage und Gewinn nur unwesentlich verstärken.

Bisweilen wird die **Anzeigen-Auflagen-Spirale** wie folgt beschrieben (etwa Brummund/Schwindt 1982, S. 101):

Mehr Auflage	=	mehr Käufer/Leser
mehr Käufer/Leser	=	mehr Anzeigen
mehr Anzeigen	=	mehr Redaktion (größerer Heftumfang)
mehr Redaktion	=	mehr Auflage (erhöhte Absatzchance)

Daß mit steigender Auflage der Gewinn zunimmt, steht in Einklang mit den vorstehenden Überlegungen. Dies gilt aber nur, wenn die steigende Auflage „vom Himmel fällt". Es gilt nicht, wenn dazu entsprechende Marketingmaßnahmen erforderlich sind. Daß aber der steigende Gewinn in mehr Qualität der Zeitung investiert wird und daß diese Investition die Zeitungsnachfrage erhöht, ist möglich, aber gerade im Zeitungsgeschäft unwahrscheinlich.

Zudem würde eine solche Nachfragesteigerung infolge einer Verbesserung der Produktqualität nicht die (oben postulierte) Besonderheit des Zeitungsgeschäfts darstellen, dieser Zusammenhang würde vielmehr für alle Produkte in gleicher Weise gelten.

4. Kostenstruktur und Fixkostendegression

4.1. Kostenstrukturen der Zeitungsproduktion

Durchschnittliche Kostenstrukturen von Betrieben einer Branche sind zum einen interessant als Vergleichsmaßstab für die Beurteilung der Wettbewerbsfähigkeit jeweils einzelner Betriebe, die daraus erkennen können, ob sie über oder unter dem Durchschnitt der Branche liegen. Durchschnittliche Kostenstrukturen einer Branche sind zum anderen interessant, um abschätzen zu können, welche Substitutionsprozesse im Zuge der technischen Entwicklung und der Veränderung der Faktorpreisrelationen zu erwarten sind. Dazu wäre es notwendig, Kostenstrukturen nach Verbrauchsfaktoren gegliedert auszuweisen, also etwa Lohnkosten, Kapitalkosten, Umweltkosten und Zeitkosten zu separieren. Eine solche Aufteilung liegt indes nicht vor. Der BDZV weist die Kostenstruktur der Zeitungen vielmehr nach betrieblichen Funktionsbereichen gegliedert aus. So zeigt Tabelle 11 die Entwicklung der Kostenstruktur von Abonnementzeitungen nach den Funktionsbereichen Technische Herstellung, Redaktion, Vertrieb und Verwaltung, ergänzt speziell um die Ausweisung der Kosten von Papier und Anzeigen.

Tab. 11: Kostenstruktur von Abonnementzeitungen in Prozent der Gesamtkosten (Westdeutschland)

	1984	1986	1988	1990	1992
Technische Herstellung	40,9[1]	40,1[1]	32,7	31,5	31,8
Papier	-	-	11,0	10,5	7,7
Redaktion	16,5	17,1	18,1	18,6	20,0
Vertrieb	22,0	22,3	17,7	18,6	19,0
Anzeigen	12,2	12,1	12,1	12,4	13,3
Verwaltung	8,4	8,4	8,4	8,4	8,2
Gesamt	100	100	100	100	100

1) einschließlich Papier

Quelle: BDZV-Jahrbücher „Zeitung“

Tabelle 11 zeigt deutlich abnehmende Kostenanteile für die technische Herstellung, insbesondere Papier, und eine leichte Abnahme der Kostenanteile für den Vertrieb; auf der anderen Seite wird insbesondere ein zunehmender Kostenanteil für die Redaktion ausgewiesen. Hier sieht man, daß die Kosten der Redaktion nicht rationalisiert werden können; die zunehmende Bedeutung einer Lokalberichterstattung, die ja nicht auf Agenturmaterial zurückgreifen kann, erfordert vielmehr eine Zunahme der Zahl der beschäftigten Redakteure (vgl. Tabelle 2 in Kapitel 8).

Die relativ hohen Kostenanteile für die technische Herstellung (Druck und Papier) und für den Vertrieb von zusammen gut 50 Prozent der Gesamtkosten sind auf die papiergebundene Form der Informationsübertragung zurückzuführen. Es besteht damit ein permanent hoher Anreiz, andere Formen der Informationsverbreitung einzuführen. Die Zeitung per Fax war ein kleines Experimentierfeld; mit der möglichen Digitalisierung von Informationen und Informationsübertragungen in kompatiblen Netzen wird die elektronische Zeitung näherrücken (vgl. Abschnitt 9).

4.2. Fixkostendegression der Zeitungsproduktion

Wie jede Medienproduktion ist auch die Zeitungsproduktion „Blaupausen-Produktion". Die Zeitung wird täglich als Prototyp neu konzipiert und anschließend vervielfältigt. Die eigentliche journalistische Produktion verbraucht sich dabei nicht, sie stellt auf jeden Fall fixe Kosten der Produktion dar. Welche anderen Kosten ebenfalls als fix, also als unabhängig von der Auflage, zu klassifizieren sind, soll anhand der amtlichen Kostenstruktur-Statistik untersucht werden. Die Ermittlung des sogenannten Fixkostenblocks ist wichtig, um Rückschlüsse auf wettbewerbliche Insuffizienzsyndrome ziehen zu können.

Die amtliche Kostenstrukturstatistik der Presse weist verschiedene Kostenarten für den „Zeitungsverlag", nicht für das Objekt „Zeitung" aus. Dennoch können diese Angaben etwa auch für Zeitungen übernommen werden, weil Zeitungsverlage mindestens schwerpunktmäßig Zeitungen produzieren. Als fix können folgende Kosten gelten: Personal, die Kosten für freie Mitarbeiter, Pressedienste, bezogene redaktionelle Teile, Post- und Fernmeldegebühren sowie Lizenzgebühren, die hier insgesamt als Kosten der Fremdproduktion bezeichnet werden; weiterhin Mieten, Pachten und Steuern sowie Abschreibung, Zinsen und Werbung. Als variable Kosten gelten Materialkosten, Kosten der Zustellung (ohne Zustellerlöhne) sowie Kosten der fremden technischen Herstellung und des Verbrauchs von Brennstoffen und Reparaturen. Tabelle 12 gibt einen Überblick über die entsprechend zugeordneten Kosten zugleich nach der Umsatzgröße gegliedert.

Der Fixkostenanteil beträgt gut 50 Prozent, der Anteil der variablen Kosten am Umsatz beträgt gut ein Drittel; der Rest sind „sonstige" Kosten, die mithin nicht zugerechnet werden können, im Zweifel aber eher fixe Kosten sind, und schließlich der Gewinn. Ein solcher Fixkostenanteil kann im gesamtwirtschaftlichen Durchschnitt als recht hoch gelten, auch der Personalkostenanteil übertrifft mit 39,2 Prozent den gesamtwirtschaftlichen Durchschnitt von 19,3 Prozent (vgl. Monatsbericht der Bundesbank November 1992, S. 17) deutlich. Dies liegt vor allem an der personalkostenintensiven Redaktion.

Die Konsequenz eines solch hohen Fixkostenanteils ist eine wettbewerbspolitisch bedenkliche Tendenz zur Monopolisierung des jeweiligen Zeitungsmarktes, weil der Alleinanbieter die größte Fixkostendegression aufweist (vgl. dazu die ausführliche Darstellung in Kapitel 4).

Tab. 12: Fixe und variable Kosten der Zeitungsproduktion 1990 (Kosten der Zeitungsverlage in Prozent vom Umsatz/Westdeutschland)

	Fixe Kosten					Variable Kosten			
Umsatz von ... bis ... in Mio. DM	Perso-nal	Fremd-prod.	Mieten Pacht Steuer	Abschr. Zinsen Werbg.	fixe K. gesamt	Mate-rial	Ver-trieb	Fremd. Repar.	var. K. gesamt
1 - 2	39,1	10,1	2,9	2,1	54,2	19,1	5,0	19,2	43,3
2 - 5	43,5	5,9	2,8	2,3	54,5	10,6	3,6	20,9	35,1
5 - 10	36,6	6,3	4,7	4,1	51,7	9,4	3,7	19,4	32,5
10 - 25	40,9	6,2	4,0	5,1	56,2	12,9	5,2	11,6	29,7
25 - 50	34,1	5,2	4,7	3,6	47,6	12,2	4,9	16,0	33,1
50 - 100	44,9	3,6	4,1	4,6	57,2	15,8	2,8	11,6	30,2
>100	35,4	3,8	3,4	6,2	48,8	18,3	6,5	11,4	36,2
insgesamt [1]	39,2	5,9	3,8	4,0	52,9	14,0	4,5	15,7	34,2

1) ungewichtetes arithmetisches Mittel

Quelle: Pressestatistik

5. Struktur und Entwicklung der Gewinne der Zeitungsproduktion

Der Gewinn ergibt sich als Differenz von Umsatz und Kosten; er ist also Residualgröße, die man erhält, wenn man vom Umsatz (= Absatz x Preis) die Kosten abzieht. Im folgenden wird ein Überblick über die Gewinnsituation der Zeitungsverlage gegeben, Besonderheiten werden herausgestellt, es wird gezeigt, daß nicht jede Auflagensteigerung automatisch den Gewinn erhöht und die Zeitungspreise werden dabei als zentrale Determinanten der Gewinne des Zeitungsverlages beschrieben.

5.1. Die Gewinne der Zeitungsverlage

Neben einer Ausweisung der absoluten Höhe der Gewinne werden diese in der Regel zur besseren Vergleichbarkeit auf den Umsatz oder das eingesetzte Kapital bezogen. Die folgende Tabelle 13 weist die sogenannte Umsatzrendite als Gewinn vor Abzug der Gewinnsteuern im Verhältnis zum Umsatz aus. Dabei handelt es sich um den Betriebsgewinn, das ist der Gewinn aus dem eigentlichen Betriebszweck ohne betriebsfremde und außerordentliche Bestandteile. Bezugsgröße ist der Zeitungsverlag, also die Unternehmung, die im Schwerpunkt Zeitungen produziert, nicht die Zeitung selbst. Die Angaben der Unternehmen sind für diesen Teil der amtlichen Statistik freiwillig; die Beteiligung erfaßt etwa 40 Prozent aller Verlage, sie ist nicht repräsentativ. Genauere Zahlen stehen nicht zur Verfügung. Zum Vergleich wird die Umsatzrendite der Industrie insgesamt ausgewiesen.

Tab. 13: Umsatzrendite von Zeitungsverlagen von 1980 bis 1990 (Westdeutschland)

Umsatz von .. bis .. in Mio. DM	1980	1982	1984	1986	1988	1990
0,5 - 1	5,6	0,7	- 10,9	-	-	-
1 - 2	9,8	10,9	13,5	1,2	- 1,2	- 4,2
2 - 5	15,5	8,9	10,8	7,4	5,1	2,9
5 - 10	10,3	11,4	9,9	7,6	14,1	8,9
10 - 25	11,4	6,9	11,2	8,1	10,4	7,0
25 - 50	10,4	12,7	15,9	13,1	15,9	10,7
50 - 100	7,3	7,0	9,7	8,6	10,5	7,4
> 100	7,4	3,1	8,4	9,1	8,7	5,1
insgesamt[1]	8,4	5,9	9,7	9,2	9,8	6,0
Industrie, insgesamt[2]	4,8	4,1	4,4	4,7	3,5	3,5

1) gewichtetes arithmetisches Mittel 2) Jahresüberschuß vor Gewinnsteuern

Quellen: Pressestatistik; Institut der deutschen Wirtschaft; Monatsberichte der Bundesbank (Nov.)

5.2. Gewinnanalyse

Auffällig erscheint die erheblich über dem Durchschnitt aller Industrieunternehmen liegende Umsatzrendite der Zeitungsverlage von sechs bis fast zehn Prozent im Vergleich zu 3,5 bis fast 5 Prozent für die Industrie. Allerdings ist der Abstand 1990 deutlich geschrumpft. Die ungewöhnlich hohe Rendite der Zeitungsverlage ist ein Indiz für erhebliche Marktzutrittsschranken und für im Durchschnitt geringen Wettbewerb im Zeitungsmarkt. Im Zeitablauf ist kein systematischer Entwicklungstrend zu erkennen. Ob sich der für 1990 festgestellte Rückgang der Umsatzrendite fortsetzen wird, bleibt abzuwarten.

In der Analyse der Umsatzrendite nach Umsatzgrößenklassen zeigt sich demnach folgender Befund:

Kleine Zeitungen mit einem Umsatz bis zu fünf Millionen DM – das entspricht einer Auflage bis etwa knapp 10 000 Stück – erzielen jedenfalls ab 1986 eine vergleichsweise geringe Umsatzrendite. Ob dies an ihrer geringen Betriebsgröße oder an ihrer Marktstellung als Zweitzeitung liegt, kann aus der Statistik nicht geschlossen werden. Es wird allerdings vermutet, daß es vor allem an der Marktstellung liegt, eine kleine Monopolzeitung hätte jedenfalls keinen erkennbaren Grund für geringere Gewinne. Eine Zweitzeitung hingegen, die etwa die gleichen fixen Kosten wie die erste Zeitung haben müßte, dürfte wegen ihrer geringen Fixkostendegression höhere Kosten und entsprechend niedrigere Gewinne aufweisen. Es sei denn, sie bietet ein stark differenziertes Produkt an, das dann auch höhere Preise erlaubt. Erschwerend kommt für Zweitzeitungen hinzu, daß sie auch auf der Einnahmeseite Nachteile hinnehmen müssen, weil Anzeigenkunden im Zweifel bei der größeren Zeitung inserieren. Zweitzeitungen können theoretisch nur bei Aufgabe ihrer wirtschaftlichen Selbständigkeit – also bei Anschluß an eine Redaktions- und/oder Anzeigengemeinschaft – überleben.

Zeitungen von mittlerer Größe mit einem Umsatz von etwa fünf bis 50 Millionen DM – das entspricht einer Auflage von etwa 10 000 bis 60 000 Stück – erzielen, über die Jahre betrachtet, die höchste Umsatzrendite. Bei der Interpretation solcher Befunde ist Vorsicht angebracht, aber mittelgroße Zeitungen haben vermutlich eine effiziente Betriebsgröße und stehen in einer für sie günstigen Wettbewerbssituation, also in Konstellationen mit wenig Wettbewerb.

Größere Zeitungen mit einem Umsatz ab 50 Millionen DM – das entspricht einer Auflage etwa ab 60 000 Stück – erzielen eine wiederum deutlich geringere Umsatzrendite als die mittleren Zeitungen. Mögliche Gründe dafür sind:

- Große Zeitungen, die einen höheren Seitenumfang aufweisen als kleine Zeitungen, müssen offenbar die größere Käufergruppe durch ein größeres Produktsortiment gewinnen und halten; dies verursacht entsprechende Streuverluste.
- Große Zeitungen stehen auf dem Werbemarkt in vermutlich größerer Konkurrenz zu anderen Werbeträgern (Zeitschrift, Hörfunk, Fernsehen) als kleine Zeitungen und erzielen entsprechend geringere Tausenderpreise.
- Die Nachfrage nach den absolut wesentlich teureren Anzeigen der großen Zeitungen ist preiselastischer als die Nachfrage nach den im Grundpreis billigeren Anzeigen der kleinen Zeitungen[4].

Dieser etwas überraschende Befund, daß vor allem mittlere Zeitungen die höchsten Gewinnraten aufweisen, deckt sich mit Strukturanalysen des amerikanischen Zeitungsmarktes. Eine „Survivor-Analyse“ hat ergeben, daß im Zeitraum vom 1964 bis 1981

- Zeitungen mit einer Auflage bis 5 000 Stück aussterben,
- Zeitungen mit einer Auflage zwischen 10 000 und 100 000 Stück deutlich Marktanteile gewonnen haben, und
- Zeitungen mit einer Auflage zwischen 100 000 und 500 000 Stück kaum Marktanteile gewonnen haben (Norton/Norton 1986, S. 80).

4 Ergänzend spielt vielleicht eine gewisse Rolle, daß bei den großen Zeitungen normalerweise Geschäftsführergehälter gezahlt werden, die den ausgewiesenen Gewinn mindern, während bei kleinen Zeitungen tätige Inhaber ihr „Gehalt“ dem ausgewiesenen Gewinn entnehmen.

5.3. *Auflagensteigerung und Gewinnentwicklung in kurzer Frist*

Eine zunehmende Auflage erhöht nicht automatisch den Gewinn der Zeitungsproduktion. Zum einen muß bedacht werden, daß sich eine steigende Auflage normalerweise nicht von selbst ergibt, sondern daß dies erhebliche Investitionen in die Produktentwicklung und das Zeitungsmarketing voraussetzt. Zum anderen steigert auch eine kurzfristige Zunahme der Auflage, die sozusagen „vom Himmel fällt", nicht automatisch den Gewinn. Dies zeigt folgende Kalkulation für den Grenzgewinn. Der Grenzgewinn (ΔG) ist die Gewinnänderung, die sich ergibt, wenn die Zeitungsnachfrage um ein Stück zunimmt. Dabei ergibt sich der Grenzgewinn als Differenz zwischen dem zusätzlichen Umsatz (ΔU) und den zusätzlichen Kosten der Produktion einer Zeitung (ΔK).

$$\Delta G = \Delta U - \Delta K.$$

Diese Kalkulation soll für das durchschnittliche Monatsstück einer Abonnementzeitung 1990 durchgeführt werden.

Der Grenzumsatz ΔU ist der monatliche Vertriebsumsatz von 20,23 DM (vgl. Tabelle 9). Die Grenzkosten (ΔK) sind die variablen Kosten der Produktion, nach Tabelle 12 im Durchschnitt 34,2 Prozent des *gesamten* Umsatzes, also einschließlich des Werbeumsatzes, das sind 34,2 Prozent von 60,41 DM, also 20,66 DM.

$$\Delta G = \Delta U - \Delta K$$
$$\Delta G = 20{,}23 - 20{,}66 \text{ DM}$$
$$\Delta G = -0{,}43 \text{ DM}$$

Der Grenzgewinn ist also negativ, eine kurzfristige Zunahme der Verkaufsauflage lohnt sich für den durchschnittlichen Zeitungsverlag nicht. Erst wenn mit steigender Auflage die Werbegrundpreise erhöht werden können, steigt der Gewinn. Weil Werbepreislisten nicht dauernd neu gedruckt werden, erfolgt die Preisanpassung entsprechend zeitverzögert.

5.4. *Auflagenmaximierung und Gewinnmaximierung*

In der Zeitungsproduktion wird traditionell eine hohe Auflage mit hohen Gewinnen gleichgesetzt (Blankenburg 1994, S. 10). Dies wird nahegelegt durch den Verbund von Leser- und Werbemarkt sowie durch die ausgeprägte Fixkostendegression. Die vorstehenden Ausführungen sollten hier einige Zweifel wecken: Weder erzielen die auflagenstärksten Zeitungsverlage die höchsten Renditen noch steigert eine Zunahme der Auflage, sogar wenn sie „vom Himmel fällt", automatisch den kurzfristigen Gewinn.

In der Wirtschaftswissenschaft wird generell davon ausgegangen, daß Unternehmen nach maximalem Gewinn streben (Gewinnmaximierungshypothese). Unter den in aller Regel gegebenen normalen Verläufen der Kosten- und der Preis-Absatz-Funktion wird das Gewinnmaximum nicht im Absatz-Maximum erzielt – hier müßte der Verkaufspreis ja Null sein – und auch nicht im Umsatz-Maximum, sondern bei einer kleineren Produktionsmenge. Dies liegt daran, daß – gedanklich vom Umsatz-Maximum ausgehend – eine Preiserhöhung zwar den Absatz senkt, aber zunächst den Umsatz erhöht, wenn der Prozentsatz der Preiserhöhung den Prozentsatz des Absatzrückgangs übersteigt. Dies ist in der Regel der Fall. Wenn z.B. der Preis um 10 Prozent steigt und der Absatz um 5 Prozent sinkt, dann steigt der Umsatz – das Produkt aus Preis und Absatz – in diesem Fall um 4,5 Prozent. Zugleich sinken die Produktionskosten, weil der Absatz ja zurückgeht. Als Resultat einer vom Umsatz-Maximum ausgehenden Preiserhöhung steigt der Gewinn so gut wie immer, allerdings nur innerhalb begrenzter Spielräume der Preiserhöhung.

Auf eine genaue Beweisführung wird hier verzichtet (vgl. hierzu die Standardwerke der Mikroökonomie, etwa Schumann 1987). Wichtig ist, daß die Absatzmenge, die den Gewinn einer Unternehmung maximiert, kleiner ist als die Absatzmenge, die den Umsatz maximiert. Dies liegt, um es einmal aus der Perspektive einer geplanten Absatzausweitung zu betrachten, daran, daß eine Absatzsteigerung ja etwas „kostet" – und zwar mindestens die zusätzlichen Produktions- und Verteilkosten, in der Regel auch eine Preissenkung, die dann alle Verkäufe betrifft sowie zusätzlichen Aufwand für das Marketing.

In der Zeitungswirtschaft gelten diese Zusammenhänge auch. Eine Absatzsteigerung, hier also eine Steigerung der verkauften Auflage, verursacht zusätzliche „Kosten":

- zusätzliche Produktionskosten und, wenn die zusätzliche Auflage nicht „vom Himmel fällt",
- Preissenkungen und/oder
- Marketingaufwendungen.

Anders als in der Industrie reagiert aber der Umsatz in der Zeitungswirtschaft, weil er zweifach betroffen ist. Um bei dem einfachen Beispiel zu bleiben: Wenn jetzt der Preis um 10 Prozent steigt und der Absatz auf dem Lesermarkt um 5 Prozent zurückgeht, dann geht aber, über kurz oder lang, auch der Absatz auf dem Werbemarkt zurück, z.B. ebenfalls um 5 Prozent. In diesem Fall lohnt die Preiserhöhung mithin nicht generell.

Ohne genaue Kenntnis der Kosten- und der Preis-Absatz-Funktion einer bestimmten Zeitung kann nicht ermittelt werden, bei welcher Auflagenhöhe der Gewinn des Zeitungsverlags maximiert wird, sicher ist nur, daß dies keinesfalls beim Auflagen-Maximum der Fall ist, daß aber die Annäherung an das Umsatz-Maximum größer ist als in anderen Wirtschaftssektoren.

Diese theoretischen Überlegungen werden durch die empirischen Untersuchungen von Blankenburg gestützt, der herausgefunden hat, daß aggressive Preiserhöhungen zwar die verkaufte Auflage senken, aber gleichzeitig den Gewinn steigern, während Investitionen in die Qualität der Zeitung zwar die Auflage steigern, aber den Gewinn vermindern können (Blankenburg 1994).

Als Fazit kann festgehalten werden, daß die Vorstellung von einer unbegrenzten Spiralwirkung von Auflagensteigerung und Gewinnmaximierung zu einfach ist.

Auch für die Zeitungswirtschaft gilt das „Gesetz", daß der zusätzliche Umsatz einer Auflagensteigerung ab einer bestimmten Marktsättigung die zusätzlichen Kosten der Produktion nicht mehr deckt.

5.5. Zeitungspreise

Wesentlicher Bestimmungsgrund der Gewinne sind die Preise. Daher soll im folgenden ein kurzer Überblick über die Struktur und Entwicklung der Zeitungspreise gegeben werden, nach Preisen für den Lesermarkt und für den Werbemarkt sowie nach den beiden Hauptzeitungstypen Abonnementzeitung und Straßenverkaufzeitung unterschieden.

Tabelle 14 zeigt, daß die Monats-Abonnementpreise mit einem Anstieg von 69,7 Prozent etwas stärker gestiegen sind als die Einzelpreise von Straßenverkaufzeitungen und daß beide Preise deutlich stärker gestiegen sind als der Preisindex für die Lebenshaltung aller privaten Haushalte insgesamt. Zudem ist zu sehen, daß Straßenverkaufspreise relativ lange konstant bleiben und nur in größeren Zeitabschnitten im Groschenumfang erhöht werden.

Tab. 14: Entwicklung der Zeitungspreise 1980 bis 1990 (Westdeutschland)

	1980	**1982**	**1984**	**1986**	**1988**	**1990**	**+/- in %**
Monatlicher Abo-Preis für Abo-Zeitungen (in DM)	14,11	16,33	17,67	20,34	22,03	23,94	+69,7
Einzelpreis (wochentags) für Straßenverkaufszeitungen	0,40	0,43	0,43	0,53	0,53	0,63	+57,5
Preisindex der Lebenshaltung	82,8	92,6	98,0	99,9	101,4	107,0	+29,2

Quelle: Pressestatistik

Tabelle 15, die der aktuellen Zeitungsstatistik des Bundesverbandes Deutscher Zeitungsverleger (BDZV) entnommen ist, gibt einen Überblick über die Preisstruktur 1993 nach verschiedenen Merkmalen wie Verbreitungsgebiet, Bezugart und Zeitungstyp. Dabei differieren die Preise – ob Postbezugs-, Abonnement- oder Einzelverkaufspreise – relativ geringfügig mit der Auflagenhöhe, aber relativ stark innerhalb der Auflagenklassen. So ist das teuerste Abonnement in der Auflagenklasse bis 5 000 Stück mit 30,90 DM fast dreimal so teuer wie das billigste Abonnement mit 11,65 DM. Dies liegt an den ganz unterschiedlichen Konkurrenzverhältnissen. Bei den überregionalen Tageszeitungen sind die Preise etwa gleich, nur eine Zeitung (*Handelsblatt*) ist merklich teurer als die anderen Titel, die der Berechnung des BDZV zugrunde gelegt sind.

Tab. 15: Zeitungsbezugspreise 1993 (Westdeutschland)

Auflage	**Abonnementpreis**			**Einzelverkaufspreis**		
lokale und regionale Zeitungen	Trägerpreis (in DM)			(in DM)		
	monatlich			Montag - Donnerstag		
	D	H	T	D	H	T
(14) bis 5 000	22,11	30,90	11,65	0,96	1,20	0,60
(50) bis 10 000	26,27	31,30	19,40	1,23	1,60	1,00
(73) bis 25 000	26,98	31,90	19,40	1,26	1,60	0,80
(38) bis 50 000	27,49	32,30	19,40	1,27	1,60	0,80
(15) bis 75 000	27,62	33,10	20,50	1,27	1,50	1,00
(18) bis 125 000	28,44	32,20	19,40	1,33	1,50	0,90
(33) über 125 000	27,20	32,00	19,40	1,26	1,60	0,80
Ø alle Auflagengruppen	26,81	-	-	1,24	-	-
Überregionale Zeitungen	**Abo-Monatsbezuspreis (Träger)**					
(5) nach jeweiliger Zeitung	31,20	35,00	35,30	39,80	59,00	
Kaufzeitungen	**Einzelverkaufspreis Mo-Fr**					
(6) nach jeweiliger Zeitung	0,60	0,60	0,70	0,70	1,00	1,00

D: Durchschnittswert H: Höchstwert T: Tiefstwert In Klammern: Zahl der Zeitungen

Quelle: BDZV-Jahrbuch „Zeitungen '93"

Tab. 16: Entwicklung der Anzeigengrundpreise[1] und der Tausendkäuferpreise[2] von 1980 bis 1990 in DM (Westdeutschland)

	1980	**1982**	**1984**	**1986**	**1988**	**1990**	**+/-(%)**
Abonnementzeitungen	2,86	3,00	3,26	3,35	3,57	3,81	+33,2
Straßenverkaufzeitungen	7, 35	8,95	9,44	9,91	10,01	12,13	+65,0
TKP	183,6	192,53	221,64	248,49	261,91	273,56	+49,0

1) für die 45 mm breite Millimeterzeile der Hauptausgabe wochentags
2) Umsatz pro Anzeigenseite dividiert durch die Ø Auflage x 1000 (Tageszeitung)

Quelle: Pressestatistik

Die zeitliche Entwicklung der Anzeigengrundpreise und der Tausendkäuferpreise wird in Tabelle 16 wiedergegeben. Der Anzeigengrundpreis ist danach im 10-Jahres-Zeitraum bei Abonnementzeitungen von 2,86 DM auf 3,81 DM um 33,2 Prozent und bei Straßenverkaufszeitungen von 7,35 DM auf 12,13 DM um 65 Prozent erhöht worden. Der Tausendkäuferpreis (vgl. Anmerkung 3) ist im gleichen Zeitraum um 49 Prozent gestiegen.

Mithin sind die Preise auf dem Anzeigenmarkt zwar auch stärker gestiegen als der allgemeine Preisindex, aber doch deutlich geringer als die Preise auf dem Lesermarkt. Diese Entwicklung mag Ausdruck der unterschiedlichen Wettbewerbsintensität der beiden Märkte sein, kann aber ebenso gut auch Ergebnis der unterschiedlichen Kostenentwicklung sein.

Tabelle 17 gibt abschließend einen Überblick über die Abhängigkeit des Anzeigengrundpreises und des Tausendkäuferpreises von der Auflagenhöhe. Der Anzeigengrundpreis steigt, wenngleich verzögert, mit der Auflagenhöhe: Die durchschnittliche Auflage steigt um den Faktor 185, der Anzeigengrundpreis steigt um den Faktor 20. Der Tausendkäuferpreis sinkt mithin mit steigender Auflage in beiden Berechnungsvarianten in etwa gleichem Umfang um 80,8 bzw. 88,7 Prozent.

Tab. 17: Anzeigengrundpreis und Tausendkäuferpreis nach Auflagenhöhe für Abonnementzeitungen 1990 (Westdeutschland)

Auflage von ... bis ...	Ø Auflage	Grundpreis	TKP[1]	TKP[2]
unter 2 500	1 769	1,10	229,-	0,62
2 500 - 5 000	3 680	0,87	155,26	0,24
5 000 - 10 000	7 096	1,12	144,40	0,16
10 000 - 25 000	16 159	1,86	131,26	0,12
25 000 - 50 000	35 667	2,75	98,26	0,08
50 000 - 75 000	60 625	5,56	69,61	0,09
75 000 - 125 000	95 769	7,33	57,84	0,08
125 000 - 250 000	182 938	12,85	30,12	0,07
250 000 und mehr	327 714	22,63	43,98	0,07
Durchschnitt	49 799	3,81	91,05	0,08

1) bezogen auf den Umsatz pro Anzeigenseite (Berechnet: Anzeigenumsatz pro Anzeigenseite für Haupt- und Nebenausgaben, geteilt durch die durchschnittliche Auflage der Hauptausgabe)
2) bezogen auf die 45 mm breite Millimeterzeile

Quelle: Pressestatistik

Diese Abnahme des Tausendkäuferpreises mit steigender Auflage läßt sich mit der Degression der fixen Kosten der Anzeigenproduktion und mit einem mit steigender Auflage prinzipiell zunehmenden Wettbewerb begründen. Je höher die Auflage ist, desto eher konkurrieren Zeitungen als Werbeträger mit Hörfunk und Fernsehen. Hinzu kommt, daß die Preiselastizität der Nachfrage mit steigendem Preis eines Gutes ceteris paribus zunimmt und dies dürfte auch für die Nachfrage nach Werbefläche in Abhängigkeit vom Anzeigengrundpreis gelten. Die Zahlungsbereitschaft nimmt mit absolut steigendem Preis also ab.

Tab.18: Größenstruktur der Zeitungsverlage 1990 (Westdeutschland)

	Zahl der Verlage		**Umsatz**		**Beschäftigte**			**Umsatz pro Besch.**	**Haupt ausg.**
Umsatz	abs.	%	Mio.	%	abs.	%	ø	in DM	
bis 0,5	5	1,7	1,5	0,0	17	0,0	3,4	88 235	5
0,5 - 1	6	2,0	4,3	0,0	66	0,0	11	65 152	6
1 - 2	16	5,5	24,1	0,1	175	0,2	11	137 714	16
2 - 5	33	11,3	117	0,7	882	1,2	27	132 653	33
5 - 10	59	20,1	437	2,6	2734	3,7	46	159 839	59
10 - 25	59	20,1	982	5,9	5685	7,6	96	172 735	65
25 - 50	42	14,3	1440	8,7	7223	9,7	172	199 363	44
50 - 100	26	8,9	1773	10,7	9696	13,0	373	182 859	28
>100	47	16,0	11753	71,1	47871	64,4	1019	245 514	64
Gesamt	293	100	16532	100	74349	100	254	222 356	320

1) ohne Zusteller

Quelle: Pressestatistik

6. Unternehmensstrukturen

6.1. Größenstruktur von Zeitungsverlagen und Zeitungen

Tabelle 18 gibt einen Überblick über die **Umsatzgrößenstruktur der Zeitungsverlage**. Nur 27 Zeitungsverlage, das sind 9,2 Prozent aller Zeitungsverlage, gehören zur Gruppe der sehr kleinen Betriebe mit einem Umsatz bis zu zwei Millionen DM pro Jahr und mit bis zu durchschnittlich elf Beschäftigten. Der größte Teil der Zeitungsverlage gehört zur Gruppe der kleinen und mittleren Betriebe: 151 Zeitungsverlage (51,5 Prozent) haben einen Umsatz von zwei bis 25 Millionen DM pro Jahr und rund 30 bis 90 durchschnittlich Beschäftigte. Mit 68 Zeitungsverlagen (23,2 Prozent) ist die Gruppe der mittleren bis großen Betriebe deutlich kleiner, und die Gruppe der großen Betriebe umfaßt mit 47 Zeitungsverlagen nur 16 Prozent. Nur in dieser letzten Gruppe übersteigt die Zahl der Hauptausgaben (64) die Zahl der Zeitungsverlage (47), was umgekehrt bedeutet, daß in den anderen Gruppen der Zeitungsverlag typischerweise nur eine Hauptausgabe produziert.

Allerdings können die vielen kleinen und mittleren Zeitungsverlage nur geringe Umsatzanteile auf sich vereinen. Die Gruppe der kleinen und mittleren Betriebe erzielt mit 178 Verlagen (60,7 Prozent) nur einen Umsatz von knapp 1 566 Millionen DM bzw. 9,5 Prozent, während z.B. die zahlenmäßig kleine Gruppe der großen Zeitungsverlage (16 Prozent) 71,1 Prozent des Umsatzes auf sich vereint.

Dieser Befund – zahlreiche kleine Verlage mit einem geringen Anteil am Umsatz – bestätigt sich in der **Auflagengrößenstruktur von Tageszeitungen**. Wie Tabelle 19 zeigt, haben die meisten Zeitungen, nämlich 286 bzw. 70,3 Prozent, eine Auflage unter 40 000 Stück, sie vereinen nur 13,9 Prozent der Gesamtauflage auf sich.

Tab.19: Auflagengrößenstruktur der Tageszeitungen 1991

	Zahl der Zeitungen		**Auflage in Mio. Stück**	
Auflage von ... bis ...	abs.	%	abs.	%
unter 5 000	51	12,5	0,144	0,5
5 000 - 10 000	86	21,1	0,634	2,3
10 000 - 20 000	85	20,1	1,241	4,5
20 000 - 40 000	64	15,7	1,801	6,6
40 000 - 60 000	27	6,6	1,331	4,9
60 000 - 100 000	21	5,2	1,706	6,2
100 000 - 150 000	22	5,4	2,732	10,0
150 000 - 200 000	23	5,7	3,932	14,4
> 200 000	28	6,9	13,820	50,5
Gesamt	407	100	27,341	100

Quelle: BDZV-Jahrbuch „Zeitungen '93", S. 445

Im Zeitablauf haben sich die durchschnittlichen Unternehmensgrößen der Zeitungsverlage nur unwesentlich erhöht, ein merklicher Anstieg ist lediglich von 1988 bis 1990 zu beobachten. Wie Tabelle 20 zeigt, beträgt die Zahl der durchschnittlich Beschäftigten relativ konstant gut 200 (ohne Teilzeitbeschäftigte). Der durchschnittliche Umsatz pro Zeitungsverlag ist von 1980 bis 1990 mit 64,9 Prozent etwa so stark gestiegen wie das nominale Bruttoinlandsprodukt (+ 63,2 Prozent).

Tab. 20: Entwicklung der Durchschnittsgröße von Zeitungsverlagen 1980 bis 1990 (Westdeutschland)

	1980	**1982**	**1984**	**1986**	**1988**	**1990**
Zahl der Verlage	309	309	307	305	297	293
Ø Umsatz (Mio. DM)	34,2	37,4	41,4	45,0	48,6	56,4
Ø Beschäftigte [1]	209	210	205	207	206	219

1) ohne Teilzeitbeschäftigte

Quelle: Pressestatistik

6.2. Zeitungsverlage als Mehrprodukt-Unternehmen

Typischerweise ist der Zeitungsverlag eine Mehrprodukt-Unternehmung, die neben Tages- oder Wochenzeitungen auch Zeitschriften herausgibt. Durch den Zeitungsverkauf wird gleichwohl der größte Teil des Verlagsumsatzes erwirtschaftet. Der umgekehrte Fall ist dagegen untypisch: So gut wie gar nicht werden Zeitungen etwa von Zeitschriften- oder anderen Verlagen und nur in geringem Umfang von anderen Unternehmen, etwa Druckereien, herausgegeben. Diese Situation beschreibt Tabelle 21. So wurden 1990 von 352 Zeitungs-Hauptausgaben 241 Ausgaben in Zeitungsverlagen hergestellt, die als Mehrprodukt-Unternehmen – quasi nebenbei – auch Zeitschriften produzierten, und das mit 404 Titeln sogar in größerem Umfang als die Zeitungstitel.

Tab. 21: Zeitungsproduktion (Hauptausgaben) nach Unternehmenstyp von 1980 bis 1990 (Westdeutschland)

Unternehmenstyp	**1980**	**1982**	**1984**	**1986**	**1988**	**1990**	**+/- %**
Reine Zeitungsverlage	99	90	94	80	84	79	-20,2
Schwerpunkt-Zeitungsverlage	232	243	236	245	236	241	+3,9
– darin Zeitschriften	289	326	358	384	386	404	+39,8
Zeitschriftenverlage	1	-	1	5	6	4	+300
Sonstige Verlage	1	2	2	1	1	-	-
Andere Unternehmen	35	29	25	25	29	28	-20,0
Zeitungen insgesamt	368	364	358	356	356	352	- 4,3

Quelle: Pressestatistik

Im Zeitablauf zeigt sich, daß der reine Zeitungsverlag an Bedeutung verliert und daß Zeitungsverlage stark in den Zeitschriftensektor hinein expandieren. Hier werden Vorteile der Verbundproduktion realisiert und Expansionen in benachbarte, entwicklungsfähige Märkte gesucht.

6.3. Vertikale Integration der Zeitungsproduktion

Für jeden modernen Betrieb ist es üblich, große Teile der Produktion an Zulieferbetriebe zu vergeben, die im Prinzip ja billiger produzieren als es der eigene Betrieb kann (diese ist in Kapitel 1 begründet worden). Für die Analyse der Bedingungen der Zeitungsproduktion ist es insbesondere interessant, zu sehen, in welchem Umfang der Mantel der jeweiligen Ausgabe in der eigenen Redaktion erstellt wird und in welchem Umfang der Mantel und auch der Lokalteil in der eigenen Druckerei gedruckt werden.

Tab. 22: Die vertikale Integration der Zeitungsproduktion (Abonnementzeitung) von 1980 bis 1990 (Hauptausgaben in Westdeutschland)

	1980	1982	1984	1986	1988	1990
Hauptausgaben	350	348	342	340	340	338
– eigene redaktionelle Herstellung d. Mantels	114 (32,6)	120 (34,5)	121 (35,4)	124 (36,5)	119 (35,0)	121 (35,8)
– eigener Druck des Mantels	185 (52,9)	182 (52,3)	174 (50,1)	165 (48,5)	136 (40,0)	138 (40,8)
– eigener Druck des Lokalteils	193 (55,1)	188 (54,0)	179 (52,3)	169 (49,7)	172 (50,6)	171 (50,6)
– gesamte Herstellung im Unternehmen	60 (17,1)	65 (18,7)	58 (17,0)	67 (19,7)	69 (20,3)	67 (19,8)
– eigener Vertrieb in %[1]	71,7	73,5	71,5	71,3	72,0	66,9
Freie / Redakteure [2]	2,03	2,08	2,22	2,18	2,18	2,07
red. Fremdbezug (Kosten in % Umsatz)[2]	1,98	2,35	2,29	2,29	2,21	2,36

1) in Prozent der Abo-Exemplare, nicht der Ausgaben 2) Für Zeitungsverlage, nicht für Abozeitungen

Quelle: Pressestatistik

Tabelle 22 zeigt, daß gut ein Drittel der Hauptausgaben den Mantel in der eigenen Redaktion erstellen (das sind die publizistischen Einheiten) und daß gut die Hälfte aller Hauptausgaben den Lokalteil in der eigenen Druckerei drucken und den Mantel zu 40 Prozent. Im Zeitablauf wird eine leichte Zunahme der redaktionellen Eigenproduktion erkennbar und eine Abnahme des Drucks im eigenen Haus. Das Verhältnis der Zahl der freien Mitarbeiter zu festangestellten Redakteuren ist im Zeitablauf mit gut zwei Freien zu einem Festangestellten praktisch konstant geblieben. Der Fremdbezug redaktioneller Teile hat leicht zugenommen. Damit bestätigt sich der oft genannte Trend zur Fremdproduktion („Das Zauberwort heißt Out-Sourcing") in der amtlichen Statistik, allerdings recht moderat. Spezifikum der Zeitungsproduktion ist die Verwendung und Verarbeitung von Agenturmaterial. Dies ist ebenfalls als Zulieferproduktion zu charakterisieren, soll wegen seiner Bedeutung indes gesondert dargestellt werden.

6.4. Nutzung von Nachrichtenagenturen

Die Vielfachverwertung des gleichen journalistischen Inputs ist im Medienbereich besonders naheliegend wegen der Nicht-Rivalität im Konsum, die die Vielfachverwertung als besonders günstige Massenproduktion begründet. Aufgrund der Vorteile der Fixkostendegression ist eine spezifische Berücksichtigung unterschiedlicher Nachfragewünsche durch Nachrichtenagenturen nicht möglich, regionalspezifizierte Nachrichtendienste sind eher selten. Nachrichtenagenturen liefern konfektionierte Produkte, die einen gleichartigen Basisbedarf kostengünstig abdecken (Grothkamp 1990, S. 26).

Tab. 23: Marktanteile der Nachrichtenagenturen im Bereich der Tageszeitungen

	Belieferte Publizistische Einheiten					
Agentur	**1975**	**1979**	**1983**	**1988**	**1991**	**1993**
	absolut					
dpa	120	120	124	121	148	139
AP	54	60	73	81	92	93
Reuters	12	24	28	33	57	53
AFP	3	5	8	9	32	27
ADN [1]	-	-	-	-	31	23
ddp [1]	38	44	30	11	15	14
Summe	227	253	263	255	375	349
ø Nutzung pro Einheit	1,9	2,0	2,1	2,1	2,5	2,5
	in Prozent					
dpa	99.2	97,6	98,4	99,2	98,7	99,3
AP	44,6	48,8	57,9	66,4	61,3	66,4
Reuters	9,9	19,5	22,2	27,0	38,0	37,9
AFP	2,5	4,1	6,3	7,4	21,1	19,3
ADN [1]	-	-	-	-	20,7	16,4
ddp [1]	31,4	35,8	23,8	9,0	10,0	10,0
Publizistische Einheiten gesamt	121	123	126	122	150	140

1) Seit dem 1.1.1994 unter dem Namen ddp/ADN vereinigt.

Quelle: BDZV-Jahrbuch „Zeitungen '93", S. 307

In der Bundesrepublik liefern Nachrichten die drei Weltagenturen *AP (Associated Press)*, *Reuters* und *AFP (Agence France Press)* sowie *dpa (Deutsche Presseagentur)*, *ADN (Allgemeiner Deutscher Nachrichtendienst*, ehemals in der DDR*)* und *ddp (Deutscher Depeschendienst)*[5] und zahlreiche Spezialdienste, die hier nicht erwähnt werden (vgl. zur Darstellung von Nachrichtenagenturen in Deutschland vor allem Resing/Höhne 1993 und Höhne 1992).

Tabelle 23 zeigt, daß die dpa der eindeutige Marktführer ist. Praktisch alle publizistischen Einheiten beziehen die Dienste von dpa, daneben haben vor allem die Weltagenturen eine große und deutlich zunehmende Bedeutung erlangt. Tabelle 23

5 Seit dem 1.1.1994 unter dem Namen ddp/ADN vereinigt.

verdeutlicht, daß die Nutzung von Agenturen im Zeitablauf von durchschnittlich 1,9 bezogenen Agenturdiensten auf durchschnittlich 2,5 zugenommen hat – ebenfalls ein Anzeichen für eine Substitution von Eigenproduktion durch Marktproduktion.

Die genauere Struktur der Nutzung von Agenturdiensten durch Tageszeitungen zeigt Tabelle 24. Danach hat der Anteil der publizistischen Einheiten, die nur einen Agenturdienst beziehen, von 30,6 Prozent auf 17,9 Prozent deutlich abgenommen. Insbesondere die Verwendung von drei bis fünf Diensten hat zugenommen.

Tab. 24: Anzahl der Agenturabonnements der Tageszeitungen

	1975	1983	1988	1991	1993	1975	1983	1988	1991	1993
Bezogene Agenturen	absolut					in Prozent				
1	37	35	31	32	25	30,6	27,8	25,4	21,3	17,9
2	58	60	60	57	61	47,9	47,6	49,2	38,0	43,5
3	17	24	22	34	29	14,0	19,0	18,0	22,7	20,7
4	9	7	7	15	15	7,4	5,6	5,7	10,0	10,7
5	-	-	2	5	5	-	-	1,6	3,3	3,6
6	-	-	-	7	5	-	-	-	4,7	3,6
Publ. Einh. gesamt	121	126	122	150	140	100	100	100	100	100

Quelle: BDZV-Jahrbuch „Zeitungen '93", S. 304

7. Zeitungsvertrieb

Der Zeitungsvertrieb umfaßt alle Tätigkeiten, die die Verteilung der Zeitungen an nachfolgende Wirtschaftsstufen betreffen. **Hauptvertriebsform** sind das Abonnement und der Einzelverkauf bzw. Straßenverkauf. 1990 wurden 65,7 Prozent der verkauften Auflage aller Tageszeitungen im Abonnement vertrieben und 34,3 Prozent im Wege des Einzelverkaufs (Pressestatistik 1990). Nach der IVW-Statistik ergibt sich folgende Nutzung der Vertriebsformen, die in Tabelle 25 ausgewiesen ist. Darin ist der „Sonstige Verkauf" eine Art Grauzone im Verkauf, zu ihm gehört vor allem der Sammelbezug, also Lieferungen an Lesezirkel, Fluggesellschaften, Hotels oder Messen. Dabei ist die Weitergabe z.B. an Lesezirkelunternehmen fast kostenlos, hier kostet *Focus* nur 58 Pfennig (Die Welt, 30.11.1993, S. 7).

Unter den **Vertriebswegen** sind vor allem zu unterscheiden: das verlagseigene Zustellsystem und das Postabonnement bei Abonnementzeitungen sowie der in der Regel zweistufige Vertriebsweg über Großhandel und Einzelhandel bei den Einzelverkaufzeitungen. 47,7 Prozent aller Zeitungsexemplare werden durch verlagseigene Träger zugestellt; 31,6 Prozent über den Großhandel, 4,6 Prozent über den Postzeitungsdienst; 2,7 Prozent direkt über den Einzelhandel oder den Verlagsverkauf und 13,4 Prozent über sonstige Vertriebswege (Pressestatistik 1990). Einen sehr detaillierten Einblick in den Pressevertrieb gibt die „Strukturanalyse des Presseeinzelhandels 1990“.

Von der Vertriebsform bzw. dem Vertriebsweg zu unterscheiden sind wiederum die Zeitungstypen nach ihrer *üblichen* Vertriebsform. Zeitungen, die typischerweise, aber nicht immer im Abonnement verkauft werden, heißen Abonnementzeitungen, und Zeitungen, die typischerweise, aber nicht immer im Wege des Einzelverkaufs vertrieben werden, heißen Kaufzeitungen bzw. Straßenverkaufszeitungen (vgl. Kapitel 9). Die wettbewerbspolitischen Besonderheiten des Pressevertriebs sind in Kapitel 7 beschrieben.

Tab. 25.: Vertriebsform von Tageszeitungen einschl. Sonntagszeitungen für das 4. Quartal 1993

	in Stück	**in %**
Druckauflage	37 288 613	100,0
tatsächlich verbreitete Auflage	33 675 871	90,3
verkaufte Auflage	32 739 019	87,8
abonnierte Stücke	21 003 305	56,3
Einzelverkauf	11 117 014	29,8
Sonstiger Verkauf	618 700	1,7

Quelle: IVW-Auflagenliste 4/93

8. Zeitungsmarketing

8.1. Marketingkonzept und Marketingmix

Marketing ist einer der zentralen betrieblichen Funktionsbereiche, der vor allem in neuerer Zeit und vor allem von Marketingfachleuten und Kommunikationswissenschaftlern als sehr umfassend und letztlich vage beschrieben wird. Hier ist darauf hinzuweisen, daß „Marketing“ zunächst einmal den Bereich umfaßt, der früher „Absatz“ genannt wurde (vgl. Wöhe 1984, S. 531 ff., Zentes 1993, S. 323).

Daneben hat Marketing „eine zweite Bedeutung, die üblicherweise gemeint ist: die aktive Gestaltung von Märkten. In diesem Sinn ist Marketing nicht nur die Dekkung von Nachfrage, sondern auch die Produktion von Nachfrage“ (Zentes 1993, S. 323). Relativ plastisch wird das Konzept des Marketings, wenn man die Aktionsinstrumente des Marketing betrachtet, wie Zentes sie als Marketing-Mix zusammenstellt (vgl. Übersicht 1). Innerhalb der Aktionsinstrumente des Marketing-Mix sind die Produktpolitik, also die Festlegung von Produktqualität und Produktgestaltung („die optimale Positionierung eines Produkts im Raum der Kundenwünsche“), sowie die Werbung von zentraler Bedeutung, die anderen Aktionsinstrumente sind eher komplementär auszuwählen.

Übersicht 1: Marketing-Mix

Produktpolitik – Qualität – Produktlinie (Sortiment) – Menge – Kundendienst	**Kommunikationspolitik** – Werbung – Verkaufsförderung – Public Relations – Personal Selling
Preis- und Konditionenpolitik – Preis – Rabatt – Skonto, Kredit	**Distributionspolitik** – physische Distribution – Verkaufsorgan – Absatzweg

Quelle: Zentes 1993, S. 366

Zeitungsmarketing ist demnach die Planung und Durchführung aller „am Markt", also an den Wünschen der Leser, orientierten Verlagsaktivitäten, insbesondere die marktorientierte Gestaltung der Zeitung und ihrer Werbung. Die Idee des Marketing hat erst relativ spät im Zeitungsbereich Eingang gefunden, was sicher auch damit zusammenhängt, daß sich Journalisten üblicherweise nicht als Warenproduzenten sehen, sondern als Mitglieder eines Berufsstandes, der eine öffentliche Aufgabe erfüllt. Und dies ist der Punkt, der eine konsequente Marktorientierung normativ und faktisch erschwert.

Konsequente Marktorientierung heißt nichts anderes als

- Erfassung der Leserpräferenzen,
- Positionierung der Zeitung im Raum der Leserpräferenzen durch Produktgestaltung und Werbung, sowie
- permanente Qualitätskontrolle und Kontrolle der Zielerreichung.

Dabei liegen die Schwierigkeiten eines Zeitungsmarketings technisch in zwei zentralen Punkten:

- Die Erfassung der Leserwünsche ist schwierig und teuer.
- Für die klassische Tageszeitung existiert keine klar konturierte Zielgruppe, sie muß sich sozusagen immer an den Durchschnitt der Bevölkerung richten, nur regional kann strikt segmentiert werden. Im Prinzip kann das Produktimage mithin nur regional definiert werden.

Zeitungsmarketing im Bereich der Redaktion (**redaktionelles Marketing**) muß erst einmal die Frage entscheiden, ob eine konsequente Marktorientierung gewünscht ist und mit den vorhandenen Redakteuren umgesetzt werden kann und soll. Aus ökonomischer Sicht kann hier nur gesagt werden, daß die mangelnde Qualitätstransparenz der Leser ein besonders „vikarisches" Handeln im Leserinteresse bedingt, der Journalist muß sich stets fragen, was eine Nachricht, ein Bericht, eine

Reportage oder ein Serviceteil dem Leser nutzen kann („news to use and news to amuse")

- als Unterhaltung,
- als Gesprächsstoff,
- als Lebenshilfe und
- als Orientierungshilfe.

Die Maxime des redaktionellen Marketings sollte dann die funktionale und personale Leserorientierung unter der Nebenbedingung absoluter Glaubwürdigkeit sein (vgl. z.B. Heinrich 1990).

Der Begriff „Zeitungsmarketing" benennt im Bereich von Anzeigen und Vertrieb pure Selbstverständlichkeiten marktwirtschaftlicher Betriebe, nämlich strikte Kundenorientierung, also kundenfreundliche Gestaltung, Verwaltung und Betreuung, Transparenz der Medialeistung, Verläßlichkeit und permanente Anpassung an veränderte Marktbedingungen (z.B. gute Anzeigenkundenberatung, spezielle Anzeigenrubriken, einfache Abbuchungssysteme, absolute Pünktlichkeit in der Zustellung usw.). In diesem Bereich kann das Produktimage der Zeitung als Werbeträger regional und sachlich definiert werden. Die Zeitung ist (und bleibt sicher für lange Zeit) der führende lokale und regionale Werbeträger, und zudem der führende Werbeträger im Bereich der informativen und argumentativen Werbung. Beides könnte durch Produktgestaltung und Werbung entsprechend verstärkt werden.

8.2. Marketingstrategien

Marketingstrategien, auch Wettbewerbsstrategien genannt, zielen darauf ab, Wettbewerbsvorteile zu erlangen. Dies können zum einen Leistungsvorteile, zum anderen Kostenvorteile sein, die jeweils durch Produkt- und Prozeßinnovationen geschaffen werden. Nach der Marktreichweite von Strategien unterteilt man häufig in Gesamtmarkt- und Teilmarktstrategien und kann mithin folgende strategische Grundkonzeptionen unterscheiden:

- Markt-Durchdringung mit Kosten- und Preisführerschaft,
- Markt-Differenzierung (Multi-Segment-Strategie) mit Leistungsführerschaft,
- Konzentration auf Teilmärkte (Single-Segment-Strategie/Nischen-Strategie) mit Kosten- und/oder Leistungsführerschaft (vgl. vor allem Porter 1990).

Die **Marktdurchdringung** hat das Ziel, mit großen Marktanteilen und hohem Marktvolumen Kostendegressionseffekte zu realisieren, um kostengünstigster Anbieter der Branche zu werden. Eine solche Strategie ist für Zeitungen in lokalen und regionalen Märkten wegen der beschriebenen erheblichen Fixkostendegression bei der Zeitungsproduktion von zentraler Bedeutung - häufig muß diese Strategie indes nicht mehr verfolgt werden, weil in etwa der Hälfte aller Märkte schon Monopolstellungen mit Kosten- und Preisführerschaft existieren (vgl. dazu Kapitel 9, Abschnitt 4.).

Um Marktanteile zu erhöhen, bieten sich folgende Möglichkeiten: Man kann die eigenen Kunden bewegen, mehr vom Produkt zu kaufen; dies ist bei Zeitungen allerdings recht aussichtslos. Man kann Kunden der Konkurrenz abwerben; dies ist für die vielen Zeitungen, die eine Monopolstellung haben, nur noch in Randbereichen möglich, im übrigen ist dies wegen der Markentreue der Zeitungsleser eine kostspielige Strategie. Man kann versuchen, einen latenten Bedarf zu wecken, also bisherige Nichtkäufer zum Kauf zu bewegen. Diese Strategie erscheint für Zeitungsverlage recht sinnvoll, wenn man ergänzt, daß es genauso wichtig ist, sicherzustellen, daß Zeitungsleser nicht als Kunden verloren werden.

Die **Marktdifferenzierung** setzt auf eine optimale Anpassung des Angebots der Unternehmung an segmentierte Gruppierungen von Kunden. Optimal heißt, dabei eine Balance zu finden zwischen kostengünstiger Großserienproduktion und kostspieligem Eingehen auf spezielle Kundenwünsche. Eine solche Anpassung an Nachfragesegmente erhöht den jeweiligen Produktnutzen für die Nachfragegruppe, erhöht aber typischerweise auch die Produktionskosten. Beispiele sind die unterschiedlichen Typen und Ausstattungsvarianten bei Automobilen. Eine solche Strategie setzt voraus, daß eine Segmentierung der Nachfrage vorliegt und erkennbar ist.

Bestimmungsfaktoren zur Strukturierung von Märkten können von ganz unterschiedlicher Art sein. Früher spielten räumliche und soziodemographische Merkmale eine wichtige Rolle, heute zunehmend auch Unterschiede im Kaufverhalten und in der Werteorientierung der Konsumenten (z. B. der „trendorientierte Modekonformist" oder der „Konventionell-Biedere" usw.).

Für Zeitungen erscheint eine Marktdifferenzierung nach räumlichen Merkmalen von zentraler Bedeutung, z.B. ist es sinnvoll, Stadtteil- und Bezirksausgaben zu produzieren. Dagegen ist es offenbar nicht optimal – in diesen Fällen vermutlich zu teuer – Zeitungen für Männer, Frauen, für Junge und Alte oder für Konservative bzw. Trendorientierte zu produzieren; ein spezifischer Bedarf wird hier zu vermuten sein.

Die **Konzentration auf einen Teilmarkt** schafft in der Regel sowohl Kosten- als auch Leistungsvorteile, weil eine eng definierte Aufgabe effizienter zu lösen ist als eine generelle Aufgabe. Diese Strategie bietet sich insbesondere für kleine und mittlere Unternehmen an, weil der Finanz- und Planungsauftrag begrenzt ist. Für Zeitungen ist eine solche Strategie nicht sehr sinnvoll, weil die erheblichen Vorteile einer Verbundproduktion für zahlreiche segmentierte Märkte zugleich damit nicht genutzt würden. Entsprechend schwer sind Beispiele zu finden; allenfalls das *Handelsblatt* konzentriert sich auf einen einzigen Teilmarkt, auf den Markt für aktuelle und umfassende Wirtschaftsnachrichten. Im übrigen wäre es sicher effizient, Wirtschaftsteile des *Handelsblattes*, entsprechend modifiziert und komprimiert, auch in anderen Zeitungen zu verwenden.

Neben diesen strategischen Grundkonzeptionen sind strategische Grundüberlegungen zu beachten, nicht im Sinne von Alternativen, sondern im Sinne von generell gültigen Ausrichtungen. Diese sind vor allem

– optimale Nutzung der spezifischen Stärken des Unternehmens,

- Produktion von weitreichender Kundennähe als Dreh- und Angelpunkt aller Marketingaktivitäten (hier scheint der Hörfunk viel erfolgreicher zu sein als die Tageszeitung),
- marktorientierte Innovationspolitik, die weniger auf neue Produkte als auf neue Problemlösungen ausgerichtet sein sollte.

Für Zeitungen heißt dies im Prinzip, die Stärken als lokales oder regionales Informationszentrum noch besser zu vermarkten, die Kundennähe auszubauen, z.B. durch die Zeitung als Diskussionsforum und Dienstleistungsbetrieb, und Innovationen der Zeitungsproduktion voranzutreiben.

Weil der Zeitungsmarkt insgesamt ein stagnierender Markt ist, können die genannten Marketingstrategien kaum mehr erreichen, als daß Marktpositionen gehalten werden. Als Wachstumsstrategien kann man sie mithin nicht bezeichnen.

Zeitungsverlage, die ihr Geschäftsvolumen ausdehnen wollen, müssen ihre Produktion diversifizieren, also auf solche Produkte ausweichen, die in einem sinnvollen Zusammenhang mit der bisherigen Produktion stehen (**Diversifizierungsstrategie**), damit die Vorteile der Verbundproduktion genutzt werden können. Es liegt nahe, solche Produkte in das Produktions- und Vertriebsprogramm aufzunehmen, die die vorhandenen Produktionsanlagen, die vorhandenen Kenntnisse und die vorhandenen Beziehungen zwischen Lieferanten, Herstellern, Abnehmern und Verbrauchern mit nutzen können. So kann es nicht überraschen, daß Zeitungsverlage in den Zeitschriftenbereich und in den Rundfunksektor hinein expandieren, weil mindestens Erfahrungen in der Medienproduktion und Kontakte zu Abnehmern (Presse-Grosso, Media-Agenturen) genutzt werden können. Oft können bestimmte Inputs in die Medienproduktion auch direkt mehrfach genutzt werden (vgl. Kapitel 4. Abschnitt 4).

9. Die Zeitung der Zukunft

„Durch ihre durchgängige Digitalisierung haben alle Erscheinungsformen von medialer Information (Text, Bild, Sprache, Bewegtbild) die gleiche technische Basis und lassen sich untereinander vermischen" (Burkhardt 1993, S. 260). Diese mögliche Vermischung bedeutet:

- Es genügt ein Netz für alle Informationen (Telefonnetz, kabelgebundenes ISDN, Fernseh-Breitband-Kabelnetz, Mobilfunk und Satellitenfunk).
- Es genügt eine Schnittstelle zum Benutzer, vermutlich ein flacher Bildschirm in LCD-Technik.
- Der Benutzer kann sich aktiv die gewünschten Informationen abrufen.

Als Folge wird sich die Kosten-Nutzen-Relation zwischen der elektronischen Zeitung und der Papier-Zeitung deutlich zugunsten der elektronischen Zeitung verändern. Diese Annahme gilt insbesondere, wenn man zusätzlich bedenkt, daß die Produktion und die Entsorgung von Papier in Zukunft weitaus teurer werden dürften als bisher. Ob sich die Kosten-Nutzen-Relation soweit verändern wird, daß die klassische Zeitung auf dem Papier verschwinden wird, kann nicht gesagt werden. Es spricht viel dafür, daß die klassische Zeitung vorerst das Grundmedium bleiben und durch die elektronische Zeitung ergänzt wird,. Eine solche elektronische Zeitung kann Datenbank und Privatarchiv sein (vgl. *FAZ*-Online oder *Focus*-Online).

Der aktive Zugriff auf Informationen, den die Zeitung bieten kann, wird

- Streuverluste reduzieren; man ruft nur das ab, was interessiert,
- genauer erkennen lassen, was Streuverluste sind (dies ist vielleicht das Ende des klassischen Wirtschaftsteils),
- und eine Mischung der Teile ermöglichen (Wirtschaftsteil der *FAZ* und Lokalteil der*Westfälischen Rundschau* usw.).

Die Anzeigen werden entweder zugeteilt – z.B. Tenniswerbung auf der „Sportseite" mit den Tennisergebnissen (Burkhardt 1993, S. 265) – oder zielgenau abgerufen werden können. Auch hier werden vor allem Streuverluste verringert, man bekommt z.B. nur die Anzeigen, die man braucht, also etwa Citroen CX ab Baujahr 1978 statt aller Citroen-Verkaufsangebote.

Sehr schwierig wird vermutlich der Schutz des geistigen Eigentums: Einerseits ist es für den Urheber sehr schwierig zu beweisen, daß seine Rechte durch Informationsabruf geschmälert werden, zum anderen wird es für die Zeitung schwierig zu beweisen, daß bestimmte Anzeigen „veröffentlicht" worden sind.

Die Zeitung als lokales und regionales Informationszentrum ist eine mögliche Zukunftsperspektive, also die Mischung aus gedruckter Zeitung und elektronischen Supplementen, die bei Bedarf gezielt abgerufen werden. In möglichen Kombinationen zwischen Text und Bewegtbild lassen sich dann auch Unterschiede zwischen den Medien vermischen. Die Konsequenzen einer solchen Entwicklung sind noch überhaupt nicht absehbar.

Literaturhinweise

Über mikroökonomische Aspekte der Zeitungswirtschaft informieren

Noll, Jochen (1977), Die deutsche Tagespresse, Frankfurt (Campus) 1977,

Nussberger, Ulrich (1971), Die Mechanik der Pressekonzentration, Berlin (de Gruyter) 1971 sowie

derselbe (1984), Das Pressewesen zwischen Geist und Kommerz, Konstanz (Universitätsverlag) 1983,

Udell, Jon G. u.a. (1978), The Economics of the American Newspaper, New York (Hastings House) 1978,

Compaigne, Benjamin M. (1980), The Newspaper Industry in the 1980s: An Assessment of Economics and Technology, White Plains/N.Y. (Knowledge Industry) 1980 und

Keller, Dieter (1986), Regionale Tageszeitungsverlage und Neue Medien, Mannheim (Süddeutsche Verlagsanstalt) 1986.

9. Kapitel

Makroökonomik der Zeitung – Zeitungsmärkte

In diesem Kapitel werden die makroökonomischen, also die gesamtwirtschaftlichen bzw. marktbezogenen Aspekte der Zeitungsproduktion beschrieben. Diese umfassen eine Darstellung der Marktentwicklung, eine Beschreibung der Marktstrukturen und vor allem eine Analyse von Konzentration, Wettbewerb und Wettbewerbspolitik auf Zeitungsmärkten. Die Entwicklung der Zeitungslandschaft in Ostdeutschland wird wegen ihrer einzigartigen Umstände gesondert, wenngleich relativ knapp dargestellt. Den Abschluß dieses Kapitels bildet ein Ausblick auf die europäischen Perspektiven der Zeitungsproduktion.

1. Umfang und Entwicklung der Zeitungsmärkte

Das wirtschaftliche Gewicht der Zeitungsmärkte kann anhand des Umsatzes als Produktionswert, anhand der Auflage als Produktionsmenge und anhand der Zahl der Beschäftigten als wesentlicher Produktionsfaktor ausgewiesen werden. Wie die folgende Tabelle 1 zeigt, stagniert die Auflage von Tageszeitungen seit Jahren bei knapp 21 Mio. Stück, der Umsatz ist in der betrachteten Dekade von 1980 auf 1990 von knapp 8 Mrd. DM auf gut 12 Mrd. DM gestiegen, und die Beschäftigung hat um 11,8 Prozent auf rund 146.700 Erwerbstätige zugenommen.

Tab. 1: Auflage und Umsatz von Tageszeitungen sowie Beschäftigte in Zeitungsverlagen in Deutschland von 1980 bis 1990 (Westdeutschland)

	1980	1982	1984	1986	1988	1990	+/- in%
Auflage in Mio. Stück	20,68	21,46	21,34	20.98	20,34	20,90	+ 1,0
Umsatz in Mio. DM	7780	8270	9170	9680	1102	12304	+ 58,1
Beschäftigte	131221	130748	132027	133513	141322	146692	+ 11,8

Quelle: Pressestatistik

Damit entspricht das wirtschaftliche Gewicht der Zeitungsproduktion etwa dem Gewicht von Brauereien oder dem des Bergbaus.

Tab. 2: Beschäftigte in Zeitungsverlagen von 1980 bis 1990 (Westdeutschland)

	1980	**1982**	**1986**	**1990**	**+/- (%)**
Tätige Inhaber	251	191	140	120	- 52,2
Redakteure	8 639	9 329	10 261	11 590	+ 34,2
Volontäre	1 181	1 133	1 286	1 436	+ 21,6
Sonstige Redaktionsangehörige	2 979	2 915	3 384	4 417	+ 48,3
Technisches Personal	26 920	26 312	24 942	23 379	- 13,2
Zusteller	57 890	56 728	60 894	72 343	+ 25,0
Sonstige Beschäftigte	33 361	34 140	32 606	33 407	+ 0,1
Beschäftigte gesamt	131221	130748	133513	146692	+ 11,8
Freie Mitarbeiter	17 533	19 371	22 377	24 019	+ 37,0
Beschäftigte[1] pro Verlag	237	240	238	254	+ 7,2
Zahl der Zeitungsverlage	309	309	305	293	- 5,2

1) ohne Zusteller und freie Mitarbeiter

Quelle: Pressestatistik

Insgesamt befinden sich die Zeitungsmärkte in der Phase der Stagnation. Die mengenmäßige Produktion stagniert, die Entwicklung der Umsätze hält mit der Entwicklung des nominalen Bruttoinlandprodukts nicht ganz Schritt, und im Intermedia-Vergleich haben Zeitungen sowohl als Informationsträger als auch als Werbeträger deutlich Marktanteile zugunsten der elektronischen Medien verloren (vgl. Tabellen 6 und 22 in Kapitel 2). Über die Marktphase der Sättigung und der Stagnation kann auch die Zunahme der Arbeitsplätze in Zeitungsverlagen nicht hinwegtäuschen, die die Zunahme der Zahl der Erwerbstätigen insgesamt (+ 5,4 Prozent) übersteigt. Wie Tabelle 2 zeigt, hat insbesondere die Zahl der Redakteure, der freien Mitarbeiter und der sonstigen Redaktionsangehörigen zugenommen. Dabei ist aber zu vermuten, daß diese Zunahme dadurch bedingt ist, daß Zeitungsverlage zunehmend auch Zeitschriften herausgeben (vgl. Tabelle 21 in Kapitel 8) und hierfür vor allem mehr redaktionelles Personal benötigen.

In der Entwicklung der Beschäftigtenstruktur wird ganz besonders der Rückgang der Zahl der tätigen Verlagsinhaber deutlich. Dies entspricht, wenn auch etwas verzögert, der typischen Entwicklung in kapitalistischen Marktwirtschaften, in denen der Unternehmer als Geschäftsführer-Eigentümer zunehmend durch den angestellten Geschäftsführer-Manager ersetzt wird. Damit verschwinden nicht-pekuniäre Motive der Zeitungsproduktion oder, wie es bisweilen auch formuliert wird, die „Zeitung als Persönlichkeit“ (Bringmann) stirbt aus. Weniger typisch ist die Abnahme des technischen Personals. Dies ist speziell die Folge der Entwicklung der Drucktechnik, die einen Rückgang der Arbeitsteilung in der Zeitungsproduktion bewirkt hat.

2. Struktur der Zeitungsmärkte

Zeitungen werden üblicherweise nach Gesichtspunkten geordnet, die typisierende Auswirkungen auf den Inhalt der Zeitungen haben und bisweilen auch näherungsweise eine Abgrenzung des relevanten Marktes erlauben. Diese Gliederungskriterien sind:

- Vertriebsform: Hier werden Einzelverkauf/Straßenverkauf und Abonnement unterschieden.
- Verbreitungsgebiet: Hier werden lokale, regionale und überregionale Zeitungen unterschieden.
- Erscheinungsweise: Hier werden Tages-, Wochen- und Sonntagszeitungen unterschieden (allerdings gelten Wochen- und Sonntagszeitungen hier eigentlich nicht als Zeitungen).

Dabei ist zu beachten, daß Abonnementzeitungen überwiegend im Abonnement verkauft werden, bis zu etwa zehn Prozent werden sie aber auch im Einzelverkauf abgesetzt, umgekehrt werden Einzelverkaufzeitungen bisweilen auch im Abonnement verkauft.

Eine lokale oder regionale Zeitung ist die überwiegend an einem Ort bzw. in einer Region verbreitete Zeitung, die neben der allgemeinen aktuellen Berichterstattung vor allem lokale und regionale Themen für ihr Verbreitungsgebiet behandelt. Eine Zeitung gilt als überregional, wenn mindestens 20 Prozent der Auflage ständig außerhalb des Kernverbreitungsgebietes bezogen werden (Brandt/Schulze 1987, S. 36). Weitere Einteilungen von Zeitungen wären sicher sinnvoll, etwa nach dem Preis, nach dem Umfang oder nach der Zielgruppe (vgl. hierzu Reddaway 1963, S. 202 f.), liegen indes nicht vor.

Tabelle 3 gibt einen Überblick über die Entwicklung dieser verschiedenen Zeitungstypen. Danach beträgt der Marktanteil für lokale oder regionale Abonnementzeitungen relativ gleichbleibend etwa zwei Drittel, der Anteil für überregionale Zeitungen ist von gut vier auf gut sechs Prozent gestiegen, während Kaufzeitungen Marktanteilsverluste hinnehmen mußten. Bemerkenswert ist die Abnahme der Zahl der lokalen oder regionalen Abonnementzeitungen und der Straßenverkaufzeitungen sowie die Konstanz der Zahl von fünf überregionalen Zeitungen (*FAZ, FR, SZ, Welt, Handelsblatt*).

In Tabelle 3 ist auch die Dominanz der lokal oder regional gebundenen Zeitung für die Bundesrepublik zu erkennen. Wenn man bedenkt, daß auch Kaufzeitungen einen deutlich regionalen Bezug haben, kann man sagen, daß hier gut 90 Prozent aller Zeitungen lokal oder regional gebunden sind, was im internationalen Vergleich recht viel ist. Dort liegt ihr Anteil im Durchschnitt etwa bei 75 Prozent (vgl. Erdmann/Fritsch 1990, S. 43).

Wochen- und Sonntagszeitungen sind in der Tabelle nicht aufgeführt, weil sie eigentlich keine Zeitungen sind. Die fünf Sonntagszeitungen haben 1990 eine Auflage von 3,902 Mio. Stück und die 29 Wochenzeitungen eine Auflage von 1,824 Mio. Stück (BDZV-Jahrbuch Zeitungen '93, S. 443). 1993 existierten 7 überregionale

Sonntagszeitungen mit einer Gesamtauflage von 4,661 Mio. Exemplaren und weiterhin 29 Wochenzeitungen mit einer Gesamtauflage von 1,9 Mio. Exemplaren.

Tab. 3: Entwicklung der Zeitungstypen von 1970 bis 1993 (Westdeutschland)

Zeitungstypen	**1970**	**1975**	**1980**	**1985**	**1990**	**1993**
	in Mio. Stück					
lokale/regionale Abo-Zeitungen	12,07	12,07	13,19	13,28	13,82	14,12
überregionale Zeitungen	0,779	0,889	0,942	0,973	1,317	1,336
Straßenverkaufszeitungen	5,258	5,787	6,458	6,773	5,705	5,708
Tageszeitungen zusammen	18,11	18,74	20,59	21,03	20,85	21,16
	Marktanteile in %; Anzahl in Klammern					
lokale/regionale Abo-Zeitungen	66,7 (416)	64,4 (385)	64,1 (382)	63,2 (370)	66,3 (343)	66,7 (342)
überregionale Zeitungen	4,3 (5)	4,7 (5)	4,6 (5)	4,6 (5)	6,3 (5)	6,3 (5)
Straßenverkaufzeitungen	29,0 (9)	30,9 (8)	31,4 (8)	32,2 (7)	27,4 (6)	27,0 (6)

Quelle: BDZV-Jahrbücher „Zeitungen"

In diesen Strukturen zeigen sich, wenngleich medienspezifisch gebrochen, zwei allgemeine Trends der Entwicklung von Märkten:

– Der Trend zum Kauf qualitativ hochwertiger Produkte wird sichtbar im zunehmenden Marktanteil für überregionale Zeitungen und im leicht abnehmenden Marktanteil für Straßenverkaufzeitungen.
– Der Trend zur Segmentierung von Märkten, der allerdings überlagert wird von steigenden Kosten für segmentierte Produktion. Dies kann erklären, daß per saldo der Marktanteil für lokale und regionale Abonnementzeitungen etwa konstant geblieben ist.

3. Konzentration auf den Zeitungsmärkten

Die ökonomische und die publizistische Konzentration sollten getrennt erfaßt werden. Die ökonomische Konzentration bezieht sich auf relevante Märkte und sie beschränkt im Ergebnis den ökonomischen Wettbewerb. Die idealtypische Folge zunehmender ökonomischer Konzentration ist ceteris paribus eine abnehmende Angebotsflexibilität, eine abnehmende Innovationsneigung, generell eine Abnahme der allokativen und produktiven Effizienz. Dabei sollte die ökonomische Konzentration in horizontaler, vertikaler und diagonaler Ausdehnung erfaßt werden (vgl. Kapitel 4). Leider liegen solche Analysen nicht vor und können hier auch nicht erstellt werden; es bleibt lediglich der Rückgriff auf die Konzentrationsanalysen der Monopolkommission (Abschnitt 3.1.). Die publizistische Konzentration bezieht sich idealiter auf den Meinungsmarkt und erfaßt idealiter die Konzentration von Meinungen. Faktisch ist dies nicht zu leisten; es bleibt, die Konzentration des Eigentums an Zeitungsunternehmen zu erfassen (Abschnitt 3.2) und die Zahl inhaltlich verschiedener Zeitungen auszuweisen (Abschnitt 3.3).

3.1. Erfassung der ökonomischen Konzentration durch die Monopolkommission

Die Monopolkommission ist ein Gremium von fünf unabhängigen Wissenschaftlern, das den gesetzlichen Auftrag hat, Stand und Entwicklung der Unternehmenskonzentration in der Bundesrepublik darzustellen und zu beurteilen. In dem alle zwei Jahre zum 30. Juni erstellten Hauptgutachten wird stets „Konzentration und Wettbewerb im Medienbereich" in einem speziellen Kapitel analysiert, um der besonderen Bedeutung der Medien Rechnung zu tragen. Tabelle 4 gibt einen Überblick über Stand und Entwicklung der Konzentration bei Zeitungsunternehmen nach dem Merkmal „Umsatz".

Tab. 4: Konzentration der Zeitungsunternehmen von 1975 bis 1989 (Westdeutschland)

Jahr	**Gesamtumsatz**	**Anteil der**					**Unternehmen**
		3	**6**	**10**	**25**	**50**	(Anzahl)
		größten Unternehmen am Gesamtumsatz					
1975	6 590	22,8	29,7	37,7	55,5	72,2	312
1977	8 277	23,4	30,0	37,7	55,3	71,7	311
1979	9 688	23,8	30,5	38,8	56,0	72,6	307
1981	10 894	22,7	29,1	37,0	54,4	71,1	311
1983	12 314	23,3	29,6	37,1	54,5	71,4	310
1985	13 115	23,7	29,8	37,3	54,5	71,5	304
1987	14 127	23,8	30,0	37,3	54,4	72,0	299
1989	15 431	23,5	30,0	37,7	54,4	72,3	295

Quelle: Monopolkommission 1992, S. 290

Im Prinzip ist die Konzentration, nach allen Konzentrationsraten betrachtet, konstant geblieben. Der Stand der Konzentration von 23,5 Prozent als Anteil der drei größten Unternehmen wird von der Monopolkommission als mäßige Konzentration gewertet (Monopolkommission 1992, S. 289).

Tabelle 5 gibt einen Überblick über Stand und Entwicklung der Konzentration für das Objekt „Zeitung" nach dem Merkmal Auflage. Es wird also ausgewiesen, daß z.B. die drei auflagenstärksten Abonnementzeitungen 1989 einen Anteil an der Gesamtauflage von 10,6 Prozent erreichen.

Tab. 5: Verkaufsauflagen[1], Konzentrationsraten und Anzahl der Zeitungen (Hauptausgaben) von 1975 bis 1989

		Anteil der					
		3	**6**	**10**	**25**	**50**	
Jahr	Verkaufsauflage (in 1 000)	größten Zeitungen an der Verkaufsauflage (%)					Anzahl der Zeitungen
1. Alle Zeitungen							
1975	22 702	30,1	34,6	39,8	54,8	71,3	375
1977	23 983	31,8	36,1	41,2	55,5	71,6	372
1979	25 016	31,4	35,7	40,8	55,0	70,9	370
1981	25 094	31,9	36,2	41,3	55,3	71,4	365
1983	25 834	33,8	38,0	43,0	56,6	72,1	359
1985	25 439	32,4	36,9	42,0	55,9	71,4	357
1987	25 470	31,4	36,1	41,2	55,2	70,7	354
1989	25 088	30,1	35,1	40,4	54,8	70,8	350
2. Abonnementzeitungen							
1975	14 235	7,6	13,7	20,8	41,2	63,2	356
1977	14 573	7,1	13,2	19,9	39,9	61,9	354
1979	15 339	7,5	13,7	20,4	40,1	61,9	352
1981	15 969	9,9	16,1	22,6	41,5	62,9	348
1983	16 035	10,0	16,2	22,8	41,7	63,0	343
1985	16 101	10,2	16,5	23,0	41,8	62,6	341
1987	16 394	10,4	16,6	23,1	41,8	62,6	336
1989	16 594	10,6	16,8	23,3	42,1	62,8	336
3. Straßenverkaufzeitungen							
1975	8 467	80,0	89,6	96,9	-	-	19
1977	9 409	81,1	90,5	97,6	-	-	18
1979	9 677	80,3	89,6	96,6	-	-	18
1981	9 125	82,0	91,5	98,3	-	-	17
1983	9 798	83,7	92,4	98,4	-	-	16
1985	9 338	82,6	92,0	98,4	-	-	16
1987	9 076	82,3	91,7	97,9	-	-	18
1989	8 494	82,9	93,0	99,2	-	-	14

1) Durchschnittl. Auflage je Erscheinungstag bei Hauptausgaben mit zugeordneten Nebenausgaben

Quelle: Monopolkommission 1992, S. 293

Hier wird eine langsame, aber stetige Zunahme der Konzentration bei Abonnementzeitungen und Straßenverkaufzeitungen sichtbar. Zugleich ist eine außerordentlich hohe Konzentration bei den Straßenverkaufzeitungen festzustellen. Dies liegt vor allem an der *BILD*-Zeitung, die stets einen Marktanteil von über 75 Prozent erreicht.

Einen guten Eindruck von der Entwicklung der so erfassten ökonomischen Konzentration bietet die folgende Aufstellung des Hirschman-Herfindahl-Indexes (Tabelle 6). Dieser Index umfaßt jetzt alle Zeitungsverlage und verleiht größeren Merkmalsausprägungen ein größeres Gewicht (vgl. Kapitel 1). Er kann damit die Entwicklung der Konzentration des gesamten Sektors abbilden. Nach der Klassifikation von Bates (1993, S. 7) ist die ausgewiesene Konzentration als sehr hoch zu bezeichnen. Im Zeitablauf kann etwas grob eine Konstanz der Konzentration auf sehr hohem Niveau festgestellt werden. Genauer betrachtet ergibt sich eine fallende Tendenz bis 1989 und ein starker Anstieg im Jahre 1990; dies muß als Folge der Absatzausweitung westdeutscher Zeitungskonzerne in Ostdeutschland angesehen werden.

Tab. 6: Hirschman-Herfindahl-Index nach Umsatzanteilen für Zeitungsverlage (Westdeutschland)

Jahr	1982	1983	1984	1985	1986	1987	1988	1989	1990	1991
Index	4094	4096	4032	3966	3949	3922	3834	3750	4194	4098

Quelle: Wirtschaft und Statistik 2/1994

Zur Aussagekraft der Tabellen 4 bis 6 müssen starke Vorbehalte gemacht werden:[1]

- Die Konzentration wird nicht auf Märkten erfaßt, sondern für den gesamten Zeitungssektor. So werden z.B. alle Abonnementzeitungen zusammen betrachtet werden, obwohl sich ihre Verbreitungsgebiete nur selten überschneiden.
- Es wird nur die horizontale Konzentration erfaßt, Verflechtungen in vor- und nachgelagerten Produktionsstufen sowie den sogenannten Medienverbund kann die amtliche Statistik nicht ausweisen.
- Als Unternehmung wird die jeweils kleinste *rechtliche* Einheit erfaßt, die aus handels- bzw. steuerrechtlichen Gründen Bücher führt; die eigentlich relevante wirtschaftliche Einheit „Konzern" bleibt unberücksichtigt.

Mithin ist der Wert obiger Analyse beschränkt, es sind allenfalls grobe Entwicklungstendenzen abzuleiten. Einzelfallanalysen werden bei Kartellverfahren durch das Bundeskartellamt angestellt, zu Beispielen vgl. Abschnitt 4.

3.2. Erfassung der publizistischen Konzentration durch Medieneigentum

Ausgangspunkt ist nun die Hypothese, daß die wirtschaftliche Einheit „Medienkonzern" auch so etwas wie eine publizistische Einheit darstellt. So kann der Verleger als Eigentümer der Zeitungsunternehmen über seine Grundsatz- und Richtlinienkompetenz die publizistische Linie der Zeitungen bestimmen. Allerdings wird

1 Auf diese Mängel hinzuweisen, ist Dauermonitum der Monopolkommission (Monopolkommission 1992, S. 288). In der Tat weist die amtliche Statistik bezüglich der genannten Kritikpunkte im Mediensektor wie für die gesamte Wirtschaft erhebliche Mängel auf.

nicht immer die publizistische Linie vorgegeben, bisweilen existiert nur das ökonomische Ziel der Gewinnmaximierung bei Wahrung bestimmter Nebenbedingungen, z.B. Erhalt des Verlagsstandortes. Schließlich verbleibt den Redaktionen auch bei Vorgabe einer publizistischen Linie Spielraum für jeweils unterschiedliche journalistische Produktionen, weil die publizistische Linie nicht detailliert vorgegeben und überprüft werden kann. Empirische Untersuchungen zeigen dementsprechend einen – wenn überhaupt – nur schwachen Einfluß des Medieneigentums auf Medieninhalte (vgl. z.B. Akhavan/Majid u. a. 1991 und Busterna u. a. 1991). Immerhin bleibt die Gefahr bestehen, daß die Kontrolle einer Vielzahl von Unternehmen durch wenige Medieneigentümer die Verbreitung von Ideen von der Zustimmung dieser wenigen Eigentümer abhängig macht. Diese Gefahr sollte erkannt und es sollte ihr begegnet werden.

Tab. 7: Auflagenanteile der jeweils 10 auflagenstärksten Verlagsgruppen (VG) von 1982 bis 1993[1]

Verlagsgruppe	1982	1984	1987	1989	1991	1993
Axel Springer Verlag AG	30,2	30,0	28,6	26,7	23,9	22,8
VG WAZ, Essen	5,8	5,8	6,0	6,0	5,0	5,6
VG Stuttg. Ztg./Rheinpf./Südwest Pr.	5,1	5,2	3,1	3,2	5,0	5,2
VG DuMont Schauberg, Köln	3,7	3,7	3,2	3,3	4,5	4,5
VG Gruner + Jahr, Hamburg	-	-	-	-	3,2	3,8
VG Süddt. Zeitung / Friedmann Erben	2,3	2,4	3,5	3,6	3,2	3,3
VG F.A.Z., Frankfurt	1,5	1,6	1,7	2,4	3,2	3,1
VG Ippen, München	1,9	2,0	2,7	3,0	2,4	2,7
VG Holtzbrinck, Stuttgart	-	-	-	-	-	2,5
VG Madsack / Gerstenberg, Hannover	1,6	1,6	1,8	1,9	2,2	2,1
Gemeinsamer Marktanteil	55,3	55,4	54,0	53,5	54,4	55,6

1) Bezogen auf Tageszeitungen, ab 1991 einschl. Ostdeutschland; Zusammensetzung wechselt

Quelle: Röper, Daten zur Konzentration der Tagespresse, Media Perspektiven, lfd. Jge.

Röper[2] ermittelt regelmäßig die Marktanteile der Zeitungsunternehmen, die wirtschaftlich eine Einheit bilden (vgl. zuletzt Röper 1993b). Entscheidend sind hier die Besitz- und Beteiligungsverhältnisse, die von Röper etwa analog den Kriterien des GWB erfaßt werden. Verlage, die an anderen Verlagen mit mindestens 25 Prozent oder geringfügig darunter beteiligt sind, bilden mit diesen Verlagen eine Verlagsgruppe (Röper 1989, S. 326). Tabelle 7 gibt einen Überblick über die Entwicklung

2 Horst Röper ist unabhängiger Medienwissenschaftler und Geschäftsführer von FORMATT in Dortmund und befaßt sich vor allem mit der Verflechtung von Medienunternehmen. Ohne seine Analysen wären die Unternehmensverflechtungen nicht bekannt.

der Auflagenanteile der zehn größten Verlagsgruppen. Danach halten diese Verlagsgruppen seit gut zehn Jahren einen Marktanteil von etwa 55 Prozent; man kann sagen, daß mehr als die Hälfte aller verkauften Tageszeitungsexemplare aus nicht mehr als zehn wirtschaftlich selbständigen Verlagen stammen.

Tab.8: Konzentrationsraten (CR-3, CR-5 und CR-10) der Verlagsgruppen

Jahr	Anteil der 3	5	10
	größten Verlagsgruppen an der Verkaufsauflage (%)		
1. Alle Zeitungen			
1980	39,5	45,6	54,1
1982	41,1	47,1	55,3
1984	40,9	46,9	55,4
1987	38,1	44,3	54,0
1989	36,0	42,8	53,5
1991	33,9	41,6	54,4
1993	33,6	41,9	55,6
2. Abonnementzeitungen			
1980	21,3	26,4	35,6
1982	21,0	26,1	35,4
1984	21,3	26,8	36,6
1987	18,4	24,6	37,1
1989	18,4	24,9	37,3
1991	19,9	28.0	41,2
1993	20,2	28,0	43,5
3. Straßenverkaufszeitungen			
1980	91,1	95,9	100
1982	93,0	97,3	100
1984	92,5	96,9	100
1987	92,0	97,0	100
1989	91,2	98,9	100
1991	87,2	93,2	100
1993	91,9	98,4	100

Quellen: Diederichs und Röper, Daten zur Konzentration der Tagespresse, in: Media Perspektiven 8/1985, 9/1987, 6/1989, 7/1991, 9/1993

Differenziert man nach Zeitungstyp und betrachtet man die Auflagenanteile der jeweils drei, fünf und zehn auflagenstärksten Verlagsgruppen, so zeichnet sich ein ähnliches Bild hoher Konzentration ab. Wie Tabelle 8 zeigt, ist die Konzentration bei den Abonnementzeitungen und den Straßenverkaufzeitungen im Zeitablauf relativ konstant geblieben, bei einer leichten Abnahme bis 1989 und einer Zunahme nach der Vereinigung.

Nach der Qualifizierung durch die Monopolkommission wäre die Konzentration bei Abonnementzeitungen als mäßig, bei den Tageszeitungen insgesamt als hoch und bei den Straßenverkaufzeitungen als sehr hoch zu bezeichnen (Monopolkommission 1992, S. 289).

Insgesamt ergeben die Messungen von Röper wertvolle Erkenntnisse zur publizistischen Konzentration. Hier ist es nicht nachteilig, daß sich die Angaben jeweils auf die gesamte Bundesrepublik beziehen, weil die Aussage, daß z.B. ein Drittel aller Tageszeitungsexemplare aus nicht mehr als drei wirtschaftlich selbständigen Verlagen stammt, von Gewicht für die Beurteilung der publizistischen Konzentration und der publizistischen Vielfalt ist (für die Beurteilung des ökonomischen Wettbewerbs wäre eine Aussage dieses Typs bedeutungslos).

3.3. Erfassung der publizistischen Konzentration durch die Vielzahl des Zeitungsangebots

Der direktere Ansatz zur Erfassung der publizistischen Vielfalt ist der Ausweis der Zahl und der Verbreitung jeweils unterschiedlicher Zeitungen. Dies ist der Ansatz von Schütz, der seit 1954 regelmäßig die Zahl der sogenannten publizistischen Einheiten, d.h. der Zeitungen mit eigenem Mantel, ermittelt und zusätzlich die Zahl der redaktionellen Ausgaben, d.h. der Zeitungen, die sich sonst – im Regelfall im lokalen Textteil – unterscheiden, ausweist (vgl. Kapitel 7). Nachfolgend erfaßt die amtliche Pressestatistik seit 1976 im Prinzip ähnliche Tatbestände, nämlich die Zahl der unterschiedlichen Zeitungen, unterschieden nach Haupt- und Nebenausgaben sowie die Zahl der Zeitungen, die einen eigenen Mantel produzieren. Tabelle 9 zeigt die Entwicklung der Zeitungseinheiten und Tabelle 10 im Vergleich dazu die Daten der amtlichen Statistik.

Tab.9: Entwicklung der Zeitungseinheiten nach Schütz von 1954 bis 1991 (Westdeutschland)

	1954	**1964**	**1967**	**1976**	**1981**	**1985**	**1989**	**1991**	**1993**
red. Ausgaben	1500	1495	1416	1229	1258	1273	1344	1374	1369[1]
publiz. Einheiten	225	183	158	121	124	126	119	119	114

1) Die Berliner Zeitungen sind nicht eindeutig nach Ost und West zuzuordnen.

Quelle: Schütz 1989, 1992, 1994

Tab. 10: Entwicklung der Zeitungseinheiten in der Abgrenzung der Pressestatistik von 1976 bis 1990 (Westdeutschland / Tageszeitungen)

Zeitungseinheit	**1976**	**1978**	**1980**	**1982**	**1984**	**1986**	**1988**	**1990**
Zeitungen insgesamt	1178	1186	1208	1205	1234	1246	1220	1219
davon Hauptausgaben	365	362	359	355	349	347	347	343
davon Nebenausgaben	813	824	849	850	885	899	873	876
davon eigener Mantel [1]	118	115	118	123	123	126	120	124

1) ganz in der eigenen Redaktion erstellt

Quelle: Pressestatistik

Konzeptionell und in der Größenordnung entsprechen sich die „Zeitungen" der Pressestatistik und die „redaktionellen Ausgaben" von Schütz sowie der „eigene Mantel" und die „Publizistische Einheit". Die geringere Zahl der Zeitungen nach der Pressestatistik läßt sich vermutlich darauf zurückführen, daß das Statistische Bundesamt nur unternehmensbezogene Objekte erfaßt und auf das Ausfüllen von Fragebögen angewiesen ist, während Schütz alle Zeitungen einiger Stichtage sammelt, sichtet und sorgfältig analysiert. Dies ist sicher auch der Grund für die geringfügigen Differenzen bei der Zahl der Publizistischen Einheiten bzw. der Zeitungen mit eigenem Mantel.

Die wesentlichen Ergebnisse dieser Erhebungen sind:

- Die Zahl der Publizistischen Einheiten hat sich von 1954 auf 1991 praktisch halbiert, dabei liegt die wesentliche Abnahme, das sogenannte „Zeitungssterben", vor allem in den 50er und 60er Jahren. Nach einer Periode der Stabilität in den 70er und 80er Jahren nehmen die publizistischen Einheiten seit 1985 wieder deutlich ab.
- Die Zahl der unterschiedlichen Zeitungen hat bis 1976 geringfügig abgenommen, anschließend leicht zugenommen. Dahinter verbirgt sich ein Trend in Richtung einer regionalen/lokalen Ausdifferenzierung von Zeitungen in Form von zusätzlichen Nebenausgaben.

Damit kann festgehalten werden, daß es 1993 in Westdeutschland für rund 65 Mio. Einwohner 1 369 Zeitungen gibt, die sich überhaupt unterscheiden, und 114 Zeitungen, die sich in ihrem zentralen Teil, dem Zeitungsmantel, unterscheiden. Das sind – um eine gängige Umrechnung zu gebrauchen – 1,75 Publizistische Einheiten pro 1 Mio. Einwohner. Die entsprechende Zahl für Ostdeutschland liegt bei 1,45.

Was dies für das angestrebte Ergebnis „Meinungsvielfalt" bedeutet, kann nicht gesagt werden; solche Zahlen sind nur als Input in die Produktion von Meinungsvielfalt zu interpretieren. Im internationalen Vergleich steht Deutschland damit etwa in einer mittleren Position, wenn man die spärlichen und schlecht vergleichbaren Angaben vorsichtig interpretiert (vgl. Erdmann/Fritsch 1990, S. 13 ff. und Sanchez-Tabernero 1993, S. 40).

Einen genaueren Einblick in den Input der Produktion von Meinungsvielfalt erhält man, wenn man die Zahl der pro Kopf üblicherweise erhältlichen Zeitungen ermittelt. Dies ist deswegen wichtig, weil es z.B. in Westdeutschland 114 publizistische Einheiten gibt, diese aber so verbreitet sein können, daß jeder Bürger praktisch nur eine Zeitung beziehen kann. Und eine solche Maßgröße wäre nicht sinnvoll, da Meinungsvielfalt ein personengebundenes Konzept ist, nicht ein regional gebundenes Konzept.

Tab. 11: Entwicklung der Zeitungsdichte in Westdeutschland 1954 bis 1993

	Kreisfreie Städte und Kreise in Westdeutschland												
	insgesamt		davon: mit Zeitungsdichte										Ø
Abs.			1	2	3	4	5	6	7	8	9	10	
	1954	558	85	162	190	89	28	2	-	1	-	1	2,7
	1964	566	121	201	184	53	6	-	-	-	1	-	2,3
	1967	564	145	228	152	35	3	-	-	1	-	-	2,2
	1976	343	156	139	37	7	3	1	-	-	-	-	1,7
	1979	331	150	133	38	5	4	-	1	-	-	-	1,7
	1981	328	152	133	34	4	4	-	1	-	-	-	1,7
	1983	328	154	132	32	4	5	-	1	-	-	-	1,7
	1985	328	157	136	27	3	4	-	1	-	-	-	1,7
	1989	328	160	132	28	2	5	-	1	-	-	-	1,7
	1993	328	161	132	27	3	4	-	-	-	-	1	1,7
in %	1954	100	15,2	29,0	34,1	15,9	5,0	0,4	-	0,2	-	0,2	
	1964	100	21,4	35,5	32,5	9,4	1,1	-	-	-	0,2	-	
	1967	100	25,7	40,4	27,0	6,2	0,5	-	-	0,2	-	-	
	1976	100	45,4	40,5	10,8	2,0	0,9	0,3	-	-	-	-	
	1979	100	45,3	40,2	11,5	1,5	1,2	-	0,3	-	-	-	
	1981	100	46,3	40,5	10,4	1,2	1,2	-	0,2	-	-	-	
	1983	100	46,9	40,2	9,8	1,2	1,5	-	0,2	-	-	-	
	1985	100	47,9	41,4	8,2	0,9	1,2	-	0,3	-	-	-	
	1989	100	48,8	40,2	8,5	0,6	1,5	-	0,3	-	-	-	
	1993	100	49,1	40,2	8,2	0,9	1,2	-	-	-	-	0,2	

Quelle: Schütz 1989, S. 770; Schütz 1994, S. 191

Dieses Zeitungsangebot pro Kopf wird von Schütz als sogenannte **Zeitungsdichte** ermittelt. Schütz erfaßt die pro Kreis bzw. pro kreisfreie Stadt erhältliche Zahl regionaler und lokaler Abonnementzeitungen, Zeitungen also, die eine örtliche Berichterstattung bieten. Dabei geht es um faktische Überschneidungen: Wenn z.B. in einem Kreis zwei Zeitungen in getrennten Bereichen erscheinen, wird eine Zeitungsdichte von 1 ermittelt (Schütz 1978).

Die Zeitungsdichte hat, wie Tabelle 11 zeigt, signifikant abgenommen (vgl. Tabelle 11). Während 1954 nur in 15,2 Prozent aller Gebiete lediglich eine regionale oder lokale Abonnementzeitung erhältlich war, ist der Anteil der 1-Zeitungs-Gebiete 1993 schon auf 49,1 Prozent gestiegen; also in praktisch der Hälfte aller Kreise bzw. kreisfreien Städte gibt es nicht mehr als eine regionale oder lokale Abonnementzeitung. Die durchschnittliche Zeitungsdichte ist von 2,7 Zeitungen pro Gebiet auf 1,7 Zeitungen zurückgegangen.

Im übrigen ist die Zeitungsdichte auch Indikator für die ökonomische Konkurrenz, da die jeweiligen Verbreitungsgebiete im Regelfall den relevanten Markt bilden. Mithin kann aus der Analyse von Schütz geschlossen werden, daß

- in 49,1 Prozent der Gebiete ein Zeitungsmonopol existiert,
- in 40,2 Prozent der Gebiete ein Duopol besteht und
- nur in 10,7 Prozent der Gebiete eine Konkurrenz von mehr als zwei Anbietern existiert.

3.4. Pressespezifische Kooperationsformen

Schließlich gibt es im Zeitungsbereich, wie übrigens in jedem Bereich der Wirtschaft, spezifische Kooperationsformen, die unter ökonomischem und publizistischem Aspekt schwer einzuordnen sind (vgl. Kapitel 1). So gibt es recht häufig Teilkooperationen in Form einer Anzeigen-, einer Redaktions-, einer Druck- und/oder einer Vertriebsgemeinschaft oder Gemeinschaftsunternehmen, z.B. das gemeinsame Betreiben von *SAT 1* durch eine Reihe von Zeitungsverlagen.

Im Regelfall wird durch solche gemeinsame Aktivitäten die Rivalität, der Wettbewerbsgeist der Unternehmen verringert, es kommt tendenziell zu einer Abnahme des ökonomischen Wettbewerbs. Der publizistische Wettbewerb wird hingegen direkt nur betroffen, wenn eine redaktionelle Zusammenarbeit vereinbart wird.

Eine seinerzeit viel diskutierte spezielle Form der Kooperation von Zeitungsverlagen ist das sogenannte *WAZ*-Modell (vgl. vor allem Mestmäcker 1978, S. 45 ff.). Bei Aufrechterhaltung der redaktionellen Selbständigkeit der beteiligten Zeitungen – *Westdeutsche Allgemeine (WAZ)*, *Westfälische Rundschau*, *Westfalenpost* und *Neue Ruhr Zeitung* – ist eine wirtschaftliche Einheit in Form einer Anzeigen- und Druckgemeinschaft mit einer einheitlichen wirtschaftlichen Leitung begründet worden.

Dies bedeutet ohne Zweifel eine deutliche Abnahme des ökonomischen Wettbewerbs, weil Unternehmenszielgröße der Gewinn der vier Zeitungen zusammen ist. Aber was bedeutet es für den publizistischen Wettbewerb?

Fest steht, daß die genannten Zeitungen sich in ihrem gesamten redaktionellen Teil deutlich unterscheiden, und ein Abbau der Unterschiedlichkeit im Zeitablauf nicht beobachtet werden kann. Die Zeitungsvielfalt ist meßbar jedenfalls nicht reduziert worden.

4. Wettbewerb und Wettbewerbspolitik auf Zeitungsmärkten

4.1. Abgrenzung relevanter Zeitungsmärkte

Wettbewerb vollzieht sich auf relevanten Märkten und Wettbewerbspolitik bezieht sich auf relevante Märkte. Die Abgrenzung solcher relevanten Märkte stützt sich auf die Ermittlung von Substitutionselastizitäten und – dies als praktikabler Ersatz für die äußerst schwierige Erfassung von Substitutionselastizitäten – auf das „Konzept der funktionalen Austauschbarkeit von Gütern aus der Sicht des verständigen Verbrauchers“ (vgl. Kapitel 1). Die Marktabgrenzung gilt als eines der schwierigsten Probleme der Wettbewerbspolitik und dies gilt insbesondere auch für den Mediensektor, weil hier immer mindestens zwei Güter bzw. zwei Märkte in die Analyse einbezogen werden müssen, der Informationsmarkt und der Werbemarkt. Allerdings läßt die bisherige Praxis der deutschen Kartellbehörden erkennen, daß die Substitutionsbeziehungen auf Rezipientenmärkten letztlich als entscheidend für die Marktabgrenzung angesehen werden (Kleinaltenkamp 1988, S. 735). Dies kann aus publizistischer Sicht überzeugen, der ökonomischen Logik entspricht es nicht. Im folgenden wird ein idealtypischer Überblick über die Abgrenzung relevanter Zeitungsmärkte gegeben, die sich auf die Rechtsprechung, insbesondere auf das langwierige Verfahren von Bundeskartellamt, Berliner Kammergericht und Bundesgerichtshof im Fusionsverfahren Gruner+Jahr und *ZEIT*-Verlag Gerd Bucerius, und auf Plausibilitätserwägungen stützt.

Aufgrund objektivierbarer Unterschiede ist es üblich, von den im folgenden aufgeführten, prinzipiell unterschiedlichen Märkten auszugehen. Sie müssen als die relevanten Lesermärkte angesehen werden.

Markt für regionale und lokale Abonnement-Tageszeitungen: Die Region bezeichnet einen relativ großen Raum, dessen Bevölkerungs-, Sozial-, Kultur- und Wirtschaftsstruktur in der Regel eine gewisse Homogenität aufweist, während die Lokalität den Bezug auf relativ geschlossene Orte oder Ortsteile ausdrückt, die im Bewußtsein der Konsumenten als Gemeinde oder Gemeinschaft empfunden werden (Buss/Maletzke 1981, S. 416; Teichert 1982, S. 87 f.). Aus dieser lokalen und/oder regionalen Gebundenheit entstehen besondere Informationsbedürfnisse, die von speziell auf die Region oder den Ort zugeschnittenen Zeitungen mit entsprechenden Lokal- bzw. Regionalteilen befriedigt werden. Und nur diese Zeitungen stehen dann in einem örtlich durch das Schnittfeld der Verbreitungsgebiete begrenzten Markt im Wettbewerb (vgl. z.B. das Zusammenschlußverfahren *Bote vom Grabfeld – Mainpost*, WuW Nr. 5/1991, S. 399 ff. und *Lübecker Nachrichten – Stormarner Tageblatt*, WuW Nr. 11, 1990, S. 962 ff.) Im gleichen Gebiet möglicherweise existierende überregionale Zeitungen oder Straßenverkaufzeitungen sind nicht in den gleichen relevanten Markt einzubeziehen.

Auf dem Markt für regionale und lokale Abonnementzeitungen gilt der Wettbewerb prinzipiell als recht gering: Marktzutritt scheint ausgeschlossen, und Konkurrenz besteht meist nur als Randwettbewerb, Monopolsituationen bestehen in rund der Hälfte aller Gebiete.

Markt für überregionale Abonnement-Tageszeitungen: Überregionale Abonnement-Tageszeitungen befriedigen nicht den besonderen Informationsbedarf der Leser, der aus den lokalen und regionalen Verhältnissen entsteht, sondern einen sachspezifischen, insbesondere auf die Sparten Wirtschaft, Politik und Kultur gerichteten Informationsbedarf. Auf diesem Markt gibt es in der Bundesrepublik im wesentlichen fünf Anbieter, die *Frankfurter Allgemeine Zeitung*, die *Frankfurter Rundschau*, die *Süddeutsche Zeitung*, die *Tageszeitung (taz)* und die *Welt*; partiell dürfte auch das *Handelsblatt* hinzuzurechnen sein. Es handelt sich mithin um ein nicht mehr enges Oligopol mit deutlicher Produktdifferenzierung; prima facie sind also gute Wettbewerbsbedingungen gegeben, ein Marktzutritt war möglich (*taz*), wenngleich mit erheblichen finanziellen Opfern.

Markt für Straßenverkaufzeitungen: Straßenverkaufzeitungen haben einen nicht ganz festen Leserstamm. Weil sie in täglicher, unmittelbarer Konkurrenz erworben werden, versuchen sie, sich durch eine auffällige Aufmachung und einen sensationellen Inhalt im Wettbewerb am Kiosk zu halten. Sie unterscheiden sich in Breite und Tiefe der Berichterstattung, in der Art der Darstellung und in der Regel auch im Preis deutlich von den anderen Zeitungen. In der Bundesrepublik gibt es sechs Straßenverkaufszeitungen, die im *Prinzip* miteinander konkurrieren. Auf den einzelnen räumlich abgegrenzten Märkten konkurriert im Regelfall nur die *BILD*-Zeitung mit jeweils einer anderen Straßenverkaufzeitung, es resultieren überwiegend Duopol-Konstellationen, also recht enge Wettbewerbsverhältnisse, Marktzutritt war nur kurzzeitig möglich (*Super*-Zeitung).

Markt für Wochenzeitungen: Nach dem erwähnten langwierigen Verfahren, in dem es insbesondere strittig war, ob der *Spiegel* dem Markt für politische Wochenzeitschriften zuzuordnen sei oder einen eigenen Markt bilde und ob es überhaupt einen abgrenzbaren Markt für Wochenzeitungen gebe, wurde schließlich ein Markt für politische Wochenzeitschriften definiert. In bezug auf Erscheinungsweise, Themenbereich und Darstellungstiefe wurde für *Spiegel*, *ZEIT*, *Rheinischer Merkur*, *Deutsches Allgemeines Sonntagsblatt*, *Vorwärts* und *Bayernkurier* eine hinreichende Austauschbarkeit befunden (Kammergericht 1986, WuW/EOLG 3807-3818; BGH-Beschluß vom 22.9.1987, *Gruner+Jahr – ZEIT*, WuW/EBGH 2433-2442).

Diese Abgrenzung erscheint nicht jedem Beobachter als plausibel und hält empirischen Untersuchungen auch nicht stand. Allerdings ist es eine tatrichterliche Entscheidung ohne erkennbaren *Rechts*fehler (vgl. Kleinaltenkamp 1988, S. 736 ff.).

Markt für Sonntagszeitungen: Sonntagszeitungen bilden einen eigenen relevanten Lesermarkt. Sie liefern tagesaktuelle Informationen, insbesondere Sport - das unterscheidet sie von den Wochenzeitungen – und sie erscheinen nur einmal in der Woche – das unterscheidet sie von Tageszeitungen (Bundesgerichtshof 1988, WuW/E BGH 2433, 2438, *Gruner+Jahr-ZEIT)*. Ob Sonntagszeitungen und Wochenzeitungen überhaupt Zeitungen sind, kann hier offen bleiben.

In Einzelfällen sind Überschneidungen möglich. So konkurriert z.B. die überregionale *Süddeutsche Zeitung* in manchen Teilen Bayerns direkt mit regionalen Tageszeitungen, weil die *Süddeutsche Zeitung* auch einen Regionalteil hat (WuW/E BKartA 103, Süddeutscher Verlag - *Donaukurier* 1983). Bei fortschreitenden Annäherungen sind auch Wettbewerbsbeziehungen zwischen Abonnementzeitung und Straßenverkaufzeitung denkbar. Wettbewerbsbeziehungen zwischen Printmedien und Rundfunk werden bislang nicht vermutet, dies bestätigt z.B. eine neuere US-amerikanische Untersuchung (Dertouzos/Trautman 1990, S. 12).

Insgesamt gibt es also

- eine Fülle von relevanten Märkten für lokale/regionale Abonnementzeitungen,
- einen Markt für überregionale Abonnement-Tageszeitungen,
- einen Markt für Straßenverkaufzeitungen,
- einen Markt für Wochenzeitungen und
- einen Markt für Sonntagszeitungen.

Obwohl Vertriebs- und Anzeigengeschäft auf vielfältige Weise miteinander verbunden sind, weicht die Abgrenzung der sachlich **relevanten Anzeigenmärkte** häufig von der der Lesermärkte ab, weil Leser und Inserenten ein unterschiedliches Produkt erwerben und die Austauschbarkeit der Produkte nach unterschiedlichen Kriterien beurteilen. Aus der Sicht der Inserenten bestimmt sich die Austauschbarkeit der Werbeträger durch deren Zielgruppen auf dem Lesermarkt. Marktabgrenzungen ergeben sich damit

- aus der unterschiedlichen räumlichen Reichweite der Werbeträger,
- aus der unterschiedlichen zielgruppenspezifischen Reichweite der Werbeträger,
- aus der unterschiedlichen werblichen Eignung und
- aus den unterschiedlichen Produktions- und Verbreitungskosten von Werbebotschaften.

Abgrenzungen sind hier fließender als auf Lesermärkten. Nur grob und prinzipiell kann man davon ausgehen, daß die Werbemärkte im Printmedien- und im Rundfunkbereich zwar benachbart, aber letztlich doch getrennt sind (so auch die Monopolkommission 1990, Tz, 625, 657; Wagner 1990, S. 171). Für diese Trennung sprechen die unterschiedliche werbliche Eignung der Medien und die unterschiedlichen Kosten der Produktion der Werbebotschaft. Die Produktionskosten (nicht die Verbreitungskosten) eines Werbespots im Rundfunk, insbesondere im Fernsehen, sind deutlich höher als die Produktionskosten einer Zeitungsanzeige. Die Substitutionsbeziehungen zwischen lokaler Zeitungswerbung und lokaler Hörfunkwerbung sind noch nicht klar zu erkennen, ein Wettbewerb in kleineren Randbereichen ist indes zu vermuten. Auch hier wird die Trennung zwischen Printmedien und Rundfunk als Werbeträger durch eine neuere US-amerikanische Studie bestätigt (Dertouzos/Trautman 1992).

Nach der räumlichen Reichweite der Werbeträger sind lokale, regionale und nationale Märkte abzugrenzen; absehbare Streuverluste begründen hier eine klare Kalkulation der Werbeträger dergestalt, daß Werbung mit lokalem Bezug nur in lokalen Medien plaziert wird. Allerdings kann Werbung mit regionalem oder nationalem Bezug sowohl in regionalen bzw. nationalen als auch in Ketten von lokalen Medien verbreitet werden, was bei der Standortpresse, der Regionalpresse oder bei Hörfunkkombis auch üblich ist. Über einen solchen Verbund konkurrieren die

Lokal-/Regionalmedien mithin asymmetrisch mit den Medien der jeweils höheren Ebene, also es konkurrieren z. B. der Verbund der Zeitungen der Regionalpresse mit den überregionalen Zeitungen, aber umgekehrt konkurriert die *FAZ* nicht mit Regionalzeitungen, weil keine strikt regionalgebundene Werbung in der *FAZ* erscheinen würde.

Die unterschiedliche werbliche Eignung der verschiedenen Zeitungstypen begründet ebenfalls keine prinzipiell klare Abgrenzung der Bereiche, weil hier nur schwach ausgeprägte Unterschiede bestehen, die nur für bestimmte Rubriken relevant sind (z.B. werden Todesanzeigen nicht in Straßenverkaufzeitungen veröffentlicht, aber etwa bei Geschäftsempfehlungen verwischen sich die Unterschiede). Entsprechend werden Kaufzeitungen und Abonnement-Tageszeitungen bisweilen dem gleichen Markt zugerechnet (Kammergericht WuW/EOLG 3767 „Rheinische Anzeigenblätter"), bisweilen werden sie als getrennte Märkte gesehen (Bundeskartellamt 1978, WuW/E BKartA 1733 „Springer - Münchener Zeitungsverlag").

Ob Anzeigenblätter und Tageszeitungen dem gleichen Werbemarkt angehören, hängt vor allem von der jeweiligen räumlichen Reichweite ab. Wenn Verbreitungsgebiet und Belegungseinheiten in Einzelausgaben oder in Kombinationen bei Tageszeitungen und Anzeigenblättern nahezu identisch sind, hat das Bundeskartellamt in der jüngeren Zeit eher einheitliche Märkte von Anzeigenblatt und Tageszeitung angenommen (Monopolkommission 1990, S. 278; Zusammenschlußfall Weiss - Druck und Verlag GmbH & Co. KG/S-W-Verlag GmbH & Co. KG für Lokalinformationen). Aus ökonomischer Sicht ist die Austauschbarkeit der verschiedenen Zeitungstypen als Werbeträger so groß, daß eine Unterschiedlichkeit der relevanten Werbemärkte nach Zeitungstyp nur schwer zu begründen sein wird.

4.2. Wettbewerb auf Zeitungsmärkten

Die üblichen Wettbewerbsparameter sind Preise, Produktgestaltung, Werbung und Gestaltung des Vertriebs, also die Instrumente des Marketing-Mix (vgl. Kapitel 8). Dies sind naturgemäß auch die Wettbewerbsparameter auf Zeitungsmärkten:

- Zeitungspreise und Anzeigenpreise,
- Umfang der Zeitung insgesamt und/oder wichtiger Teile der Zeitung wie Lokalteil, lokaler Sportteil oder Fernsehseite; Inputs in die Qualität der Berichterstattung wie Zahl der Redakteure, Zahl der Nachrichtendienste und Korrespondenten, Farbigkeit des Drucks usw.,
- Absatzwerbung, Imagewerbung und Öffentlichkeitsarbeit (PR) sowie
- Wahl der Vertriebswege und der Vertriebskonditionen.

Mit einigen Ausnahmen – z.B. in Berlin, in Dortmund, in Köln und Düsseldorf und im Markt für überregionale Tageszeitungen insgesamt – kann überwiegend nur wenig Wettbewerb auf Zeitungsmärkten beoachtet werden. Es wird generell eine geringe Flexibilität des Angebots in bezug auf veränderte Nachfragebedingungen konstatiert (Kantzenbach 1980, S. 198); Preise werden kaum als Wettbewerbsparameter eingesetzt. „Grundsätzlich sind gleiche Preise die Regel, Preisdifferenzen die Ausnahme“ (Noll 1977, S. 41). Das gilt für jeweils gleiche Märkte, nicht für gleiche Produkte, d. h., die gleiche Zeitung kostet in Konkurrenzgebieten weniger als in Monopolgebieten. „Veränderungen des Bezugspreises erfolgen in aller Regel zum gleichen Zeitpunkt, was auf gewisse gemeinsame Überlegungen der Anbieter schließen läßt“ (Noll 1977, S. 41). Im Vergleich der Bezugspreise von Wettbewerbs- und Monopolzeitungen hat Noll festgestellt, daß die Monopolzeitungen deutlich häufiger in den oberen Preisklassen zu finden sind als Wettbewerbszeitungen, daß aber insgesamt der Wettbewerbspreis nur knapp zehn Prozent unter dem Monopolpreis liegt (Noll 1977, S. 42). Daß Wettbewerbspreise keineswegs immer und deutlich unter den Monopolpreisen liegen, liegt vor allem daran, daß aufgrund der Fixkostendegression Monopolisten deutlich billiger produzieren als Wettbewerber (vgl. Kapitel 4). Dies ist für die USA empirisch bestätigt worden (Reimer 1992).

Als zentraler Wettbewerbsparameter auf dem Lesermarkt gilt der Umfang der lokalen Berichterstattung und ersatzweise die Besetzung der Lokalredaktion. Insbesondere ist die Größe und Qualität des Lokalteils Wettbewerbsparameter, wenn mindestens einer der Konkurrenten zu den kleineren Lokalzeitungen zählt (Pätzold/Röper 1984, S. 239 ff. und Pätzold/Röper 1992, S. 644 ff.). Offenbar bestehen dann das Ziel und eine gewisse Wahrscheinlichkeit, die kleineren Konkurrenten verdrängen zu können (vgl. auch Leuker 1985).

Die Wettbewerbsbedingungen des Zeitungsmarktes sind grundsätzlich, d.h., von Ausnahmen abgesehen, schlecht. Das Volumen des Zeitungsmarktes stagniert mengenmäßig, lediglich überregionale Abonnementzeitungen konnten ihre Auflage steigern. Damit befindet sich der Zeitungsmarkt in der Phase der Marktsättigung und Produktinnovationen gibt es kaum. Deutliches Merkmal ist die im Verhältnis zu anderen Produktionszweigen relativ gleichbleibende Produktgestaltung, Innovationen gibt es nur in den Herstellungsverfahren. Diese Innovationen haben indes nicht auf Zeitungsmärkten, sondern in der Druckindustrie ihren Anfang genommen.

Die Zahl der Marktaustritte überwiegt die Zahl der Marktzutritte bei weitem. Von 1954 bis 1993 hat die Zahl der publizistischen Einheiten von 225 auf 114, also um 111 Einheiten abgenommen. Marktzutritte gab es nur sporadisch: Einen Zutritt zum Markt für überregionale Abonnementzeitungen (*taz*), zwei Zutritte zum Markt für Straßenverkaufszeitungen (*tz*, München, und *Express*, Köln) und einen Zutritt zum Markt für regionale/lokale Abonnementzeitungen (*Tagesanzeiger*, Maintal).

Dies kann als eine wettbewerblich bedenkliche Konstellation gelten, in stagnierenden Märkten ist ein gruppensolidarisches Verhalten zu erwarten. Insgesamt sind nur wenig Anzeichen für einen guten Wettbewerb zu sehen: Produktinnovationen sind selten zu beobachten und Profitraten sind überdurchschnittlich hoch.

4.3. Marktzutrittsschranken

Wenn trotz der hohen Renditen, die im Zeitungsgeschäft erzielt werden (vgl. Tabelle 13 in Kapitel 8) Marktzutritte so gut wie nie erfolgreich waren, weist das auf hohe Schranken für einen Zutritt zum Zeitungsmarkt hin. Als solche Zutrittsschranken müssen die folgenden Strukturmerkmale der Zeitungsproduktion gelten:

- Es existieren ganz erhebliche Kostenvorteile des etablierten Anbieters. Aufgrund des hohen Fixkostenanteils der Zeitungsproduktion ist die Fixkostendegression so ausgeprägt, daß der Alleinanbieter am billigsten produziert. Ein Newcomer würde solange teurer produzieren als der etablierte Anbieter, wie er in der nachrangigen Marktposition wäre.
- Aufgrund des Verbunds von Lesermarkt und Anzeigenmarkt existieren erhebliche Einnahmevorteile des etablierten Anbieters. Ein Newcomer hätte solange wesentlich geringere Werbeeinnahmen als der etablierte Anbieter, wie er in der nachrangigen Marktposition wäre.
- Es existieren erhebliche Produktdifferenzierungsvorteile des etablierten Anbieters, weil der Newcomer aufgrund der Titeltreue der Leser ganz erheblich in Werbung und Zeitungsqualität investieren müßte, um einen Abonnentenwechsel zu bewirken.
- Schließlich ist das Verlustrisiko von Investitionen beim Marktzutritt deshalb so groß, weil die Kosten des Marktzutritts in Form von Werbung und Vorhalten eines Zeitungsangebots im Falle des Mißlingens fast ausschließlich versunkene Kosten (sunk costs) wären.

Unter den normalen Bedingungen der Zeitungsproduktion und des Wettbewerbs auf den Zeitungsmärkten kann ein Zutritt für regionale oder lokale Tageszeitungen keine lohnende Investition sein (vgl. Heinrich 1984, S. 79). Nur wenig abgeschwächt gilt diese Feststellung auch für Straßenverkaufzeitungen und überregionale Tageszeitungen. Schließlich sei darauf hingewiesen, daß in stagnierenden Märkten Zutritte ohnehin sehr selten sind. Dieser Befund ist aber für den Zeitungsmarkt von ganz anderer Bedeutung (vgl. Kopper 1984) als etwa für den Stahlmarkt oder den Schiffbau.

4.4. Wettbewerbspolitik als Ordnungspolitik im Zeitungsbereich

Im Zeitungsbereich ist von Anfang an und so gut wie unstrittig die Entscheidung für den Markt als grundlegendes Steuerungsprinzip gefallen, obwohl die Presse eine „öffentliche Aufgabe“ erfüllen soll. Ordnungspolitik ist damit so gut wie ausschließlich Wettbewerbspolitik. Medienpolitik existiert nicht. Weder gibt es eine Qualitätskontrolle noch eine Kontrolle der Medienstrukturen. Der Marktzutritt für Journalisten und Verleger ist so frei wie in fast keinem anderem Gewerbe, die Produktion ist so frei wie in fast keinem anderem Gewerbe. Es gibt keinen TÜV, kein Gewerbeaufsichtsamt, keine Warentests, keine generelle Mitbestimmung und keine Bundesaufsichtsämter, um nur einige der sonst üblichen Kontrollen marktwirtschaftlicher Produktionen zu nennen. Allein eine Bundesprüfstelle überwacht den Jugendschutz.

Die Kontrolle durch den Presserat ist eine so gut wie unwirksame Kontrolle auf standesrechtlicher Ebene und entspricht ähnlichen Organen bei Maklern und Gebrauchtwagenhändlern. Wenn überhaupt von Medienpolitik gesprochen werden kann, dann dient sie dazu, den Pressebereich vor „zuviel“ Wettbewerb zu schützen: Preisbindung bei Verlagserzeugnissen als Ausnahme vom allgemeinen Verbot der Preisbindung und das Gebietsmonopol des Pressegroßhändlers als Ausnahme vom Kartellverbot sind hier zu nennen (vgl. Kapitel 7).

Grundsätzlich gelten für den Pressebereich die Vorschriften des Gesetzes gegen Wettbewerbsbeschränkung (GWB). Das sind im wesentlichen

- der Grundsatz des Kartellverbots,
- die Mißbrauchsaufsicht über marktbeherrschende Unternehmen,
- die Fusionskontrolle sowie
- die Kontrolle vertikaler Vertriebsbindungen.

Auf diese Regelungen soll hier nicht weiter allgemein eingegangen werden (vgl. dazu Baßeler/Heinrich/Koch 1991, 8. Kapitel; Berg 1992 und ausführlich Emmerich 1991). Diese allgemeinen Regelungen sind für den Pressebereich – und nur für den Pressebereich – in einer bemerkenswerten Weise verschärft worden. Die Presse nimmt damit im Rahmen der Wettbewerbspolitik eine besondere Stellung ein.

Mit der dritten GWB-Novelle, dem sogenannten **Pressefusionskontrollgesetz**, wurden 1976 spezifische Verschärfungen für den Pressebereich eingeführt. Um den besonderen Strukturen des Pressemarktes und den Anforderungen an die publizistische Vielfalt gerecht zu werden, wurde das Aufgreifkriterium „Umsatz“ für die Überprüfung von Zusammenschlüssen für Presseunternehmen auf ein Zwanzigstel reduziert (§ 23 Abs. 1 Satz 7 GWB). Außerdem wurde durch den neu eingeführten § 24 Abs. 9 die Anwendung der sogenannten Anschlußklausel (§ 24 Abs. 8 Satz 1 Nr. 2), die den Erwerb kleinerer Unternehmen erleichtert, für Presseunternehmen ausgeschlossen. Gerade im Pressesektor, in dem die Vielfalt des Angebots im lokalen und regionalen Bereich durch z.T. noch sehr kleine Verlage gestützt wird, sollte ein Anschluß kleiner Verlage an größere Verlage erschwert werden. Darüber hinaus gelten für die Zusammenschlüsse im Pressebereich die Vorschriften der allgemeinen Fusionskontrolle.

Als Presseunternehmen gelten „Unternehmen, deren Geschäftsbetrieb ganz oder teilweise im Verlag, in der Herstellung oder im Vertrieb von Zeitungen oder Zeitschriften oder deren Bestandteilen besteht“ (§ 23, Absatz 1 Satz 7). Dabei gelten die Presseklauseln nur für den reinen Presseumsatz. Bei einem Presseunternehmen, das auch Industrieumsätze tätigt, bleibt es für Industrieumsätze bei der allgemeinen Regel (Möschel 1978, S. 168).

Damit besteht eine *präventive* Anmeldepflicht für Fusionsvorhaben von Presseunternehmen ab einem Jahresumsatz von 100 Millionen DM für eine Unternehmung und ab einem Jahresumsatz von 50 Millionen DM für zwei Unternehmen. Die Anmeldepflicht *nach* einem Zusammenschluß besteht ab einem Umsatz von 25 Millionen DM für die beteiligten Unternehmen. Vor dem Prüfverfahren des Bundeskartellamtes ist noch zu prüfen, ob eine der Toleranzklauseln des § 24 Abs. 8

greift, die die Fusionskontrolle dann ausschließen: Die Bagatellumsatzklausel - die beteiligten Presseunternehmen hatten insgesamt weniger als 25 Millionen Mark Umsatz und die Bagatellmarktklausel - ein Markt, der seit mindestens fünf Jahren existiert und auf dem weniger als 500 000 DM Umsatz erzielt wurde. Zur Illustration sei darauf verwiesen, daß ein Umsatz von 25 Millionen Mark im reinen Zeitungsgeschäft einer Auflage von gut 30 000 Exemplaren entspricht.

Wenn die Bedingungen erfüllt sind, setzt das Prüfverfahren des Bundeskartellamtes ein. Dabei ist zu ermitteln, ob durch den Zusammenschluß eine **marktbeherrschende Stellung** entsteht oder verstärkt wird. Bei der Prüfung der Marktbeherrschung nach § 22 Abs. 3 greift wiederum die pressespezifische Reduzierung der Aufgreifschwellen. So wird eine Marktbeherrschung für ein Presseunternehmen gemäß § 22 Abs. 3 Satz Nr. 1 dann vermutet, wenn sein Jahresumsatz mindestens 12,5 Millionen DM beträgt und es einen Marktanteil von mindestens einem Drittel hat (Monopolvermutung).

Bei Presseunternehmen, die Teil einer Oligopolgruppe von zwei oder drei Unternehmen mit einem gemeinsamen Marktanteil von mindestens fünfzig Prozent sind, und bei Presseunternehmen, die zu einer Oligopolgruppe von vier oder fünf Unternehmen mit einem gemeinsamen Marktanteil von mindestens zwei Dritteln gehören, wird die Marktbeherrschungsvermutung nach § 22 Abs. 3 Satz 1 Nr. 2 dann ausgelöst, wenn sie jeweils Umsätze von 5 Millionen DM und mehr erzielt haben (allgemeine Oligopolvermutung).

Dagegen werden die ergänzenden Vermutungstatbestände für eine Marktbeherrschung nach § 23a nicht pressespezifisch modifiziert, weil hier vor allem vertikale und konglomerate Zusammenschlüsse erfaßt werden, von denen man geglaubt hatte, daß sie pressespezifisch keine besondere Problematik aufweisen. Wenn das Bundeskartellamt feststellt, daß durch den Zusammenschluß eine marktbeherrschende Stellung entsteht oder verstärkt wird, wird der Zusammenschluß untersagt (§ 24 Abs. 1 und 2 GWB), wenn der Wettbewerb nicht verbessert wird.

Die Vorschriften der Pressefusionskontrolle stellen also eine erhebliche Verschärfung der allgemein geltenden Fusionskontrollvorschriften des GWB dar. Dies ist prinzipiell sinnvoll, weil der Pressesektor ein erhebliches Ausmaß an Konzentration aufweist, weil eine außerordentliche Fülle von Monopolen im Bereich der lokalen und regionalen Tageszeitungen besteht und weil Marktzutritt so gut wie unmöglich erscheint. Angesichts dieser Befunde war und ist ein wirksamer Schutz des verbleibenden Restwettbewerbs von zentraler Bedeutung. Mit der Presseklausel des § 23 Abs. 1, Satz 7 („5-Prozent-Klausel") hat der Gesetzgeber den presse- und medienspezifischen Besonderheiten prinzipiell Rechnung getragen. Dabei war die Gesetzgebungszuständigkeit des Bundes für die Pressefusionskontrolle nach Art. 74 (16) GG im Grunde nicht strittig.

Es bleibt allerdings problematisch, daß allein ökonomische Kriterien und Kontrollvorschriften angewendet werden. Spezifisch medienrechtliche Vorschriften mit publizistisch ausgerichteten Kriterien wie im Rundfunkstaatsvertrag fehlen im Pressesektor. Damit fehlt auch jegliche Möglichkeit, den intermedialen Zusammenschluß, etwa von Presseverlagen und Rundfunkunternehmen zu kontrollieren, weil solche Zusammenschlüsse sich auf unterschiedliche relevante Märkte beziehen.

4.5. Praxis der Wettbewerbspolitik

Wegen des relativ hohen Monopolisierungsgrades der deutschen Pressemärkte sind die materiellen Untersagungsvoraussetzungen für Pressefusionen im allgemeinen recht schnell erfüllt (Möschel 1984, S. 498). Zugleich ist der Anreiz für Zusammenschlüsse im Pressebereich wegen der Fixkostendegression und wegen des Verbunds der Märkte nicht klein. So sind im Zeitraum von 1974 bis Ende 1991 in der Bundesrepublik insgesamt 49 Untersagungen rechtskräftig vollzogen worden, davon betrafen allein 16, also ein Drittel, den Pressebereich. (Monopolkommission 1992, S. 476 ff). Im folgenden sollen einige Fusionsvorhaben – untersagte wie nicht untersagte – als beispielhäfte Fälle aus der Praxis der Wettbewerbspolitik beschrieben werden, um die Grundlinien der pressespezifischen Wettbewerbspolitik zu verdeutlichen.

Untersagte Fusionsvorhaben: Rechtskräftig untersagt worden sind folgende Vorhaben, die im folgenden nach der Art der Fusionspartner gegliedert sind. Die Jahresangaben beziehen sich dabei auf den Zeitpunkt, zu dem die Untersagung rechtskräftig geworden ist. Die Fundstelle ist die Entscheidungssammlung der Zeitschrift *Wirtschaft und Wettbewerb* (zitiert als WuW/E)

Zusammenschluß Zeitung und Anzeigenblätter (6 Fälle):

- Münchner Wochenblatt Verlags- und Werbegesellschaft mbH (*Süddeutsche Zeitung*)/ Münchner Anzeigenblätter 1981 (WuW/E BGH 1854)
- Ullstein GmbH (Springer)/ Verlag Haupt und Koska GmbH & Co KG (*az*) 1982 (WuW/E BGH 1954)
- Nordwest-Zeitung Druck- und Pressehaus GmbH/ Ammerland Echo Verlags GmbH & Co. KG 1981 (WuW/E BKartA 1921)
- Panorama Anzeigenblatt GmbH + Rhein-Erft GmbH / Anzeigenblätter 1987 (WuW/E BGH 2427)
- Südkurier GmbH/ Singener Wochenblatt GmbH & Co KG 1987 (WuW/E BGH 2443)
- Hamburger Wochenblatt Verlag GmbH (Springer)/ Schlei-Verlag GmbH 1987 (WuW/E BKartA 2251)

Zusammenschluß Medienkonzern und kleinere Zeitung (5 Fälle):

- Bergedorfer Buchdruckerei (Springer) /Elbe Wochenblatt 1979 (WuW/E BGH 1685)
- Springer Verlag/ Münchner Zeitungsverlag 1981 (WuW/E BGH 1854)
- Süddeutscher Verlag GmbH (Süddeutsche Zeitung)/ Donau-Kurier Verlagsgesellschaft 1986 (WuW/E BGH 2276)
- Lübecker Nachrichten GmbH (Springer)/Stormarner Tageblatt (WuW/E BGH 2743)

- Gesellschaft für Beteiligungsbesitz (WAZ)/ Iserlohner Kreisanzeiger (WuW/E OLG 4835)

Zusammenschluß großer Medienkonzerne (2 Fälle):

- Gruner+Jahr AG & Co (*Spiegel*)/ Zeitverlag Buccerius AG 1987 (WuW/E BGH 2433)
- Burda GmbH/ Axel Springer Gesellschaft für Publizistik KG 1981 (WuW/E BKartA 1921)

Zwei Fälle betrafen den Zusammenschluß kleinerer Tageszeitungen – Darmstädter Echo Verlag und Druckerei GmbH/Südhessische Post GmbH 1986 sowie die Mainpresse/Bote vom Grabfeld –, ein weiterer Fall den Zusammenschluß zweier Anzeigenblattverlage – Weiss-Druck + Verlag GmbH & Co KG/ S-W Verlag GmbH & Co für Lokalinformation 1988 – und schließlich war einmal der Zusammenschluß eines Medienkonzerns mit einem marktbeherrschenden Unternehmen betroffen – Bertelsmann/ Deutscher Verkehrsverlag 1978 (vgl. insgesamt Monopolkommission 1992, S. 476 ff.).

In all diesen Fällen hätte der Zusammenschluß die marktbeherrschende Stellung mindestens einer der beteiligten Unternehmen deutlich verstärkt, eine Verbesserung des Wettbewerbs wäre nicht eingetreten. Trotz dieser relativ klaren Sachlage sind 10 der 17 untersagten Fusionsverfahren erst durch den BGH entschieden worden.

Nicht untersagte Fusionen: Interessanter als die untersagten sind die nicht untersagten Fusionen, denn auch für den Pressebereich gilt, daß die Zahl der genehmigten Fusionen die Zahl der Untersagungen bei weitem übertrifft. Von 1973 bis 1992 registrierte das Bundeskartellamt 644 Unternehmenszusammenschlüsse im Sektor „kulturelle Leistungen" (Presseverlage, Buchverlage, Musikverlage, Rundfunk, Anzeigenblätter, Tonträger), wobei der Erwerber dem Kultursektor angehörte, und 749 Zusammenschlüsse, bei denen das erwerbende Unternehmen dem Sektor „kulturelle Leistungen" angehörte (BKartA 1993, S. 158 f).

Bei der Beurteilung ist der wettbewerbspolitische Aspekt vom medienpolitischen Aspekt zu trennen. Wettbewerbspolitisch entscheidend ist die Verbesserung oder Verschlechterung des Wettbewerbs per se, medienpolitisch entscheidend ist die Konzentration von Eigentum an Medienunternehmen, unabhängig von der Wettbewerbslage.

Wettbewerbspolitisch unproblematisch sind die Fälle, in denen sich in der Fusion Sanierungs- und Aufholaspekte verbinden, wo also langfristig nicht überlebensfähige Zeitungen mit nicht dominierenden Partnern fusionieren. Beispiel für den Markt der regionalen Abonnementzeitungen ist der Erwerb der Meinerzhagener Zeitung Kämper GmbH & Co. KG durch Dr. Ippen, sowie dessen Mehrheitsbeteiligung an der Fehmarnsches Tageblatt Burg-Verlag H.Wolff GmbH & Co. KG. „Im ersten Fall wurde der Verlag vor dem unmittelbaren Marktaustritt durch Konkurs bewahrt, im zweiten Fall schien eine unabhängige Existenz nicht mehr gewährleistet. Die *Meinerzhagener Zeitung* wäre ohne den Zusammenschluß der im Märkischen Kreis dominanten *Westdeutschen Allgemeinen Zeitung* (WAZ) zugefallen. Das *Fehmarnsche Tageblatt* bezieht den Zeitungsmantel von der ASV

AG. Im Zusammenhang mit einem Vorkaufsrecht an dem Verlag erschien aufgrund der geringen finanziellen Reserven der Wolff KG ein unabhängiger Bestand im ohnehin stark verkrusteten Regional- und Lokalzeitungsmarkt in Schleswig-Holstein nicht mehr gesichert.

Zu einer Verbesserung der Struktur auf den jeweiligen Märkten führten drei weitere Zusammenschlußvorhaben der Ippen-Gruppe und das eines anderen Verlages. Dabei handelte es sich um die Erhöhung der Beteiligung an der Lüdenscheider Verlagsgesellschaft W. Berg GmbH & Co. KG (Ippen) zunächst von 20 % auf 26,6 %. Der darauf folgende Zusammenschluß der Lüdenscheider Verlagsgesellschaft, der Zeitungsverlag Altena GmbH & Co. KG und der Meinerzhagener Zeitung Kämper GmbH & Co. KG zur neugegründeten Firma Märkischer Zeitungsverlag GmbH & Co. KG wurde gleichfalls vom Bundeskartellamt nicht untersagt, da in dem Verbreitungsgebiet (wie bereits oben beschrieben) die *WAZ* den Markt für regionale Abonnementzeitungen dominiert.

Die zur Ippen-Gruppe gehörende Pressehaus Bintz-Verlag GmbH & Co. KG, Offenbach, erwarb einen wesentlichen Vermögensteil der Langer Zeitung Kühn Verlags KG. Das Bundeskartellamt untersagte nicht, da man von diesem Zusammenschluß zweier lokaler Zeitungsverlage eine geringfügige Wettbewerbsbelebung unter den im Wirtschaftsraum Frankfurt dominierenden Tageszeitungen erwartete, ohne daß es gleichzeitig zu fusionsrechtlich relevanten Auswirkungen auf die Stellung der von Bintz herausgegebenen *Offenbach-Post* in ihrem Kernverbreitungsgebiet kommen würde. In der benachbarten Region Dieburg/Münster übernahm der Bintz-Verlag die Dieburger Anzeiger GmbH & Co. KG. Da hierdurch der marktführenden Erstzeitung *Darmstädter Echo* ein gewichtiger Wettbewerber erwuchs, stimmte das Bundeskartellamt dem Erwerb zu. Auch die Nichtuntersagung der Übernahme der *Emsdetter Volkszeitung* durch die Ruhr-Nachrichten Verlagsgesellschaft mbH & Co.begründete sich gleichfalls aus der Verbesserung der Marktstruktur, hier vorrangig in den Bereichen Emsdetten/Münster." (Monopolkommission 1990, S. 274)

Medienpolitisch bedenklich ist dabei die zunehmende Konzentration, also hier der zunehmende Anteil der Ippen-Gruppe an der Zeitungsindustrie. Aber auch hier ist stets die Alternative zu prüfen: Die Fusion mit einem Marktführer wäre auch medienpolitisch noch weniger zu vertreten.

Ein letztes Beispiel ist die Beteiligung von Holtzbrinck mit 51 Prozent am Berliner *Tagesspiegel*. Dies trägt ohne Zweifel zur Bestandssicherung der dritten großen Abonnement-Tageszeitung im Großraum Berlin bei, erhöht also den Wettbewerb und die Vielfalt, stärkt aber auch die Position eines großen Medienkonzerns (Bundeskartellamt 1993, S. 127).

Wettbewerbspolitisch und medienpolitisch problematisch sind die Fälle, in denen ein marktbeherrschendes Unternehmen vom Konkurs bedrohte Mitbewerber saniert. Wohl berühmtestes Beispiel ist die Fusion der *Westdeutschen Allgemeinen Zeitung (WAZ)* und der *Neuen Ruhr / Neuen Rhein Zeitung (NRZ)*. Dies war wettbewerbspolitisch problematisch, weil sich die Wettbewerbsbedingungen der übrigen Konkurrenten verschlechterten und nicht von vorneherein sicher sein konnte, daß der Marktführer sowieso an die Stelle des ausgeschiedenen Unternehmens getreten wäre. Letztlich gilt die seinerzeit unterbliebene Untersagung als wettbewerbspolitisch unhaltbar (vgl. Emmerich 1991, S. 411).

Prinzipiell ist eine solche Sanierungsfusion auch medienpolitisch bedenklich. In diesem speziellen Fall ist allerdings die medienpolitische Bedenklichkeit dadurch relativiert worden, daß die *NRZ* (wie die übrigen Zeitungen *Westfälische Rundschau* und *Westfalenpost*, die vorher mit der *WAZ* fusioniert hatten) bei Aufgabe der wirtschaftlichen Selbständigkeit ihre redaktionelle Unabhängigkeit behalten hat (Herausgeber, politische Grundhaltung, Chefredakteur und Personalpolitik verbleiben im Zuständigkeitsbereich der *NRZ*). Damit ist dann zwar das relevante Unternehmenseigentum hoch konzentriert, explizit aber ein Einfluß des (Mehrheits-) Eigentümers auf den Produktinhalt ausgeschlossen. Die notwendige Bedingung für Meinungsvielfalt bleibt erhalten (vgl. hierzu kritisch Mestmäcker 1978, S, 45 ff). Allerdings nur so lange, wie die einzelnen Zeitungen ausreichende Erträge erwirtschaften.

Mindestens medienpolitisch problematisch sind die Fälle zunehmender Größe per se, Fälle also, in denen sich ein Medienunternehmen mit einem Medienunternehmen auf einem anderen Markt zusammenschließt.

Ein gutes Beispiel ist der „Erwerb einer Minderheitsbeteiligung an der Südkurier GmbH, Konstanz, durch die Verlagsgruppe Georg von Holtzbrinck (Holtzbrinck). Das Bundeskartellamt hat dieses Zusammenschlußverfahren nicht untersagt. Die Südkurier GmbH verlegt die Tageszeitung *Südkurier*, deren Verbreitungsgebiet vom westlichen Teil des Bodensees bis Lörrach und im Norden in das Schwarzwaldgebiet bis Triberg reicht. Die Zeitung hat 14 Lokal- bzw. Regionalausgaben mit einer Gesamtauflage von 134 000 Exemplaren. Holtzbrinck ist (1980) ein Medienkonzern mit dem Schwerpunkt seiner Tätigkeit im Buchklub- und Buchverlagsgeschäft. Er gibt die Tageszeitung *Handelsblatt* (Auflage 81 300) heraus und hält eine Beteiligung in Höhe von 49 % an der *Saarbrücker Zeitung* (Auflage 204 000).

Durch den Zusammenschluß wachsen weder der Holtzbrinck-Gruppe noch der Südkurier GmbH in ihrem jeweiligen Tätigkeitsbereich Marktanteile zu. Außerdem konnte bei der Südkurier GmbH weder die Entstehung noch die Verstärkung einer marktbeherrschenden Stellung durch Ressourcenzuwachs festgestellt werden, da die Holtzbrinck-Gruppe nicht über Verlagsobjekte verfügt, die sich marktstrategisch zur Unterstützung der Aktivitäten des *Südkurier* einsetzen lassen (z.B. Kaufzeitung, benachbarte Regional- bzw. Lokalzeitungen). Die verbesserten Finanzierungsmöglichkeiten des *Südkurier* durch die Verbindung mit Holtzbrinck führen ebenfalls nicht zur Entstehung oder Verstärkung einer marktbeherrschenden Stellung. Aufgrund der Wettbewerbssituation und der Verteilung von Erst- und Zweitzeitungspositionen in den Überschneidungsgebieten mit benachbarten Zeitungen konnte ein Übergewicht des *Südkurier* gegenüber diesen Zeitungen (*Badische Zeitung, Schwarzwälder Bote*) nicht festgestellt werden. In einem großen Teil seines Verbreitungsgebietes hat der *Südkurier* eine Alleinstellung. Der zusätzliche finanzielle Rückhalt durch die Holtzbrinck-Gruppe bedeutet aber keine ins Gewicht fallende Absicherung der Alleinstellung des *Südkurier* vor potentiellem Wettbewerb benachbarter Tageszeitungen. Das Eindringen anderer Tageszeitungen in dieses Verbreitungsgebiet wird weniger durch die Finanzierungskraft des *Südkurier* behindert als durch die relativ schwache Wirtschaftstruktur des westlichen Bodenseegebietes und die landmannschaftlich und historisch bedingten Lesegewohnheiten der Bevölkerung" (Bundeskartellamt 1981, S. 94).

Medienpolitisch problematisch ist, daß – wie obige Ausführungen zeigen – die zunehmende Größe des Medienkonzerns Holtzbrinck nicht einmal ansatzweise beachtlich ist, diskutiert werden ja nur mögliche Auswirkungen auf den *Südkurier*. Wettbewerbspolitisch kann zunehmende Größe per se, die nach herrschender Meinung und Rechtssprechung von § 22, Abs. 1 Nr. 2 nicht erfaßt wird, allenfalls mit dem Konzept der Ressourcenakkumulation erfaßt werden. Eine solche Ressourcenakkumulation ist immer dann zu prüfen, wenn sich Firmen zusammenschließen, die zwar groß sind, aber auf verschiedenen Märkten agieren (z.B. Daimler Benz/ AEG). In einem solchen Fall kann eine einfache Marktanteilsaddition ja nicht in Betracht kommen, vielmehr muß geprüft werden,

- ob der Ressourcenzustrom eine marktbeherrschende Stellung begründet oder verstärkt und
- ob dadurch der Wettbewerb verbessert oder verschlechtert wird.

Oft ist der Ressourcenzustrom tatsächlich nicht ursächlich für die Begründung oder Verstärkung einer marktbeherrschenden Stellung (z.B. Fusion Handelsblatt GmbH (Holtzbrinck) mit dem VDI-Verlag GmbH), oder der Wettbewerb wird durch die Ressourcenverstärkung des schwächeren Marktteilnehmers verbessert (z.B. Erwerb der Berliner Verlag GmbH (*Berliner Zeitung, BZ am Abend*) durch die Bertelsmann-Tochter Gruner+ Jahr AG & Co., Hamburg und die britische Mirror Group plc (Maxwell) 1991 (vgl. Bundeskartellamt 1991, S. 103 f). Hierdurch wird die Wettbewerbsituation gegenüber der marktbeherrschenden Axel Springer Verlag AG verbessert. In all diesen Fällen mag der Wettbewerb nicht negativ betroffen sein, die zunehmende Größe von Medienkonzernen (Holtzbrinck, Bertelsmann, Maxwell) ist indes medienpolitisch bedenklich.

5. Die Entwicklung der Zeitungslandschaft in Ostdeutschland

5.1. Die Entwicklung der Zeitungseinheiten

Die Struktur der Zeitungslandschaft in der DDR war seit den 50er Jahren bis Ende 1989 praktisch konstant geblieben. 38 Vollredaktionen hatten 39 Tageszeitungen herausgegeben, davon

- 7 überregionale Tageszeitungen, die sogenannten „Zentralorgane" der Parteien (SED, CDU, LDPD, NDPD, DBD) und Verbände (FDGB, FDJ,),
- 15 SED-Bezirkszeitungen (inkl. *Berliner Zeitung*), die das gesamte Gebiet der DDR abdeckten und mit einem Auflagenanteil von 49 Prozent dominierten,

- 13 Regionalzeitungen der Blockparteien (vier CDU, fünf NDPD, vier LDPD), die mit einem Auflagenanteil von rund fünf Prozent im wesentlichen in den Bezirkshauptstädten die Rolle von Zweit- oder Drittzeitungen spielten,
- 1 Straßenverkaufzeitung (*BZ am Abend*) und
- das Organ der sorbischen Minderheit (*Nowa Doba*, heute *Serbske Nowiny*) und
- das *Deutsche Sportecho* als täglich erscheinende Fachzeitschrift des DTSB.

Tab. 12: Struktur der Zeitungslandschaft in Ostdeutschland 1989 bis 1993

	1989	**1990**	**1991**	**1992**	**1993**
Tageszeitungen gesamt[1]	37	35	33	23	23[2]
– überregionale TZ	7	7	6	3	3
– regionale SED-TZ	15	15	15	15	15
– regionale Block-TZ	13	11	9	3	1
– Straßenverkaufzeitungen	1	1	2	1	2
– Minderheiten-TZ	1	1	1	1	1
Auflage (in Tausend)	9 642		6 972		4 691

1) ohne *Sportecho*
2) Darin enthalten die hier nicht aufgeführte neue Publizistische Einheit *stz. Südthüringer Zeitung.*

Quellen: Schütz 1992b; Schütz 1994; Dokumentation Tageszeitungen in den fünf neuen Bundesländern sowie Ost-Berlin (Bundespresseamt) 1994

Im Zuge der Entwicklung der ehemaligen DDR zur kapitalistischen Marktwirtschaft hat sich die Zeitungslandschaft nur zum Teil grundlegend gewandelt (vgl. Tabelle 12 und 13; Angaben beziehen sich auf publizistische Einheiten.)

- Die 15 ehemaligen SED-Bezirkszeitungen (einschließlich der vormals überregionalen *Berliner Zeitung*) haben sich alle und alle erstaunlich gut gehalten. Sie erreichten im 4. Quartal 1993 mit einer Auflage von 4 691 345 verkauften Exemplaren einen Marktanteil von 89,9 %, also deutlich mehr als zu DDR-Zeiten.
- Von den ehemals überregionalen Tageszeitungen, den sog. „Zentralorganen" existierten im 4. Quartal 1993 nur noch die *Junge Welt* (41 466 Exemplare Auflage), die *Neue Zeit* (*FAZ*-Gruppe, 40 000 Exemplare; am 5.7.1994 nach Verlusten in Höhe von ca. 100 Mio. DM eingestellt)) und das *Neue Deutschland* (81 658 Exemplare).
- Von den ehemals 13 regionalen Zeitungen der Blockparteien existierte Ende 1993 nur noch die *Thüringische Landeszeitung* mit einer Auflage von 47 100, allerdings in wirtschaftlicher Kooperation mit der Zeitungsgruppe Thüringen, die von der *WAZ*-Gruppe gelenkt wird (Schütz 1994, S. 170)
- Es gibt mittlerweile zwei Straßenverkaufzeitungen: den *Berliner Kurier* (175.500), der mit der *Morgenpost Sachsen* (146 020) eine publizistische Einheit bildet, und den *Mitteldeutschen Express* (66 100).

- Gehalten hat sich die kleine Zeitung für die sorbische Minderheit *Serbske Nowiny* mit einer Auflage von etwa 1 500 Exemplaren.
- Eine publizistische Einheit, die *stz. Südthüringer Zeitung* ist von den nach der Wende neu entstandenen publizistischen Einheiten übriggeblieben mit einer Auflage von 20.600 Stück.

Tab. 13: Die Struktur der Zeitungslandschaft in Ostdeutschland nach Auflage und Auflageanteilen im 4. Quartal 1993

Zeitungstyp	Anzahl	Auflage	Auflagenanteil (%)
Ehemalige SED-Bezirkszeitg.	15	4 217 421	89,9
„Zentralorgane“	3	163 124	3,5
Ehemalige Block-Zeitungen	1	47 100	1,0
Zeitungen für Minderheiten	1	1 500	0,03
Straßenverkaufzeitungen	2	241 600	5,1
Neue publizistische Einheiten	1	20 600	4,4
Insgesamt	23	4 691 345	100,0

Quelle: Tabellen 12 und 15 und IVW-Auflagenliste 4/93

Im Grunde haben sich im wesentlichen die ehemaligen SED-Bezirkszeitungen gehalten, sie haben zwar Auflagenverluste hinnehmen müssen – von 1989 bis 1993 ist ihre Auflage von 5 570 600 auf 4 217 421 um 24,3 Prozent zurückgegangen (vgl. Tabelle 15) – aber sie sind mit einem Auflagenanteil von 89,9 Prozent absolut marktdominierend und auch auf ihren Märkten dominieren sie eindeutig: Elf Zeitungen befinden sich in der Alleinanbieterposition, vier sind Erstanbieter (Schütz 1994, S. 172). Andere Zeitungen mit Ausnahmen der beiden Straßenverkaufzeitungen spielen quantitativ keine Rolle.

Betrachtet man die Entwicklung der Zeitungslandschaft in Ostdeutschland an Hand der Kategorien „redaktionelle Ausgabe“ und „Verlag als Herausgeber“, so zeichnet sich ein ähnlicher Konzentrationsprozeß ab wie bei der Entwicklung der publizistischen Einheiten. Wie Tabelle 14 zeigt, hatte die Zahl der redaktionellen Ausgaben wie die Zahl der Verlage nach der Wende zunächst einmal deutlich zugenommen, inzwischen aber wieder abgenommen.

Tab. 14: Entwicklung der Zahl der redaktionellen Ausgaben und der Verlage als Herausgeber von 1989 bis 1993

	1989	1991	1993
Redaktionelle Ausgaben	291	316	253
Verlage als Herausgeber	38	60	41

Quelle: Schütz 1994

Hinter solchen Zahlen verbergen sich zahlreiche Versuche von Neugründungen und Umwandlungen, die hier im einzelnen nicht nachgezeichnet werden können (vgl. vor allem die detaillierten und präzisen Darstellungen von Schütz). Diese Marktzutrittsversuche waren von ähnlich geringem Erfolg wie in Westdeutschland: „Neugründungen haben im Wettbewerb gegen etablierte Titel so gut wie keine Chance. Was mit viel Zuversicht in der Aufbruchstimmung nach dem Fall der innerdeutschen Grenze geplant und realisiert wurde, hat sich nur in Ausnahmefällen bis heute halten können. Immerhin gibt es aber im Herbst 1993 in den neuen Ländern noch 17 lokale, seit 1990 entstandene Blätter, die wohl inzwischen zum Teil ihre Schwierigkeiten überwunden haben; doch nur in vier Fällen reichen sie von ihrer Auflage her an die Marktstellung der örtlichen Ausgaben ihrer großauflagigen Konkurrenten heran oder übertreffen sie. Insgesamt besitzen diese 17 Titel eine Gesamtauflage von 200 000 Stück" (Schütz 1994, S. 171).

Von zentraler medienpolitischer Bedeutung war der Verkauf so gut wie aller Zeitungen an westdeutsche Medienkonzerne durch die Treuhandanstalt. So sind alle ehemaligen SED-Bezirkszeitungen an die großen westdeutschen Medienkonzerne verkauft worden (vgl. Tabelle 15).

Die Treuhandanstalt hat zwei ehemalige SED-Bezirkszeitungen bereits 1990 an westdeutsche Erwerber verkauft: die *Mitteldeutsche Zeitung* (Halle) an die Verlagsgruppe DuMont Schauberg (Köln) und die *Freie Presse* (Chemnitz) an die Verlagsgruppe Medien-Union GmbH (*Rheinpfalz*) in Ludwigshafen. Die *Berliner Zeitung* ist direkt aus dem PDS-Parteivermögen an Gruner+Jahr und Robert Maxwell veräußert worden mit nachdrücklicher Zustimmung der Treuhand.

Die verbliebenen zehn ehemaligen SED-Bezirkszeitungen (ohne die *Ostthüringer Zeitung* und ohne die *Thüringer Allgemeine*, die wegen kartellrechtlicher Probleme des potentiellen Erwerbers *WAZ* vom Ausschreibungsverfahren ausgenommen waren) sind im Ausschreibungsverfahren verkauft worden. Hier hatten sich 37 Verlage mit 84 Angeboten beworben. „Kleinere westdeutsche Verlage kamen bei der Vergabe ebensowenig zum Zug wie ausländische Bewerber oder vereinzelt mitbietende Privatpersonen (ehemalige DDR-Bürger)" (Monopolkommission 1992, TZ 706). Alle Zeitungen gingen an westdeutsche Medienkonzerne; die SPD beteiligte sich zu 40 Prozent an der *Sächsischen Zeitung* (Dresden)[3].

Das Bundeskartellamt weist aber darauf hin, daß kleinere westdeutsche Verlage weder einzeln noch in Form von Konsortien als ernsthafte Kaufinteressenten aufgetreten sind (Bundeskartellamt 1993, S. 125). In einem Fall ist ein Kaufangebot abgelehnt worden: Die Verlagsgruppe Ippen hat die Übernahme des ihm von der Treuhandanstalt zugesprochenen *Nordkurier* (Neubrandenburg) nicht wahrgenommen (Monopolkommission 1992, TZ 706). Die Konsequenzen für die Konzentration des Medieneigentums waren erheblich. Diese Zeitungen sind sehr große Zeitungen mit Auflagen zwischen 100 000 mit 500 000 Exemplaren. Damit gehören z.B. zu

3 Die SPD hatte ursprünglich Restitutionsansprüche bei 13 Zeitungsverlagen geltend gemacht, schließlich in einem Vergleich gegen Zahlung von 75 Mio. DM darauf verzichtet.

den zehn größten Regionalzeitungen in Deutschland drei aus Westdeutschland (*WAZ*, *Südwest Presse*, *Rheinische Post*) und sieben aus Ostdeutschland.

Tab. 15: Ehemalige SED-Bezirkszeitungen

Zeitung	**Auflage 1990**	**Erwerber**	**Auflage 4/1993**
Sächsische Zeitung, Dresden	568 900	Gruner+Jahr 60%, SPD 40%	439 070
Freies Wort, Suhl	178 500	Coburger Neue Presse (Süddt. VG. - Anteil: 70 %)	155 730
Lausitzer Rundschau, Cottbus	293 000	Saarbrücker Zeitung (Holtzbrinck-Gruppe)	207 713
Leipziger Volkszeitung	483 900	Madsack 50 %, Springer 50 %	373 501
Märkische Allgemeine, Potsdam (vorm: Märkische Volksstimme)	350 800	Frankfurter Allgemeine Zeitung	242 950
Märkische Oderzeitung, Frankfurt/Oder (vorm.: Neuer Tag)	212 000	Südwest Presse 50 %, Stuttgarter Zeitung 50 %	195 469
Magdeburger Volksstimme	453 600	Heinrich Bauer Verlag	330 658
Nordkurier, Neubrandenburg (vorm.: Freie Erde)	204 000	Augsburger Allg., Schwäbische Zeitung, Kieler Nachr.	151 932
Ostsee-Zeitung, Rostock	295 200	Lübecker Nachrichten 50 %, Springer 50 %	221 048
Schweriner Volkszeitung	202 900	Burda-Verlag	173 651
Ostthüringer Zeitung, Gera (vorm.: Ostthüringer Nachrichten; Volkswacht)	231 000	WAZ 40 %, Mainzer Allg. 40 % (davon 20 % Sebaldus), 20 % Beschäftigte der OZ	58 596
Thüringer Allgemeine, Erfurt (vorm.: Das Volk)	404 100	WAZ-Gruppe	463 736
Freie Presse, Chemnitz	663 700	Medien-Union GmbH, Ludwigshafen (Rheinpfalz)	517 701
Mitteldeutsche Zeitung, Halle (vorm.: Freiheit)	589 900	DuMont Schauberg, Köln	435 456
Berliner Zeitung (in der DDR überregional)	439 100	Gruner+Jahr	250 210
Insgesamt	5 570 600		4 217 421

Quellen: Monopolkommission 1992, S. 308; Dokumentation Tageszeitungen der fünf neuen Bundesländer 1994; IVW-Auflagenliste

5.2. Konzentration im ostdeutschen Zeitungssektor

Ähnlich wie für Westdeutschland kann die Konzentration im ostdeutschen Zeitungssektor gemessen werden. Tabelle 16 stellt, vergleichbar der Tabelle 5, die Konzentrationsraten für Zeitungen nach dem Merkmal „Auflage" dar. Diese Konzentrationsraten sind von 1989 bis 1993 etwa gleichgeblieben, allerdings ist eine echte Vergleichbarkeit im statistischen Sinne eigentlich nicht gegeben. Medienpolitisch erschreckend ist vor allem der *Stand* der extrem hohen Konzentration im Jahre 1993: Die drei größten regionalen Abonnementzeitungen haben einen Anteil von gut 30 Prozent an der Verkaufsauflage aller in Ostdeutschland erscheinenden Zeitungen, die sechs größten Zeitungen vereinen gut die Hälfte und die 10 größten Zeitungen vereinen drei Viertel der Verkaufsauflage auf sich. Dies übertrifft die entsprechenden Werte für Westdeutschland um ein Vielfaches (vgl. Tabelle 5 für Abonnementzeitungen).

Tab. 16: Konzentration ostdeutscher Zeitungen 1989 und 1993

Jahr	**Anteil der größten**		
	3	**6**	**10**
	Zeitungen an der Verkaufsauflage[1]		
1989	39,0	56,1	73,2
1993	30,3	54,6	74,2

1) Die verkaufte Auflage betrug 1989 in der DDR 9 641 700 Exemplare

Quelle: Tabellen 12 und 15; Schütz 1994

Den Anteil der Verlagsgruppen als Medieneigentümer an der Verkaufsauflage auszuweisen, erscheint wenig sinnvoll, da ausnahmslos die gleichen Medienkonzerne auftauchen würden wie in Westdeutschland (vgl. Tabelle 7). Mittelständisch geprägte Zeitungsverlage – wie in Westdeutschland – gibt es in Ostdeutschland praktisch nicht.

Die Zeitungsdichte für Ostdeutschland zeigt Tabelle 17. Auch hier wird eine deutlich höhere Konzentration ausgewiesen als für Westdeutschland (vgl. Tabelle 11). In 64 Prozent aller Kreise ist nur eine regionale oder lokale Abonnementzeitung erhältlich, mehr als zwei lediglich in 6,5 Prozent aller Kreise, die durchschnittliche Zeitungsdichte ist mit 1,45 deutlich kleiner als in Westdeutschland.

Wenn auch so gut wie alle Zeitungen im Eigentum westdeutscher Medienkonzerne sind, so schlägt sich dieser Zustand in der Herkunft der Redakteure kaum nieder. Nach einer Studie über Journalisten im Ost-West-Vergleich (Schneider/Schönbach 1993) sind die ostdeutschen Redaktionen zu 61 Prozent mit Mitarbeitern besetzt, die bereits vor dem Herbst 1989 in DDR-Medien tätig gewesen sind, hinzu kommen Redakteure aus Ostdeutschland, die vor 1989 noch nicht journalistisch tätig gewesen sind (21 Prozent). Auch in Spitzenpositionen sind überwiegend

Redakteure aus Ostdeutschland beschäftigt. Nur 28 Prozent aller Chefredakteure oder Chefs vom Dienst kommen aus Westdeutschland.

Dieser etwas überraschende Befund kann möglicherweise z.T. auf die Gehaltsunterschiede zurückgeführt werden: Nach der oben genannten Studie verdienen die Journalisten in Westdeutschland mit rund 4 400 DM netto ein Drittel mehr als Journalisten in Ostdeutschland, die im Durchschnitt 3 300 DM netto verdienen. Möglicherweise war die Journalisten-Ausbildung in der DDR auch besser als ihr Ruf. Vor allem aber sind, und dies gilt gerade für die regionale und lokalen Zeitungen, immer Redakteure mit Ortskenntnis gefragt.

Tab. 17: Zeitungsdichte in Ostdeutschland 1993

		Zeitungsdichte				
Land	**Kreise**[1]	**1**	**2**	**3**	**4**	**10**
Berlin	1	-	-	-	-	1 (100)
Brandenburg	44	34 (77,3)	7 (15,9)	1 (2,3)	2 (4,5)	-
Meckl.-Vorpom.	37	35 (94,6)	2 (5,4)	-	-	-
Sachsen	54	33 (61,1)	15 (27,8)	4 (7,4)	2 (3,7)	-
Sachsen-Anhalt	40	28 (70,0)	10 (25,0)	-	2 (5,0)	-
Thüringen	40	8 (20,0)	29 (72,5)	3 (7,5)	-	-
Ostdtl. gesamt[2]	215	138 (64,2)	63 (29,3)	8 (3,7)	6 (2,8)	-

1) einschl. kreisfreie Städte 2) ohne Berlin

Quelle: Schütz 1994

5.3. Ausgewählte Strukturmerkmale

Zeitungen in Ostdeutschland sind bislang noch deutlich billiger als in Westdeutschland. In Westdeutschland kostet ein durchschnittliches Monatsabonnement 26,81 DM, in Ostdeutschland 14,71 DM; die Zeitung im Einzelverkauf kostet durchschnittlich in Ostdeutschland 0,71 DM (montags bis freitags) und 1,27 DM in Westdeutschland. Zeitungen in Ostdeutschland sind mithin um rund 45 Prozent billiger als in Westdeutschland. Dies ist sicher eine Folge der niedrigeren Kaufkraft, der niedrigeren Personalkosten der Verlage und auch Folge der Gewöhnung an die sehr niedrigen Zeitungspreise zu DDR-Zeiten.

Die Zeitungsdichte – gemessen als Auflage pro 1000 Einwohner – ist in Ostdeutschland von 586 Exemplaren im Jahre 1989 auf 300 Exemplare im Jahre 1993 zurückgegangen und liegt damit jetzt unter dem Wert für Westdeutschland (399). Die ehemals sehr hohe Zeitungsdichte der DDR wird im allgemeinen darauf zurückgeführt, daß die Zeitungen dort sehr billig gewesen sind; hinzu kommt aber sicherlich, daß ein gewisser Druck bestand, insbesondere die Zentralorgane der Parteien und Massenorganisationen zu beziehen.

5.4. Bewertung

Die in den Abschnitten 5.1. bis 5.3. beschriebene Entwicklung der Zeitungslandschaft der ehemaligen DDR ist vor dem Hintergrund der nunmehr erreichten Informations-, Meinungs- und Pressefreiheit grundsätzlich zu begrüßen. Allerdings zeichnen sich strukturelle Fehlentwicklungen ab, die ökonomisch und publizistisch bedenklich sind:

- Mit Ausnahme der *Jungen Welt*, des *Neuen Deutschland* und der Zeitung für die sorbische Minderheit *Serbske Nowiny* sind alle Zeitungen von westdeutschen Medienkonzernen erworben worden, die damit ihre ökonomische und publizistische Macht deutlich erhöhen konnten.
- Die Konzentration von publizistischer und ökonomischer Macht ist nicht im Wettbewerbsprozeß gewachsen, sondern bedeutet eine politische tolerierte Festschreibung von seinerzeit durch die SED geschaffener publizistischer Vormachtstellung der Bezirkszeitungen.
- Eine solche Marktstruktur ist wahrscheinlich nicht einmal ökonomisch effizient, weil sehr große Zeitungen unterdurchschnittliche Gewinne erzielen (vgl. Kapitel 8, Abschnitt 5.2).
- Ob die Kommunikationsräume damit angemessen abgesteckt sind, kann nicht beurteilt werden, erscheint indes im Vergleich zu den gewachsenen Strukturen in Westdeutschland als fraglich (Schneider 1994).

Diese Entwicklung scheint Folge der Verkaufspolitik der **Treuhandanstalt**, die die bestehenden Zeitungsverlage gemäß ihrem Privatisierungsauftrag verkauft hat, ohne medienpolitische Folgen zu bedenken. Dies war aber nicht ihr Auftrag, daher richten sich Vorwürfe an die Treuhandanstalt an die falsche Adresse. Allerdings wäre es möglich gewesen, die Bezirkszeitungsverlage in kleinere Verlagseinheiten aufzuteilen und diese dann - unter Verzicht auf maximale Erlöse - an kleinere Unternehmen zu verkaufen. Man muß aber sehen, daß eine Aufteilung die Privatisierung verzögert und erschwert hätte Das Bundeskartellamt äußert die Vermutung, daß bei einer solchen Verzögerung eine Auflösung der bestehenden Kooperationen zwischen großen westdeutschen Medienkonzernen und den Bezirkszeitungen nicht mehr hätte rückgängig gemacht werden können und daß dies zu noch ungünstigeren Marktstrukturen geführt hätte (Bundeskartellamt 1993, S. 125). Selbst rückblickend sind einfache Lösungen nicht in Sicht, allerdings erscheint der politische Verzicht auf medienpolitische Erwägungen bei der Umgestaltung der Presselandschaft Ostdeutschland als schwerwiegender Fehler.

Das **Bundeskartellamt** hatte und hat hingegen nicht die Befugnis, Zeitungsgroßverlage zu entflechten. Es konnte bei den fusionskontrollrechtlichen Prüfungen nur dafür sorgen, daß nicht westdeutsche Medienkonzerne mehrere mit ihren Verbreitungsgebieten aneinander angrenzende Zeitungen erwerben und dadurch marktbeherrschende Stellungen erlangen oder verstärken. Und genau dies war die verfolgte Politik des Bundeskartellamtes. Aber den eigentlich medienpolitisch problematischen Erwerb der SED-Bezirkszeitungen durch westdeutsche Medienkonzerne hat das Bundeskartellamt nicht unterbinden können, sofern sich diese Zusammenschlüsse auf regional getrennte relevante Märkte bezogen haben und kartellrechtlich nicht zur Entstehung oder Verstärkung marktbeherrschender Stellungen geführt haben.

Ob jetzt noch Korrekturen möglich sind, kann hier rechtlich nicht beurteilt werden. Ökonomisch ist eine ganze Palette von Entflechtungsmaßnahmen denkbar. Um den möglichen Einfluß westdeutscher Medienkonzerne zu beschränken, könnten verschiedene Mischformen von Publikumsaktiengesellschaften und Mitarbeiterbeteiligungen realisiert werden. Um die Großzeitungsverlage auf mittelständische Strukturen zu reduzieren, könnten vorhandene Teilausgaben der großen publizistischen Einheiten verselbständigt werden – in milder Form durch Stärkung der Unabhängigkeit der Geschäftsführer bis hin zur Etablierung der rechtlichen und wirtschaftlichen Selbständigkeit der kleinen Abteilungen.

6. Zeitungen im Europäischen Binnenmarkt

Zeitungen sind (auch) Wirtschaftsgüter und unterliegen daher den EU-Bestimmungen ohne Ausnahme, hier insbesondere den Regelungen zum freien Warenverkehr in Art. 30 ff. und Art. 7a EWGV. Hier wird der freie Verkehr von Waren in einem Raum ohne Binnengrenzen vorgesehen. Im Prinzip geht es mithin um Freihandel im Pressebereich. Alle Hindernisse, die den freien Handel mit Presseerzeugnissen beschränken können, sind zu beseitigen. Dabei gibt es im Prinzip nur zwei Optionen. Entweder sind die Handelshemmnisse mit EU-Recht nicht vereinbar, dann müssen sie abgeschafft werden, oder die Handelshemmnisse sind vereinbar mit EU-Recht, dann müssen sie gemeinschaftsweit harmonisiert, d.h., angeglichen werden. Generell favorisiert die EU-Kommission solche Vorschläge zur Harmonisierung, die gleichzeitig den Abbau nationaler Regulierungen vorsehen, wie z.B. die Privatisierung der Post und Aufhebung des Fernmeldemonopols für die Post. Das Europäische Parlament setzt dagegen eher auf neue regulierende Vorschriften in der Gemeinschaft.

6.1. Struktur des Zeitungsmarktes in Europa

Wie Tabelle 13 zeigt, gibt es in der EU 969 Tageszeitungen mit einer Gesamtauflage von täglich 75,66 Mio. Exemplaren. Relativ viele Tageszeitungen gibt es in Deutschland, Spanien und Großbritannien, relativ wenige in Griechenland, Portugal und Italien. Die durchschnittliche Zeitungsdichte beträgt in der EU 220 Exemplare pro Tausend Einwohner mit einer Spannbreite von 361 (Großbritannien) bis 38 (Portugal). Erhebliche Unterschiede bestehen in der Umsatzbesteuerung und in der Subventionspraxis, was zu entsprechenden Harmonisierungsbestrebungen Anlaß bietet. Der Umfang des Außenhandels mit Zeitungen läßt sich nicht quantifizieren. Der BDZV schätzt, daß Deutschland jährlich etwa 100 Mio. Zeitungsexemplare exportiert, davon 50 Mio. in die Länder der EG (BDZV-Jahrbuch Zeitungen '93, S. 234). Das entspricht 0,6 bzw. 0,3 Prozent der Zeitungsproduktion. Dies zeigt, was schon immer so beobachtet worden ist: Zeitungen sind ganz überwiegend an nationale, regionale und lokale Verbreitungsgebiete gebunden, und sie müssen auch dort „vor Ort" produziert werden, weil nur dort die Ereignisse des Kommunikationsraumes aufgespürt und verarbeitet werden können und weil ein Transport über weite Strecken viel zu teuer wäre.

Tab. 18: Strukturmerkmale des Zeitungsmarktes in der EU und ausgewählten anderen Ländern 1991/1992

	Anzahl Zeitungen	Tages-Auflage in 1 000	Zeitungsdichte	Umsatzsteuer Zeitungen in %	Normale Umsatzsteuer in %	Dir. Subvention in Mio. US $	Subvention im Postvertrieb	Anteil an Werbeeinnahmen in %
Belgien	33	1 711	171	0	19,5	4	ja	32,6
Dänemark	43	1 745	343	0	25,0	-	ja	65,1
Deutschl.	386	25 976	328	7	15,0	-	ja	32,3
Frankreich	94	8 800	155	2,1	18,6	61	ja	28,6
Griechenl.	19	825	83	4	18,0	-	ja	17,9
Großbrit.	103	20 680	361	0	17,5	-	nein	40,1
Irland	8	627	179	10	21,0	-	nein	51,1
Italien	83	6 600	114	4	19,0	78	ja	22,5
Luxemburg	4	125	313	3	15,0	2	ja	57,0
Niederl.	45	4 682	312	6	17,5	-	nein	50,9
Portugal	23	400	38	5	17,0	-	ja	32,2 1)
Spanien	128	3 487	94	3	15,0	-	ja	38,3
EU 12	969	75 658	220			-	-	41,5
Schweden	104	4 419	522	0	25,0	89	nein	78,4
Schweiz	123	2 746	415	0	9,3	-	ja	61,1
Österreich	16	3 108	409	10	20,0	-	ja	29,7
USA	1.570	60 083	244	0	-	-	?	23,3
Japan	121	71 690	584	0	3	-	ja	22,3

1) einschl. Zeitschriften

Quelle: BDZV-Jahrbuch Zeitungen '93, S. 231; Carat (1991)

Der Anteil der Zeitungswerbung an den gesamten Werbeeinnahmen differiert zwischen den Ländern der EU erheblich.[4] Unter der Annahme, daß sich die Anteile im Zuge einer ähnlichen Entwicklung der Medienlandschaft annähern werden, kann

4 Allerdings differieren Angaben dieses Typs je nach Quelle ebenfalls ganz erheblich.

vermutet werden, daß Zeitungswerbung insbesondere in Dänemark, Luxemburg, Irland, Niederlande und Deutschland Marktanteile verlieren wird, mit den entsprechenden Konsequenzen für die Rentabilität der Zeitungsproduktion.

Die EU, insbesondere vertreten durch die Kommission, bemüht sich um Deregulierungen im Pressevertrieb, um eine gewisse Harmonisierung der Mitbestimmungsregeln, um ein einheitliches Werbeverbot für Tabakwaren und um eine Einschränkung der Werbung für andere gesundheitsgefährdende Produkte sowie, insbesondere vertreten durch das Europäische Parlament, um eine einheitliche Medienpolitik der EU. Der BDZV bemüht sich um eine Harmonisierung der Mehrwertsteuer für Zeitungen auf einem Niveau von Null Prozent und lehnt andere Harmonisierungsvorschläge strikt ab. Im folgenden werden diese Bestrebungen dargestellt.

6.2. Deregulierung des Pressevertriebs

Der Pressevertrieb in Deutschland ist relativ stark reguliert, was der Deregulierungsphilosophie der EU-Kommission zuwiderläuft. Allerdings sind nationale Preisbindungen, wie sie in allen EU-Staaten, außer in Griechenland, bestehen, bislang noch mit dem EWG-Vertrag nach der Leclerc-Entscheidung des EuGH vereinbar, soweit sie sich auf das Inland beziehen. Die Preisbindung ausländischer Händler verstößt gegen Art. 85 EWGV. Mithin könnten deutsche Zeitungen billiger im Ausland erworben werden und durch Reimport in Deutschland billiger verkauft werden als zum gebundenen Einzelhandelspreis. Dann wäre die Preisbindung nicht mehr lückenlos und könnte vom Bundeskartellamt aufgehoben werden. Dies ist eher eine theoretische Gefahr, weil der Reimport von Zeitungen zeitraubend und teuer wäre.

Der Postzeitungsvertrieb wird in Deutschland wie in sieben anderen EU-Ländern durch begünstigte Tarife für Presseprodukte subventioniert. Dies soll nach den Vorstellungen der EU-Kommission abgestellt werden und gegebenenfalls durch direkte Subvention der Verlage oder der Postbetreiber ersetzt werden (Grünbuch für Postdienste), um jedenfalls im „nicht reservierten" Postbereich – das sind alle Bereiche außer Briefe und Postkarten – freien Wettbewerb zu ermöglichen. Dies würde den Postzeitungsvertrieb wahrscheinlich verteuern und zwar insbesondere für Gebiete mit hohen Zustellungskosten („Halligen" und „Almen").

6.3. Harmonisierungsbestrebungen

Wie Tabelle 13 zeigt, unterliegen die Zeitungen in der EU unterschiedlichen Mehrwertsteuersätzen, von null Prozent in Belgien, Dänemark und Großbritannien bis zu zehn Prozent in Irland und Österreich. Im Gegensatz zu international gehandelten Gütern begründen diese Unterschiede keine Wettbewerbsverzerrung, weil eine z.B. in Großbritannien produzierte Zeitung in Deutschland kaum nachgefragt würde. Daher kann die Forderung der Zeitungsverlage nach einer **Harmonisierung der**

Mehrwertsteuer auf einem Niveau von null Prozent (vgl. BDZV-Jahrbuch „Zeitungen '92", S. 75) nicht integrationspolitisch begründet werden.

Eine geplante Richtlinie über die Einsetzung „**Europäischer Betriebsräte**" sieht vor, für Unternehmen mit mindestens 1 000 Beschäftigten und deren ausländische Töchter mit mehr als 100 Arbeitnehmern die Unterrichtung der Arbeitnehmer und die Beratungspflicht in wirtschaftlichen Angelegenheiten einführen. Dabei ist ein, im deutschen § 118 BetrVG verankerter, Tendenzschutz nicht vorgesehen, was den BDZV zu heftiger Kritik veranlaßt hat (Jahrbuch „Zeitungen '93", S. 238 ff.). Auch hier ist anzumerken, daß die Integration weder einen Tendenzschutz erzwingt noch ihn ausschließt, mithin sollte dies nationaler Gesetzgebung überlassen bleiben.[5]

6.4. Werbeverbote für Tabakwaren und andere Erzeugnisse

Die EU plant, Werbung für Tabakwaren zu verbieten und Werbung für andere Produkte wie alkoholische Getränke, Süßwaren, Automobile und Medikamente einzuschränken. Unabhängig von der generellen Wünschbarkeit solcher Einschränkungen der Werbung für gesundheitsgefährdende Produkte ist jedenfalls richtig, daß solche Regelungen, wenn überhaupt, dann EU-weit eingeführt werden müssen, weil sie anderenfalls den Freihandel von Zeitungen unbillig behindern würden. Zeitungen aus Ländern ohne Beschränkungen müßten dann entweder vom EU-Außenhandel ausgeschlossen werden, oder sie müßten speziell auf Werbeverbote zugeschnitten werden. So müßte z.B. die *FAZ* in ihren nach Frankreich exportierten Exemplaren auf Tabakwerbung verzichten, was technisch durchführbar, aber recht teuer wäre.

6.5. Europäische Medienpolitik

Insbesondere das Europäische Parlament plant eine europäische Medienpolitik, deren Grundelemente nicht (nur) integrationspolitisch zu begründen sind, sondern auch einen europäischen medienpolitischen Gestaltungswillen erkennen lassen, dessen Vereinbarkeit mit dem Subsidiaritätsprinzip des Vertrages von Maastricht fraglich ist. Das Europäische Parlament hat am 16. September 1992 eine „Entschließung zur Medienkonzentration und Meinungsvielfalt" verabschiedet, die u. a. folgende für die Presse relevante Forderungen an die EU-Kommission enthält:

- Entwurf einer Rahmenrichtlinie zur Sicherung der journalistischen und publizistischen Unabhängigkeit in allen Medien,
- Entwurf einer Antikonzentrationsrichtlinie,
- Einrichtung eines unabhängigen Europäischen Medienrates,

5 Dies erspart nicht eine Diskussion des Tendenzschutzparagraphen, nur sollte diese Diskussion nicht auf EU-Ebene geführt werden.

- Erarbeitung eines europäischen Medienkodexes durch Verleger- und Journalistenverbände bzw. in Zusammenarbeit zwischen EU-Kommission, Verleger und Journalisten.

Die EU-Kommission verhält sich solchen Forderungen gegenüber deutlich reserviert. Sie formuliert im Grünbuch „Pluralismus und Medienkonzentration“ 1992, daß der Schutz des Pluralismus in erster Linie Aufgabe der Mitgliedsstaaten sei (S. 7) und geht auf die übrigen Forderungen nicht ein. Dies scheint der Zuständigkeit der EU angemessener als die Entschließung des Europa-Parlaments.

Für die Ziele der europäischen Integration sind die Forderungen des Europäischen Parlamentes jedenfalls nicht notwendigerweise zu realisieren, weil unterschiedliche nationale Bestimmungen zur „inneren Pressefreiheit“ und zum Medienkodex den Außenhandel von Presseerzeugnissen nicht erkennbar behindern können. Und eine Umgehung von möglicherweise strengeren nationalen Vorschriften durch eine Produktion im Ausland ist jedenfalls gerade bei Zeitungen ziemlich ausgeschlossen. Die *Westfälische Rundschau* muß in Dortmund produziert werden und kann nicht aus Luxemburg importiert werden.

Immerhin können aber unterschiedliche nationale Konzentrationskontrollvorschriften – auch wenn sie strikt de jure und de facto nicht-diskriminierend angewendet werden – die Niederlassungsfreiheit von Medienunternehmen in anderen Mitgliedstaaten einschränken (Grünbuch 1992, S. 8). Dies ist dann ein integrationspolitischer Grund für eine Harmonisierung solcher Kontrollvorschriften zur Medienkonzentration in der Europäischen Union. Insgesamt dürfte der Zeitungssektor von der Integration der Märkte nur am Rande betroffen sein. Zeitungen sind lokal, regional und national gebunden, ein internationaler Zeitungshandel ist bislang nicht abzusehen. So besteht auch kein Bedarf zum Abbau von Handelsschranken.

Literaturhinweise

Eine fundierten Überblick über das Pressewesen mit dem Schwerpunkt auf Wettbewerb im Zeitungssektor bieten

Greiffenberg, Horst; Werner Zohlnhöfer (1984), Pressewesen, in: Oberender, P. (Hrsg.), Marktstruktur und Wettbewerb, München (Vahlen) 1984, S. 577-627.

Über Probleme der Pressekonzentrationsforschung informieren umfassend

Knoche, Manfred (1978), Einführung in die Pressekonzentrationsforschung, Berlin (Spiess) 1978 und
Klaue, Siegfried; Manfred Knoche; Axel Zerdick (1980) (Hrsg.), Probleme der Pressekonzentrationsforschung, Baden-Baden (Nomos) 1980.

Über die Entwicklung in Ostdeutschland informiert zusammenfassend

Schneider, Beate (1992), Die ostdeutsche Tagespresse – eine traurige Bilanz, in: Media Perspektiven, 7/1992, S. 428-441.

10. Kapitel

Mikroökonomik der Zeitschrift – die Zeitschriftenunternehmung

In diesem Kapitel werden die mikroökonomischen, also die einzelwirtschaftlichen Aspekte der Produktion von Zeitschriften beschrieben. Dazu ist im ersten Abschnitt eine Klassifizierung der unterschiedlichen Typen von Zeitschriften notwendig. Anschließend folgt, in Analogie zur mikroökonomischen Analyse der Zeitungsproduktion im 8. Kapitel, die Beschreibung der Produkteigenschaften der Zeitschrift, der Verbundproduktion für den Leser- und Werbemarkt, der Umsatz- und Erlössituation, der Unternehmensstrukturen sowie der zentralen Funktionsbereiche Vertrieb und Marketing. Wie bei der Darstellung der Zeitungsproduktion wird auch in diesem Kapitel wiederum nur zur beispielhaften Verdeutlichung einzelner Aspekte auf konkrete Zeitschriftenverlage Bezug genommen, stattdessen vielmehr eine typisierende Darstellung des Unternehmens Zeitschriftenverlag und des Produkts Zeitschrift angestrebt. Auch dieses Kapitel schließt mit Bemerkungen zur Zukunft der Zeitschrift.

1. Typologie von Zeitschriften

Zeitschriften sind durch eine überaus große Heterogenität im Inhalt, der Erscheinungsweise und den Produktionsbedingungen gekennzeichnet. „Das Wort Zeitschrift gehört zu jenen publizistischen Begriffen, die trotz ständigen Gebrauchs jede Präzision und jede Verbindung mit ihrem ursprünglichen Wortsinn vermissen lassen. Für Zwecke der Wissenschaft und der Statistik muß man diesen Begriff entweder durch einen anderen ersetzen oder seine Geltung eindeutig definieren. Leider sind alle bisherigen Definitionen entweder unscharf oder unzutreffend oder zu umständlich für eine praktische Anwendung. Dieser Übelstand ist international“ (Hagemann 1957, S. 5).

Diese mehr als ein Vierteljahrhundert alte Einschätzung hat bis heute ihre Gültigkeit bewahrt. Auch in der folgenden Darstellung der verschiedenen Zeitschriftentypen kann keine befriedigende neue Definition der Zeitschrift angeboten werden, vielmehr soll hier ein Überblick über die wichtigen Einteilungen verschiedener Zeitschriftentypen gegeben werden.

1.1. Zur Definition und Klassifizierung der amtlichen Pressestatistik

Zeitschriften sind nach der umfassenden Negativdefinition der Pressestatistik alle periodischen Druckwerke mit kontinuierlicher Stoffdarbietung, die mit der Absicht eines zeitlich unbegrenzten Erscheinens mindestens viermal jährlich herausgegeben werden, soweit sie keine Zeitungen sind (Pressestatistik). Die entscheidenden Merkmale sind demnach die folgenden:

- Periodizität (mindestens viermal im Jahr, also z. B. keine Jahrbücher, Kalender oder Semesterzeitschriften);
- Publizität (an die Öffentlichkeit gerichtet, also z. B. keine Familienbriefe);
- keine Tagesaktualität (weniger häufig als zweimal wöchentliches Erscheinen, also keine Zeitungen);
- Kontinuität (umfaßt eine gewisse geistige Einheitlichkeit der Inhalte, schließt also z.B. die regelmäßig erscheinenden Bücher in Verlagsreihen wie „Die andere Bibliothek" des Eichborn Verlages aus).

Damit ist wenigstens eine brauchbare Definition der Zeitschrift zur Hand. Wichtig ist, daß mit einer solchen Definition, die in Einklang mit den Beschreibungen der Publizistikwissenschaft steht, auf Inhalte der Zeitschrift nicht abgestellt wird. Dies erklärt die Vielfalt aller als Zeitschrift erfaßten Publikationen und erklärt die Notwendigkeit, über praktikable Ab- und Ausgrenzungen nachzudenken.

Tabelle 1 gibt einen Überblick über die Vielfalt der von der amtlichen Statistik erfaßten Zeitschriften nach Zahl der Titel, der Exemplare pro Jahr und Umsatz.

Tab. 1: Zeitschriftenarten nach Zahl, Exemplaren und Umsatz 1991 (Deutschland)

Typ der Zeitschrift	**Zahl der Titel**	**Exemplare pro Jahr**[1]	**Umsatz (Mio DM)**
Politische Wochenblätter	97	109	559
Konfessionelle Zeitschriften	347	192	261
Publikumszeitschriften	1 685	3 939	7 653
wissenschaftliche Fachzeitschriften	1 713	229	1 500
Andere Fachzeitschriften	2 007	710	2 294
Kundenzeitschriften	124	722	200
Amtliche Blätter	1 276	140	162
Anzeigenblätter	1 207	3 292	2 081
Kommunale Amtsblätter	166	49	28
Sonstige Zeitschriften	118	507	161
zusammen	8 740	9 890	14 899

1) Auflage x Zahl der Erscheinungstage in Mio. Stück

Quelle: Pressestatistik

Daraus wird deutlich, daß es mit 8 740 Titeln und rund 10 Milliarden Heften pro Jahr eine unübersehbare Fülle von Zeitschriften in Deutschland gibt. Eine ähnliche Fülle wird – bei einer anderen Erfassungsweise – für Europa ausgewiesen. 1992 gab es hier 30 836 Zeitschriftentitel; besonders viele in Italien (9 400) und Großbritannien (5 300), relativ wenige in Österreich (60), Griechenland (75) und in einigen osteuropäischen Ländern (European Newspaper&Magazine Minibook 1992, S. 12).

Für die Zwecke des vorliegenden Lehrbuchs, das ja primär die Strukturbedingungen der journalistischen Aussagenproduktion erfassen will, erscheint es vor allem notwendig, die umfassende amtliche Statistik angemessen zu verwenden. Dabei werden aber solche Zeitschriftentypen ausgegrenzt, die nach üblicher Vorstellung nicht journalistisch produziert werden, also wissenschaftliche Fachzeitschriften, Amtliche Blätter und Kommunale Amtsblätter.

Wie Tabelle 2 zeigt, sind Amtliche Blätter und Kommunale Amtsblätter von verschwindend geringer Bedeutung, sie können daher ohne Erkenntnisverlust aus der folgenden Analyse ausgeschlossen werden, das gleiche gilt für die sonstigen Zeitschriften. Bei Kundenzeitschriften ist der journalistische Anteil sicher gering, zudem sind sie ökonomisch und publizistisch relativ bedeutungslos, daher können sie ebenfalls ausgeschlossen werden. Anzeigenblätter haben eine große Bedeutung, unterscheiden sich aber von der Gruppe der verbleibenden Zeitschriftentypen dadurch recht deutlich, daß sie kaum Relevanz für den Rezipientenmarkt haben. Sie werden daher hier nicht zu den Zeitschriften gezählt, wegen ihrer Bedeutung aber im 12. Kapitel gesondert beschrieben.

Tab. 2: Ökonomisches und publizistisches Gewicht verschiedener Zeitschriftentypen 1991 (Deutschland)

Zeitschriftentyp	Anteil am Umsatz in %	Anteil an Exemplaren in %	Anteil an der Zahl der Titel in %
Publikumszeitschriften	51,4	39,8	19,3
Nichtwissenschaftl. Fachzeitschriften	15,4	7,2	23,0
Wissenschaftliche Fachzeitschriften	10,1	2,3	19,6
Anzeigenblätter	14,0	33,3	13,8
Politische Wochenzeitschriften	3,8	1,1	1,1
Konfessionelle Zeitschriften	1,8	1,9	4,0
Kundenzeitschriften	1,3	7,3	1,4
Amtliche Blätter	1,1	1,4	14,6
Kommunale Amtsblätter	0,2	0,5	1,9
Sonstige Zeitschriften	1,1	5,1	1,4

Quelle: Pressestatistik

Problematisch bleibt die Behandlung der Fachzeitschriften mit überwiegend wissenschaftlichem Inhalt. Wegen ihrer relativ großen Bedeutung werden sie hier in die Zeitschriftenanalyse einbezogen, obwohl sie nicht eigentlich journalistisch produziert werden. Mithin werden im folgenden aus der amtlichen Zeitschriftenstatistik nur die folgenden fünf Zeitschriftentypen herangezogen: Politische Wochenblätter, konfessionelle Zeitschriften, Publikumszeitschriften, Fachzeitschriften mit überwiegend wissenschaftlichem Inhalt und andere Fachzeitschriften (dies ist die Reihenfolge der amtlichen Statistik), ergänzend werden jeweils die Zeitschriften insgesamt ausgewiesen.

1.2. Eine Klassifizierung von Zeitschriften nach ihrer primären ökonomischen Funktion

Angesichts der Fülle unterschiedlichster Zeitschriften und Zeitschriftentypen kann auf Zusammenfassungen nicht verzichtet werden, wenn überhaupt typisierende Ausführungen gemacht werden sollen. In Anwendung bewährter wirtschaftswissenschaftlicher Vorgehensweise erschiene es sinnvoll, Zeitschriften nach ihrer primären ökonomischen Funktion zu gliedern und zu bezeichnen und folgende Typen zu unterscheiden:

- Zeitschriften, die allgemeine, überwiegend politische und universelle Informationen für das breite Publikum bieten und den Rezipienten in seiner Rolle als Staatsbürger ansprechen, sollten „Politische Zeitschriften" genannt werden. Hierzu wären z.B. die *Zeit*, der *Spiegel*, der *Stern*, *Bild am Sonntag*, *Welt am Sonntag* und *Super Illu* zu zählen.
- Zeitschriften, die spezielle Informationen für den Rezipienten in seiner Rolle als Konsument im weitesten Sinne liefern, könnten „Special-Interest-Zeitschrift" genannt werden.
- Zeitschriften, die spezielle Informationen für den Rezipienten in seiner Berufsrolle bieten, könnten als „Fachzeitschrift" bezeichnet werden.
- Zeitschriften, die primär ein Werbeinteresse des Herausgebers befriedigen, wären als „PR-Zeitschriften" zu bezeichnen.

Diese Einteilung deckt sich im Prinzip mit der Typologisierung von Hagemann, der Fachpresse, Standes- und Verbandspresse, Freizeitschriften sowie Zeitschriften, die primär im Interesse des Herstellers herausgegeben werden, unterscheidet (Hagemann 1957, S. 9 f.). Eine solche Einteilung hätte den Vorzug, das unüberschaubare Feld der Zeitschriften in vier handhabbare und funktional ähnliche Gruppen zusammenzufassen und zugleich den sehr unterschiedlich verwendeten Begriff der Publikumszeitschrift, der vom Wortsinn irreführend ist, zu ersetzen.

Leider hätte diese Einteilung den Nachteil, daß sie in der amtlichen Pressestatistik so nicht verwendet wird und ohne genaue Kenntnis von der Eingruppierungspraxis der Pressestatistik aus den amtlichen Angaben zusammengestellt werden müßte. Tabelle 3 gibt dennoch einen Überblick über die Entwicklung der so gruppierten Zeitschriften.

Tab. 3: Entwicklung der vier Zeitschriftentypen von 1982 bis 1991 nach Titelzahl

	1982	1984	1986	1988	1991[1]	+/- %
Politische Wochenblätter	107	109	100	100	96	-10,3
Special-Interest-Zeitschriften	983	988	831	1 009	1 205	+22,6
Fachzeitschriften	1 852	1 851	1 897	1 968	2 376	+28,3
PR-Zeitschriften	3 499	3 738	3 985	4 782	5 236	+49,6
- davon Kundenzeitschriften	93	87	90	103	124	+33,3
- Konfessionelle Zeitschriften	248	233	220	218	347	+39,9
- Amtliche Blätter	1 089	1 133	1 162	1 332	1 276	+17,2
- Verbandszeitschriften	1 415	1 553	1 631	2 079	2 282	+61,3
- Anzeigenblätter	654	732	882	1 049	1 207	+84,6

1) einschl. Ostdeutschland

Quelle:: Pressestatistik, Wirtschaft und Statistik. Angaben für 1980 sind nicht mehr entsprechend erhältlich

Dabei werden die Publikumszeitschriften der Pressestatistik hier Special-Interest-Zeitschriften genannt und Kundenzeitschriften, konfessionelle Zeitschriften, Amtliche Blätter und kommunale Amtsblätter, Anzeigenblätter und Zeitschriften der Verbände werden zur PR-Zeitschrift zusammengefaßt. Die Zeitschriften der Verbände sind aus den anderen Gruppen mit Ausnahme der politischen Wochenblätter herausgerechnet.

Tabelle 3 zeigt, daß weit mehr als die Hälfte (59 Prozent) aller Zeitschriftentitel PR-Zeitschriften sind, also Zeitschriften, die primär Informationen im Interesse des Herausgebers an das Publikum verbreiten wollen und daß dieser Typ die bei weitem deutlichsten Wachstumsraten aufweist, ganz besonders die von der Pressestatistik selbst so eingruppierten Zeitschriften der Verbände, Körperschaften u. ä. Auch wenn die Zuordnung sicher nicht in jedem Fall unstrittig ist - insbesondere bitte ich die konfessionelle Presse um wohlwollendes Verständnis für meine Einteilung - so wird doch deutlich, welches Gewicht PR-Aktivitäten mittlerweile aufweisen.

1.3. Zur Klassifizierung der Zeitschriften durch die Werbewirtschaft

Die AG.MA gliedert die von ihr erfaßten Zeitschriften nach 13 inhaltlichen Schwerpunkten und erfaßt die konfessionelle Presse gesondert. Fachzeitschriften, Kundenzeitschriften, amtliche Blätter und Anzeigenblätter werden in der Media Analyse nicht ausgewiesen. Übersicht 1 gibt die Einteilung der AG.MA wieder. Dabei wird deutlich, daß relativ konsequent und nachvollziehbar nach speziellen Interessen gegliedert wird, nur die Unterscheidung von Gruppe 1 zu Gruppe 13 überrascht.

Übersicht 1: Die Gliederung der Zeitschriften in der AG.MA

1. Aktuelle Zeitschriften und Magazine zum Zeitgeschehen:
Bild am Sonntag (wö), Bunte (wö), Neue Revue (wö), Super Illu (wö), Der Spiegel (wö) , Stern (wö), Weltbild (14), Das Beste (mo)

2. Programmpresse

2.1. Zeitschriften
Auf einen Blick (wö), Bild + Funk (wö), Bildwoche (wö), Fernsehwoche (wö), FF (wö), Funk Uhr (wö), Gong (wö), Hörzu (wö), SUPER tv (wö), TV Hören und Sehen (wö), die 2 (wö), TV Spielfilm (14)

2.2. Supplements
BWZ Bunte Wochenzeitung (wö), IWZ Illustrierte Wochenzeitung (wö), prisma (wö), rtv (wö), tele prisma (wö)

3. Frauenzeitschriften

3.1. Wöchentliche Frauenzeitschriften
Echo der Frau (wö), Frau aktuell (wö), Frau mit Herz (wö), Freizeit Revue (wö), Glücks Revue (wö), Das Goldene Blatt (wö), Mini (wö), Das Neue (wö), Das Neue Blatt (wö), Neue Post (wö), Neue Welt (wö), 7 Tage (wö), Die Aktuelle (wö), bella (wö), Bild der Frau (wö), Frau im Spiegel (wö), tina (wö),

3.2. 1 4-tägliche Frauenzeitschriften
Brigitte (14), Freundin (14), Für Sie (14), Journal für die Frau (14), Meine Geschichte (14), Romanwoche (14),

3.3. Monatliche Frauenzeitschriften
Burda Moden (mo), Carina (mo), Frau im Leben (mo), Maxi (mo), Neue Mode (mo), Prima (mo), Ratgeber Frau und Familie (mo), Strick & Schick (mo), Verena (mo), Vital (mo), Cosmopolitan (mo), Elle (mo), Madame (mo), Petra (mo), Vogue (mo),

4. Familienzeitschriften

4.1. Elternzeitschriften
Eltern (mo), Leben und Erziehen (mo), Spielen und Lernen (mo),

4.2. Rätselzeitschriften
Extra Rätsel (mo), Glücks Rätsel (mo),

5. Jugendzeitschriften
Bravo (wö), Micky Maus (wö), Bravo Girl (14), Mädchen (14), Pop Rocky (14), Metal Hammer (mo), Musik Express Sounds (mo), Popcorn (mo),

6. Zeitschriften für Wohnen und Leben

6.1. Wohnzeitschriften
Flora (mo), Mein schöner Garten (mo), Neues Wohnen (mo), Schöner Wohnen (mo), Wohnidee (mo), Zuhause Wohnen (mo),

6.2 Do it yourself
SelberMachen (mo), Selbst ist der Mann (mo)

6.3 Eß-Zeitschriften
Essen & Trinken (mo), Kochen & Genießen (mo), Meine Familie & Ich (mo), Rezepte mit Pfiff (mo), Schöner Essen (mo),

6.4 Gesundheitszeitschriften
Goldene Gesundheit (mo), Medizin heute (mo)

7. Erotik-Zeitschriften
Die junge Praline/Unsere Illu (wö), Wochenend (wö), Coupé (mo)

8. Lifestyle/Stadtmagazine
ad eins-Stadtillustrierten Kombi., MAX (mo), Penthouse (mo), Playboy (mo), PRINZ (mo), TEMPO (mo), Wiener (mo)

9. Motorpresse
Auto Bild (wö), AUTO/Der Deutsche Straßenverkehr (14), Auto Motor und Sport (14), Auto Zeitung (14), Mot Auto Technik Zukunft (14), ACE-Lenkrad (mo), ADAC Motorwelt (mo), Auto Magazin (mo), Gute Fahrt (mo), KFT Kraftfahrzeugtechnik (mo), Sport Auto (mo), Motorrad (14), Motorrad Reisen & Sport (mo), PS Das Sport- Motorrad Magazin (mo)

10. Sportzeitschriften
Kicker Sportmagazin (wö), Sport Bild (wö), Sports (mo), Tennis Magazin (mo),

11. Zeitschriften für Kultur/Natur/Wissenschaft

11.1. Kino/Video
Cinema (mo), Kino (mo), Videoplay (mo), Video plus (mo),

11.2 Natur/Umwelt
Wild und Hund (14), Ein Herz für Tiere (mo), Kosmos (mo), Natur (mo),

11.3 Wissenschaft/Technik/Kultur
Bild der Wissenschaft (mo), GEO (mo), Merian (mo), P M Magazin (mo), Psychologie Heute (mo), Spektrum der Wissenschaft (mo),

11.4 EDV-Zeitschriften
Chip (mo)

12. Wirtschaftspresse
Wirtschaftswoche (wö), Capital (mo), DM (mo), Guter Rat! (mo), manager magazin (mo),

13. Wochenzeitungen und Magazine zu Gesellschaft und Politik
Welt am Sonntag (wö), Wochenpost (wö), Die Zeit (wö), Vorwärts (mo)

Quelle: MA 1993, Berichtsband Nationale Darstellungen Zeitschriften, Supplements, Tageszeitungen, Konpress, Lesezirkel und Kino, S. VIII f.

Vordem war es in der Werbewirtschaft üblich, Zeitschriften in Publikumszeitschriften und Fachzeitschriften einzuteilen und Publikumszeitschriften wiederum nach General-Interest-, Zielgruppen- und Special-Interest-Zeitschriften zu klassifizieren. Bisweilen werden auch nur drei große Gruppen von Zeitschriften unterschieden: die Publikumszeitschriften, die sich primär an breite Bevökerungsschichten zum Zwecke der Unterhaltung wenden, daneben die Special-Interest-Zeitschriften, die sich in ihren Inhalten typischerweise auf ein Thema oder wenige Themen konzentrieren und schließlich die Fachzeitschriften, die bestimmten Berufsgruppen zur Wissensergänzung bzw. -vertiefung dienen (Huth/Pflaum 1986, S. 115).

Aus werblicher Sicht konnten weder die aufgeführten Bezeichnungen noch die Einteilungen überzeugen. Insofern stellt die neuere Klassifizierung der Zeitschriften durch die AG.MA einen Fortschritt dar, den auch die medienökonomische Forschung und die Medienpolitik nutzen können; sie ist allerdings naturgemäß vor allem für die werbetreibende Wirtschaft brauchbar.

2. Produkteigenschaften der Zeitschrift

Die Zeitschrift als **Informationsträger** weist in einigen Eigenschaften eine größere Ähnlichkeit mit der Zeitung auf. Sie ist gekennzeichnet durch folgende Merkmale:

- Räumliche Mobilität: Die Zeitschrift kann ohne große Transportkosten vom Leser an den jeweils gewünschten Konsumort gebracht werden. Sie kann mithin an mehreren Orten - überwiegend zu Hause, aber auch im Beruf und in der Freizeit, gelesen werden.
- Sachliche Mobilität: Der Leser kann leicht durch Überblick entscheiden, welche Teile der Zeitschrift er nutzen will. In der Regel gut strukturierte Gliederungsmerkmale und Inhaltsverzeichnisse erleichtern die Auswahl.
- Zeitliche Mobilität: Der Leser kann entscheiden, wann und in welchem zeitlichen Umfang er die Zeitschrift nutzt, weil die Informationen zeitlich leicht gespeichert werden können und weil die Informationen im Zeitablauf nicht so schnell an Wert verlieren wie die Informationen der Zeitung.
- Zeitliche Intensität: Lesen erlaubt eine schnellere Informationsaufnahme als Hören oder Sehen, daher bietet die Zeitschrift pro Rezeptionszeit mehr Informationen als elektronische Medien.
- Variierbarkeit: Die Zeitschrift kann im Größenumfang von Erscheinungstag zu Erscheinungstag geändert werden.

Ein entscheidender Unterschied zur Zeitung ist die im Durchschnitt wesentlich geringere Aktualität der Zeitschrift. Dies erlaubt die zeitlich stärker selektierende Form der Nutzung, also eine wiederholbare Nutzung und eine längere zeitliche Nutzung: Die Nutzungsintensität der Zeitschrift ist in der Regel größer als bei der Zeitung, und Streuverluste sind geringer. Der zweite entscheidende Unterschied zur Zeitung besteht in der geringeren Haushaltsabdeckung. Während Zeitungen in der Regel an einen großen Teil der Bevölkerung eines regional eng begrenzten Gebietes verkauft werden, finden Zeitschriften ihre Abnehmer sehr verstreut innerhalb eines größeren Gebietes.

Woran liegt dies? Offenbar ist der Markt für eine täglich erscheinende Berichterstattung zu speziellen Sachgebieten zu eng, eine Ausnahme bildet nur die tägliche Wirtschaftsberichterstattung z.B. des *Handelsblatts* oder spezieller Wirtschaftsbriefe. Aber nicht einmal so weit verbreitete Interessen wie Sport, Auto bzw. Männer- oder Frauenthemen alimentieren eine tägliche Erscheinung; *Sport-Bild*, *Auto-Bild* und *Bild der Frau* erscheinen wöchentlich. Die zentralen Restriktionen jeder Konsumaktivität – Zeit, Geld und Bedürfnisse – begrenzen offenbar wirksam das Erscheinungsintervall von Zeitschriften. Im übrigen ist die Variabilität von Erscheinungsintervall und Größenumfang der Zeitschrift ein geeigneter Parameter, um mehr oder weniger spezielle Interessen zu beliefern. Möglicherweise tritt die Restriktion der begrenzten publizistischen Ergiebigkeit eines sehr speziellen Interessengebietes zur Restriktion der Finanzierbarkeit hinzu. Dies ist etwa vorstellbar bei der Zeitschrift *Diana Männer Maschen*, offenbar eine Zeitschrift für strickende

Männer oder bei der *Neuen Bienenzeitung* – beide Titel sind der Liste der 1993 eingestellten Zeitschriften entnommen (W & V Compact 1/1994, S. 27).

Untersuchungen zur Akzeptanz oder zum redaktionellen Image von Zeitschriften liegen kaum vor. Dies ist erklärlich, weil es eben *die* Zeitschrift nicht gibt und weil auch innerhalb spezieller Zeitschriftengruppen erhebliche Unterschiede zwischen den Titeln bestehen. Daher sind die Angaben zum Image einer Auswahl von Publikumszeitschriften, die in Tabelle 12 im 2. Kapitel enthalten sind, mit großer Vorsicht zu interpretieren. Der Studie der IPA-plus zufolge ist das redaktionelle Image von Publikumszeitschriften im Durchschnitt ziemlich schlecht, nur in den Dimensionen „sorgt für gute Entspannung und Ablenkung" und „hilft manchmal, die Sorgen und Probleme des Alltags zu vergessen" hat die Zeitschrift einen signifikanten Vorsprung vor der Tageszeitung; im übrigen rangiert die Zeitschrift fast immer an letzter Stelle. Dabei ist klar, daß dies z.B. nicht für den *Spiegel*, *GEO* oder die *Wirtschaftswoche* gelten kann, um nur einige plausible Ausnahmen zu nennen.

Die **Zeitschrift als Werbeträger** wird ebenfalls selten generell beschrieben, weil dies aufgrund der Heterogenität der Zeitschriften für die werbungtreibende Wirtschaft nicht sehr aussagekräftig ist. Man muß die werbliche Eignung einzelner Titel analysieren, um Werbebotschaften im richtigen Medium plazieren zu können. Immerhin existieren einige Beschreibungen zur werblichen Eignung der Zeitschrift (vgl. Kapitel 2, Abschnitt 4.6.), die hier kurz wiedergegeben werden sollen:

- Die Art der Werbung hängt stark vom Zeitschriftentyp ab. Sie ist argumentativ und rational bei Fachzeitschriften, eher emotional bei Publikumszeitschriften.
- Ein Zielgruppenbezug der Werbung ist in fast allen Zeitschriften sehr gut herzustellen, eine räumliche Abgrenzung ist hingegen meist nicht möglich.
- Die Kontaktintensität ist in der Regel gut, weil von einer Kongruenz von redaktionellem Angebot und Leserinteresse ausgegangen werden kann.
- Das redaktionelle Image und das werbliche Image der Zeitschrift ist nach der Studie der IPA-plus im Durchschnitt relativ schlecht, andere Quellen sprechen von einem guten Image (Schweiger/Schrattenecker 1989, S. 160).

Die Zeitschrift ist und bleibt Basismedium für zielgruppenbezogene Werbung, weil nur sie die Streuverluste der anderen aktuellen Massenmedien vermeiden kann. Im übrigen hat die Zeitschrift als Werbeträger zwischen 1980 und 1992 relativ am stärksten Marktanteile eingebüßt (vgl. Tabelle 22 in Kapitel 2), sicher eine Folge der Konkurrenz des Fernsehens speziell zur Zeitschrift als Werbeträger.

3. Verbundproduktion – Produktion für den Leser- und Werbemarkt als charakteristisches Merkmal

3.1. Prinzip der Verbundproduktion

Zeitschriftenbetriebe produzieren und verkaufen zwei Güter gleichzeitig: Information, Bildung und Unterhaltung für den Lesermarkt sowie eine Verbreitungswahrscheinlichkeit von Werbebotschaften für den Werbemarkt. Diese Güter werden in Verbundproduktion mit variierbarer Kopplung produziert. Die Leser erwerben das gesamte in der Zeitschrift enthaltene Informationsangebot, auch das Informationsangebot, das im Anzeigenteil enthalten ist. Die Werbungtreibenden erwerben eine Verbreitungswahrscheinlichkeit ihrer Botschaft. Diese Verbundproduktion von redaktionellem Text und Anzeigen ist ökonomisch begründet in Verbundvorteilen der Produktion, des Konsums und des Vertriebs (vgl. Kapitel 5, Abschnitt 2). Das Verbundverhältnis zeigt sich quantitativ in der Relation von Text- zu Anzeigenteil und wertmäßig in der Umsatzstruktur.

3.2. Relation von Textteil zu Anzeigenteil

Tabelle 4 gibt einen Überblick über das quantitative Verbundverhältnis im Zeitablauf und im Querschnitt für verschiedene Zeitschriftentypen[1]. Dabei wird deutlich, daß signifikante Unterschiede zwischen den Zeitschriftentypen bestehen. Konfessionelle Zeitschriften haben nur wenig Anzeigenseiten, während politische Zeitschriften fast zur Hälfte aus Anzeigen bestehen. Im Zeitablauf ist insgesamt eine leichte Abnahme des Anzeigenseitenanteils zu erkennen, bei kleineren Unterschieden zwischen den Zeitschriftentypen. In der Größenordnung entsprechen die Relationen denen der Zeitungen, die auch etwa zu 37 Prozent aus Anzeigen bestehen.

Tab. 4: Der Anzeigenseitenanteil verschiedener Zeitschriftentypen von 1980 bis 1990 (Westdeutschland) in Prozent der Jahresauflage.

Zeitschriftentyp	**1980**	**1982**	**1984**	**1986**	**1988**	**1990**
Politische Zeitschriften	48,9	47,6	46,6	48,2	46,7	49,0
Konfessionelle Zeitschriften	12,9	11,5	12,6	12,8	13,6	14,3
Publikumszeitschriften	32,8	31,4	31,7	30,5	30,1	30,6
Fachzeitschriften (Wissenschaft)	33,1	36,5	36,1	33,3	32,6	31,2
Andere Fachzeitschriften	36,5	30,2	29,7	29,6	29,8	29,9
Zeitschriften insgesamt	37,2	34,8	35,0	34,8	35,8	35,7

Quelle: Pressestatistik

1 Sofern es um reine Strukturanalysen geht, wird nur auf die Zahlen für Westdeutschland Bezug genommen, um die Vergleichbarkeit im Zeitablauf zu erhalten. Wenn es um eine Momentaufnahme geht, wird auf die Zahlen für Gesamtdeutschland Bezug genommen.

3.3. Umsatzstruktur

Bedeutsamer als das Mengenverhältnis erscheint das Wertverhältnis, das Verhältnis von Umsatz aus Anzeigen und Umsatz aus Vertrieb, die sogenannte Umsatzstruktur, weil damit die Bedeutung der beiden Finanzierungsquellen sichtbar wird. Folgende Tabelle 5 zeigt den Umsatz aus Anzeigen im Verhältnis zum Gesamtumsatz für die verschiedenen Zeitschriftentypen im Zeitablauf.

Tab. 5: Der Anzeigenumsatzanteil verschiedener Zeitschriftentypen von 1980 bis 1990 (Westdeutschland) in Prozent vom Gesamtumsatz

Zeitschriftentyp	**1980**	**1982**	**1984**	**1986**	**1988**	**1990**
Politische Zeitschriften	64,6	61,7	61,7	63,7	62,8	62,8
Konfessionelle Zeitschriften	11,2	9,2	10,2	9,9	10,3	11,2
Publikumszeitschriften	42,7	40,9	43,4	44,3	41,2	42,1
Wissenschaftl. Fachzeitschriften	47,3	48,4	48,3	45,3	45,9	44,3
Andere Fachzeitschriften	67,1	62,3	62,5	63,3	63,2	63,2
Zeitschriften insgesamt	52,1	50,4	53,3	54,8	53,3	54,3

Quelle: Pressestatistik

Insgesamt beträgt der Anzeigenumsatzanteil gut 50 Prozent bei wiederum deutlichen Unterschieden zwischen den unterschiedlichen Zeitschriftentypen. Besonders hoch ist der Anzeigenumsatzanteil bei nichtwissenschaftlichen Fachzeitschriften und bei Politischen Zeitschriften und besonders niedrig bei den Konfessionellen Zeitschriften. Im Zeitablauf sind signifikante Änderungen nicht zu erkennen. Im Vergleich zur entsprechenden Relation bei Zeitungen fällt der Anzeigenumsatzanteil bei Zeitschriften deutlich niedriger aus. Mithin ist die Subvention des Textteils durch den Anzeigenteil bei Zeitschriften generell geringer als bei Zeitungen, nur beim Typ „Andere Fachzeitschriften“ werden zeitungsähnliche Verhältnisse erreicht. Insgesamt sind auf dem Zeitschriftenmarkt Nachfrageänderungen und entsprechende Gewinnänderungen im Prinzip also genauso verknüpft wie bei Zeitungen (vgl. Kapitel 8, Abschnitt 3.5.), im Ausmaß aber deutlich geringer.

4. Kosten der Zeitschriftenproduktion

Wie jede Medienproduktion ist auch die Zeitschriftenproduktion eine „Blaupausen-Produktion“. Die Zeitschrift wird als Prototyp periodisch neu konzipiert und zusammengestellt – allerdings bleiben die Grundlinien und Rahmenbedingungen konstant – und anschließend vervielfältigt. Dabei verbraucht sich der Input in Form der journalistischen Produktionen nicht, die Kosten der Journalistengehälter stellen mithin auf jeden Fall fixe Kosten dar. Welche Kosten insgesamt in welchem Umfang als fix gelten können, soll anhand der amtlichen Kostenstrukturstatistik ermittelt werden. Diese weist verschiedene Kostenarten für den „Zeitschriftenverlag", nicht für das Objekt „Zeitschrift" aus. Dennoch können diese Angaben ungefähr auch für das Objekt „Zeitschrift" gelten, weil Zeitschriftenverlage schwerpunktmäßig Zeitschriften produzieren und, wie man der Kostenstrukturstatistik entnehmen kann, jedenfalls keine Zeitungen produzieren, sondern in begrenztem Umfang andere Verlagserzeugnisse wie z.B. Bücher oder Kalender herstellen.

Folgende Kosten werden als fix klassifiziert: die Kosten für Personal, die Kosten der Fremdproduktion (dahinter verbergen sich die in der amtlichen Statistik ausgewiesenen Kosten für freie Mitarbeiter, Pressedienste, bezogene redaktionelle Teile, Post- und Fernmeldegebühren sowie Lizenzgebühren), Mieten, Pachten, Steuern sowie Abschreibung, Zinsen und Kosten der Werbung. All diese Kostenarten sind prinzipiell unabhängig von kurzfristigen Schwankungen der Auflage. Folgende Kosten werden als variabel klassifiziert: Materialverbrauch (vor allem Papier), Vertriebskosten (ohne Zustellerlöhne) und Fremdleistungen der technischen Herstellung (vor allem der Druck der Zeitschrift außerhalb des eigenen Verlages).

Tabelle 6 gibt einen Überblick über die Kostenstrukturen für das Jahr 1990 nach Umsatzgrößenklassen gegliedert. Dabei muß noch einmal darauf verwiesen werden, daß die Kostenstrukturstatistik aufgrund freiwilliger Angaben erstellt wird und nach Angabe des Statistischen Bundesamtes nicht als repräsentativ gelten kann.

Tab. 6: Kostenstruktur der Zeitschriftenverlage 1990 (Kosten[1] in Prozent vom Umsatz/Westdeutschland)

	Fixe Kosten					Variable Kosten			
Umsatz von... bis ... in Mio DM	Perso-nal	Fremd-produk-tion	Mieten; Steu-ern	Abschr. Zinsen, Werbg.	insge-samt	Mate-rial	Ver-trieb	Fremd-Druck	insge-samt
unter 0,5	20,2	8,6	4,5	4,3	37,6	5,3	6,2	37,3	48,8
0,5 - 1	25,9	8,9	4,2	3,0	42,0	4,5	7,1	33,3	44,9
1 - 2	24,7	6,8	3,7	3,6	38,8	5,9	6,9	34,3	47,1
2 - 5	24,0	6,9	3,6	4,1	38,6	6,1	6,9	30,5	43,5
5 - 10	24,0	5,3	3,7	4,7	37,7	8,9	6,3	27,4	42,6
10 - 25	23,0	6,0	3,2	5,3	37,5	11,5	8,2	26,0	45,7
25 - 50	24,3	6,6	3,6	9,0	43,5	15,0	8,4	20,6	44,0
50 - 100	15,3	5,9	4,3	3,9	29,4	21,9	4,6	23,0	49,5
> 100	24,0	5,3	3,2	6,8	39,3	21,0	5,1	20,5	46,6
insgesamt[2]	22,8	6,7	3,8	5,0	38,3	11,1	6,6	28,1	45,9

1) Die „sonstigen Kosten" der Pressestatistik können nicht zugerechnet werden.
2) ungewichtetes arithmetisches Mittel

Quelle:: Pressestatistik

Im Vergleich zu den entsprechenden Kostenstruktur-Kennziffern der Zeitungsproduktion ist der Fixkostenanteil der Zeitschriftenproduktion mit durchschnittlich 38,3 Prozent deutlich geringer. Dies liegt vor allem daran, daß der Personalkostenanteil mit 22,8 Prozent praktisch nur die Hälfte des entsprechenden Wertes der Zeitungsproduktion ausmacht. Dementsprechend ist der Anteil der variablen Kosten höher, vor allem wegen des hohen Kostenanteils für den Druck außer Haus. Damit entspricht die Kostenstruktur der Zeitschriftenproduktion den in der allgemeinen Wirtschaft üblichen Relationen, spezielle wettbewerbspolitische Insuffizienzen sind nicht zu erwarten.

5. Struktur und Entwicklung der Gewinne der Zeitschriftenproduktion

5.1. Die Gewinne der Zeitschriftenverlage

Üblicherweise werden die Gewinne von Unternehmen wegen einer besseren Vergleichbarkeit auf den Umsatz bezogen ausgewiesen. Dementsprechend zeigt Tabelle 7 die sogenannte Umsatzrendite als Gewinn vor Abzug der Steuern vom Gewinn im Verhältnis zum Umsatz für die Jahre 1980 bis 1990 nach Umsatzgrößenklassen differenziert. Dabei ist zu beachten, daß die Bezugsgröße der Zeitschriftenverlag, nicht die Zeitschrift ist, daß die Angaben freiwillig gemacht werden und daß sie nicht als repräsentativ gelten.

Tab. 7: Umsatzrendite von Zeitschriftenverlagen von 1980 bis 1990 (Westdeutschland) in Prozent

Umsatz in Mio DM	1980	1982	1984	1986	1988	1990	Ø[1]
< 0,5	7,4	4,4	8,8	3,9	4,5	4,4	5,6
0,5 - 1	5,9	8,3	6,9	4,7	7,4	5,1	6,4
1 - 2	6,8	6,6	10,2	6,8	5,3	5,6	6,9
2 - 5	9,6	10,4	6,8	7,5	8,4	9,8	8,8
5 - 10	8,3	9,2	11,9	8,0	7,7	10,7	9,3
10 - 25	5,5	3,9	9,0	2,8	- 1,5	8,0	4,6
25 - 50	14,6	15,5	10,2	2,6	6,0	0,9	8,3
50 - 100	2,1	3,9	1,7	5,4	7,8	9,0	5,0
> 100	8,5	9,1	12,1	5,9	9,4	3,9	8,2
insgesamt[2]	7,5	8,3	8,9	5,1	7,8	5,3	7,2
Industrie insgesamt[3]	4,8	4,1	4,4	4,7	3,5	3,5	4,2

1) von 1980 bis 1990 2) gewichtetes arithmetisches Mittel 3) Jahresüberschuß vor Gewinnsteuern

Quelle: Pressestatistik; Deutsche Bundesbank (1993), Jahresabschlüsse westdeutscher Unternehmen 1971 bis 1991

5.2. Gewinnanalyse

Auffällig erscheint die auch im Zeitschriftensektor deutlich über dem Durchschnitt aller Industrieunternehmen liegende Umsatzrendite von fünf bis fast neun Prozent, wenngleich der Abstand zu allen Industriebetrieben nicht ganz so groß ist wie bei Zeitungsverlagen. Auch dies deutet - etwas überraschend - auf einen unterdurchschnittlich entwickelten Wettbewerb im Zeitschriftenmarkt hin, soll wegen der begrenzten Aussagefähigkeit der Angaben indes nicht überinterpretiert werden. Im Zeitablauf zeichnet sich ein schwacher Trend in Richtung einer Abnahme der Umsatzrendite ab, und eine Annäherung an die Umsatzrendite der allgemeinen Industrie wird erkennbar.

Wird die Umsatzrendite von Zeitschriftenverlagen nach Umsatzgrößenklassen differenziert betrachtet, so kann eigentlich nur gefolgert werden, daß keine Indizien sichtbar werden, die darauf hindeuten, daß kleine Zeitschriftenverlage weniger profitabel produzieren als große Zeitschriftenverlage. Im Grunde zeichnet sich ein ähnlicher Befund wie bei den Zeitungsverlagen ab, wenngleich wesentlich weniger deutlich. Am profitabelsten scheinen die nicht mehr ganz kleinen, aber noch nicht großen Zeitschriftenverlage in der Umsatzgrößenklasse von einer bis zehn Millionen DM zu produzieren. Weitere Aussagen erscheinen bei der Heterogenität der Zeitschriften und der vermutlich von Zufallsangaben beeinflußten Gewinnstrukturstatistik nicht sinnvoll.

5.3. Zeitschriftenpreise

Aufgrund der Heterogenität der Zeitschriften nach Inhalt, Umfang, Auflage und Erscheinungsweise differieren auch die Zeitschriftenpreise, sowohl im Lesermarkt als auch im Werbemarkt, ganz erheblich.

Um einen Eindruck von der Spannbreite der Zeitschriftenpreise zu geben, sei zunächst eine Übersicht über die Spannen der **Leserpreise** nach den verschiedenen Merkmalen gegeben.

Tab. 8: Jahresabonnementpreise nach Zeitschriftenmerkmalen 1990 in DM (Westdeutschland)

Merkmal	Tiefstpreis	Durchschnitt	Höchstpreis
Auflage	52,04	78,-	194,31
Erscheinungsweise	27,31	78,-	364,77
Typ	43,79	78,-	174,89

Quelle: Pressestatistik

Differenziert man allein nach der Auflage, so ergibt sich nach Tabelle 8 eine Preisspanne von 52 DM bis 194 DM. Dabei ist, was Tabelle 8 nicht ausweist, am teuersten die Zeitschrift mit der kleinsten Durchschnittsauflage, während die billigsten Zeitschriften in den höchsten Auflagenklassen zu finden sind. Eine deutlich größere Preisspanne ergibt sich nach dem Merkmal Erscheinungsweise. Hier ist die Zeitschrift, die zweimal wöchentlich erscheint, im Jahrespreis am teuersten, während naturgemäß die selten erscheinenden Zeitschriften auf das Jahr gerechnet am billigsten sind.

Nach dem Zeitschriftentyp differenziert, sind die Preisunterschiede mit der Spanne von rund 44 DM bis rund 175 DM wieder deutlich geringer. Am teuersten ist im Durchschnitt das politische Wochenblatt, am billigsten die konfessionelle Zeitschrift. Dabei ist erneut darauf hinzuweisen, daß diese Angaben bereits Durchschnittswerte sind. Sie geben aber einen Hinweis auf die Preisbestimmungsgründe.

Unterschieden nach einer anderen Grundgesamtheit – den Neuerscheinungen des Jahres 1993 – und nach dem Preis pro Exemplar ergibt sich eine Preisspanne von 0,60 DM (*Mach mal Pause*, eine Zeitschrift für Unterhaltung, die wöchentlich erscheint) bis 39 DM (*Multi CD Magazin*, ein Diskettenmagazin, das alle drei Monate erscheint); Preise über 10 DM sind im übrigen selten, teure Zeitschriften zwischen 15 und 19,80 DM sind vor allem bei Computertiteln zu finden (W&V Compact 1/1994, S. 24 ff.).

Anzeigenpreise differieren einmal vor allem nach dem Merkmal Auflage. Dies zeigt Tabelle 9. Mit steigender Auflage steigt der Anzeigengrundpreis unterproportional an und die Tausend-Käufer-Preise sinken entsprechend deutlich. Die Tausender-Preise sinken mit steigender Auflage prinzipiell aus folgenden Gründen:

- Aufgrund der Degression der fixen Kosten für die Gestaltung und den Satz der Anzeigen sinken die Durchschnittskosten der Anzeige mit steigender Auflage, allerdings ist dieser Sachverhalt nicht sehr ausgeprägt.
- Aufgrund der Degression der übrigen fixen Kosten der Zeitschriftenproduktion sinkt der notwendige Finanzierungsbeitrag der Anzeige mit steigender Auflage.
- Mit steigender Auflage wird der Zielgruppenbezug der Zeitschrift abnehmen, dies erhöht den Wettbewerb mit anderen Zeitschriften und den entsprechenden Preisdruck.
- Mit steigender Auflage steigt der Anzeigengrundpreis. Dies erhöht die Preiselastizität der Nachfrage nach Anzeigen und vermindert die Zahlungsbereitschaft der Werbekunden.

Im übrigen muß darauf hingewiesen werden, daß die Anzeigenpreise in Tabelle 9 Durchschnittspreise für alle Zeitschriften sind.

Die ausgewiesenen Anzeigenpreise können zwar sehr gut den beschriebenen Zusammenhang von Auflagenentwicklung und Tausender-Preisen abbilden, aber sie geben kein richtiges Bild von den Anzeigenpreisen der dem Leser üblicherweise bekannten Zeitschriften. Diese werden in der Werbebranche üblicherweise auf der Basis einer ganzseitigen farbigen Anzeige für ausgewählte Titel berechnet. Tabelle 10 gibt einen entsprechenden Überblick.

Tab. 9: Anzeigengrundpreis und Tausend-Käufer-Preis nach Auflagenhöhe für Zeitschriften insgesamt 1990 (Westdeutschland)

Auflage von ... bis	Ø Auflage	Grundpreis[1]	TKP[1]
< 1 500	767	747	973,92
1 500 - 2 500	1 937	964	497,68
2 500 - 5 000	3 558	1 483	416,81
5 000 - 10 000	7 127	2 156	302,51
10 000 - 25 000	15 877	3 064	192,98
25 000 - 50 000	35 362	4 230	119,62
50 000 - 75 000	60 410	5 540	91,71
75 000 - 125 000	96 097	7 312	76,09
125 000 - 250 000	172 870	10 303	59,60
250 000 - 500 000	346 431	14 404	41,58
> 500 000	1 414 037	27 585	19,51
Durchschnitt	40 443	2 982	73,73

1) für die ganzseitige Schwarz-Weiß-Anzeige; in DM

Quelle: Pressestatistik

Tab. 10: Tausend-Käufer-Preise ausgewählter Zeitschriften verschiedener Typen 1993 und 1994 in DM

	1993	1994
Aktuelle Illustrierte	11,91	12,93
Programmzeitschriften	11,75	12,28
14tägliche Frauenzeitschriften	19,25	19,84
Männerzeitschriften	22,48	23,12
Special-Interest	19,67	23,39

Quelle: W & V Compact 1/1994, S. 13

Damit wird auch deutlich, daß die Anzeigenpreise – jetzt normiert als Tausender-Preise – zum anderen sehr stark vom Zielgruppenbezug der Zeitschrift abhängen. Zeitschriften mit einer klar abgegrenzten, kleinen und kaufkräftigen Zielgruppe haben höhere Tausender-Preise als Zeitschriften mit einer diffusen und wenig kaufkräftigen Zielgruppe. Dies soll die Zusammenstellung in Tabelle 11 illustrieren.

Schließlich sind entscheidende Preisbestimmungsgründe für Anzeigen auch die Farbigkeit des Drucks (schwarz-weiß, Zusatzfarbe, mehrfarbig) und die Größe des Anzeigenteils im Verhältnis zum Textteil.

Tab. 11: Tausend-Käufer-Preise ausgewählter Zeitschriften 1994

Zeitschriftentitel	**Grundpreis** [1]	**Tausender-Preis**
Kachelofen & Kamin	2 800	700,00
Uhren Juwelen Schmuck	5 660	666,00
Jagdgebrauchshund	4 019	566,00
Geo	61 180	98,26
Der Spiegel	87 320	63,17
TV Spielfilm	49 300	26,28
Das Goldene Blatt (Frauen)	5 506	13,10

1) auf der Basis ganzseitig, vierfarbig; in DM

Quelle: Zusammengestellt nach Stamm 1994

5.4. Preiskalkulation von Zeitschriften

Preise werden üblicherweise so kalkuliert, daß auf die Normalkosten, das sind die Kosten bei normaler Kapazitätsauslastung, ein branchenüblicher Gewinnaufschlag erhoben wird, in der Zeitschriftenbranche also etwa fünf bis acht Prozent (vgl. Tabelle 7). Dies hört sich wesentlich einfacher an, als es ist, weil die Kosten der Zeitschriftenproduktion von einer Fülle von Variablen abhängen und weil zur Ermittlung der normalen Kapazitätsauslastung vorab die Nachfrage bekannt sein müßte.

Determinanten der Stückkosten der Zeitschriftenproduktion sind:

- die Ausstattung des Heftes, vor allem Farbanteil und Bildanteil;
- die redaktionellen Produktionskosten des Heftes, die wiederum wesentlich abhängen von der Exklusivität und der notwendigen Rechercheezeit (so ist die Produktion des *Spiegel* sicher wesentlich teurer als die Produktion einer Pferdezeitschrift für Mädchen);
- der Umfang des Heftes und
- die Auflage des Heftes (wegen der Fixkostendegression).

Determinanten der Nachfrage nach einer Zeitschrift sind vor allem:

- der Umfang der Zielgruppenabgrenzung (so ist die Nachfrage nach Bienenzeitschriften sicher prinzipiell kleiner als die Nachfrage nach Frauenzeitschriften);
- die Kaufkraft der Zielgruppe (so ist die Kaufkraft der Zielgruppe von Dino-Posterzeitschriften für Kinder sicher kleiner als die Kaufkraft der Zielgruppe für Wirtschaftsmagazine);
- die Qualität der Zeitschrift;
- der Preis der Zeitschrift und – dies ist allerdings weniger bedeutsam –

– der Erscheinungstag[2] und die Erscheinungsweise.

Das zentrale Problem der Preiskalkulation ist, daß praktisch alle genannten Faktoren voneinander wechselseitig abhängen. Erleichtert wird das Problem der Preiskalkulation ein wenig dadurch, daß die Konkurrenz die Preisspanne vorgibt, innerhalb derer eine neue Zeitschrift sich bewegen kann. Wesentliche Unter- oder Überbietungen müssen sehr genau überlegt sein. Die Anzeigenpreiskalkulation gestaltet sich wesentlich einfacher, weil die Konkurrenz mit den Strukturen ihrer Tausender-Preise die Preisgrenzen deutlich vorgibt. Schwierig ist hier nur die Prognose der eigenen Auflage, die notwendig ist, um bei gegebenen Tausender-Preisen die Anzeigengrundpreise richtig zu kalkulieren. Eine zu optimistische Prognose verärgert die Werbekunden, eine zu pessimistische Prognose führt dagegen zu Einnahmeverlusten.

6. Die Größenstruktur der Zeitschriftenbetriebe

6.1. Die Fertigungsbreite der Zeitschriftenbetriebe

Tabelle 12 gibt einen Überblick über die Größenstruktur der Zeitschriftenverlage nach dem Merkmal Umsatz und ergänzend nach dem Merkmal Beschäftigte. Daraus wird deutlich, daß in der Zeitschriftenproduktion, ganz anders als bei der Zeitungsproduktion, kleine und sehr kleine Unternehmen der Zahl nach dominieren.

49,8 Prozent aller Zeitschriftenverlage (21,1 + 14,3 + 14,4 Prozent) liegen in der Umsatzgrößenklasse bis 1 Mio. DM; sie verlegen 23,7 Prozent aller Zeitschriftentitel, erzielen 2,4 Prozent des Umsatzes aller Zeitschriftenverlage und beschäftigen 5,6 Prozent aller Beschäftigten. Umgekehrt sind in der höchsten Umsatzgrößenklasse von 100 Mio. DM und mehr nur 0,7 Prozent der Verlage vertreten, die 3,7 Prozent aller Zeitschriftentitel verlegen und damit allerdings 46,4 Prozent des Gesamtumsatzes erzielen.

Ein ähnliches Bild zeigt die Zuordnung der Zahl der Zeitschriftentitel zur Auflagengrößenklasse, die in Tabelle 13 ausgewiesen ist. Zugleich ist hier eine Differenzierung nach den wichtigen Zeitschriftentypen vorgenommen worden. So erscheinen 2 226 Zeitschriftentitel, das sind 25,5 Prozent aller Titel mit einer Auflage unter 1 500 Exemplaren, dabei sind wissenschaftliche Fachzeitschriften besonders häufig in den kleinsten Auflagenklassen vertreten. Insgesamt weisen Zeitschriftenverlage mithin nur eine geringe Fertigungsbreite auf, es sind kleine Betriebe mit durchschnittlich 20 Beschäftigten (ohne Teilzeitbeschäftigte). 64,3 Prozent der Verlage beschäftigen nicht mehr als sechs Personen.

---

2 So gilt der Montag als ein Erscheinungstag, der einen leicht positiven Einfluß auf die Nachfrage hat.

Tab. 12: Größenstruktur der Zeitschriftenverlage 1990 (Westdeutschland)

Umsatz-klasse	**Zahl der Verlage** [1]		**Umsatz**			**Beschäf-tigte** [2]		**U. pro Besch.**	**Verlegte Titel** [3]	
Mio. DM	abs.	%	Mio	%	abs.	%	Ø[4]	in DM	abs.	%
unter 0,25	390	21,1	45	0,3	569	1,5	1,5	79086	459	8,6
0,25 - 0,5	264	14,3	97	0,7	588	1,6	2,2	164 966	347	6,5
0,5 - 1	266	14,4	191	1,4	939	2,5	3,5	203 408	458	8,6
1 - 2	268	14,5	389	2,9	1 629	4,4	6,1	238 797	610	11,5
2 - 5	323	17,5	1 038	7,7	3 463	9,3	10,7	299 740	1120	21,0
5 - 10	156	8,4	1 106	8,2	3 535	9,5	22,7	312 871	907	17,0
10 - 25	108	5,8	1 661	12,3	4 811	12,9	44,5	345 251	580	10,9
25 - 50	45	2,4	1 505	11,2	4 394	11,8	98	342 513	480	9,0
50 - 100	17	0,9	1 201	8,9	2 668	7,2	157	450 150	165	3,1
> 100	13	0,7	6 253	46,4	14 666	39,4	1.128	426 360	195	3,7
gesamt	1 850	100	13 486	100	37 262	100,1	20,1	361 924	5321	99,9

1) Zeitschriftenverlage 2) ohne Teilzeitbeschäftigte (meist Zusteller) 3) Die Differenz zur Zahl der Zeitschriften insgesamt von 7.626 (1990) ergibt sich, weil Zeitschriften daneben auch in anderen Verlagen produziert werden. 4) durchschnittlich pro Verlag

Quelle: Pressestatistik

Tab. 13: Auflagengrößenstruktur von Zeitschriften 1991

Auflage (Stück)	**Polit. Wochen-blätter**	**Konfess. Zeit-schriften**	**Publi-kums-zeitschr.**	**Wiss. Fach-zeitschr.**	**Andere Fach-zeitschr.**	**Alle Zeit-schriften**
<1 500	12	57	205	792	283	2 226
1 500 - 2 500	24	38	154	192	157	852
2 500 - 5 000	27	62	213	238	366	1 162
5 000 - 10 000	15	51	242	207	447	1 187
10 000 - 25 000	11	60	304	171	448	1 421
25 000 - 50 000	2	35	195	70	167	825
50 000 - 125 000	4	35	183	36	95	626
125 000 - 250 000	1	6	80	3	22	200
250 000 - 500 000	-	3	44	3	10	119
> 500 000	1	-	65	1	12	122
Ø Auflage [1]	21124	21841	84266	7831	34816	44268

1) durchschnittlich verkaufte und/oder unentgeltlich abgegebene Auflage je Erscheinungstag.

Quelle: Pressestatistik

Die Fertigungsbreite wird auch in der Typenpalette der Unternehmen deutlich, die Zeitschriften produzieren. 2.835 Zeitschriftentitel werden in reinen Zeitschriftenverlagen produziert, das sind 38 Prozent, und 5.328 Titel (70,2 Prozent) werden insgesamt in Zeitschriftenverlagen produziert (vgl. Tabelle 14). Verlage, die nur eine Zeitschrift produzieren sind selten, im Durchschnitt haben die Zeitschriftenverlage 1990 2,9 Zeitschriften produziert, allerdings dominiert in den unteren Umsatzklassen bis eine Mio. DM der Zeitschriftenverlagstyp, der nur einen Titel produziert. Zeitschriftenproduktion außerhalb des Verlagsgewerbes ist relativ selten wie übrigens auch die Zeitungsproduktion durch Zeitschriftenverlage. Spezialisierte Produktionen überwiegen. Dies zeigt sich auch darin, was in Tabelle 14 nicht ausgewiesen ist, daß der Unternehmenstyp, der mit Schwerpunkt Zeitschriften produziert, über 80 Prozent seines Umsatzes aus Zeitschriften erzielt, sonstige Aktivitäten spielen keine große Rolle.

Tab. 14: Zeitschriftenproduktion (Zahl der Titel) nach Unternehmenstyp von 1980 bis 1990 (Westdeutschland)

Unternehmenstyp	1980	1982	1984	1986	1988	1990	+/- %
Reiner Zeitschriftenverlag	2 055	2 180	2 285	2 214	2 429	2 835	+38,0
Zeitschriftenverlag[1]	1 880	2 084	2 104	2 170	2 618	2 486	+32,2
Zeitungsverlag	289	326	358	384	386	404	+39,8
Sonstige Verlage	1 306	1 287	1 370	1 429	1 461	1 537	+17,7
Andere Unternehmen	713	695	700	711	817	844	+18,4
zusammen	6 243	6 572	6 817	6 908	7 711	8 106	+29,8

1) Zeitschriftenverlage ohne „reine Zeitschriftenverlage“

Quelle: Pressestatistik

6.2. *Zur Fertigungstiefe von Zeitschriftenbetrieben*

Moderne Betriebe vergeben einen Teil ihrer Produktion an Zulieferbetriebe, weil diese im Prinzip billiger produzieren als der eigene Betrieb (vgl. Kapitel 1). Für die Zeitschriftenproduktion ist es, als Ausweis der publizistischen Eigenständigkeit, wichtig zu ermitteln, in welchem Umfang die Zeitschrift in der eigenen Redaktion erstellt wird. Dies zeigt Tabelle 15. Daneben wird der Umfang des eigenen Drucks sowie das Verhältnis der freien Mitarbeiter zur Zahl der Redakteure und das Verhältnis der Kosten des Fremdbezugs zum Umsatz ausgewiesen.

Rund zwei Drittel aller Zeitschriften werden in der verlagseigenen Redaktion erstellt, dies zeigt eine relativ große publizistische Eigenständigkeit, die zudem dadurch untermauert wird, daß der redaktionelle Fremdbezug praktisch keine Rolle spielt. Dies ist ein Indiz für die relativ große Unterschiedlichkeit der Zeitschriften, die eine mehrfache Verwertung von Agenturmaterial weitgehend ausschließt, größere Übereinstimmungen redaktioneller Teile dürften sehr selten sein. Die Vielzahl der Titel repräsentiert mithin eine in der Größenordnung gleiche Vielfalt der Inhalte. Hier sind auch im Zeitablauf keine Änderungen abzusehen. Der Anteil des eigenen Drucks liegt bei knapp einem Drittel, hier ist im Zeitablauf ein leichter Rückgang dieses Anteils zu erkennen. Dies entspricht insgesamt den Erkenntnissen der neuen Institutionenökonomik, weil es relativ gewichtige Gründe dafür gibt, die redaktionelle Herstellung an den eigenen Betrieb zu binden, aber für den eigenen Druck keine Effizienzvorteile vermutet werden können (vgl. Kapitel 5).

Tab. 15: Die vertikale Integration der Zeitschriftenproduktion (Zeitschriften insgesamt) von 1980 bis 1990 (Westdeutschland)

	1980	**1982**	**1984**	**1986**	**1988**	**1990**
verlagseigene Redaktion [1]	3 785 (60,1)	4 278 (65,1)	4 522 (66,3)	4 560 (66,0)	5 074 (65,8)	5 305 (65,4)
vollständig eigener Druck [1]	2 036 (32,6)	2 160 (32,9)	2 203 (32,3)	2 217 (32,1)	2 393 (31,0)	2 477 (30,6)
Freie/Redakteure [2]	1,7	1,9	1,9	1,9	2,0	1,6
Redaktioneller Fremdbezug [3]	0,5	0,6	0,5	0,4	0,5	0,7

1) Titelzahl und Anteil an der Zahl aller Titel in Klammern 2) für Zeitschriftenverlage 3) für Zeitschriftenverlage Kosten für Presse/Nachrichtendienste und bezogene redaktionelle Teile in Prozent vom Umsatz

Quelle: Pressestatistik

7. Zeitschriftenvertrieb

Die Organisation des Pressevertriebs insgesamt ist in Kapitel 7 beschrieben worden. Hier geht es um einen Überblick über die quantitative Bedeutung der verschiedenen Vertriebswege und um Überlegungen zur Wahl der Vertriebswege bei einem Marktzutritt. Hauptvertriebsformen sind der Einzelverkauf, das Abonnement und die unentgeltliche Abgabe. Tabelle 16 zeigt die Relationen für 1991.

Hauptvertriebsform ist mithin die unentgeltliche Abgabe von Zeitschriften. Dies differiert mit dem Zeitschriftentyp. So gibt es Zeitschriften, die als Typ generell unentgeltlich verteilt werden – Kundenzeitschriften, Anzeigenblätter und kostenlos verteilte kommunale Amtsblätter – und Zeitschriften, die partiell unentgeltlich abgegeben werden, wie wissenschaftliche Fachzeitschriften sowie Zeitschriften, die partiell remittiert werden. Der hohe Anteil, den die unentgeltliche Abgabe bei allen Zeitschriften zusammen im Gegensatz zu den in Tabelle 16 aufgeführten Typen aufweist, ist darauf zurückzuführen, daß darin vor allem auch Anzeigenblätter und Kundenzeitschriften enthalten sind.

Tab. 16: Anteile der Vertriebsformen im Zeitschriftenvertrieb nach Zeitschriftentypen 1991 in Prozent

	Polit. Wochen -blätter	Konfess. Ztschr.	Publ.. zeitschr.	Wiss. Fachzeit-schr.	Andere Fachzeit schr.	gesamt
Verkauf[1]	87,8	87,3	76,6	66,8	44,1	41,5
Anteile am Verkauf • Einzelverkauf	50,4	2,8	63,9	19,4	8,2	47,5
• Abonnement	49,6	97,2	36,1	80,6	91,8	52,5
- davon Post	70,9	67,6	75,9	97,6	96,0	82,7
- Lesezirkel	9,0	-	7,9	-	-	3,8
- eigener Vertrieb	12,1	11,1	8,9	0,4	1,2	6,2
• unentgeltlich	12,2	12,7	23,4	33,2	55,9	58,5

1) Anteil an der Auflage

Quelle: Pressestatistik

Im Verkauf sind die Vertriebsformen Abonnement und Einzelverkauf etwa gleich bedeutend, bei deutlichen Unterschieden zwischen den aufgeführten Zeitschriftentypen. Die Vertriebskosten sind mit rund sechs bis sieben Prozent vom Umsatz ein nicht unerheblicher Kostenfaktor, ihr Anteil hat in den vergangenen zehn Jahren erkennbar zugenommen (vgl. Tabelle 17).

Tab. 17: Vertriebskosten von Zeitschriften 1981 - 1991 in Mio. DM

	1981	1991	+/- in %[1]
Vertriebskosten	480	1 015	+ 7,8
Vertriebskosten (in % vom Umsatz)	5,9	6,8	+15,3
- davon Zustellervergütungen[2]	16	75	+ 16,7
- davon Postzeitungsgebühren	197	446	+ 8,5
- davon übrige Fremdleistungen	267	495	+ 6,4

1) Jahresdurchschnitt 2) Zusteller im Arbeitnehmerverhältnis

Quelle: Wirtschaft und Statistik

Nach der IVW-Statistik, die mit 1 616 ihr angeschlossenen Zeitschriften rund 18 Prozent aller Titel und rund 45 Prozent der Gesamtauflage repräsentiert, ergibt sich eine ähnliche Struktur der Vertriebsformen wie nach der Pressestatistik. Im Verkauf sind die Vertriebsformen Abonnement und Einzelverkauf in der Größenordnung gleich bedeutend, mit einem kleinen Übergewicht für das Abonnement. Anders als bei den Zeitschriften der Pressestatistik insgesamt ergibt sich für die IVW-erfaßten

Titel ein deutlich höherer Anteil für den Verkauf von 75,1 Prozent. Das liegt daran, daß die Zeitschriften, die unentgeltlich verteilt werden (Kundenzeitschriften, Anzeigenblätter etc.) nicht enthalten sind.

Der Vertriebsweg ist für den Marktzutritt von Zeitschriften von entscheidender Bedeutung. Daher werden für die bedeutenden Vertriebswege Abonnement, Einzelverkauf und Freistückvertrieb die Besonderheiten, Vor- und Nachteile dargestellt .

Tab. 18: Struktur des Zeitschriftenvertriebs nach IVW-Angaben im 4. Quartal 1993

	Auflage in 1 000	**in %**
Druckauflage	185 442	100,0
Verkaufte Auflage	139 229	75,1
- davon Abonnement	64 325	46,2
- davon Einzelverkauf	57 443	41,3
- davon sonstiger Verkauf	17 461	12,5

Quelle: IVW-Auflagenliste 4/93

21,8 Prozent der Auflage aller Zeitschriften werden im **Abonnement** vertrieben, meist per Postzustellung. Deutlich höher ist dieser Anteil bei Fachzeitschriften und konfessionellen Zeitschriften, deutlich niedriger hingegen bei Publikumszeitschriften. Die Vorteile des Abonnements liegen klar auf der Hand:

- Die Verkaufsauflage ist perfekt kalkulierbar, Remissionen sind nicht möglich.
- Die Finanzierung erfolgt für einen relativ langen Zeitraum, meist ein Jahr im voraus.
- Eine Erlösbeteiligung des Handels in Form der Handelsspanne von 40 bis 50 Prozent der Nettovertriebserlöse für den Groß- und den Einzelhandel entfällt.
- Die bislang noch subventionierte Zustellung per Post ist relativ kostengünstig.

Die Nachteile des Abonnements (mit Zustellung per Post) sind einmal Probleme bei der Zulassung zum Postvertrieb – dies setzt voraus, daß der Anzeigenteil etwa 30 Prozent nicht übersteigt – und Kosten der Verwaltung des Postvertriebs – Erstellen von Einlieferungslisten und Sortierung der Sendung nach Postleitzahlen. Vor allem aber sind die Nachteile des Abonnements die sehr hohen Marktzutrittsschranken in Form hoher Werbeinvestitionen und hoher Investitionen in Marktforschung und Produktqualität, die diese Vertriebsform für Zeitschriften ohne eine so enge Zielgruppenbindung wie z.B. bei Drachenfliegern oder Bienenzüchtern ungeeignet macht. Oft ist das Abonnement in solch speziellen Fällen zudem an eine entsprechende Vereins- oder Verbandsmitgliedschaft gekoppelt.

19,7 Prozent der Auflage aller Zeitschriften werden im Wege des **Einzelverkaufs** vertrieben. Dieser Vertriebsweg bietet aufgrund der Neutralität des Presse-Grossos, das alle Titel in sein Vertriebsprogramm aufnehmen muß, die größeren

Chancen für einen Marktzutritt mit hoher Auflage. Allerdings nimmt der Großhandel erheblichen Einfluß auf die Verbreitung, weil er seine Belieferung an den Einzelhandel von den Verkäufen etablierter Konkurrenztitel abhängig macht (vgl. Kapitel 7). Und auch der Einzelhandel beeinflußt den Verkauf sehr stark durch seine Präsentation der Titel. „Ein ökonomisch denkender Kioskbesitzer wird einen selten verkauften oder unbekannten Titel gar nicht auspacken, sondern ihn erst bei direkter Nachfrage verkaufen, um sich die Arbeit bei der Remission des Titels zu ersparen" (Reimer/Weigt 1991, S. 87).

Der zentrale Nachteil des Einzelverkaufs ist die hohe Kostenbelastung:

- Aufgrund der Unsicherheit der Nachfrage ist mit hohen Remissionsquoten zu kalkulieren, die in Einzelfällen bis zu 90 Prozent betragen.
- Die Erlösbeteiligung des Handels in Form von Handelsspannen von 40 bis 50 Prozent der Nettovertriebserlöse ist recht hoch.
- Aufgrund der im Handel üblichen Zahlungssitten muß die Produktion im Umfang von zwei Ausgaben vorfinanziert werden.

Letztlich eignet sich der Einzelverkauf nur für Titel mit einer Verkaufsauflage von mindestens etwa 50 000 Exemplaren. Dies ermöglicht dann eine Belieferung etwa jeder zehnten Verkaufsstelle mit jeweils fünf Exemplaren, mit einer entsprechenden Modifikation bei Zeitschriften mit lokaler oder regionaler Verbreitung wie z. B. Stadtmagazine und Stadtführer. Mithin eignen sich nur gut 1 000 Titel (1 067 haben eine Auflage von 50 000 Stück und mehr, vgl. Tabelle 13) für den bundesweiten Einzelverkauf. Dementsprechend umfaßt das durchschnittliche Präsenzsortiment eines Presse-Grossisten 1991 ca. 1 700 Titel (Presse-Grosso 1991, S. 185) und die durchschnittliche Anzahl geführter Titel pro Einzelhandelsstelle beträgt 1990 bundesweit 462 (Ehastra, Tabelle 10/Anhang zu Teil II; Angaben jeweils einschließlich Zeitungen). Die statistischen Chancen für einen erfolgreichen Marktzutritt für neue Zeitschriften auf dem Wege des Einzelverkaufs sind mithin nicht sehr groß. Dies zeigt die Sortimentsentwicklung der Presseerzeugnisse nach neuen Titeln und Einstellungen. 1992 standen z.B. 690 neuen Titeln 272 Einstellungen von Zeitschriften gegenüber (Pressegrosso 1993, S. 185).

58,5 Prozent der Auflage von Zeitschriften werden unentgeltlich als **Freistücke** abgegeben, einschließlich der Remission. Die bewußte Wahl dieses Vertriebsweges setzt voraus, daß eine klar definierte Zielgruppe durch eine gezielte Verteilung ohne große Streuverluste erreicht werden kann. Die Möglichkeiten sind vielfältig: Auslage in entsprechenden Geschäften, Verteilung in entsprechenden Gebieten, z.B. Universitätsgelände, Betriebsgelände, Altersheim, Stadtteile sowie Postversand nach gutsortierten Adressenlisten sind häufig genutzte Formen.

Die Nachteile des Vertriebs von Freistücken sind klar zu erkennen: Erlöse aus dem Rezipientenmarkt entfallen, die Akzeptanz auf dem Anzeigenmarkt ist geringer und Medienunternehmer müssen mit dem „Makel eines Anzeigenblattes" leben. Die Vorteile des Vertriebs von Freistücken sind ein leichterer Marktzutritt und ein kostengünstiger Vertrieb, der eben ohne Remissionen und ohne Handelsspannen auskommt.

8. Zeitschriftenmarketing

Für das Zeitschriftenmarketing gelten im wesentlichen die gleichen Grundüberlegungen wie für Zeitungen und die gleichen strategischen Grundkonzeptionen. Sie sollen daher hier nicht wiederholt werden (vgl. Kapitel 8, Abschnitt 8). Der einzig größere Unterschied ist der, daß für Zeitschriften der Marketinggedanke schon immer sehr vertraut gewesen ist. Zeitschriften waren - von wenigen politischen und religiösen Titeln abgesehen - schon immer stark kundenorientiert, und der Wettbewerb hat schon immer eine effiziente Produktionsweise erzwungen. Im Bewußtsein der Produzenten von Zeitschriften war auch in viel geringerem Maße als bei Produzenten von Zeitungen die Vorstellung verhaftet, Träger einer öffentlichen Aufgabe zu sein. Insofern geht es beim Zeitschriftenmarketing nicht um das Ob, sondern nur um das Wie.

Die Strategie der **Marktdurchdringung** mit Kosten- und Preisführerschaft hat das Ziel, mit großen Marktanteilen, hohem Marktvolumen und effizienter Produktionsweise Kostendegressionseffekte zu realisieren, um kostengünstigster Anbieter der Branche zu werden. Eine solche Strategie eignet sich für Zeitschriftenmärkte dann, wenn relativ homogene hochauflagige Massentitel produziert werden, deren Kunden zudem noch relativ preisbewußt sind. Daher ist zu vermuten, daß sich diese Strategie vor allem für Programmzeitschriften sowie für Frauen- und Kinderzeitschriften eignet. Ein Indiz dafür ist, daß gerade Zeitschriften dieses Typs in ihrer Absatzwerbung überdurchschnittlich häufig den Preis als Kaufargument herausstellen.

Wenngleich Zuordnungen immer ein wenig problematisch sind, kann sicher der Heinrich Bauer Verlag als gutes Beispiel einer Unternehmung dienen, die die Strategie der Marktdurchdringung mit Kosten- und Preisführerschaft mit gutem Erfolg anwendet. Bei Titeln wäre eine Fülle von Beispielen zu finden, genannt seien nur *Auto-Bild* (905 077 Exemplare verkaufte Auflage; 1,60 DM), *Bild der Frau* (2 101 895 Auflage; 1,60 DM) und *Sport-Bild* (646 196 Auflage; 1,60 DM), die sicher als kostengünstig produzierte Massentitel gelten können (Angaben in Klammern sind die Auflage im ersten Quartal 1994 und der Verkaufspreis).

Die Strategie der Marktdurchdringung mit Kostenführerschaft errichtet erhebliche Marktzutrittsschranken in Form der absoluten Kostenvorteile der Produktion. Sie kann damit als eine Marketingstrategie bezeichnet werden, die vom Unternehmen mit einiger Sicherheit kalkuliert werden kann. Allerdings ist es auch eine Strategie, die einen großen finanziellen Aufwand erfordert.

Die Strategie der **Marktdifferenzierung** setzt auf eine optimale Anpassung des Angebots der Unternehmung an segmentierte Gruppen von Nachfragern. Hier werden Produkte entwickelt, die möglichst genau auf spezielle Nachfrageinteressen eingehen, und gleichzeitig werden die Kunden mit ausgeprägten Marketingmaßnahmen zu halten versucht. Kosten- und Preisführerschaft werden nicht notwendigerweise angestrebt, wichtiger ist die Bindung an die Marke, die dann auch höhere Preise ermöglicht. Diese Strategie eignet sich für den Zeitschriftenmarkt besonders gut, weil hier Nachfragesegmente in fast unübersehbarer Vielfalt quasi von Natur aus gegeben sind.

Der ehemals fast ausschließlich Zeitschriften (jetzt auch Zeitungen) produzierende Medienkonzern Gruner+Jahr ist sicher ein gutes Beispiel für die Strategie der Marktdifferenzierung mit eher höheren Preisen; genannt seien die bekannten Titel *Geo*, *Capital*, *Impulse*, *Brigitte*, *Schöner Wohnen* und *essen + trinken*. Aber hier ließen sich weitere Beispiele in großer Fülle finden. Die Strategie der Marktdifferenzierung ist von größerer Kalkulationsunsicherheit als die Strategie der Marktdurchdringung, weil sich das Nachfrageverhalten, bislang jedenfalls, nicht vorhersagen läßt. Entsprechend zahlreich sind die „Flops" – die nicht erfolgreichen Marktzutrittsversuche auch großer Medienkonzerne.

Die Strategie der **Konzentration** auf einen Teilmarkt schafft in der Regel sowohl Kosten- als auch Leistungsvorteile, weil eine eng definierte Aufgabe effizienter zu lösen ist als eine vage formulierte generelle Aufgabe. Sie ist die Strategie, die für kleine und mittlere Unternehmen zur Verfügung steht, weil der erforderliche Kapitalaufwand eng begrenzbar ist. Der Nachteil ist der generelle Nachteil kleinerer Verlagsunternehmen, die die Verbundvorteile der Produktion und die Machtvorteile der Größe nicht realisieren können. Dies muß in der Regel durch besonders sparsame Produktionsweise (z. B. Lohnverzicht des Verlegers) und/oder besonders große Kreativität ausgeglichen werden. Ein illustratives Beispiel beschreiben Reimer/Weigt 1991mit dem *Syburger*, einer regionalen Motorradzeitschrift; im übrigen sind Beispiele in Fülle zu finden.

Die **strategische Grundorientierung** von Zeitschriften muß die gleichen Prinzipien beachten wie die Zeitung:

- optimale Nutzung der vorhandenen Stärken,
- weit verstandene Kundennähe und
- marktorientierte Innovationspolitik.

Dabei ist für Zeitschriften die marktorientierte Innovationspolitik von zentraler Bedeutung, weil im Zuge der Entwicklung und der Ausdifferenzierung der Gesellschaft offenbar stets neue Nachfragesegmente zu entdecken sind. Dies kann durch die Konzeption neuer Zeitschriftentitel oder durch die Neupositionierung etablierter Zeitschriftentitel umgesetzt werden. Letzteres nennt man auch Relaunching. Unter **Relaunching** versteht man eine Strategie der Verlängerung des Lebenszyklus' eines Produktes, das sich in der Degenerationsphase befindet, also eine Strategie der Revitalisierung. Beispiele sind der *Stern* oder der *Spiegel*, die im Frühsommer 1994 ein Relaunching versuchten, allerdings sollte das Relaunching bei Zeitschriften ein permanenter Prozeß sein.

Förderlich im Prozeß der Anpassung der Zeitschrift an Kundenwünsche ist die außerordentlich große Angebotsflexibilität von Zeitschriften. Mit den Parametern Umfang, Gestaltung und Erscheinungsintervall kann eine recht feine Abstimmung auf unterschiedliche Nachfragesegmente vorgenommen werden, die in dieser Form und Vielfalt in der Wirtschaft selten ist.

9. Die Zeitschrift der Zukunft

Auch die Zeitschriftenproduktion wird durch den technischen Fortschritt und die zunehmende Kommerzialisierung verändert werden. Die anstehende Möglichkeit durchgehender Digitalisierung von Information wird ihre medialen Erscheinungsformen mischen und die Distanzüberwindungskosten weiter reduzieren (vgl. Kapitel 6). Dies bedeutet, daß *ein* Netz alle Informationen transportieren kann und daß *eine* Schnittstelle zum Benutzer ausreichen wird. Als Folge wird sich die Kosten-Nutzen-Relation zwischen der elektronischen Zeitschrift und der klassischen Zeitschrift deutlich zugunsten der elektronischen Zeitschrift verschieben. Ob dies ausreichen wird, die klassische Zeitschrift zu verdrängen, kann naturgemäß nicht vorhergesehen werden.

Einerseits wird der relativ starke Wettbewerb im Zeitschriftensektor rasche Umstellungen erzwingen, andererseits wird die Finanzknappheit der vielen kleinen Zeitschriftenunternehmen rasche Umstellungen verhindern. Allerdings ist abzusehen, daß die aktive und selektive Nutzung der speziellen Informationen, die die Zeitschrift bieten kann, jedenfalls dann stark zunehmen wird, wenn es Informationen sind, die einen speziellen Gebrauchswert für Beruf und/oder Freizeit haben. Die Zeitschrift wird **elektronisches Informationszentrum** für spezielle Sachgebiete. Dabei wird die schnellere Datenübermittlung, also die größere Aktualität, nicht so sehr ins Gewicht fallen wie die zeitlich beliebige Nutzung und die Kostenersparnis für das eigene Archivieren von Informationen. Der Surfer muß z. B. Testberichte über Surfboards, Segel oder Surf-Reiseziele nicht mehr selber sammeln, sondern kann sie gezielt bei Bedarf abrufen. Ob der durchschnittliche Rezipient bereit und in der Lage sein wird, den erforderlichen Umgang mit der Datenübertragungstechnik zu erlernen, hängt sehr stark davon ab, ob es gelingen wird, diese Technik einfach zu gestalten. Und ob der Rezipient nicht doch lieber die klassische Zeitschrift erwerben will, die er an wechselnden Orten und zu wechselnden Zeiten durchblättern kann, bleibt abzuwarten.

Konkurrenz zum Fernseh-Kiosk, zum audio-visuellen Spartenprogramm auf „1 000“ Kanälen wird zunehmen. Genauer besehen wird es keine Konkurrenz sein, sondern eine beiderseitige Annäherung der Nutzungsprofile: Zeitschriften werden elektronischer und sie werden ihr Informationsangebot zunehmend mit stehenden und bewegten Bildern anreichern, und Fernsehprogramme werden sich mit steigender Anzahl speziellen Informationsangeboten mit unbewegten Bildern annähern, weil sie anders nicht zu finanzieren sein werden. Die Grenzen zwischen Zeitschrift und Fernsehprogramm werden aufgehoben. So mag es Reise-Spezialprogramme geben, die mit Bildern und Filmen eher dem gewohnten Fernsehprogramm gleichen, aber es wird auch Spezialprogramme für Bienenzüchter geben, die eher dem bekannten Btx-Bild gleichen. Die Grenzen werden fließend und von Bedeutung wird sein, daß die Übertragung von stark bewegten Bildern teurer ist als die Übertragung von unbewegten Bildern.

Im Ergebnis wird eine ähnliche Entwicklung wie bei Zeitungen zu erwarten sein. Die klassische Zeitschrift bleibt Basismedium und wird ergänzt werden durch vielfältige elektronische Zusatzangebote.

Literaturhinweise

Die Literatur zu Zeitschriften ist spärlich. Immer noch sehr lesenswert ist

Hagemann, Walter (Hrsg.) (1957), Die Deutsche Zeitschrift der Gegenwart, Münster (Fahle) 1957.

Über Konzepte zur Entwicklung von Zeitschriften informiert

Jacob, Wilhelm (1988), Neuentwicklung von Zeitschriften, 2. Auflage, München (Profil) 1988.

Über die Zeitschrift als Werbeträger informieren

Böcker, Franz; Heribert Gierl (1986), Die Beurteilung einer Zeitschrift als Werbeträger, Berlin (Duncker & Humblodt) 1986.

11. Kapitel

Makroökonomik der Zeitschrift – Zeitschriftenmärkte

In diesem Kapitel werden die makroökonomischen, also die gesamtwirtschaftlichen, marktbezogenen Aspekte der Zeitschriftenwirtschaft beschrieben. Dies umfaßt eine Darstellung von Marktvolumen und Marktentwicklung, eine Beschreibung der Strukturentwicklung der Zeitschriftenproduktion, eine Analyse der Konzentration und eine Darstellung des Wettbewerbs und der Wettbewerbspolitik auf Zeitschriftenmärkten. Eine gesonderte Darstellung der Entwicklung der Zeitschriftenlandschaft in Ostdeutschland kann sich nur auf einige Teilaspekte beziehen, weil Erhebungen kaum vorliegen. Den Abschluß bildet ein kurzer Ausblick auf die Entwicklung der Zeitschriftenmärkte in Europa.

1. Marktvolumen und Marktentwicklung

Das wirtschaftliche Gewicht der Zeitschriftenproduktion kann anhand des Umsatzes und anhand der Beschäftigtenzahl (**Marktvolumen**) ausgewiesen werden. Wie Tabelle 1 zeigt, beträgt der Gesamtumsatz des Zeitschriftensektors rund 13,5 Mrd. DM, das entspricht etwa dem Zeitungssektor (12,3 Mrd. DM) und in anderen Branchen etwa dem Brauereigewerbe. Der Zeitschriftensektor bietet rund 88.000 Arbeitsplätze, das ist deutlich weniger als im Zeitungssektor (rund 147 000) und entspricht 0,3 Prozent aller Arbeitsplätze in der Wirtschaft. Darunter sind allerdings sehr viele Teilzeitbeschäftigte. Läßt man ihre Zahl unberücksichtigt, so zeigt sich, daß der Zeitschriftensektor nur rund 37 000 Arbeitsplätze (Vollzeit) bietet.

Marktphase: Als ausgesprochene Wachstumsbranche kann der Zeitschriftensektor insgesamt nicht bezeichnet werden. Der Umsatz ist etwa im gleichen Ausmaß gestiegen wie das nominale Bruttoinlandsprodukt; die Zahl der Vollzeitarbeitsplätze ist mit 13, 7 Prozent deutlich stärker gestiegen als die Zahl der Erwerbstätigen insgesamt (+ 5,6 Prozent; in der Tabelle nicht ausgewiesen); und die Auflage, als Indikator für die reale Produktion, hat das Volumen des realen Bruttoinlandsproduktes um zehn Prozentpunkte übertroffen. Damit kann man insgesamt etwa von einer schwachen Dynamik der Entwicklung sprechen; immerhin ist die Dynamik des Zeitschriftensektors größer als die des Zeitungssektors.

Beschäftigungsstruktur: Tabelle 2 gibt einen Überblick über Struktur und Entwicklung der Beschäftigung in Zeitschriftenverlagen, also in Verlagen, die mit Schwerpunkt Zeitschriften verkaufen. Reine Zeitschriftenverlage, die darin enthalten sind, machen nach dem Merkmal Beschäftigung 59 Prozent aller Zeitschriftenverlage aus. Mithin können die Angaben auch für das Objekt Zeitschrift als repräsentativ gelten.

Tab. 1: Auflage und Umsatz von Zeitschriften[1] und Beschäftigte in Zeitschriftenverlagen von 1980 bis 1990 (Westdeutschland)

	1980	1982	1984	1986	1988	1990	+/- %
Auflage[2]	246	253	261	275	300	328	+ 33,3
Umsatz[3]	8 115	8 846	10 027	10 703	12 495	13 478	+ 66,1
- aus Vertrieb	3 890	4 391	4 679	4 841	5 832	6 157	+ 58,3
- aus Anzeigen	4 225	4 455	5 348	5 862	6 662	7 320	+ 73,3
Beschäftigte	47 002	49 732	58 101	62 257	81 511	87 739	+ 86,7
- Vollzeit	32 768	32 932	33 856	34 566	37 085	37 262	+ 13,7
BIP real[4]	1 728	1 714	1 789	1 864	1 961	2 131	+ 23,3
BIP nominal[5]	1 472	1 588	1 751	1 925	2 096	2 425	+ 64,8

1) Zeitschriften insgesamt, einschl. Anzeigenblätter 2) durchschnittlich verkaufte und/oder unentgeltlich abgegebene Auflage je Erscheinungstag ; in Mio. Stück 3) in Mio. DM 4) zu Preisen von 1985, in Mrd. DM 5) in Mrd. DM

Quelle: Pressestatistik, Statistisches Bundesamt

Tab. 2: Beschäftigte in Zeitschriftenverlagen von 1980 bis 1990 (Westdeutschland)

	1980	1982	1984	1986	1988	1990	+/- %
Tätige Inhaber	836	837	808	843	993	993	+ 18,8
Redakteure	4 097	4 370	4 768	5 160	5 640	6 148	+ 50,1
Volontäre	219	259	309	432	507	601	+174,4
Sonstige Red.angehör.	3 800	3 686	3 960	4 168	4 845	5 059	+ 33,1
Technisches Personal	8 620	8 051	8 161	8 552	8 683	8 189	- 5,0
Zusteller	8 668	10964	17742	20854	36022	40562	+368,0
Sonstige Beschäftigte	20762	21565	22353	22248	24821	26187	+ 26,1
Beschäftigte gesamt	47002	49732	58101	62257	81511	87739	+ 86,7
Freie Mitarbeiter	7 164	8 449	8 835	9 732	11215	10051	+ 40,3
Beschäftigte[1] pro Vlg.	29	28	28	27	26	26	- 10,3
Zahl Zeitschriftenverl.	1 312	1 385	1 445	1 545	1 770	1 850	+ 41,0

1) ohne Zusteller und ohne freie Mitarbeiter

Quelle: Pressestatistik

Auffällig ist insbesondere die sehr starke Zunahme der Zusteller, deren Zahl sich fast verfünffacht hat. Dies ist aber vor allem darauf zurückzuführen, daß in den Angaben auch Anzeigenblätter enthalten sind, deren Zahl stark zugenommen hat (vgl. Kapitel 12) und die fast ausschließlich durch Zusteller vertrieben werden. Die

Abnahme des technischen Personals ist eine Begleiterscheinung der technischen Entwicklung, die die Trennung von journalistischer und technischer Produktion weitgehend aufgehoben hat. Anders als bei Zeitungsverlagen hat die Zahl der tätigen Inhaber in der Zeitschriftenproduktion zugenommen. Dies entspricht der zahlenmäßig deutlich dominierenden kleinbetrieblichen Produktion von Zeitschriften (vgl. Kapitel 10, Tabelle 12), bei der typischerweise der Inhaber auch mitarbeitet, oft sogar die Hauptlast der Arbeit trägt. Ausgeprägt ist der Anstieg der Zahl der Redakteure um 50 Prozent und die Zunahme der Volontäre um rund 175 Prozent.

Produktion und Produktivität: Tabelle 3 gibt einen Überblick über die Entwicklung der produzierten Menge an Lesestoff. Die Zahl der Zeitschriftentitel hat um 29,8 Prozent auf 8 106 zugenommen. Multipliziert man die Zahl der Titel mit der durchschnittlichen Auflage und der Anzahl der Erscheinungstage, so erhält man die Zahl der Exemplare, die im Laufe eines Jahres ausgeliefert werden. Ihre Zahl ist von rund 6,5 Mrd. Exemplaren um 33,6 Prozent auf rund 8,7 Mrd. Exemplare gestiegen. Der Umfang des Jahrgangsstücks – die Sammlung jeweils eines Exemplares aller Titel für jeden Erscheinungstag, das ist die Seitenmenge, die eine Person pro Jahr lesen müßte, die jeweils alles liest – ist um rund 28 Prozent auf rund 6 Mio. Seiten gestiegen. Das heißt, der Mensch, der alles lesen wollte, was an Zeitschriften produziert wird, müßte täglich rund 16 700 Seiten lesen. Multipliziert man den Umfang des Jahrgangsstücks mit der Auflage und den Erscheinungstagen, so erhält man die pro Jahr insgesamt produzierte Seitenzahl. Diese ist nur mäßig um 12,3 Prozent von 422 Mrd. Seiten auf 474 Mrd. Seiten gestiegen, insgesamt stellt dies aber eine ziemlich unvorstellbare Menge an bedrucktem Papier dar.

Tab. 3: Entwicklung der Produktionsmenge von Zeitschriften insgesamt von 1980 bis 1990 (Westdeutschland)

	1980	**1982**	**1984**	**1986**	**1988**	**1990**	**+/- %**
Zahl der Titel	6 243	6 572	6 817	6 908	7 711	8 106	+ 29,8
Exemplare pro Jahr[1]	6 548	6 687	7 092	7 463	8 225	8 746	+ 33,6
Auflage[2]	244	251	259	273	300	328	+ 34,4
Seiten des Jahrgangsstücks in 1.000	4 776	4 860	5 162	5 084	5 740	6 099	+ 27,7
- davon Text	3 525	3 617	3 805	3 620	4 012	4 264	+ 21,0
- davon Anzeigen	1 251	1 243	1 357	1 464	1 728	1 835	+ 46,7
Seitenzahl pro Jahr[3]	422	396	411	419	453	474	+ 12,3

1) durchschnittliche Auflage x Anzahl der Erscheinungstage ; in Mio. 2) pro Erscheinungstag; in Mio. 3) der Jahresauflage; in Mrd.

Quelle: Pressestatistik

Die Produktivität einer Branche wird üblicherweise als Produktionsmenge pro Erwerbstätigem bzw. pro Arbeitsstunde, d.h. als sogenannte Arbeitsproduktivität ermittelt. Sie ist Indikator für den technischen Fortschritt in einer Branche (oder in einem Land oder in einem Betrieb). Tabelle 4 zeigt die Entwicklung der Produktivität der Zeitschriftenbranche. Dabei wird die Produktionsmenge einmal als Seitenzahl des Jahrgangsstücks erfaßt, quasi als Indikator für die Menge an „geistiger" Produktion und einmal als Seitenzahl der Jahresauflage insgesamt, als Indikator für den produzierten Papierberg. Daneben wird ergänzend der Umsatz pro Beschäftigtem als Wertproduktivität ausgewiesen. Bezugsbasis ist jeweils die Zahl der Beschäftigten ohne Teilzeitbeschäftigte - also vor allem ohne Zusteller - und ohne freie Mitarbeiter. Eine gewisse Verzerrung ergibt sich dadurch, daß die Produktionsmenge pro Zeitschrift und die Beschäftigung pro Verlag ausgewiesen sind, aber die Verzerrung ist gering und hat jedenfalls keinen Einfluß auf die Entwicklung im Zeitablauf.

Tab. 4: Entwicklung der Produktivität im Zeitschriftensektor von 1980 bis 1990 (Westdeutschland)

	1980	1982	1984	1986	1988	1990	+/- %
Produktivität A[1]	125	125	128	123	126	129	+ 3,2
Index	100	100	102,4	98,4	100,8	103,2	+ 3,2
Produktivität B[2]	11002	10216	10179	10123	9948	10048	- 8,7
Index	100	92,9	92,5	92,0	90,4	91,3	-8,7
Wertproduktivität[3]	212	228	248	259	275	286	+ 35,0
Index	100	107,8	117,4	122,1	129,8	135	+ 35,0
Produktivität[4]	100	100,5	106,2	108,2	112,1	116,5	+ 16,5

1) Seitenzahl des Jahrgangsstücks pro Beschäftigtem 2) Seitenzahl der Jahresauflage pro Beschäftigtem in 1.000 3) Umsatz pro Beschäftigtem in 1.000 DM 4) BSP pro Erwerbstätigem/Index

Quelle: Pressestatistik, Statistisches Bundesamt

Die Produktivität in der Zeitschriftenbranche ist in der Variante A – Seitenzahl des Jahrgangsstücks – in zehn Jahren nur um 3,2 Prozent gestiegen und in der Variante B – Seitenzahl insgesamt – um 8,7 Prozent gesunken. Dies kann bestenfalls als eine Konstanz der Produktivität interpretiert werden und ist im Vergleich zur Entwicklung der gesamtwirtschaftlichen Produktivität ein relativ deutlicher Rückschritt. Mithin sind in der Zeitschriftenbranche im Durchschnitt keine Rationalisierungsprozesse abgelaufen. Offenbar sind viele Versuche, Zeitschriftenproduktionen zu expandieren, mißlungen. Dies bedeutet dann immer, daß sich der zusätzliche Input von Arbeit nicht gelohnt hat, und dies schlägt sich statistisch als Abnahme der Produktivität nieder. D.h., die Abnahme der Produktivität ist nicht notwendigerweise durch eine geringe technische Produktivität bedingt, sondern vermutlich eher auf mangelnden Markterfolg zurückzuführen.

Aus publizistischer Sicht ist der geringe Rationalisierungsfortschritt in der Zeitschriftenproduktion eindeutig positiv zu bewerten, weil dies bedeutet, daß Arbeit, vor allem journalistische Arbeit, im Produktionsprozeß nicht substituiert worden ist.

2. Strukturen des Zeitschriftensektors

Die bisher unterschiedenen Haupttypen von Zeitschriften sind naturgemäß nicht gleichmäßig gewachsen. Ihre strukturelle Entwicklung soll im folgenden anhand ökonomischer und publizistischer Indikatoren nachgezeichnet werden. Dabei gilt als Indikator für die ökonomische Bedeutung der Umsatz aus Vertrieb und Anzeigen. Als Indikator für die publizistische Bedeutung gilt einmal die Seitenzahl des Jahrgangsstücks, also der Gesamtumfang der Zeitschrift als Prototyp. Dies erfaßt die Menge an geistiger Produktion als publizistisches Angebot. Zum anderen wird als Indikator für die publizistische Bedeutung die Seitenzahl der Jahresauflage (der Papierberg) verwendet, um auch die Nachfrage der Rezipienten zu berücksichtigen, also die publizistische Nachfrage. Ergänzend wird die Zahl der Titel als Indikator für publizistische Vielfalt herangezogen.

2.1. Ökonomische Strukturentwicklung des Zeitschriftensektors

Tabelle 5 gibt einen Überblick über die Umsatzentwicklung der fünf Haupttypen von Zeitschriften. Alle Zeitschriftentypen konnten in der Dekade von 1980 bis 1990 Umsatzgewinne verbuchen, vor allem aber die Fachzeitschriften. Dies schlägt sich in entsprechenden Marktanteilsveränderungen nieder. Fachzeitschriften und darunter insbesondere die Fachzeitschriften mit nicht überwiegend wissenschaftlichem Inhalt, konnten ihren Marktanteil deutlich erhöhen; die an absoluter Bedeutung weit dominierende Gruppe der Publikumszeitschriften hat Marktanteile verloren ebenso wie die politischen Wochenblätter und ganz besonders deutlich haben die konfessionellen Blätter Marktanteile verloren. Insgesamt liegt diese Entwicklung im Trend zunehmender Spezialisierung der Interessen und zunehmender Säkularisierung der Bevölkerung. Alle einschlägigen Prognosen gehen davon aus, daß sich dieser Trend fortsetzen wird.

Damit der Leser dieses Lehrbuchs hinter solchen Globalzahlen auch bekannte Titel entdecken kann, sei die Umsatzentwicklung der 50 umsatzstärksten deutschen Publikumszeitschriften von 1992 auf 1993 in Tabelle 6 wiedergegeben. Diese Übersicht soll auch zeigen, daß innerhalb der Gruppen ganz erhebliche Fluktuationen unter den einzelnen Titeln auftreten. So verzeichnet z.B. *TV Movie* ein Umsatzplus von 58,9 Prozent, während *Super TV* ein Umsatzminus von 24,7 Prozent zu verzeichnen hatte.

Tab. 5: Umsatz der Zeitschriftentypen[1] von 1980 bis 1990 (Westdeutschland)

Typ	**1980**	**1982**	**1984**	**1986**	**1988**	**1990**	**+/- %**
	absolut in Mio DM						
Politische Zeitschriften	336	346	377	405	424	516	+53,6
Konfess. Zeitschriften	187	202	214	220	239	249	+33,2
Publikumszeitschriften	4 670	5 171	5 648	5 745	6 777	6 957	+49,0
Wiss.Fachzeitschriften	635	704	777	843	940	1 015	+59,8
Andere Fachzeitschriften	1 094	1 311	1 518	1 762	2 000	2 337	+113,6
Zeitschriften insggesamt[2]	7 528	8 154	9 002	9 467	10933	11703	+55,5
	Umsatzanteil in %[3]						
Politische Zeitschriften	4,5	4,2	4,2	4,3	3,9	4,4	-2,2
Konfess. Zeitschriften	2,5	2,5	2,4	2,3	2,2	2,1	-16,0
Publikumszeitschriften	62,0	63,4	62,7	60,7	62,0	59,4	-4,2
Wiss. Fachzeitschriften	8,4	8,6	8,6	8,9	8,6	8,7	+3,6
Andere Fachzeitschriften	14,5	16,1	16,9	18,6	18,3	20,0	+37,9

1) Bei den Zeitschriften hat sich zwischen 1985 und 1986 ein Strukturbruch ergeben, der auf eine genauere Zuordnung der erhobenen Objekte zurückzuführen ist: Eine größere Anzahl von Romanserien werden seit dem Berichtsjahr 1986 in der amtlichen Pressestatistik nicht mehr bei den Zeitschriften ausgewiesen. Nach einer Auswertung der vorliegenden Jahresdaten zeigte sich, daß sich der Effekt dieser Veränderung stark bei der Objektanzahl der wöchentlich erscheinenden Publikumszeitschriften, nicht so stark dagegen bei der verbreiteten bzw. verkauften Auflage auswirkt. Bei der Gesamtheit der Zeitschriften wird die Reduzierung der ausgewiesenen Romanserien von anderen Entwicklungen des übrigen Zeitschriftenbereichs überlagert und schlägt sich nicht in einem derart sichtbaren Bruch nieder (Monopolkommission 1992, TZ 650).
2) alle von der Pressestatistik erfaßten Zeitschriften, ohne Anzeigenblätter
3) Anteil an Zeitschriften insgesamt (ohne Anzeigenblätter)

Quelle: Pressestatistik

2.2. Publizistische Strukturentwicklung des Zeitschriftensektors

Analysiert man die Strukturentwicklung nach den publizistischen Kategorien:

- publizistisches Angebot (Seitenzahl des Jahrgangsstücks),
- publizistische Nachfrage (Seitenzahl der Jahresauflage),
- publizistische Vielfalt (Zahl der Titel),

so ergibt sich ein anderes, wenngleich nicht völlig anderes Bild als bei Verwendung der ökonomischen Kategorie Umsatz. Dies zeigt Tabelle 7, die im ersten Teil die absolute Entwicklung der drei Kategorien wiedergibt und anschließend die entsprechenden Marktanteile der verschiedenen Zeitschriftentypen. Auch hier wird die dominierende Position der Publikumszeitschriften sichtbar und die starke Expansion der nichtwissenschaftlichen Fachzeitschriften, allerdings mit deutlichen Unterschieden zwischen den Kategorien.

Tab. 6: Die Umsatzentwicklung der 50 umsatzstärksten Publikumszeitschriften von 1992 zu 1993

	Titel	Umsatz 1993 Mio. DM	+/- zu 1992 in %		Titel	Umsatz 1993 Mio. DM	+/-zu 1992 in %
1.	Der Spiegel	700,0	-9,1	26.	Neue Revue	132,2	-12,9
2.	Stern	686,3	-6,5	27.	Bild + Funk	131.3	-8,3
3.	Hörzu	517,1	-10,8	28.	ADAC-Motorwelt	131,0	+6,8
4.	Bild am Sonntag	445,6	-5,2	29.	Wirtschaftswoche	122,9	-2,3
5.	TV Hören und Sehen	403,0	-5,0	30.	Micky Maus	120,4	-5,3
6.	Brigitte	306,0	+5,7	31.	Frau im Spiegel	111,6	+5,9
7.	Auf einen Blick	312,3	+1,1	32.	Kicker	105,4	+5,2
8.	Bunte	270,7	-7,9	33.	Bella	97,6	+4,5
9	Fernsehwoche	264,4	-4,8	34.	Eltern	95,4	+3,4
10.	Tina	255,0	-0,8	35.	GEO	95,2	-3,0
11.	Neue Post	224,5	+2,3	36.	Journal für die Frau	93,0	+7,2
12.	Funk Uhr	221,4	-2,9	37.	Capital	91,8	+0,3
13.	Freundin	212,6	+6,4	38.	Sport-Bild	91,2	+12,6
14.	Auto Motor u. Sport	192,2	-3,0	39.	Die Aktuelle	89,2	+0,5
15.	Freizeit-Revue	190,3	0,0	40.	Petra	84,3	+17,2
16.	TV Spielfilm	185,6	+46,1	41.	Cosmopolitan	81,0	-4,2
17.	Bild der Frau	184,9	+9,8	42.	Das Haus	76,5	-2,3
18.	Bravo	176,7	+0,9	43.	Praline	75,7	-14,6
19.	TV Movie	173,9	+58,9	44.	Bravo-Girl	69,9	-4,4
20.	Für Sie	166,5	+0,5	45.	Schöner Wohnen	68,1	-5,4
21.	Das neue Blatt	160,9	+2,3	46.	Neue Welt	68,0	+3,4
22.	Focus	159,3	k.V.m	47.	Super Illu	66,7	-19,1
23.	Gong	155,8	-6,5	48.	Super TV	66,1	-24,7
24.	Auto Bild	153,0	-2,0	49.	Elle	64,8	-1,9
25.	Das Beste	133,2	-4,8	50.	Das goldene Blatt	64,8	-2,7

Der Gesamt-Umsatz ist die Summe von Brutto-Vertriebsumsatz und Brutto-Werbeumsatz. Die Brutto-Vertriebsumsätze errechnen sich aus dem Durchschnitt der gemeldeten IVW-Verkaufsauflage, multipliziert mit dem Copy-Preis und der Anzahl der erscheinenden Ausgaben im Jahre 1993; Brutto-Werbeumsatz laut Nielsen Werbeforschung / S+P
k.V.m. = kein Vergleich möglich

Quelle: Horizont 7/1994 vom 18.2.1994

Tab. 7: Entwicklung der publizistischen Bedeutung verschiedener Zeitschriftentypen[1] von 1980 bis 1990 (Westdeutschland)

	1980	1982	1984	1986	1988	1990	+/- %
	Zeitschriften insgesamt[1]						
Seitenzahl des Jahrgangs-stücks in 1 000	4 403	4 469	4 671	4 446	4 898	5 194	+18,0
Seitenzahl der Jahrgangs-auflage in Mrd.	369	362	377	376	396	414	+12,2
Zahl der Titel	5 637	5 918	6 085	6 026	6 662	7 005	+24,3
	Publizistisches Angebot [2]						
Politische Wochenblätter	2,7	2,4	2,4	2,4	2,1	2,0	-25,9
Konfess. Zeitschriften	3,0	3,0	3,0	3,1	2,9	2,8	-6,7
Publikumszeitschriften	28,6	29,7	30,2	22,4	23,5	23,4	-18,2
Wiss. Fachzeitschriften	21,6	21,1	20,4	22,6	21,6	21,4	-0,9
Andere Fachzeitschriften	22,6	24,6	24,6	27,1	26,5	26,4	+ 6,8
	Publizistische Nachfrage [3]						
Politische Wochenblätter	3,7	3,4	3,1	3,4	3,8	3,9	+5,4
Konfess. Zeitschriften	1,6	1,6	1,5	1,4	1,3	1,3	-18,8
Publikumszeitschriften	76,7	80,0	80,2	78,6	76,4	74,9	-2,3
Wiss. Fachzeitschriften	2,3	2,6	2,6	2,6	2,6	2,5	+8,7
Andere Fachzeitschriften	3,8	5,3	5,3	6,0	6,4	7,1	+86,8
	Publizistische Vielfalt [4]						
Politische Wochenblätter	2,0	1,8	1,8	1,6	1,5	1,4	-30,0
Konfess. Zeitschriften	5,4	5,2	5,1	4,9	4,8	4,5	-16,7
Publikumszeitschriften	19,0	22,5	22,4	19,8	22,0	21,8	+14,7
Wiss. Fachzeitschriften	21,0	20,7	20,8	21,5	20,6	20,6	-1,9
Andere Fachzeitschriften	22,5	26,6	26,5	27,8	27,7	27,9	+24,0

1) alle von der Pressestatistik erfaßten Zeitschriften ohne Anzeigenblätter; vgl. auch Fußnote 1 von Tabelle 5 2) Anteil an der Seitenzahl des Jahrgangsstücks in % 3) Anteil an der Seitenzahl der Jahresauflage in % 4) Anteil an der Zahl der Titel in %

Quelle: Pressestatistik

Die Unterschiedlichkeit der Ausprägung der ökonomischen und publizistischen Kategorien macht Tabelle 8 deutlich.

So sind z.B. die Publikumszeitschriften mit 59,4 Prozent am Umsatz und mit 74,9 Prozent am produzierten Papierberg beteiligt, aber nur zu 23,4 Prozent an der Produktion der geistigen Inhalte (mengenmäßig) und nur zu 21,8 Prozent an der Titelvielfalt. Wissenschaftliche Fachzeitschriften, die nur zu 2,5 Prozent an der nachgefragten Papiermenge und nur zu 8,7 Prozent am Umsatz beteiligt sind, steuern aufgrund ihrer großen Titelanzahl bei nur geringer durchschnittlicher Auflage und relativ seltener Erscheinungsweise zur Produktion der geistigen Inhalte immerhin 21,4 Prozent und zur Titelvielfalt 20,6 Prozent bei.

Tab. 8: Ökonomische versus publizistische Bedeutung verschiedener Zeitschriftentypen 1990 (Westdeutschland)

	Marktanteile in Prozent an			
	Umsatz	publ. Angebot	publ. Nachfrage	publ. Vielfalt
Politische Wochenblätter	4,4	2,0	3,9	1,4
Konfess. Zeitschriften	2,1	2,8	1,3	4,5
Publikumszeitschriften	59,4	23,4	74,9	21,8
Wiss. Fachzeitschriften	8,7	21,4	2,5	20,6
Andere Fachzeitschriften	20,0	26,4	7,1	27,9

Quelle: Tabellen 5 und 7

In der Entwicklung im Zeitablauf zeigen sich geringere Differenzen. Nichtwissenschaftliche Fachzeitschriften weisen nach allen Kategorien die größten Wachstumsraten auf und konfessionelle Zeitschriften verzeichnen in allen Kategorien Rückgänge. Im übrigen gibt es begrenzt unterschiedliche Entwicklungen der Marktanteile.

Die von der amtlichen Statistik erfaßten Zeitschriften entsprechen in ihrer Gesamtheit nicht dem, was man sich normalerweise unter Zeitschriften vorstellt. Dem kommt sicher die folgende Zusammenstellung näher (Tabelle 9), die die wichtigen, üblicherweise auch an Pressekiosken gehandelten Zeitschriftentitel nach der Einteilung der AG.MA. (Kapitel 10) gruppiert. Als Indikator für die publizistische Nachfrage wird hier ersatzweise die Auflage herangezogen.

Die weitaus größte publizistische Bedeutung in der hier verwendeten Abgrenzung hat die Kategorie der Programmzeitschriften, sowohl nach angebotener Seitenzahl als auch nach der Auflage, insbesondere, wenn sie um Programm-Supplements (rtv und BWZ) ergänzt wird: 16,1 Prozent der angebotenen Seitenzahl und 31,6 Prozent der nachgefragten Auflage entfallen auf die Programmpresse.

Von ähnlicher publizistischer Bedeutung sind die Frauen-Titel insgesamt sowie die aktuellen Zeitschriften und Magazine sowie die Motorpresse. Die Sparte Erotik und Sex scheint eine untergeordnete Bedeutung zu haben. Dies liegt aber z.T. an der Eingruppierungspraxis – so werden *Penthouse* und *Playboy* in der Werbewirtschaft der Rubrik Lifestyle und Stadtmagazine zugeordnet und die zahllosen „Schmuddelblätter“ werden hier überhaupt nicht erfaßt.

Tab. 9: Publizistische Bedeutung verschiedener Zeitschriften in der Gruppierung der AG.MA. 1993

Rubrik	Publizistisches Angebot[1]		Publ. Nachfrage (Auflage)		Publizistische Vielfalt	
	Seiten	%[2]	in 1000	%[2]	Titel	%[2]
Aktuelle Zeitschriften/Magazine	59830	10,4	9259	8,1	9	3,0
Programmzeitschriften	74382	12,9	21284	18,6	15	4,9
Programmsupplements	18270	3,2	14943	13,0	7	2,3
Frauen - wöchentlich	62848	10,9	14093	12,3	20	6,6
- 14täglich	23694	4,1	3297	2,9	6	2,0
- monatlich	35688	6,2	4700	4,1	17	5,6
Rätsel	1100	0,2	275	0,2	2	0,7
Eltern	5884	1,0	984	0,8	4	1,3
Jugend	15290	2,7	4536	4,0	13	4,3
Wohnen	17658	3,1	5032	4,4	16	5,2
Do it yourself	2498	0,4	532	0,4	3	1,0
Essen	9518	1,7	1358	1,2	8	2,6
Gesundheit	1838	0,3	351	0,3	2	0,7
Erotik/Sex	10516	1,8	2064	1,8	4	1,3
Lifestyle/Stadtmagazine	17608	3,1	1287	1,1	10	3,3
Motorpresse	47594	8,3	16691	14,6	37	12,1
Sport	40332	7,0	3393	3,0	40	13,1
Kino/Video	5318	0,9	802	0,7	7	2,3
Audio/Photo	9432	1,6	570	0,5	12	3,9
Natur	3606	0,6	717	0,6	9	3,0
Wissenschaft	12454	2,2	1652	1,4	9	3,0
Reisen	8187	1,4	573	0,5	7	2,3
EDV	29818	5,2	1986	1,7	25	8,2
Wirtschaft	39640	6,9	2125	1,9	16	5,2
Gesellschaft + Politik	22410	3,9	2125	1,9	7	2,3
zusammen	575413	100	114629	100	305	100

1) Seitenzahl des Jahrgangsstücks 2) in Prozent der jeweiligen Rubrik

Quelle: VDZ-Auflagendienst, IVW-Auflagendienst

3. Konzentration im Zeitschriftensektor

Die ökonomische und die publizistische Konzentration sollen getrennt erfaßt werden. Die ökonomische Konzentration bezieht sich auf relevante Märkte, und sie beschränkt im Ergebnis den ökonomischen Wettbewerb. Die idealtypische Folge zunehmender ökonomischer Konzentration ist ceteris paribus eine abnehmende Angebotsflexibilität, eine abnehmende Innovationsneigung, generell also eine Abnahme der allokativen und produktiven Effizienz. Dabei sollte die ökonomische Konzentration in horizontaler, vertikaler und diagonaler Ausdehnung erfaßt werden. Leider liegen solche Analysen nicht vor und können hier auch nicht erstellt werden; es bleibt lediglich der Rückgriff auf die Konzentrationsanalysen der Monopolkommission (Abschnitt 3.1). Die publizistische Konzentration bezieht sich idealiter auf den Meinungsmarkt und erfaßt dort die Konzentration von Meinungen. Faktisch ist dies nicht zu leisten; es bleibt, die Konzentration des Eigentums an Zeitschriftenunternehmen zu erfassen (Abschnitt 3.2) und die Zahl der verschiedenen Zeitungstitel auszuweisen (Abschnitt 3.3).

3.1. Ökonomische Konzentration

Die Entwicklung der ökonomischen Konzentration im Zeitschriftensektor ist in Tabelle 10 ausgewiesen. Danach hat die Konzentration des Zeitschriftenumsatzes von Zeitschriftenunternehmen nach allen Konzentrationsraten im Zeitablauf kontinuierlich abgenommen, allerdings ist der Stand der Konzentration im Zeitschriftensektor immer noch sehr hoch. Die Zeitschriftenverlage „sind mit einer Rate von 31,4 Prozent für die drei größten Unternehmen als hoch konzentriert anzusehen" (Monopolkommission 1992, TZ 640).

Tab. 10: Entwicklung der Konzentration der Zeitschriftenverlage von 1975 bis 1989 (Westdeutschland)

Jahr	**Gesamtumsatz**	**Anteil der**					**Unternehmen**
		3	**6**	**10**	**25**	**50**	Anzahl
		größten Unternehmen am Gesamtumsatz					
1975	4 861	39,5	47,2	52,6	63,8	72,0	955
1977	6 350	38,7	46,8	52,1	61,7	69,2	1 181
1979	7 704	36,5	44,0	49,6	60,3	68,3	1 279
1981	8 513	34,7	41,9	48,1	58,2	66,3	1 386
1983	9 429	34,4	41,1	46,5	56,7	65,1	1 443
1985	10 530	32,5	38,9	44,1	54,6	63,4	1 497
1987	11 532	32,2	38,9	44,6	54,2	62,2	1 777
1989	12 645	31,4	38,4	44,5	53,5	61,0	1 786

Quelle: Monopolkommission 1992, S. 290

Eine gleiche Aussage erlaubt die Messung der Konzentration der Zeitschriftenverlage mit dem Hirschman-Herfindahl-Index HHI (vgl. Tabelle 11). Die Konzentration hat im Zeitablauf von 4 500 auf 3 460 abgenommen; sie ist allerdings immer noch als sehr hoch zu klassifizieren.

Tab. 11: Entwicklung der Konzentration der Zeitschriftenverlage nach dem Hirsehman-Herfindahl-Index (HHI) von 1981 bis 1991

Jahr	Anzahl der Unternehmen	Umsatz in Mrd. DM	HHI
1981	1 386	8,5	4 500
1982	1 385	8,9	4 477
1983	1 443	9,4	4 412
1984	1 445	10,1	4 154
1985	1 497	10,5	3 952
1986	1 545	10,8	4 124
1987	1 777	11,5	3 895
1988	1 770	12,2	3 783
1989	1 786	12.6	3 743
1990	1 850	13,5	3 628
1991	1 931	14,4	3 460

Quelle: Wirtschaft und Statistik, 2/1994, S. 137

Die Entwicklung der Konzentration nach dem Merkmal Auflage für das Objekt Zeitschrift insgesamt sowie speziell für Publikumszeitschriften zeigt Tabelle 12. Die spezielle Betrachtung der Publikumszeitschriften, die die Monopolkommission seit 1981 vornimmt, erscheint angesichts des hohen gesellschaftspolitischen Interesses an diesem Zeitschriftentyp sinnvoll.

Anders als bei Zeitschriftenunternehmen hat die Konzentration für Zeitschriften insgesamt im Berichtszeitraum nach der Konzentrationsrate CR = 3 durchgängig zugenommen, d.h., der Auflagenanteil der drei größten Zeitschriften hat zugenommen (das wären im ersten Quartal 1994: *ADAC Motorwelt*, *rtv West* und *Auf einen Blick*). Im übrigen hat die Konzentration leicht abgenommen; ihr Stand kann als mäßig bis gering eingestuft werden.

Anders als bei Zeitungen erlauben die Konzentrationsangaben zum Zeitschriftensektor einen gewissen Rückschluß auf den ökonomischen Wettbewerb, weil Zeitschriftenmärkte, zumindest räumlich, nicht so abgegrenzt sind wie Zeitungsmärkte, sondern überwiegend überregionale Ausmaße haben. Die meisten und ökonomisch bedeutendsten Zeitschriftentitel werden national verbreitet. Allerdings sind Zeitschriftenmärkte sachlich stärker segmentiert als Zeitungsmärkte, wo eine sachliche Trennung nur für wenige Spezialzeitungen (*Handelsblatt*) zum Tragen kommt, so daß ein Wettbewerb nur zwischen gleichartigen Zeitschriftentypen erwartet werden kann.

Tab. 12: Konzentration der Zeitschriften insgesamt und der Publikumszeitschriften

		Anteil der					
		3	**6**	**10**	**25**	**50**	
Jahr	**Auflage (1.000)**	**größten Zeitschriften an der Auflage (in %)**					**Zeit-schriften**
1975	194352	6,5	12,2	17,7	31,1	44,0	3 838
1977	207561	7,0	11,4	16,1	28,0	40,7	5 087
1979	237425	7,6	11,5	15,8	26,6	38,5	6 042
1981	251900	8,1	11,9	16,1	26,4	37,6	6 486
1983	260158	8,3	12,0	16,0	26,4	37,7	6 702
1985	268332	9,0	12,3	15,8	25,9	36,8	6 893
1987	295327	8,5	11,5	15,1	24,5	34,4	7 642
1989	309041	8,6	11,8	15,3	25,1	35,1	7 831
		Anteil der größten Publikumszeitschriften an der Auflage					
1981	99066	13,5	21,4	28,6	46,9	61,5	1 284
1983	104916	13,0	20,4	27,1	44,6	59,4	1 348
1985	104477	13,2	20,1	27,6	46.0	62,3	1 282
1987	111884	12,9	19,5	26,3	42,7	58,2	1 440
1989	112435	13,1	19,7	25,9	42,2	57,3	1 480

Quelle: Monopolkommission

3.2. Publizistische Konzentration

Die Konzentration von Medieneigentum im Zeitschriftensektor hat auch in publizistischer Sicht eine etwas andere Bedeutung als im Zeitungssektor, weil Zeitschriften funktional viel differenzierter sind als Zeitungen und selbst in der gleichen Rubrik oft nicht miteinander vergleichbar sind. Mithin ist die Konzentration von Medieneigentum hier nicht ganz so bedrohlich wie im Zeitungssektor, weil sich nicht alle Zeitschriften in gleicher Weise zur Produktion von Meinungsvielfalt eignen und daher eine Konzentration von Eigentum umgekehrt auch nicht notwendigerweise eine Bedrohung von Meinungsvielfalt bedeuten muß. Wenn ein Konzern einen Marktanteil im Zeitschriftensektor von 25 Prozent hat, dieser Marktanteil aber z.B. nur von den Rubriken Rätsel, Wohnen und Essen gebildet wird, dann ist das wohl eine Ballung von Macht an sich, aber kaum eine Bedrohung der Meinungsvielfalt. Sehr viel bedrohlicher für die Meinungsvielfalt wäre eine Konzentration in den Rubriken Aktuelle Zeitschriften/Magazine, Gesellschaft/Politik oder Wirtschaft. Im übrigen kann eine Abstufung der Bedrohlichkeit nicht vorgenommen werden, weil letztlich in jeder Rubrik Meinungen, Lebenshaltungen und Wertungen der Rezipienten beeinflußt werden. Daher ist auch im Zeitschriftensektor die Konzentration des Medieneigentums von Interesse.

Von besonderer Relevanz ist die Rubrik Publikumszeitschrift, weil ihre gesellschaftspolitische Bedeutung die der anderen Zeitschriftentypen übertrifft. Daher ist es angemessen, wenn die Konzentration speziell bei den Publikumszeitschriften erfaßt wird.

Röper, früher Diederichs, ermittelt regelmäßig die Konzentration im Bereich der Publikumszeitschriften auf der Basis der der IVW gemeldeten und als Publikumszeitschrift eingruppierten Titel. Das sind von der Titelzahl rund ein Drittel und von der Auflage gut die Hälfte der von der Pressestatistik erfaßten Publikumszeitschriften. Tabelle 13 gibt die Entwicklung der Auflagenanteile der vier größten Zeitschriftenverlage wieder.

Tab. 13: Auflagenanteile[1] der vier größten Zeitschriftenverlage von 1980 bis 1992

	1980	**1982**	**1984**	**1986**	**1988**	**1990**	**1992**
Bauer	32,1	32,0	31,9	31,5	32,4	32,1	32,7
Springer	13,0	13,0	17,0	17,6	16,8	17,0	16,0
Burda	11,0	11,2	10,4	10,0	10,1	10,3	7,7
Gruner + Jahr	6,1	5,9	5,0	7,0	6,3	6,5	6,3
Zusammen	62,1	62,1	64,3	66,1	65,6	65,9	65,7

1) Dabei wird die Auflage auf eine fiktive gemeinsame (wöchentliche) Erscheinungsweise umgerechnet

Quelle: Röper 1992 c

Die Konzentration kann als sehr hoch bezeichnet werden: Ein Unternehmen, der Bauer-Konzern, hat einen Marktanteil von fast einem Drittel, drei Unternehmen haben einen Marktanteil von 56,4 Prozent und erfüllen damit z.B. die Marktbeherrschungsvermutung von § 22, Abs. 3 GWB und die hier erfaßten vier Konzerne haben einen Marktanteil von 62,7 Prozent. Im Zeitablauf ist die Konzentration etwa konstant geblieben, der Anteil der vier Konzerne schwankt zwischen 62,1 und 66,1 Prozent; der Anteil der größten drei schwankt zwischen 56,1 und 59,4 Prozent (hier nicht ausgewiesen). Im Zeitverlauf konnte der Bauer-Konzern seine überragende Marktstellung halten, Gruner+Jahr konnte seinen Marktanteil von sechs bis sieben Prozent ebenfalls halten, größere Schwankungen gibt es für den Springer- und Burda-Konzern.

Aus der vorstehenden Konzentrationsanalyse lassen sich die folgenden Aussagen ableiten:

- Jedes dritte Heft stammt aus einem Verlag (Bauer).
- Fast jedes zweite Heft stammt aus zwei Verlagen (Bauer und Springer).
- Mehr als drei von fünf Heften stammen aus vier Verlagen.

Dieses Ergebnis ist medienpolitisch nicht so einfach zu interpretieren wie bei Zeitungen, weil die konzernzugehörigen Titel recht verschiedenen Sparten zugerechnet werden können und weil eine funktionale Austauschbarkeit im Hinblick auf die Produktion von Meinungsvielfalt nicht gegeben ist. Dies zeigt die Auflistung der in Frage stehenden wichtigsten Titel nach Medienkonzern geordnet.

Heinrich Bauer-Konzern: *Auf einen Blick, Autozeitung, Bella, Bravo, Bravo Girl, Fernsehwoche, Kochen & Genießen, Maxi, Motorrad Reisen & Sport, Das Neue, Das Neue Blatt, Neue Mode, Neue Post, Neue Revue, Playboy, Praline, Selbst ist der Mann, Tina, TV Hören + Sehen, TV-Movie, Wiener* (im Juni 1994 eingestellt), *Wochenend* und *Wohnidee* sowie *Bussi Bär, Fix und Foxi, Mini* und *Romanwoche* .

Axel Springer-Konzern: *Auto Bild, Bild der Frau, Bildwoche, Funk Uhr, Hörzu, Journal für die Frau, Sport-Bild* sowie *Camp, Golf Sport, Rallye Racing, Rute und Rolle, Skimagazin, Tennis-Magazin, topmobil* .

Burda-Konzern: *Bild + Funk, Bunte, Forbes, Freizeit Revue, Freundin, Glücks-Revue, Das Haus, Holiday, Mein schöner Garten, Meine Familie und ich* sowie *Super Illu* und *Super TV* .

Gruner+Jahr-Konzern: *Art, Brigitte, Capital, Eltern, Eltern - Das gesunde Kind, Essen + Trinken, Flora, Geo, Impulse, P. M., Prima, Saison, schöner essen, Schöner Wohnen, Sports, Stern, Frau im Spiegel* sowie *F. F.* .

Nur in wenigen Fällen handelt es sich also um Zeitschriften, die allgemein politische Informationen enthalten. Nun kann zwar nicht ausgeschlossen werden, daß eine einheitliche publizistische Linie auch in Titeln wie *Das Haus*, *Rute und Rolle* oder *Kochen & Genießen* verfolgt wird, aber dies ist unwahrscheinlicher, schwieriger und für den Meinungsbildungsprozeß weniger bedrohlich als bei Zeitungen. Allerdings bleibt die Bedrohlichkeit publizistischer Macht per se bestehen.

3.3. Vielzahl des Zeitschriftenangebots

Der Zeitschriftensektor zeichnet sich aus durch

- eine Fülle von Titeln (1991: 7 533 Titel),
- eine Fülle von Verlagen (1991: 1 980 Verlage in Westdeutschland).

Wenn auch nicht bekannt ist, in welchem Ausmaß sich diese Einheiten inhaltlich unterscheiden, so kann doch vermutet werden, daß es überwiegend unterschiedliche Produkte und unterschiedliche Unternehmen sind.

Die faktische Vielfalt pro Kopf läßt sich ebenfalls nicht genau angeben, weil zuvor geklärt werden müßte, wie faktische Vielzahl pro Kopf zu definieren und zu erfassen wäre. Hier wird sehr pragmatisch vorgeschlagen, die pro Presseverkaufsstelle durchschnittlich erhältliche Zahl von Titeln als Indikator für die Vielzahl pro Kopf anzusetzen, weil damit jedenfalls die durchschnittliche und leicht zugängliche Vielzahl der Titel wiedergegeben wird. Sicher ist die faktische Vielzahl pro Kopf noch größer, weil spezielle Zeitschriften vor allem auch über das Abonnement bezogen werden können. Die durchschnittliche Anzahl geführter Titel pro Presseverkaufsstelle zeigt Tabelle 14.

Tab. 14: Durchschnittliche Sortimentsbreite von Presseverkaufsstellen

	1987	**1990**
durchschnittliches Minimum[1]	238	281
Durchschnitt	395	462
durchschnittliches Maximum[1]	529	630
1) bezieht sich auf Gebietstypen		

Quelle: Strukturanalyse des Presse-Einzelhandels 1990

So wird 1990 bundesweit ein Sortiment von durchschnittlich 462 Titeln (einschließlich Zeitungen) angeboten – in ländlichen Regionen deutlich weniger und in Metropolen deutlich mehr – und dies kann, zusammen mit der recht hohen Verkaufsdichte von 1,52 Verkaufsstellen pro 1 000 Einwohner als faktische Vielzahl pro Kopf interpretiert werden. Dies ist insgesamt eine bemerkenswerte Vielfalt des Zeitschriftenangebots.

4. Wettbewerb und Wettbewerbspolitik auf Zeitschriftenmärkten

Wettbewerb vollzieht sich auf relevanten Märkten und Wettbewerbspolitik bezieht sich auf relevante Märkte. Die Abgrenzung solcher relevanten Märkte stützt sich auf die Ermittlung von Substitutionselastizitäten und – dies als praktikabler Ersatz für die äußerst schwierige Erfassung von Substitutionselastizitäten – auf das „Konzept der funktionalen Austauschbarkeit von Gütern aus der Sicht des verständigen Verbrauchers“ (vgl. Kapitel 1). Die Marktabgrenzung gilt als eines der schwierigsten Probleme der Wettbewerbspolitik, und dies gilt insbesondere auch für den Mediensektor, weil hier immer mindestens zwei Güter bzw. zwei Märkte in die Analyse einbezogen werden müssen, der Rezipientenmarkt und der Werbemarkt. Allerdings läßt die bisherige Entscheidungspraxis der deutschen Kartellbehörden erkennen, daß die Substitutionsbeziehungen auf Rezipientenmärkten letztlich als entscheidend für die Marktabgrenzung angesehen werden (Kleinaltenkamp 1988, S. 735). Dies kann aus publizistischer Sicht überzeugen, der ökonomischen Logik entspricht es nicht, wenn und insoweit Werbeeinnahmen den Umsatzschwerpunkt von Medienunternehmen darstellen.
Im folgenden wird ein Überblick über die Abgrenzung relevanter Zeitschriftenmärkte gegeben, nach Leser- und Anzeigenmarkt getrennt. Diese Abgrenzung beruht auf einem Vergleich prinzipieller Produkteigenschaften. Im konkreten Einzelfall müßte eine solche produktbezogene Analyse durch eine Analyse der

Nachfrage ergänzt werden, denn letztlich können nur die Nachfrager entscheiden, ob und in welchem Umfang sie Zeitschriften als substituierbar ansehen.

4.1. Abgrenzung relevanter Lesermärkte

Bislang wird überwiegend davon ausgegangen, daß die Nutzung der Zeitschrift nicht in Substitutionskonkurrenz zu Zeitungen, Hörfunk und Fernsehen eingebettet ist (Lange/Pätzold 1983, S. 104), eher werden eine Komplementarität oder, wie von mir, eine prinzipielle Neutralität unterstellt. Aktuelle Entwicklungen im Fernsehsektor lassen indes Konkurrenzbeziehungen möglich werden. Die erwartete zunehmende Spezialisierung von Fernsehprogrammen zu Special-Interest-Programmen würde eine sachliche Übereinstimmung mit entsprechenden Zeitschriften bedeuten und könnte eine Substitutionskonkurrenz begründen etwa dergestalt, daß z.B. ein Spartenprogramm für Motorradfahrer entsprechende Motorradzeitschriften ersetzt. Dies kann für die Zukunft nicht ausgeschlossen werden, bislang begründen die ganz unterschiedlichen medientypischen Rezeptionsbedingungen (Nutzungsart, Nutzungszeit, Nutzungsdauer, Nutzungsintensität und Nutzungsselektivität) sicher die These, daß Zeitschriften einen eigenen Bedarfsmarkt bilden (Neutralität).

Komplementäre Nachfragebeziehungen[1] bestehen in einem wichtigen Teilsegment des Zeitschriftensektors: Die Programmpresse hat sich zur bedeutendsten Zeitschriftensparte entwickelt (vgl. Tabelle 9), und dies kann ohne Zweifel auf die Entwicklung des Fernsehens zu einem Angebot von großer Vielfalt zurückgeführt werden.

Die Zeitschriftentypisierung der Pressestatistik eignet sich nur begrenzt zur Einteilung relevanter Lesermärkte. Im Einzelfall erscheint die Gruppierung der AG.MA. als praktikabler, sie soll daher zusätzlich herangezogen werden.

Überregionale Sonntagszeitungen, die ja eigentlich Zeitschriften sind, bilden einen eigenen relevanten Markt, weil sie primär aktuelle Informationen bieten, überwiegend aus dem Bereich des Sports, was aufgrund des Erscheinungstermins am Sonntag naheliegt. Diese Informationen sind nicht funktional austauschbar mit Sportzeitschriften, die an anderen Terminen erscheinen, und nicht funktional austauschbar mit der Information einer Abonnementtageszeitung.

Konfessionelle Zeitschriften bilden einen eigenen Bedarfsmarkt. Dieser muß nach Religionszugehörigkeit differenziert werden; eine Austauschbarkeit zwischen den Konfessionen oder gar mit anderen Zeitschriftentypen kann ausgeschlossen werden. Die AG.MA. erfaßt 40 sogenannte Konpress-Titel gesondert (MA. 1993, S. 14), aus dieser Liste wird deutlich, daß konfessionelle Zeitschriften in ihrer Mehrheit zusätzlich regional differenziert sind.

---

1 Komplementäre Nachfragebeziehungen liegen dann vor, wenn ein Ergänzungsverhältnis zwischen Gütern besteht derart, daß der Nutzen des einen Gutes mit steigendem Konsum des anderen Gutes zunimmt.

Politische Wochenblätter bilden ebenfalls einen eigenen Bedarfsmarkt. Aus ökonomischer Sicht spricht allerdings sehr viel dafür, auch diesen Markt weiter zu differenzieren in einen Markt für allgemeine politische Hintergrundinformation (z.B. *Focus*, *Spiegel*, *Zeit*) und einen Markt für parteigebundene Verbandsinformation (z.B. *Bayernkurier* und *Vorwärts*) und nicht eine Einheitlichkeit zu unterstellen, wie es der BGH getan hat (Fusionsfall Gruner+Jahr – *Zeit*; WuW/E BGH 433-2442; vgl. Kapitel 9, Abschnitt 4.1).

Publikumszeitschriften müssen in zahlreiche relevante Märkte untergliedert werden. Plausibel erscheint zunächst einmal die grobe Differenzierung in einen Markt für allgemeinunterhaltende Publikumszeitschriften (z.B. *Stern*, *Bunte*, *Weltbild*, *Super Illu*) und einen Markt für spezielle Publikumszeitschriften, so auch das Bundeskartellamt in seinen Entscheidungen im Fall Burda – Springer und Gruner+Jahr – *Zeit* (WuW/E BKartA 1921 ff., 1863 ff.). Diese allgemeinen Publikumszeitschriften erfüllen mit ihrer allgemein-orientierten Thematik ohne einen speziellen Zielgruppenbezug einen eigenen Bedarf der Rezipienten.

Die verbleibenden speziellen Publikumszeitschriften müssen erheblich differenziert werden. Hier bilden die Rubriken der AG.MA. zunächst einmal plausible Abgrenzungen der relevanten Märkte, z.B. ein relevanter Markt für die Programmpresse (so auch das Bundeskartellamt; WuW/E BKartA 1921 ff.) und relevante Märkte für die übrigen Rubriken der AG.MA (vgl. Kapitel 10, Abschnitt 1)

Zu prüfen wäre im Einzelfall eine noch wesentlich weitergehende Differenzierung. So ist aufgrund der unterschiedlichen Sportart sehr unwahrscheinlich, daß das *Tennis-Magazin* dem *Kicker Sportmagazin* als substituierbar angesehen werden kann und ob z.B. *Vogue* oder *Madame* mit *Bild der Frau* austauschbar sind, kann ebenfalls bezweifelt werden. Dementsprechend hat das Bundeskartellamt im Fall der Gründung des Gemeinschaftsunternehmens top special – einer Gemeinschaftsunternehmung von Axel Springer und dem EHAPA Verlag mit den Blättern *Tennis-Magazin, Ski-Magazin, Rallye Racing* und *Sportfahren* (Springer) sowie *Hobby - Magazin der Technik, Camp Magazin für Camping und Caravaning* und *Videoprogramm* (EHAPA) – geurteilt, daß es auf den Lesermärkten praktisch keine Berührungspunkte zwischen den vier Zeitschriften von Springer und den drei Zeitschriften von EHAPA gibt (Bundeskartellamt 1985, S. 101). Nur in wenigen Fällen dürften sich einzelne Rubriken wiederum überschneiden und möglicherweise gemeinsam einen relevanten Markt bilden, z. B. Garten- und Naturzeitschriften.

Fachzeitschriften müssen ebenfalls in eine Vielzahl relevanter Märkte untergliedert werden, wobei die fachliche Ausrichtung das naheliegende Gruppierungskriterium ist. Hierzu bietet sich als erste Annäherung die Einteilung der Fachzeitschriften an, wie sie der Zeitschrifteninformationsservice (ZIS) vornimmt. Hier werden vom Verband deutscher Fachpresse 2 152 Zeitschriften nach ihrem Inhalt in 14 Hauptgruppen und 129 Untergruppen eingeteilt (1991), und diese Einteilung wird von der amtlichen Pressestatistik übernommen und ausgewiesen. Dieses ZIS-Sachgruppenregister soll hier nicht wiedergegeben werden. Beispielsweise wird nur die Hauptgruppe 6 „Natur und Umwelt" weiter aufgegliedert in: Allgemeine Ökologie, Umweltschutz, Natur und Landschaft, Wasserwirtschaft und

Wasserversorgung, Energie und Bergbau, Agrarwissenschaft und Land- und Forstwirtschaft, Obst, Gemüse und Gartenbau, Tierhaltung, Jagd und Fischerei. Dies erscheint prima facie auch als eine sinnvolle Klassifizierung relevanter Märkte für Fachzeitschriften der Hauptgruppe Natur und Umwelt.

Im Ergebnis wird mithin eine Fülle relevanter Märkte im Zeitschriftensektor abzugrenzen sein; es wird dann auch eine Fülle marktbeherrschender Stellungen geben, was aber angesichts des geringen Volumens solcher Märkte nicht bedrohlich ist.

4.2. Abgrenzung relevanter Anzeigenmärkte

Für die Abgrenzung relevanter Anzeigenmärkte gelten vorstehende Ausführungen im Prinzip unverändert, sie können daher übernommen werden, ohne hier wiederholt zu werden. Zu beachten ist lediglich, daß der Kriterienkatalog der Abgrenzung erweitert werden muß.

Anzeigen richten sich an bestimmte Zielgruppen bzw. an die Bevölkerung allgemein. Die Zielgruppen der Werbung werden sehr häufig nach Inhalten der Berichterstattung gebildet - in diesem Fall kann mithin die Abgrenzung der Lesermärkte übernommen werden - aber zunehmend auch nach anderen Merkmalen wie

- Alter und Geschlecht,
- Kaufkraft und
- Werthaltungen.

Dies bedeutet, daß die Anzeigenmärkte im Regelfall weiter abzugrenzen sind als die Lesermärkte (Monopolkommission 1992, TZ 676).

Ein Beispiel soll dies zunächst deutlich machen. Auf dem Markt für Kinderbildzeitschriften sind zwei getrennte *Leser*märkte zu vermuten, der Markt für Comics und der Markt für Spiel- und Lernzeitschriften für Kinder im Vorschulalter (Bundeskartellamt 1991, S. 106). Für Werbung, die sich an Kinder als Zielgruppe richtet, wären beide Zeitschriftentypen aber prinzipiell gleich geeignet, der relevante Anzeigenmarkt wäre mithin der größere Markt für Kinderzeitschriften insgesamt.

Dies gilt generell für die Markenartikelwerbung. So wird Werbung für Automobile sinnvollerweise (nicht nur) in Autozeitschriften und Werbung für Nivea Creme (nicht nur) in Gesundheitszeitschriften zu plazieren sein, sondern vor allem in Blättern mit großer Verbreitung, wobei deren inhaltliche Ausrichtung dann von sekundärer Bedeutung ist.

Dies gilt für Werbung, die sich an spezielle Einkommensschichten wendet, in gleicher Weise. Eine Werbung für Rolex Uhren oder Jaguar Automobile ist sinnvollerweise in Blättern zu plazieren, deren Leser überdurchschnittlich reich sind; es ist aber relativ gleichgültig, ob das dann der *Spiegel*, *GEO*, das *manager magazin* oder *Penthouse* ist. Und wer sich in seiner Werbung an konservative Werthaltungen richtet, kann möglicherweise im *Merian* genauso gut werben wie in der *Brigitte* oder in

Kosmos. Zusammenfassend gilt mithin, daß relevante Anzeigenmärkte in der Regel sehr viel weiter abgegrenzt werden müssen als relevante Lesermärkte.

Dies gilt auch für die Substitutionsbeziehungen zu anderen Medien. Während für den Lesermarkt davon auszugehen ist, daß Zeitschriften (vorerst) durch das Fernsehen nicht substituiert werden dürften, kann für den Markt der Markenartikelwerbung eine starke Substitutionskonkurrenz zum Fernsehen gesehen werden. Die deutlichen Marktanteilsverluste der Zeitschriftenwerbung um sieben Prozentpunkte und die deutlichen Marktanteilsgewinne der Fernsehwerbung um fünf Prozentpunkte sind hierfür ein starkes Indiz (vgl. Tabelle 22 in Kapitel 2).

4.3. Wettbewerb

Die üblichen Wettbewerbsparameter sind vor allem Preise, Produktgestaltung, Werbung und Vertrieb, also die Instrumente des Marketing-Mix (vgl. Kapitel 8). Dies sind naturgemäß auch Wettbewerbsparameter auf Zeitschriftenmärkten:

- Zeitschriftenpreise und Anzeigenpreise,
- Umfang der Zeitschrift insgesamt und/oder wichtiger Teile der Zeitschrift,
- Inputs in die Qualität der Berichterstattung wie Aktualität, Qualität und Farbigkeit des Drucks,
- Anteil an Bildern,
- Absatzwerbung, Imagewerbung und Öffentlichkeitsarbeit sowie
- Wahl der Vertriebswege und der Vertriebskonditionen.

Obwohl angesichts der Heterogenität der Zeitschriftenmärkte von *dem* Wettbewerb auf Zeitschriftenmärkten nicht gesprochen werden kann, ist ein Merkmal doch charakteristisch für praktisch alle Zeitschriftenmärkte: die außerordentlich hohe **Angebotsflexibilität**. Das Angebot reagiert rasch und flexibel auf Änderungen der Produktionstechnik und vor allem auf Änderungen der Nachfrage. Permanentes Aufspüren der Nachfragesegmente und permanente Anpassung an neu auftauchende Publikumspräferenzen sind typisch für die Branche. Dies kann einmal in Kategorien von Marktzutritt und Marktaustritt, zum anderen in Kategorien eines Wandels des Produktsortiments analysiert werden.

Marktzutritt und Marktaustritt: Per Saldo hat die Titelzahl der Zeitschriften nach der Pressestatistik zwischen 1980 und 1990 um 1 863 Titel zugenommen, das sind durchschnittlich knapp 200 Titel pro Jahr und entspricht einer jahresdurchschnittlichen Zunahme der Zahl der unterschiedlichen Produkte von etwa drei Prozent (ohne Anzeigenblätter).

Brutto sind die Marktzutritte noch wesentlich größer. Nach dem Stamm hat es 1992 insgesamt 443 Neugründungen gegeben und 329 im Jahr 1993 (Stamm 1994). Dem stehen dann zahlreiche Marktaustritte gegenüber. Die folgende Tabelle 15 gibt auf der Basis der von der IVW erfaßten Zeitschriften einen Eindruck von der Dynamik der Zeitschriftenproduktion.

Tab. 15: Neuerscheinungen und Einstellung von Zeitschriften von 1988 bis 1993

	1988	**1989**	**1990**	**1991**	**1992**	**1993**
Neurscheinungen	149	182	147	148	158	210
Einstellungen	114	81	75	105	114	87
Zunahme insgesamt	35	101	72	43	44	123

Quelle: W & V compact 2/1994, S. 24

Die Zahl der Neuerscheinungen und Einstellungen zeigt, daß Marktzutritt und Marktaustritt relativ leicht sind; die Marktzutrittsschranken (und Marktaustrittsschranken) gelten als sehr niedrig (Monopolkommission 1992, TZ 673, 675 für den Markt der Kundenzeitschriften und für den Markt generell).

Die Betriebsgrößenvorteile können als gering gelten. Jedenfalls produzieren sehr kleine Verlage effizient, und notwendige Druck- und Vertriebskapazitäten können kostengünstig vom Markt bezogen werden (Jakob 1988, S. 335 ff.). Die Fixkostendegression als spezieller Betriebskostenvorteil spielt eine im gesamtwirtschaftlichen Vergleich durchschnittliche Rolle und ist jedenfalls deutlich geringer ausgeprägt als bei Zeitungen. Zwar bleibt letztlich auch für den Zeitschriftensektor zu konstatieren, daß am kostengünstigsten jeweils der Monopolist produziert, aber dies wird dadurch relativiert, daß die Fülle der Marktsegmente eine Fülle von kleinen Monopolisten ermöglicht und daß jeweils neu zu entdeckende Marktsegmente den Marktzutritt jeweils neuer Monopolisten möglich machen.

Die gleiche Relativierung gilt für die medienspezifische Marktzutrittsschranke „kumulativer Verbund von Leser- und Werbemarkt". Diese Marktzutrittsschranke existiert auch bei der Zeitschriftenproduktion, aber weniger ausgeprägt als bei der Zeitungsproduktion und dies wird in seiner Bedeutung durch die Fülle kleiner Marktsegmente verringert.

Produktdifferenzierungsvorteile etablierter Anbieter scheinen überwiegend gering zu sein, dies zeigt der rasche Erfolg z. B. von *Focus* gegenüber dem *Spiegel* oder von *TV Movie* gegenüber *TV Spielfilm*, und dies wird generell durch die sehr große Fluktuation der Auflagen einzelner Zeitschriftentitel angedeutet (vgl. Tabelle 6). Eine Markentreue existiert offenbar nicht.

Das heißt insgesamt nicht, daß Großverlage nicht über Kostenvorteile gegenüber kleineren Verlagen verfügen. Einige Vorteile der Verbundproduktion und Vorteile in der Wahl bevorzugter Vertriebswege können von großen Unternehmen realisiert werden. Sie sind aber nicht so erheblich, daß sie Marktzutritte ausschließen.

Wandel des Produktsortiments: Im Zuge zahlreicher Marktzutritte und Marktaustritte verändert sich das Produktsortiment und paßt sich neueren Entwicklungen der Publikumspräferenzen an. So hat z.B. das Dinofieber 1993 zu einem Boom bei den Kinderzeitschriften geführt. Es entstanden 13 neue Titel für Kinder, davon sieben als reine Dinomagazine. Tabelle 16 gibt einen Eindruck von den Sparten, die in den letzten Jahren den Hauptanteil der Neuerscheinungen für sich verbuchen konnten.

Tab. 16: Neuerscheinungen nach Inhaltskategorien 1988 bis 1993

Kategorie	1988	1989	1990	1991	1992	1993	Summe
Computer	18	18	14	22	19	15	106
Sex	7	14	15	16	10	28	90
Kinder	16	9	12	6	6	13	62
Sport	9	10	6	10	10	16	61
Auto	5	8	12	5	12	6	48
Musik	3	7	1	7	14	18	50
Reisen	5	9	7	5	4	8	38

Quelle: W & V compact 2/1994, S. 24

Insgesamt dominieren Computerzeitschriften bei den Neuerscheinungen der letzten sechs Jahre. Im letzten Jahr ist dagegen die Sparte Sex und Erotik als vermutlich besonders lukrativ entdeckt worden, gefolgt von der Sparte Musik und Sport. Im einzelnen gibt es z.T. recht exotische Neuerscheinungen wie z.B. *Flesh Canvas* – eine Zeitschrift für Tätowieren und Durchstechen von Körperteilen – oder *Luftfahrt Report* – eine Zeitschrift für seltene Flugzeuge – was zeigt, wie intensiv versucht wird, kleine Marktsegmente aufzuspüren.

4.4. Wettbewerbspolitik auf Zeitschriftenmärkten

Für die Wettbewerbspolitik auf Zeitschriftenmärkten gelten die gleichen speziell verschärften Bestimmungen des GWB wie für Zeitungsmärkte, sie sollen daher hier nicht wiederholt werden (vgl. Kapitel 9, Abschnitt 4.4). Im übrigen bestehen entscheidende Unterschiede zum Zeitungssektor.

Anders als bei den lokalen und regionalen Zeitungsmärkten, die von einem sehr hohen Konzentrationsgrad auf dem jeweiligen relevanten Markt geprägt sind, „herrscht auf dem überregionalen Zeitschriftenmarkt mehr Wettbewerb“ (Monopolkommission 1990, TZ 599). Dieser größere Wettbewerb kommt nach Beobachtungen des Bundeskartellamtes und der Monopolkommission vor allem deswegen zustande, weil niedrige Marktzutrittsschranken bestehen (Monopolkommission 1990, TZ 602; Monopolkommission 1992, TZ 673; Bundeskartellamt 1991, S. 106). Diese niedrigen Marktzutrittsschranken bedeuten eine starke potentielle Konkurrenz, und sie ermöglichen häufige Neugründungen von Zeitschriften, die starke Bewegungen auf den Märkten auslösen und den Wettbewerb dann auch aktuell beleben. Häufig herrscht zudem starker Substitutionswettbewerb, und überwiegend sind die Märkte von nur geringer wirtschaftlicher und wettbewerblicher Bedeutung.

Dazu nur ein Beispiel aus jüngerer Zeit. Die Verlagsgruppe Heinrich Bauer wollte sich mit Mehrheit an der Condor Publishing Group (CPG), Berlin beteiligen. Die CPG ist ein Gemeinschaftsunternehmen mehrerer Verlage mit Zeitschriften in den Bereichen Frauenkurzromane, Kinderbildzeitschriften und nichtindizierte Sexzeitschriften. Die absehbaren Folgen dieses Zusammenschlusses waren:

- Auf dem Markt der Spiel- und Lernzeitschriften für Kinder im Vorschulalter beträgt der Marktanteil nach der Fusion 29,6 Prozent. Es besteht aber ein wesentlicher aktueller Wettbewerb mit zwei Konkurrenten und ein wesentlicher potentieller Wettbewerb wegen der sehr niedrigen Marktzutrittsschranken.
- Auf dem Markt für nichtindizierte Sexzeitschriften entsteht nur ein geringer Marktanteil von neun Prozent; zudem ist auch hier ein Marktzutritt mit ganz geringem Aufwand möglich.
- Auf dem Markt für Comics erreicht der Zusammenschluß mit einem Anteil von 15,3 Prozent ebenfalls keine marktbeherrschende Stellung.
- Auf dem Markt für Frauenkurzromane wird ein Marktanteil von 26 Prozent erreicht, was die Oligopolvermutung von § 23a, Abs. 2, Satz 1 Nr. 1 formal erfüllt. Angesichts eines größeren Wettbewerbers wird indes eine überragende Marktstellung nicht erreicht (Bundeskartellamt 1991, S. 106).

Daher wurde der Zusammenschluß nicht untersagt. Insgesamt dürfte der Wettbewerb durch solche Zusammenschlüsse natürlich nicht verbessert worden sein, sondern eine Verschlechterung, wenngleich möglicherweise nur eine geringfügige, dürfte die Folge sein. So urteilt denn auch die Monopolkommission: „Zusammenfassend läßt sich für die Fusionsfälle im Zeitschriftenbereich feststellen, daß diese teilweise zu einem Wegfall aktuellen oder potentiellen Wettbewerbs geführt haben. Es erscheint zumindest fraglich, ob diese wettbewerblich negativen Auswirkungen durch Verlagsneugründungen oder Neuerscheinungen kompensiert werden können" (Monopolkommission 1990, TZ 604).

Medienpolitisch problematisch ist, daß in der Mehrheit der Fälle große Konzerne an den Zusammenschlüssen beteiligt gewesen sind. An den in den Berichten des Bundeskartellamtes aufgeführten Zusammenschlußfällen waren folgende Verlagsgruppen beteiligt: Axel Springer (drei Verlage, eine Zeitschrift); Heinrich Bauer (zwei Verlage); Bertelsmann (eine Zeitschrift); Gruner+Jahr (ein Verlag, eine Zeitschrift); die WAZ (drei Zeitschriften); Ringier (zwei Zeitschriften); Sebaldus (eine Zeitschrift), daneben einige kleinere Verlage mit etwa drei Übernahmen. Damit konnten die großen Zeitschriftenverlage zwar etwa nur ihre Marktanteile halten und die Verluste bei ihren angestammten Titeln ausgleichen, aber die Verfestigung des hohen Konzentrationsgrades im Zeitschriftensektor war die Folge.

5. Die Entwicklung der Zeitschriftenlandschaft in Ostdeutschland

5.1. Die Zeitschriftenlandschaft der DDR

Die Zeitschriftenlandschaft der DDR war von relativ geringer Vielfalt geprägt. Wie Tabelle 17 zeigt, hat es 1988 in der DDR 542 Zeitschriftentitel mit 5 473 Ausgaben und einer Auflage je Erscheinungstag von 21 872 000 Exemplaren gegeben.

Tab. 17: Zeitschriftenproduktion der DDR 1988

Sachgruppe	**Titel**	**Aus-gaben**	**Einmalige Auflage**[1]	**Gesamt-druckauflage**[1]
Politik, Gesellschaft	101	1 076	4 188	51 242
Kulturpolitik, Literatur, Kunst	33	344	1 156	17 817
Erziehung und Bildung, davon	77	702	5 755	86 133
- Kinder-, Jugendzeitschriften	14	179	4 669	74 893
Gesundheits- und Sozialwesen	60	576	712	8 526
Sport, Freizeitgestaltung	20	391	2 570	38 169
Mathematik, Naturwiss.	71	535	306	3 227
Ökonomie und Technik	101	771	2 216	22 470
Landwirtschaft, Forst, Nahrung	34	326	1 075	21 935
Mode und Wohnkultur	11	72	3 516	25 728
Kirche, Kirchenpolitik	34	680	379	13 041
insgesamt	542	5 473	21 872	288 268

1) in 1 000

Quelle: Statistisches Jahrbuch der DDR 1989, S. 321

Faktisch war die Zeitschriftenvielfalt – gemessen am Bedarf – sicher wesentlich geringer als Tabelle 17 ausweist, weil die Mehrzahl der Titel in Rubriken von erkennbar geringem Interesse erschienen ist. Die Zeitschriften in den begehrten Rubriken, z.B. die Programmzeitschrift *F.F. dabei* oder das Erotik- und Lifestyle-Blatt *Das Magazin* sind „Bückware" gewesen, d.h., sie lagen unter dem Ladentisch und wurden nur an besondere Kunden abgegeben Wie gering die Vielfalt gewesen ist, zeigt Tabelle 18 im Ost-West-Vergleich. Danach betrug die Zeitschriftendichte und die Titelzahl pro Einwohner rund ein Drittel der Werte für Westdeutschland.

Tab. 18: Zeitschriftenvielfalt im Ost-West-Vergleich 1988

Merkmal	**Ost**	**West**
Titel pro 1 Mio Einwohner	33	105
Zeitschriften pro Einwohner[1]	1,33	3,81

1) durchschnittliche Auflage je Erscheinungstag pro Einwohner

Quelle: Pressestatistik, Statistisches Jahrbuch der DDR 1989

5.2. Zeitschriftenproduktion in Ostdeutschland 1991

Die amtliche Pressestatistik weist für Ostdeutschland 1991 nur 49 Zeitschriften-verlage aus, die 156 Titel mit einer Auflage je Erscheinungstag von 5 031 000

Exemplaren produzieren[2]. Wie gering das Volumen dieser ostdeutschen Zeitschriftenproduktion ist, zeigt Tabelle 19. Nur rund zwei Prozent der Zeitschriftenproduktion – sowohl nach Titelzahl als auch nach Auflage und Umsatz – ist 1991 in Verlagen mit Sitz in Ostdeutschland erstellt worden. Damit ist die Zeitschriftenproduktion in Ostdeutschland drastisch eingebrochen, sowohl im Vergleich zu 1988 als auch im Vergleich zur Zeitschriftenproduktion in Westdeutschland 1991 und auch im Vergleich zur gesamtwirtschaftlichen Produktion (1991 betrug das BIP von Ostdeutschland sieben Prozent des BIP von Westdeutschland; iw-trends 3/1992, S. 6).

Tab. 19: Zeitschriftenproduktion[1] im Ost-West-Vergleich 1991

Merkmal	**West**	**Ost**	**Ost in % West**
Titel	7 377	156	2,1
Auflage in 1.000[2]	313 904	5 031	1,6
Umsatz in Mio DM	12 567	251	2,0
- aus Vertrieb	6 515	130	2,0
- aus Anzeigen	6 052	121	2,0
1) ohne Anzeigenblätter 2) je Erscheinungstag			

Quelle: Pressestatistik

Die hinter diesen Zahlen stehende Entwicklung der Zeitschriftenproduktion soll anhand der Marketingstrategien von Zeitschriftenunternehmen ein wenig aufgehellt werden.

5.3. Marketingstrategien von Zeitschriftenunternehmen

Die geringe Zeitschriftendichte in der DDR hatte erwarten lassen, daß Ostdeutschland ein expandierender Zeitschriftenmarkt werden würde. Entsprechend groß war das Interesse westdeutscher Zeitschriftenverlage, in Ostdeutschland Leser und Käufer zu gewinnen. Die Verlagsstrategien seien am Beispiel der Verlagsgruppe Gruner+Jahr (G+J) kurz beschrieben (vgl. Hogel 1993).

Nach der Wende hatte G+J sehr schnell seine Zeitschriftenpalette nach Ostdeutschland geliefert, mußte aber feststellen, daß seine Titel, die überwiegend im Hochpreis-Sortiment angesiedelt sind, sich dort nicht durchsetzen ließen. Gerade die Flaggschiffe von G+J erzielen in Ostdeutschland eine besonders geringe Reichweite: die *Zeit* 3,5 Prozent, *GEO* 3,8 Prozent, der *Stern* 5,4 Prozent und *Brigitte* 8,5 Prozent (die Prozentzahl ist die Reichweite im Gebiet von Ostdeutschland im

2 Die regionale Zuordnung erfolgt nach dem Sitz des Verlages.

Verhältnis zur Reichweite im Gebiet von Westdeutschland nach der Media-Analyse von 1993).

Daher hat G+J parallellaufend versucht, West-Zeitschriften auf den Ostbedarf zuzuschneiden und spezielle Wirtschaftsmagazine für Ostdeutschland entwickelt. Zu nennen ist die Ostausgabe von *Capital* und die Ostausgabe von *Impulse*. Diese liefern auf den ostdeutschen Markt zugeschnittene Basisinformationen mit hohem Gebrauchswert und weniger Themen aus dem Bereich Wirtschaftspolitik und Lifestyle wie bei den entsprechenden Westausgaben. Daneben wurde die Zeitschrift *Mein Kind und Ich* als Ableger der erfolgreichen West-Zeitschrift *Eltern* etabliert. Die Markterfolge sind erkennbar, indes insgesamt relativ gering: *Capital (Ost)* hat eine Auflage von 47 003 Exemplaren, *Mein Kind und Ich* eine Auflage von 164 200 (jeweils verkaufte Auflage nach IVW 4/93) und *Impulse (Ost)* 35 000 Exemplare (Stamm 1994).

Schließlich hat G+J mit dem Berliner Verlag den ostdeutschen Verlag mit dem größten Zeitschriftensortiment erworben. Hierzu gehörten folgende Titel: *F.F. dabei, Kleine F.F. dabei, Für Dich, Freie Welt, Horizont, Das Magazin, Neue Berliner Illustrierte, Wochenpost, Eulenspiegel* und *Weltbühne*. Von diesen Titeln existierten 1993 im Berliner Verlag von G+J noch die Programmzeitschrift *F.F.* (als Zusammenlegung von *F.F. dabei* und *Kleine F. F. dabei*) sowie die *Wochenpost*, daneben existieren der *Eulenspiegel* und das *Magazin* weiterhin als Titel, die aber an andere Verlage verkauft worden sind, die übrigen Titel sind eingestellt worden.

Damit sind die Typen von Unternehmensstrategien erkennbar, die sich auch in den Strukturen des Zeitschriftenmarktes Ostdeutschlands niedergeschlagen haben. Es sind dies:

- Verkauf von Westtiteln in Ostdeutschland (West-Exporte),
- Aufkauf und Weiterführung ehemaliger DDR-Titel,
- Entwicklung von Ost-Ablegern von West-Titeln,
- Neuentwicklung von Zeitschriften, die auf den ostdeutschen Markt zugeschnitten sind.

Diese Strukturen sollen abschließend dargestellt werden.

5.4. Strukturen der Marktentwicklung

Auf der Basis der von der Media-Analyse 1993 (MA '93) repräsentierten Zeitschriftentitel können die marktstrukturellen Entwicklungen quantifiziert werden, die in Tabelle 20 zusammengefaßt dargestellt sind. Danach sind in Ostdeutschland überwiegend solche Zeitschriften verbreitet, die im Westen produziert werden und auch dort gelesen werden. Daneben spielen ehemalige DDR-Titel und Neuentwicklungen eine gewisse Rolle, Ost-Ableger von West-Zeitschriften können zwar vor allem unter den Wirtschaftstiteln einige Erfolge verzeichnen. Sie sind aber praktisch bedeutungslos, wenn man die in Ostdeutschland verbreitete Gesamtauflage der Zeitschriften zum Maßstab nimmt.

Tab. 20: Struktur des Zeitschriftenmarktes in Ostdeutschland 1993

Typ	Leser Ost	Leser West	Gesamtauflage
West-Export	49 520 000	-	-
DDR-Titel	4 310 000	640 000	1 301 225
Neuentwicklungen	3 330 000	590 000	1 049 821
Ost-Ableger	112 170[1]	-	112 170

1) Für Ost-Ableger von West-Titeln ist lediglich ihre Auflage bekannt, nicht die Reichweite

Quelle: MA '93, IVW 4/1993, Stamm 1994

West-Exporte haben in Ostdeutschland vor allem dann Erfolg, wenn sie nicht im Hoch-Preis-Segment angesiedelt sind und wenn sie Beratung in den Bereichen Wohnen, Garten, Kochen, Auto und Do-it-yourself bieten. Auffällig ist daneben vor allem der relative Erfolg der Jugendzeitschriften und der Rätsel-Magazine. Dies zeigt die folgende Zusammenstellung der Titel, die in Ostdeutschland einen überdurchschnittlichen Erfolg haben. Gemessen wird dabei das Verhältnis von Ost-Reichweite zu West-Reichweite, wobei von einem überdurchschnittlichen Erfolg eines Titels dann gesprochen wird, wenn dieser Anteil den Anteil der Bevölkerung Ostdeutschlands an der Bevölkerung Westdeutschlands von rund 25 Prozent (16:60 Millionen Einwohner) übersteigt. Wird z.B. bei der Zeitschrift *Bravo* ein Anteil von 60 Prozent verbucht, so bedeutet dies, daß die Reichweite Ost 60 Prozent der Reichweite West beträgt und dies ist relativ viel, weil bei einer gleichmäßigen Verteilung dieser Anteil dem Bevölkerungsanteil von 25 Prozent entsprechen würde.

Die folgenden, nach Rubriken geordneten Titel hatten 1993 in Ostdeutschland einen überdurchschnittlichen Reichweitenerfolg.

Programmpresse: *Auf einen Blick* 40 Prozent; *BWZ Bunte Wochenzeitung* 39 Prozent; *rtv* 55 Prozent.

Frauenzeitschriften: *Echo der Frau* 31 Prozent; *Glücks Revue* 55 Prozent; *Burda Moden* 32 Prozent; *Ratgeber Frau und Familie* 29 Prozent; *Strick & Schick* 53 Prozent; *Mini* 105 Prozent.

Rätsel: *Extra Rätsel* 70 Prozent; *Glücks Rätsel* 53 Prozent;

Jugend: *Bravo* 60 Prozent; *Micky Maus* 57 Prozent; *Bravo Girl* 49 Prozent; *Mädchen* 25 Prozent; *Pop Rocky* 35 Prozent; *Metal Hammer* 26 Prozent; *Popcorn* 50 Prozent.

Wohnen und Leben: *Flora* 29 Prozent; *Mein schöner Garten* 50 Prozent; *Neues Wohnen* 52 Prozent; *Wohnidee* 28 Prozent; *Selber Machen* 53 Prozent; *Selbst ist der Mann* 51 Prozent; *Kochen & Genießen* 57 Prozent; *Rezepte mit Pfiff* 61 Prozent; *Goldene Gesundheit* 26 Prozent.

Erotik: *Die junge Praline* 32 Prozent; *Wochenend* 27 Prozent; *Playboy* 34 Prozent.

Auto: *Auto Zeitung* 38 Prozent; *Auto Magazin* 68 Prozent; *Sport Auto* 35 Prozent; *Motorrad Reisen & Sport* 30 Prozent.

Daneben: *Video Play* 28 Prozent; *Wild und Hund* 30 Prozent; *Ein Herz für Tiere* 30 Prozent und *DM* 26 Prozent.

Dabei ist zu beachten, daß sich diese Angaben auf die von der MA '93 erfaßten Zeitschriftentitel beziehen. Diese sind nicht repräsentativ für Zeitschriften insgesamt, wohl aber für Zeitschriften, die für die werbetreibende Wirtschaft eine bedeutendere Rolle spielen.

Ehemalige DDR-Titel, die mit Erfolg übernommen und weitergeführt wurden, sind rar. Es sind dies die in Tabelle 21 aufgeführten fünf Titel aus den Rubriken Programmpresse, Auto, Wirtschaft und Gesellschaft. Diese Titel sind überwiegend in Ostdeutschland verbreitet, aber immerhin 12,9 Prozent der Leser haben ihren Wohnsitz in Westdeutschland.

Tab. 21: Erfolgreiche DDR-Titel 1993

Titel	Leser Ost	Leser West	Auflage 4/93
F.F. (Programm)	1 820 000	170 000	588 015
Auto/Der Dt. Straßenverkehr	950 000	180 000	359 363
KFT Kraftfahrzeugtechnik	370 000	140 000	103 363
Guter Rat (Wirtschaft)	690 000	100 000	147 484
Wochenpost (Gesellsch., Politik)	480 000	50 000	103 000[1]
Zusammen	4 310 000	640 000	1 301 225

1) Auflage nicht nach IVW, sondern nach MA ' 93

Quelle: MA '93, IVW 4/93

Ost-Ableger von West-Titeln gibt es vor allem bei Wirtschaftsmagazinen. Diese decken einen spezifischen Bedarf der ostdeutschen Leser, sofern sie konkrete Beratung in wichtigen Lebensbereichen liefern (Geldanlage, Existenzgründung, Steuern und Versicherung, Arbeitsrecht usw.) und nicht zu teuer sind. Zu nennen sind die in Tabelle 22 aufgeführten Titel.

Tab.22: Ost-Ableger von West-Titeln 1993

Titel	Auflage Ost	Aufl. West	Preis Ost	Preis West
Capital	47 003	262 012	3,-	8,50
DM	51 186	185 065	3,-	7,-
Wirtschaftswoche	13 981	158 730	2,-	4,50

Quelle : MA '93; IVW 4/93

Die Preisunterschiede fallen recht deutlich aus. Dabei sind die niedrigen Ostpreise sicher ein Marketinginstrument, um langfristig Leser an die Wirtschaftsmagazine zu binden. Allerdings schlagen sich die niedrigeren Preis in geringerer Qualität der Aufmachung und in geringerem Umfang nieder. Insgesamt spielen die Ost-Ableger eine verschwindend geringe Rolle.

Erfolgreiche **Neuentwicklungen von Titeln** speziell für den Markt in Ostdeutschland gibt es kaum. Es sind nur die in Tabelle 23 aufgeführten zwei Titel *Super Illu* und *Super tv*, beide aus dem Hause Burda.

Tab. 23: Erfolgreiche Neugründungen für Ostdeutschland

Titel	Leser Ost	Leser West	Auflage 4/93
Super Illu	1 910 000	410 000	532.631
Super tv	1 420 000	180 000	517.190

Quelle: MA '93, IVW 4/93

Super Illu hat sich bislang als erfolgreichste Zeitschriften-Neugründung nach der Wende etabliert, zudem in dem als schwierig geltenden Segment der allgemeinen Publikumszeitschriften ohne speziellen Zielgruppenbezug. Dieser Erfolg wird vom Verlag auf das redaktionelle Konzept zurückgeführt, das stark auf ostdeutsche Leser zugeschnitten ist. So enthält die Zeitschrift u. a. einen umfangreichen Ratgeberteil zu Fragen aus Bereichen wie Recht, Gesundheit, Finanzen und Auto und räumt auch Wirtschaftsthemen einen hohen Stellenwert ein.

Im Zeitschriftensektor gibt es – ganz anders als im Zeitungssektor – keine nennenswerten Überbleibsel aus der ehemaligen DDR. Dies ist in dieser Eindeutigkeit genauso überraschend wie umgekehrt die absolut dominierende Position der ehemaligen SED-Bezirkszeitungen. Man kann dies ex post erklären mit der Titeltreue bei Zeitungen und der nur lockeren Bindung der Leser an Zeitschriften und mit dem prinzipiellen Fehlen regionaler Gebundenheit bei den überwiegend sachlich orientierten Zeitschriften. Gleichwohl bleibt ein Rest an Erstaunen.

6. Zeitschriften im Europäischen Binnenmarkt

6.1. Zur Ökonomik der Zeitschrift im Binnenmarkt

Zeitschriften sind überwiegend an Sachthemen ausgerichtet und in dieser Ausrichtung in der Regel nicht regional oder lokal gebunden. Das bedeutet, daß die Nachfrage nicht an lokal/regional gebundenen Themen interessiert ist, sondern primär auf Sachgebiete bezogen ist. Daher sind Zeitschriften das Medienprodukt, das a priori die größten Entwicklungsmöglichkeiten im Binnenmarkt haben sollte. Spezielle Publikumszeitschriften und Fachzeitschriften können mit dem Binnenmarkt ihre engen nationalen Märkte erweitern.

Tab. 18: Verbreitung multinationaler Zeitschriften nach Land und Titel 1992

	B	CS	F	D	GR	H	I	NL	PL	P	E	S	CH	TR	GB	RUS	EU
Auto Bild		•	•	•		•	•	•							•		
Bella			•	•											•		
Best			•								•				•		
Biba			•								•						
Burda Moden		•	•	•	•	•	•	•	•							•	•
Business Week						•			•							•	•
La Casa Vogue			•				•				•						
Cosmopolitan			•	•	•		•	•		•	•			•	•		
Elle	•		•	•	•		•	•		•	•	•	•		•		
Elle Decoration			•	•	•		•	•			•	•			•		
Esquire				•			•	•							•		
Essentials			•		•										•		
Flair	•							•									
Madame Figaro			•				•										
Gente Viaggi							•				•						
Geo			•	•							•						
Hola											•				•		
Harper‘s Bazaar			•	•			•								•		
Joyce			•								•						
Libelle	•							•									
Marie-Claire	•		•	•	•		•	•		•	•			•	•		
Marie-Claire Maison			•								•						
Max			•	•	•		•										
Penthouse			•	•	•		•	•			•						
Playboy		•		•	•	•	•	•			•			•			•
PM Magazine			•	•							•						
Prima			•	•							•				•		
Reader‘s Digest	•		•	•		•	•	•		•	•	•	•		•		
Scientific American			•	•		•	•				•					•	
L‘Uomo Vogue			•	•			•				•				•		
Vanity Fair															•		
Vogue			•	•			•				•				•		

Quelle: European Newspaper & Magazine Minibook 1992 (Carat)

Allerdings kann dies nicht für ganz kleine Auflagen gelten. Mit dem geplanten Verkauf einer Zeitschrift in einem anderen Land mit einer anderen Sprache entstehen immer sogenannte sprungfixe Kosten in Form von

- Kosten der Übersetzung und
- Kosten des Drucks der übersetzten Zeitschrift.

Bisweilen entstehen weitere Kosten, wenn die Zeitschrift in einigen Teilen doch an unterschiedliche nationale Konsum- und Lesegewohnheiten angepaßt werden muß und wenn unterschiedliche nationale Werberegeln beachtet werden müssen. Mithin eignen sich „europäische“ Versionen nationaler Titel letztlich doch nur für größere

Auflagen, also für reichweitenstarke Titel in Ländern mit größerer Bevölkerungszahl. Dies bestätigt Tabelle 18, die einen Überblick über die Verbreitung der multinationalen Zeitschriften in Europa gibt.

Tab. 19: Titelzahl und Werbevolumen von Zeitschriften in Europa

Land	Zahl der Titel[1]	Werbe-volumen[2]	Wachstums-rate[3]	Zeitschrif-tendichte[4]
Belgien	556	216	87,8	56
Dänemark	641	182	142,7	123
Deutschland	4 926	2 928	44,8	76
Finnland	1 050	104	134,0	210
Frankreich	2 023	2 063	185,4	35
Griechenland	75	138	3 350,0	7
Großbritannien	5 300	1 642	154,3	92
Irland	101	17	125,0	28
Italien	9 400	1 536	423,0	165
Niederlande	310	681	132,4	21
Norwegen	243	93	123,3	58
Österreich	60	219	434,1	68
Portugal	650	106	x[5]	66
Schweden	2 000	202	225,8	230
Schweiz	1 075	326	41,2	156
Spanien	2 184	932	760,6	56
Europa	30 836	11 386	141,2	89

1) 1992 2) in Mio US $ 3) von 1980 bis 1990 in Prozent für das Werbevolumen 4) Titel pro 1 Mio. Einwohner 5) von Null auf 85 (1990)

Quelle: European Newspaper - Magazine Minibook (Carat) 1992 und Internationale Wirtschaftszahlen

Die Rubriken, die sich offenbar für eine multinationale Verwertung eignen, sind überwiegend auflagenstarke Rubriken wie Frauen und Mode, Sex und Erotik und Wissenschaft, und die vertretenen deutschen Zeitschriften erzielen, jedenfalls in Deutschland, beträchtliche Reichweiten. Die Länder, die primär beliefert werden, sind die bevölkerungsreichen Länder Frankreich (24 Titel), Spanien (22 Titel), Deutschland (19 Titel), Großbritannien (18 Titel) und Italien (17 Titel). Die reichweitenstärkste Zeitschrift ist *Das Beste*, die mit jetzt 17 Schwesterausgaben von *Reader's Digest* und 24 Millionen europäischen Lesern Europas größte Zeitschrift ist (Eigenangabe: Horizont 23/1994, S. 11). Sie ist die einzige Zeitschrift, die in nennenswertem Umfang auch in kleineren Ländern vertrieben wird.

Die Strategie, eigene Titel auf das Ausland auszudehnen oder im Ausland erscheinende Titel zu erwerben, wird von den großen Zeitschriftenverlagen dementsprechend verfolgt. So hat die Verlagsgruppe Heinrich Bauer die französische Frauenzeitschrift *Marie-France* erworben. Die Verlagsgruppe Burda gibt die deutsche Ausgabe der Zeitschrift *Elle* heraus und Gruner+Jahr gibt die deutsche Ausgabe der Zeitschrift *Marie-Claire* heraus, jeweils bei Gründung einer Gemeinschaftsunternehmung mit dem entsprechenden Partner aus Frankreich (Monopolkommission 1990, TZ 601).

6.2. Umfang und Struktur des europäischen Zeitschriftensektors

Bei internationalen Vergleichen muß stets beachtet werden, daß Grundgesamtheiten und Erhebungsmethoden nicht immer übereinstimmen. Dennoch können Angaben über die Verbreitung von Zeitschriften und ihre ökonomische Bedeutung im internationalen Vergleich wichtig sein, um nationale Unterschiede und Entwicklungspotentiale abschätzen zu können.

Tabelle 19 gibt einen Überblick über die Zahl der Zeitschriftentitel und das Volumen der Zeitschriftenwerbung für die wichtigsten europäischen Länder.

Eine recht große Bedeutung haben Zeitschriften offenbar in den skandinavischen Ländern, deren Zeitschriftendichte den europäischen Durchschnitt weit übersteigt. Insbesondere Schweden und Finnland haben eine sehr hohe Zeitschriftendichte, während einige südeuropäische Länder wie Griechenland, Spanien und Portugal verhältnismäßig wenig Zeitschriftentitel aufweisen. Dies sind aber auch die Länder mit der größten Wachstumsrate des Werbevolumens, die als Indikator für die Dynamik der Entwicklung herangezogen werden kann.

Literaturhinweise

Die Literatur zu den Zeitschriftenmärkten ist spärlich. Immer noch sehr lesenswert ist

> *Haacke, Wilmont* (1961), Die Zeitschrift – Schrift der Zeit, Essen (Stamm) 1961.

Über Probleme und Perspektiven der Publikumszeitschriften informiert der Sammelband von

> *Fischer, Heinz-Dieter* (Hrsg.) (1985), Publikumszeitschriften in der Bundesrepublik Deutschland, Konstanz (Universitätsverlag) 1985.

Wettbewerbsstrategien für Zeitschriftenverlage analysiert die Diplomarbeit von

> *Reimer, Hauke; Hans-Jürgen Weigt* (1991), Marktzutritt von Zeitschriften, Universität Dortmund 1991.

12. Kapitel

Anzeigenblätter

In diesem Kapitel werden die einzel- und gesamtwirtschaftlichen Aspekte der Produktion von Anzeigenblättern beschrieben. Sie sind in der ökonomischen und kommunikationswissenschaftlichen Forschung bislang nur am Rande beachtet worden. Dies mag zum einen an den Definitions- und Erfassungsproblemen liegen, die im ersten und zweiten Abschnitt skizziert werden, zum anderen aber auch an ihrem heterogenen Erscheinungsbild (Abschnitt 3) und ihrer umstrittenen publizistischen Funktion (Abschnitt 4). Besondere Bedeutung kommt den Anzeigenblättern als Werbeträger zu (Abschnitt 5), eine Funktion, die das entscheidende Handlungskriterium der Wettbewerbspolitik in diesem Segment des Pressemarktes darstellt (Abschnitt 7). Auch dieses Kapitel schließt mit einem Blick auf die Entwicklung in Ostdeutschland und die Zukunft des Mediums.

1. Definition und Abgrenzungsprobleme

Als Anzeigenblätter gelten zeitungs- oder zeitschriftenähnliche Druckwerke, die durch folgende Merkmale gekennzeichnet sind:

- periodische Erscheinungsweise,
- unentgeltliche Zustellung,
- unbestellte Zustellung,
- regional abgegrenzte Verbreitung,
- im Prinzip Belieferung aller Haushalte des Zielgebietes,
- ausschließliche Finanzierung durch Verkauf der Verbreitungswahrscheinlichkeit von Werbebotschaften,
- enges Spektrum der inhaltlichen Breite der redaktionellen Berichterstattung und
- keine sachliche Abgrenzung der Zielgruppe.

Abgrenzungsprobleme ergeben sich zu unentgeltlich abgegebenen Zeitschriften, die sich ebenfalls zu 100 Prozent aus Werbung finanzieren. Der wesentliche Unterschied zu Anzeigenblättern besteht bei jenen darin, daß sie eine sachliche Abgrenzung ihrer Zielgruppen vornehmen (z.B. Motorradfahrer, Studierende oder Naturkostkonsumenten) und eine entsprechend gezielte Verbreitung anstreben, durch Auslage in den entsprechenden Geschäften bzw. Örtlichkeiten. Abgrenzungsprobleme können sich auch ergeben zu Mitteilungsblättern von privaten Organisationen wie Kirchen und Parteien, da diese bisweilen ebenfalls durch Werbung (mit)-finanziert werden und bisweilen ebenfalls an alle Haushalte einer Region unentgeltlich abgegeben werden. Wenn dies der Fall ist, dann unterscheidet sie der primäre Zweck ihrer Verteilung, die Verbreitung organisationssspezifischer Informationen, von Anzeigenblättern, das gleiche gilt für Amtsblätter, wenn diese nicht schon durch das Fehlen anderer Merkmale aus dem Raster für Anzeigenblätter fallen.

Offertenblätter sind periodische Druckwerke, die die Verbreitungswahrscheinlichkeit von Werbebotschaften – überwiegend Kleinanzeigen – den Inserenten kostenlos zur Verfügung stellen, hingegen den Lesern die Werbebotschaften als Information verkaufen. Sie unterscheiden sich mithin durch Finanzierung und Verteilung ganz deutlich von Anzeigenblättern, die kostenlos an die Haushalte im Verbreitungsgebiet verteilt werden. Sie werden bisweilen aber dem Bereich Anzeigenblätter zugerechnet, z.B. in der amtlichen Pressestatistik. Im Vergleich zu Anzeigenblättern spielen Offertenblätter quantitativ keine große Rolle. Nach der amtlichen Pressestatistik gab es 1991 in Deutschland 23 Offertenblätter mit einer Auflage von 954 000 Exemplaren und einem Umsatz von 134 Mio. DM.

2. Erfassung der Anzeigenblätter

Anzeigenblätter werden in der amtlichen Pressestatistik als eine der zahlreichen Zeitschriftentypen zusammen mit Offertenblättern erfaßt. Tabelle 1 zeigt u. a. die Entwicklung der Titel, der Umsätze, der redaktionellen und drucktechnischen Ausstattung und der Auflagen der amtlich erfaßten Anzeigenblätter. Nach Auskunft des Statistischen Bundesamtes ist diese Erhebung vollständig. Daneben gibt der Bundesverband Deutscher Anzeigenblätter (BVDA) seit einigen Jahren einen Marktüberblick für das Bundesgebiet heraus, entsprechende Angaben zum Vergleich enthält Tabelle 2.

Bei den Angaben des BVDA handelt es sich um eine Hochrechnung auf der Basis von 655 Titeln mit einer Auflage von 40,2 Mio. Exemplaren. Das Basisjahr der jüngsten Erhebung ist 1992. In der Größenordnung kann eine Übereinstimmung beider Quellen gesehen werden, die Umsatzzahlen divergieren indes doch um etwa zehn Prozent und die Auflagenzahlen um etwa 20 Prozent. Röper/Pätzold vermuten fundiert, daß beide Quellen kein Abbild des tatsächlichen Marktes liefern und daß die Anzahl der Titel und die Gesamtauflage höher liegen dürften. Dabei stützen sich Röper/Pätzold auf eine selbsterstellte Marktanalyse für Nordrhein-Westfalen und Niedersachsen (Röper/Pätzold 1993, S. 54).

Da in diesem Lehrbuch zur Medienökonomie eher prinzipielle Entwicklungslinien aufgezeigt werden sollen, kann eine möglicherweise nicht ganz vollständige Dokumentation hingenommen werden.

Tab. 1: Strukturkennziffern von Anzeigenblättern (einschl. Offertenblätter) von 1980 bis 1990 (Westdeutschland)

	1980	**1982**	**1984**	**1986**	**1988**	**1990**	**+/- %**
Titelzahl	606	654	732	882	1 049	1 101	+ 81,7
Seitenzahl des Jahrgangs (1 000)	373	391	491	638	842	905	+142,6
- Text	117	131	167	228	282	304	+159,8
- Anzeigen	257	260	324	410	560	601	+133,8
- Textanteile (%)	31,4	33,5	34,0	35,7	33,5	33,6	(+ 7,0)
Ø Ausgaben-Umfang[1]	11,8	11,5	12,9	13,9	15,4	15,8	+ 33,9
Umsatz (Mio. DM)	587	692	1 025	1 236	1 562	1 775	+202,4
Auflage (Mio. Stück)	36	39	42	50	58	63	+ 75,0
Ø Umsatz[2]	969	1 058	1 400	1 401	1 489	1 612	+ 66,4
Ø Umsatz (in DM)[3]	26699	29027	36296	34888	38954	42728	+ 60,0
Ø Auflage	59406	59633	57377	56690	55290	57220	- 10,0
eigene Redakt. in %[4]	85,0	90,2	90,4	90,1	84,8	87,0	(+2,4)
eigener Druck in %[5]	34,8	35,6	33,1	31,1	29,2	23,4	(-32,8)
Anzeigengrundpreis	3 245	3 625	4 071	4 150	4 217	4 568	+ 40,8
Ø TKP[6]	54,62	60,79	70,95	73,21	76,27	79,83	+ 46,2
BIP-Index (nominal	100	108	119	131	142	164	+ 64

1) wöchentlich erscheinende; in Seiten 2) pro Titel und Jahr ; in 1 000 DM 3) pro Woche für mindestens wöchentlich erscheinende Anzeigenblätter 4) teilweise oder vollständige redaktionelle Herstellung in eigener Redaktion; „teilweise" beträgt rund ein Drittel von „vollständig" 5) vollständig eigener Druck; teilweise eigener Druck ist minimal 6) pro Exemplar; nicht pro Leser; für die durchschnittliche Auflage

Quelle: Pressestatistik

Tab. 2: Entwicklung der Anzeigenblätter (Westdeutschland)

	1985	**1987**	**1989**	**1991**	**1993**
Titelzahl	952	987	984	1 016	1 045
Auflage (in Mio)	49,3	51,2	52,9	56,1	59,7
Nettowerbeumsatz (Mrd. DM)	1,22	1,40	1,81	2,18	2,41[1]

1) Gesamtdeutschland

Quelle: BVDA

3. Erscheinungsbild, Verbreitungsweise und Größenstruktur

Anzeigenblätter unterscheiden sich nach äußeren Merkmalen z.T. erheblich. „Die benutzten Formate reichen von DIN-A-5 bis zum großen Rheinischen Zeitungsformat, die Seiten sind teils geheftet, teils geklebt oder lose ineinandergelegt; der Druck reicht vom technisch aufwendigen Vierfarbendruck bis zu sehr konventionellen Schwarz-Weiß-Verfahren; der Umfang variiert zwischen nur wenigen Seiten bis zu Umfängen, die an die Wochenendausgaben größerer Tageszeitungen erinnern. Die Verbreitungsgebiete sind z.T. beschränkt auf einzelne Gemeinden oder Stadtteile, decken zum anderen aber auch mehrere Städte oder Kreise ab" (Röper/Pätzold 1993, S. 55). Anzeigenblätter folgen im Regelfall der regionalen Verteilung der Tagespresse (Ridder-Aab 1985, S. 638).

Anzeigenblätter erscheinen überwiegend wöchentlich; nach der Pressestatistik zu 69 Prozent nach Titeln und zu 85 Prozent gemessen an der Auflage, was darauf hindeutet, daß die seltener als wöchentlich erscheinenden Anzeigenblätter eine relativ kleine durchschnittliche Auflage haben. Die wöchentlich verteilten Blätter erscheinen überwiegend am Mittwoch (46 Prozent) und Donnerstag (35 Prozent), relativ häufig dann noch am Wochenende (BVDA 1992).

Zu praktisch 100 Prozent sind Anzeigenblätter lokal/regional verbreitet, 1991 haben nur 19 von 1 101 Titeln eine überregionale Verbreitung. Sie werden überwiegend – zu 85 bis 90 Prozent der Titel – in der eigenen Redaktion erstellt, der eigene Druck ist hingegen eher die Ausnahme (vgl. Tabelle 1). Der Anteil des Textes am Gesamtumfang von Anzeigenblättern beträgt über Jahre hinweg relativ konstant ein Drittel im Vergleich zum Textanteil von Tageszeitungen von rund zwei Dritteln (vgl. Tabelle 6 in Kapitel 8). Das durchschnittliche Anzeigenblatt hat 15,8 Seiten, davon 5,3 Seiten Text und 10,5 Seiten Anzeigen. Die durchschnittliche Auflage beträgt 57 220 Exemplare und der durchschnittliche Umsatz beträgt pro Woche 42 728 DM und pro Jahr 1 612 000 DM.

Tab. 3: Auflagengrößenstruktur von Anzeigenblättern[1] 1992 (Gesamtdeutschland)

Auflagenklasse	Titel	Anteile (%)	Auflage	Anteile (%)
bis 10 000	46	4,1	309 992	0,5
10 000 - 25 000	256	22,7	4 485 724	6,7
25 000 - 50 000	413	36,7	15 201 555	22,7
50 000 - 100 000	259	23,0	17 586 391	26,3
100 000 - 200 000	104	9,2	13 508 414	20,2
über 200 000	48	4,3	15 780 041	23,6
insgesamt	1 126	100,0	66 872 117	100,0

1) nur wöchentlich erscheinende Anzeigenblätter

Quelle: BVDA

Anzeigenblätter sind überwiegend recht auflagenstark, wie Tabelle 3 zeigt. In der untersten Auflagenklasse bis 10 000 Exemplare sind lediglich 4,1 Prozent der Titel und 0,5 Prozent der Auflage vertreten, während z.B. 73,2 Prozent aller Titel eine

Auflage von 25.000 Exemplaren und mehr haben und in dieser Auflagenklasse 92,8 Prozent der Auflage vertreten sind.

Von 1987 bis 1992 ist der Auflagenanteil der kleineren Anzeigenblätter mit einer Auflage bis zu 25 000 Exemplaren von 10,5 Prozent auf 7,2 Prozent gefallen, während die Auflagenklasse von 50 000 bis 200 000 Exemplaren ein wenig zulegen konnte. Insgesamt gesehen ist die Größenstruktur aber relativ konstant geblieben, wie Tabelle 4 zeigt. Ein deutlicher Trend zur Größe ist nicht zu beobachten und wegen der lokalen oder regionalen Gebundenheit der Werbung in Anzeigenblättern auch nicht zu erwarten.

Tab. 4: Entwicklung der Größenstruktur von Anzeigenblättern[1]
– Auflagenanteile nach Auflagengrößenklassen in Prozent 1987 - 1992

Auflagenklasse	1987	1988	1989	1990	1991	1992
< 10 000	0,8	0,7	1,0	0,6	0,5	0,5
10 000 - 25 000	9,7	8,6	8,2	7,5	6,8	6,7
25 000 - 50 000	23,1	22,8	23,5	23,1	21,9	22,7
50 000 - 100 000	25,0	25,2	24,5	23,9	25,9	26,3
100 000 - 200 000	16,5	18,5	18,8	18,7	19,0	20,2
> 200 000	24,9	24,2	24,0	26,1	25,8	23,6
zusammen	100	100	100	100	100	100

1) wöchentlich erscheinende Anzeigenblätter

Quelle: BVDA

Der Gesamtumsatz der Anzeigenblätter ist im betrachteten Zehn-Jahres-Zeitraum mit 202 Prozent deutlich stärker gestiegen als das BIP. Dieser Anstieg hat eine Mengenkomponente – die Zahl der Titel ist um 81,7 Prozent und der durchschnittliche Umfang ist um 33,9 Prozent gestiegen – und eine Preiskomponente – der Anzeigengrundpreis ist um 40,8 Prozent erhöht worden.

4. Die publizistische Funktion von Anzeigenblättern

Die publizistische Funktion von Anzeigenblättern ist recht umstritten. Schon die rechtliche Einordnung der Anzeigenblätter ist nicht einheitlich. Sie gehören mit Sicherheit zu den Presseorganen, die dem Schutz der Pressefreiheit unterliegen, ob aber ihr Informationsangebot dem einer Zeitung entspricht, wird kontrovers beurteilt. Presserechtlich sind Anzeigenblätter keine Zeitungen (Löffler/Ricker 1986, S. 4 Rn13).

Nach dem Gesetz gegen den unlauteren Wettbewerb (UWG) unterliegen unentgeltlich verteilte Waren strengen Maßstäben, was für Anzeigenblätter bedeutet, daß der redaktionelle Teil ein Drittel des Umfangs nicht überschreiten darf. Dies schließt eine Vergleichbarkeit zum Informationsangebot von Zeitungen aus. Aus ökonomischer Sicht deutet der relativ geringe Textanteil von einem Drittel, die fehlende Universalität des Textangebots und die geringe Aktualität des Erscheinens klar auf eine deutlich reduzierte publizistische Leistungsfähigkeit der Anzeigenblätter hin. Schließlich ist zu beachten, daß aus ökonomischer Sicht mit dem Schwerpunkt der Finanzierung – 100 Prozent aus Werbung im Vergleich zu zwei Dritteln aus Werbung bei Zeitungen – auch der Schwerpunkt der Funktion determiniert wird. Zeitungen sind überwiegend Werbeumfeld, Anzeigenblätter ausschließlich.

Letztlich kann indes nur eine inhaltsanalytische vergleichende Bestandsaufnahme die publizistische Funktion von Anzeigenblättern im Verhältnis zu Zeitungen klären. Röper stellt fest, daß die redaktionellen Konzepte sehr unterschiedlich sind. Einige Redaktionen wenden offenbar erhebliche Anstrengungen auf, in anderen Fällen kommt der redaktionelle Teil quantitativ und qualitativ nicht über eine Ergänzungsfunktion zu den Anzeigen hinaus (Röper/Pätzold 1993, S. 55). Für Ridder-Aab spricht vieles dafür, „daß die Feststellung von 1982, Anzeigenblätter könnten kein wirkliches publizistisches Gegengewicht zur Konzentration der Presse bilden, weiterhin Gültigkeit hat“ (Ridder-Aab 1985, S. 638). Von einzelnen möglichen Ausnahmen abgesehen, kann mithin wohl davon ausgegangen werden, daß die publizistische Funktion von Anzeigenblättern deutlich geringer ist als die von Zeitungen.

Zu prüfen ist aber, ob und in welchem Umfang der redaktionelle Teil von Anzeigenblättern der *lokalen* Berichterstattung von Zeitungen vergleichbar ist. Nach einer sehr gründlichen Analyse kann Kopper eine weitgehende Vergleichbarkeit der Lokalberichterstattung beider Medien feststellen. „Die Hauptleistung auch bei Tageszeitungen im Rahmen ihrer lokalen Berichterstattung liegt gängig also weit eher in einer nur geringfügig redaktionell angereicherten Verteilfunktion innerhalb des gegebenen Verbreitungsgebietes. Das Leistungsmerkmal der Verteilung von vorgefertigter Information aber stellt einen wesentlichen Teil überhaupt des Leistungsbeitrages von lokal berichtenden Tageszeitungen dar. Es ist dieses Hauptelement, in dem eine deutliche Überlagerung mit dem Leistungsbeitrag von Anzeigenblättern stattfindet, denn deren redaktionelle Leistung beruht ihrerseits weit überwiegend auf Verteilinformationen“ (Kopper 1991, S. 154). Damit bietet das Anzeigenblatt eine zusätzliche Chance für die am Ort vorhandenen institutionellen und privaten Kommunikatoren, ohne bemerkenswerten wirtschaftlichen Aufwand in das öffentliche Gespräch einzutreten (Kopper 1991, S. 177).

5. Das Anzeigenblatt als Werbeträger

Das Anzeigenblatt ist ein reines Werbemedium. Es rangiert seit Jahren nach Marktanteilen gerechnet an fünfter Stelle der Werbeträger. Zugleich hat die Bedeutung des Anzeigenblattes als Werbemedium zugenommen. Dabei muß allerdings berücksichtigt werden, daß die Erfassungsmethoden erst ab 1986 verläßliche Angaben erlauben und daß diese Erfassungsmethoden seitdem schrittweise verbessert worden sind. Die Entwicklung des Werbeumsatzes von Anzeigenblättern zeigt Tabelle 5.

Tab. 5: Entwicklung des Werbeumsatzes von Anzeigenblättern von 1986 - 1992 (Westdeutschland)

	1986	1988	1990	1992[1]	+/- %
Nettowerbeumsatz (Mio. DM)	1 310	1 644	1 965	2 411	+ 84,0
Marktanteil (in Prozent)	7,0	7,9	8,0	7,8	+ 11,4

1) Gesamtdeutschland

Quelle: ZAW

Die werbliche Eignung des Anzeigenblatts soll hier nach den allgemeinen Kriterien, die in Kapitel 2, Abschnitt 4.6 aufgestellt wurden, beurteilt werden. Sie kann folgendermaßen beschrieben werden:

- sehr guter räumlicher Zielgruppenbezug,
- kein demographischer Zielgruppenbezug,
- Nutzungsfunktion: aktive, aber beiläufige Informationssuche bezogen auf Werbeangebote und allgemeine Informationen; geringe Kontaktintensität, weil die Übereinstimmung von Informationsangebot und Leseinteresse gering ist,
- Nutzungsmodalitäten: einmalige Nutzung überwiegend zu Hause,
- zeitliche Flexibilität ist hoch, Anzeigen können quasi in letzter Minute plaziert werden,
- Verfügbarkeit ist unbegrenzt,
- Produktionskosten der Werbebotschaften sind gering,
- Tausend-Kontaktpreise sind niedrig,
- Gestaltungsmöglichkeiten sind schlecht, Druckqualität meist einfach,
- das redaktionelle Image und das werbliche Image sind schlecht (dies wird hier allerdings nur vermutet, Analysen sind nicht bekannt).

Das Anzeigenblatt ist Basismedium allenfalls für den lokalen und regionalen Einzelhandel. Sein Vorzug ist die preiswerte, räumlich abgrenzbare **Vollabdeckung** von Haushalten, sein Nachteil ist vor allem das schlechte redaktionelle und werbliche Image. Dies erklärt die schrittweise Ausweitung des Anteils selbst recherchierter Beiträge, den Branchenblätter behaupten (w & v vom 20.03.1992).

Das Anzeigenblatt ist nach der Tageszeitung der bedeutendste lokale Werbeträger und ist daher an ein Potential lokaler Werbeaufträge gebunden. Dies Potential an lokaler Werbung ist Bestandteil der allgemeinen Wirtschaftskraft. Zielgröße der lokalen Werbung ist die lokale Kaufkraft der privaten Haushalte; Aufkommensindikator der lokalen Werbung ist überwiegend der Einzelhandelsumsatz (vgl. Heinrich 1993b, S. 47 ff.). Mithin sollten Anzeigenblätter vor allem in Wirtschaftszentren in größerem Umfang erscheinen. Um die Wirtschaftlichkeit der kostenlosen

Vollzustellung zu sichern, dürfen die Verteilwege nicht sehr groß sein, also sollten Anzeigenblätter vor allem in Gebieten mit großer Bevölkerungsdichte erscheinen. Üblicherweise korrelieren alle diese Größen, so daß Anzeigenblätter vor allem an typische Ballungsräume gebunden sind. Allerdings haben Anzeigenblätter mit der Möglichkeit, Erscheinungshäufigkeit und Erscheinungsbild zu variieren, zwei Parameter, um sich unterschiedlicher Wirtschaftskraft anpassen zu können.

6. Zur Ökonomik der Anzeigenblätter

Anzeigenblätter nutzen den hohen Grad an Subvention des Textteils durch den Anzeigenteil (vgl. Kapitel 8) und übernehmen diesen Teil der Medienproduktion im Rahmen abgespaltener Marktaktivitäten. Für den Marktzutritt zu dieser Aktivität gibt es nur geringe Schranken. Die Technik von Produktion und Vertrieb ist sehr einfach und Kostenvorteile der etablierten Anbieter existieren nicht. Im Gegenteil: Durch die Verteilung an alle Haushalte der Region werden Fixkostendegressionen vollständiger realisiert als bei Zeitungen oder Zeitschriften. Schließlich überwindet die kostenlose Zustellung der Anzeigenblätter die Leser-Blatt-Bindung, die bei Zeitungen beobachtet wird und dort den Marktzutritt erschwert. Es bleiben die Produktdifferenzierungsvorteile der etablierten Zeitungen, die Anzeigenblätter überwinden müssen. Dies gelingt den Anzeigenblättern, indem sie die teure Produktion eines guten redaktionellen Teils durch die kostenlose Zustellung substituieren: Die Qualität der Berichterstattung wird durch die kostenlose Zustellung substituiert.

Grenzen der Qualitätssubstitution sind nicht klar zu ziehen und das breite Spektrum von „guten" bis „schlechten" Anzeigenblättern verdeutlicht den Unbestimmtheitsgrad. Man kann offenbar die Investition in die Qualität von Anzeigenblättern, insbesondere in Aufmachung, Inhalt und Qualität des Vertriebs durch höhere Anzeigenerlöse genauso gut amortisieren wie geringere Anzeigenerlöse durch schlechtere Qualität.

Langfristig ist eine Nivellierung der Subvention des Textteils durch den Anzeigenteil bei Zeitungen zu erwarten. Wenn sich herausstellt, daß es offenbar nicht notwendig ist, durch teure redaktionelle Produktion Aufmerksamkeit für Werbebotschaften mitzuproduzieren, dann dürfte dies den Verkauf von Text auf dem Lesermarkt verteuern und den Verkauf der Verbreitung von Werbebotschaften auf dem Anzeigenmarkt billiger machen. Leser müßten dann genauer das bezahlen, was sie erhalten.

Anzeigenblätter produzieren technisch und ökonomisch nicht effizienter als Zeitungen. Im Gegenteil: Durch den quasi doppelten Aufwand bei Druck, Verwaltung und vor allem Vertrieb von Anzeigenblättern – die Inhalte könnten ja viel billiger in Zeitungen mitproduziert und mitverteilt werden – werden mögliche Größenvorteile der Produktion nicht realisiert. Der ökonomische und gesellschaftliche Vorteil der Anzeigenblätter besteht allein in der Realisierung der größeren Fixkostendegression durch die Vollabdeckung. Der *private* Vorteil für Anzeigenblattunternehmen besteht in der auf einfache Weise möglichen Abspaltung des lukrativen Teils der Zeitungsproduktion, der Verbreitung von Werbung, ein *gesellschaftlicher* Vorteil ist das nicht. Daher kann aus ökonomischer Sicht nur dafür plädiert werden, Werbung in Zeitungen billiger zu machen und dafür die Preise für das Publikum entsprechend anzuheben.

Die Strategie von Zeitungsverlagen kann es folgerichtig nur sein, das Anzeigenblattgeschäft selbst zu betreiben, solange die Subvention des Textteils durch den Anzeigenteil erhalten bleibt. Dies liegt aus zwei Gründen nahe. Zum einen erscheint es unternehmensstrategisch als notwendig, wenn es denn eine Konkurrenz für das eigene Produkt gibt, diese Konkurrenz selbst zu stellen. Zum anderen können Zeitungsverlage einige Know-How-Vorteile der Produktion nutzen, so daß sie effizienter produzieren sollten als Branchenfremde. Und so ist es in der Praxis. In Nordrhein-Westfalen – für andere Länder ist dies nicht so genau bekannt – halten Zeitungsverlage 59 Prozent der Anzeigenblattausgaben und 65 Prozent der Anzeigenblattverlage (Pätzold/Röper 1992, S. 110). Und generell sind in der Bundesrepublik Zeitungsverlage, die keine Anzeigenblätter herausgeben, in der Minderheit (Röper/Pätzold 1993, S. 58). In diesem Sinne sind Anzeigenblätter Komplementärmedien zu Zeitungen, zwar nicht technisch gesehen wie z.B. Autos und Reifen, aber doch unternehmensstrategisch gesehen. Anzeigenblätter als echte Konkurrenzmedien sind inzwischen zu Ausnahmen geworden.

Anzeigenblätter werden in der Regel nicht von den Zeitungsverlagen selbst, sondern von Tochterunternehmen verlegt (Pätzold/Röper 1992, S. 109). Dafür sprechen vor allem marketingstrategische Überlegungen. Für Produkte des gleichen Unternehmens besteht immer die Möglichkeit des Imagetransfers von einem Produkt auf andere und zwar von unten nach oben wie auch von oben nach unten. Der Imagetransfer von oben nach unten wird generell angestrebt, ganz typisch z.B. in der Brauindustrie zu beobachten, wo das positive Image einer sogenannten Premium-Marke auf die Massenbiere der gleichen Brauerei zu übertragen versucht wird. Und umgekehrt gilt es zu vermeiden, ein negatives Image eines billigen Produktes auf die teureren Produkte des gleichen Hauses zu übertragen. Deswegen hat BMW Anfang 1994 darauf verzichtet, ein kleines, billiges Stadtauto zu entwickeln. Offenbar ist es für die Mehrzahl der Zeitungsverlage wichtiger, einen negativen Imagetransfer des Anzeigenblattes auf die Zeitung zu verhindern als umgekehrt einen positiven Imagetransfer von der Zeitung auf das Anzeigenblatt anzustreben.

7. Konzentration

Den Umfang der Konzentration im Sektor Anzeigenblätter zeigt Tabelle 6. Es sind ähnliche Konzentrationsraten wie bei den Abonnementzeitungen festzustellen und unter den zehn größten Anzeigenblattunternehmen sind im Prinzip die gleichen Verlage in etwa der gleichen Reihenfolge wie bei den Abonnementzeitungen vertreten, eine Ausnahme bildet die Gruppe um die *Rheinische Post*, *Westdeutsche Zeitung* und *Neuss-Grevenbroicher Zeitung*, die im Zeitungsmarkt nicht so dominant ist, und der Weiss-Druck Verlag (Monschau), der keine Zeitungen produziert. Die Konzentrationsraten betragen

CR 3 = 14,8 Prozent
CR 5 = 21,8 Prozent
CR 10 = 31,0 Prozent;

das ist nach der Bewertung durch die Monopolkommission als eine mäßige Konzentration zu sehen (Monopolkommission 1992, S. 289).

Tab. 6: Konzentration im Sektor Anzeigenblätter in der Bundesrepublik 1991

Verlagsgruppe[1]	**Ausgaben**	**Auflage**	**Auflagenanteil in %**
1. VG WAZ	3	4 010 000	6,1
2. Axel Springer Verlag AG	16	3 122 553	4,9
3. VG DuMont-Schauberg Köln	16	2 496 000	3,8
4.VG Stuttg. Zeitung, Rheinpfalz	14	2 483 076	3,8
5. VG Rheinische Post	18	2 105 020	3,2
6. VG Madsack	10	1 559 353	2,4
7. Gruner + Jahr	3	1 320 000	2,0
8. Weiss-Druck, Monschau	3	1 109 023	1,7
9. VG Süddeutsche Zeitung	7	1 048 480	1,6
10. VG Ippen	14	977 451	1,5
zusammen	104	17 747 880	31

1) Gebildet nach den Kriterien, die Röper für Tageszeitungsverlage verwendet, vgl. Kapitel 9

Quelle: Röper/Pätzold 1993, S. 60 ff.

Bemerkenswert ist der Umfang der Zusammenschlüsse von Tageszeitungen und Anzeigenblättern (Röper/Pätzold 1993, S. 59). Da die publizistische Funktion von Anzeigenblättern für gering gehalten wird, ist dies publizistisch nicht bedenklich. Ökonomisch ist dieser Verbund von Zeitung und Anzeigenblatt bedenklich, weil er im Prinzip den ökonomischen Wettbewerb beschränkt.

8. Wettbewerbspolitik

Für die Wettbewerbspolitik ist zu prüfen, ob Anzeigenblätter als Zeitungen oder Zeitschriften nach § 23, Abs. 1, Satz 7 GWB der pressespezifischen Fusionskontrolle unterfallen. Dieses Rechtsproblem haben BGH (WuW/E BGH 1905, 1906 Münchener Anzeigenblätter) und BVerfG (WuW/E VG 307 Münchener Anzeigenblätter) so entschieden, daß Anzeigenblätter zumindest dann in den Anwendungsbereich der pressespezifischen Fusionskontrolle fallen, wenn sie einen nicht ganz unbeachtlichen redaktionellen Teil aufweisen.

Der ökonomischen Logik entspräche es, Anzeigenblätter immer, auch ohne redaktionellen Teil, in die verschärfte Fusionskontrolle einzubeziehen. Wenn Vielfalt über die Vielfalt der *wirtschaftlichen* Grundlagen von Presseverlagen über eine Vielzahl unabhängiger Medieneigentümer gesichert werden soll, dann schließt dies das Anzeigengeschäft als wesentliche Basis des Pressegeschäfts mit ein. Mithin können Anzeigenblätter nicht ausgeschlossen werden. Bislang hat es einen solchen Problemfall – ob der redaktionelle Teil groß genug ist, um das Anzeigenblatt als Zeitung oder Zeitschrift zu qualifizieren – nicht gegeben.

Eine andere Frage ist, ob Zeitungen und Anzeigenblätter zum gleichen relevanten Markt gehören. Die Unterschiede in der Erscheinungsweise, der Haushaltsabdeckung, der Preise und im redaktionellen Umfeld sind auf den ersten Blick so beachtlich, daß eine Trennung der Märkte vermutet werden könnte. Die Preise sind aber bei Anzeigenblättern zum Ausgleich für hohe Streuverluste niedriger als bei Zeitungen, bieten also ein ökonomisches Äquivalent. Die Unterschiedlichkeit der Erscheinungsweise ist für die Mehrzahl der Anzeigen nicht erheblich, von Familienanzeigen einmal abgesehen. Generell überschneidet sich die Art der Anzeigen in beiden Medien deutlich. Daher ist es ökonomisch begründet, eine hinreichend funktionale Austauschbarkeit von Anzeigenblatt und Tageszeitung als Werbeträger jedenfalls dann anzunehmen, wenn die Verbreitungsgebiete ungefähr übereinstimmen. Dies ist auch die neuere Entscheidungspraxis von Bundeskartellamt und Kammergericht (KG WuW/E OLG 3767, 3770 Rheinische Anzeigenblätter; KG WuW/E OLG 3875, 3879 Südkurier-Singener Wochenblatt).

Da mithin Anzeigenblätter und Zeitungen in der Regel zum gleichen relevanten Markt gehören, ist für die Wettbewerbspolitik immer zu prüfen, ob durch einen Zusammenschluß eine marktbeherrschende Stellung entsteht oder verstärkt wird.

In mehreren Fällen hat das Bundeskartellamt den Erwerb von Anzeigenblättern durch Tageszeitungen und in einem Fall einen Zusammenschluß zwischen mehreren Anzeigenblättern nicht untersagt. In der Regel verbesserte der Zuwachs des Werbevolumens dieser Anzeigenblätter auf dem jeweiligen Regionalmarkt die Marktstellung einer Zeitung mit nachrangiger Wettbewerbsposition und wirkte daher wettbewerbsbelebend. Beim Erwerb eines Offertenblattverlags durch andere gleichartige Verlage stellte sich die Frage, ob in diesem Fall der Markt weit (Offertenblätter, Zeitungen und Anzeigenblätter) oder eng (kostenlose private Kleinanzeigen) abzugrenzen sei. Das Bundeskartellamt hat diese Frage letztlich offen gelassen, weil wegen der niedrigen Marktzutrittsschranken und eines Substitutionswettbewerbs durch die Regionalzeitungen auch bei enger Marktabgrenzung nicht von einer Entstehung oder Verstärkung marktbeherrschender Stellungen auszugehen war (Monopolkommission 1992, S. 301).

Dagegen hat das Bundeskartellamt den beabsichtigten mittelbaren Erwerb von 50 Prozent der Anteile am *Stadtanzeiger* (Leipzig) durch die Axel Springer Verlag AG (ASV AG) untersagt. Der *Stadtanzeiger* erscheint mit einer Gesamtauflage von 1,2 Mio. Exemplaren mit 16 unterschiedlichen Stadtausgaben in Sachsen und

Thüringen und ist in Leipzig das marktführende Anzeigenblatt. Die ASV AG hält 50 Prozent der Anteile der *Leipziger Volkszeitung*, der einzigen regionalen Abonnementzeitung und verlegt mit der *Leipziger Rundschau* das einzige weitere größere Anzeigenblatt der Region. Angesichts dieser Konstellation erschien es wenig zweifelhaft, daß mit dem Zusammenschluß von *Stadtanzeiger* und *Leipziger Volkszeitung* die marktbeherrschende Stellung der ASV AG auf dem regionalen Anzeigenmarkt verstärkt würde. Die Untersagung durch das Bundeskartellamt ist inzwischen rechtskräftig (Bundeskartellamt 1993, S. 127 f.).

9. Anzeigenblätter in Ostdeutschland

Anzeigenblätter haben sich nach der Wende sehr rasch in Ostdeutschland etabliert. Dies liegt an den sehr niedrigen Marktzutrittsschranken für kostenlos verteilte Printmedien: Die Produktionstechnik ist einfach und billig, Produktdifferenzierungsvorteile bestehender Anbieter bestanden nicht, und der Vertrieb kann sehr kostengünstig auf die Auflage zugeschnitten werden. Tabelle 7 zeigt die Verbreitung der Anzeigenblätter in Ostdeutschland.

Tab. 7: Anzeigenblätter in Ostdeutschland 1993 und 1994 – absolut und Anteil am Gesamtmarkt in Deutschland in Prozent

	Verlage	Titel	Auflage (1 000)	Umsatz (Mio.DM)
1993	17 (3,5 %)	190 (15,5 %)	11 529 (16,3 %)	304 (11,7 %)
1994	43 (8,2 %)	288 (21,6 %)	16 740 (21,9 %)	

Quellen: BVDA, ZAW

Deutlich erkennbar ist das rasche Wachstum der Anzeigenblätter nach der Zahl der Verlage und der Titel sowie nach der Auflage. Dies schlägt sich in relativ hohen Marktanteilen nach Auflage und Titelzahl nieder. Der Umsatzanteil, der nur für 1993 in Höhe von 304 Mio. DM ausgewiesen werden kann, liegt allerdings deutlich darunter. Das zeigt, daß die durchschnittliche Erlössituation erheblich unter dem Westniveau liegt. Die Zahl der Anzeigenblattverlage ist relativ gering, ein Hinweis darauf, daß in Ostdeutschland vor allem große Verlage, in der Regel mit dem Konzernsitz in Westdeutschland, Anzeigenblätter herausgeben.

10. Zukunft des Anzeigenblattes

Die Perspektive einer relativ billiger werdenden, digitalisierten Informationsübertragung und einer relativ teurer werdenden Informationsübertragung auf Papier besteht auch für das Anzeigenblatt. Das kann aber nicht bedeuten, daß das Anzeigenblatt, so wie es zur Mitte der 90er Jahre aussieht, von den Rezipienten im Online-Verfahren abgerufen werden wird.

Wenn, was zu erwarten ist, das Anzeigenblatt in Papierform zunächst bestehen bleibt, dann sollte das Anzeigenblatt zeitungsähnlicher werden, um langfristig durch Steigerung der publizistischen Qualität den Makel der Minderwertigkeit des Mediums zu beseitigen. Das bedeutet, daß die Druckqualität und der Umfang insbesondere der lokalen Berichterstattung zunehmen müssen. Nur so kann ein positives redaktionelles Image als Vorbedingung für den Werbeerfolg aufgebaut werden. Damit müssen dann auch die Anzeigenpreise steigen, um auch hier eine Annäherung an die Tages- und Wochenzeitung zu erproben.

Für einen elektronischen Abruf eignen sich nur solche Anzeigen, an denen ein aktives Informationsinteresse besteht, also etwa Annoncen aus den Bereichen Verwaltung, Handel, Auto und Stellenmarkt. Wenn sie abgerufen werden, dann ist zu erwarten, daß die Leser sich an der Finanzierung beteiligen, daß die Verbreitung dieser Anzeigen also billiger wird, als es beim gedruckten Anzeigenblatt der Fall ist. Solche Anzeigen gehen dann dem gedruckten Anzeigenblatt verloren. Im übrigen wird mit zunehmender Digitalisierung die Konkurrenz von lokalen Shopping-Kanälen wachsen, deren werbliche Eignung für die Verbreitung von Anpreisungswerbung größer ist. Mithin wird die Wettbewerbssituation für das Anzeigenblatt in Zukunft schwieriger werden.

Literaturhinweise

Die Literatur zu Anzeigenblättern ist spärlich. Umfassend informiert

Kopper, Gerd G. (1991), Anzeigenblätter als Wettbewerbsmedien, München u.a. (Saur) 1991.

Eine Fülle von Informationen bieten

Röper, Horst; Ulrich Pätzold (1993), Medienkonzentration in Deutschland. Medienverflechtungen und Branchenvernetzungen, Düsseldorf (Europäisches Medieninstitut) 1993.

Immer noch lesenswert ist

Ridder-Aab, Christa-M. (1985), Anzeigenblätter 1985 – gebremstes Wachstum, in: Media Perspektiven, 8/1985, S. 634-643.

Literatur

Akhaven-Majid, R.; A. Rife; S. Gopinath (1991), Chain Ownership and Editorial Independence: A Case Study of Gannett Newspapers, in: Journalism Quarterly, Vol. 68 (1991), S. 59-66.

Albach, H. (1989), Zur Tarifstruktur für urheberrechtlich geschützte Darbietungen, in: H. Albach (Hrsg.), S. 239-260.

Albach, H. (1992), Strategische Allianzen, strategische Gruppen und strategische Familien, in: Zeitschrift für Betriebswirtschaft, 62. Jg. (1992), S. 663-670.

Albach, H. (Hrsg.) (1989), Organisation, Wiesbaden (Gabler) 1989.

Alchian, A.A.; S. Woodward (1988), The Firm is Dead; Long Live the Firm, in: Journal of Economic Literature, Vol. 26 (1988), S. 65-79.

Arrow, K.J. (1985), The Economics of Agency, in: J.W. Pratt; R.W. Zeckhauser (Hrsg.), S. 37-51.

Bain, J.S. (1968), Industrial Organization, 2. A., New York (John Wiley & Sons) 1968.

Barbier, H. D. (1989), Journalisten: Private Anbieter eines öffentlichen Gutes, in: Ludwig-Erhard-Preis für Wirtschaftspublizistik, Bonn (Ludwig-Erhard-Stiftung) 1989, S. 39-52.

Baßeler, U.;J. Heinrich (1976), Wohlfahrtstheoretische Implikationen von Sozialproduktsvergleichen, in: ZWS, 106. Jg. (1976), S. 193-234.

Baßeler, U.; J. Heinrich; W. Koch (1991), Grundlagen und Probleme der Volkswirtschaft, 13. A., Köln (Bachem) 1991.

Bates, B.J. (1993), Concentration in Local Television Markets, in: The Journal of Media Economics, Vol. 6 (1993), S. 3-21.

BDZV (Hrsg.) (lfd. Jg.), Jahrbuch „Zeitungen", Bonn lfd. Jg.

Bea, F.X.; E. Dichtl; M. Schweitzer (Hrsg.) (1991), Allgemeine Betriebswirtschaftslehre, Bd. 2: Führung, 5. A., Stuttgart (Fischer) 1991.

Becker, G.S. (1993), Ökonomische Erklärung menschlichen Verhaltens, 2. A., Tübingen (Mohr) 1993.

Beebe, J.H.; W.G. Manning (1974), Television Economics, Lexington 1974.

Bender, D. u.a. (1992), Vahlens Kompendium der Wirtschaftstheorie und Wirtschaftspolitik, 2 Bde., 5. A., München (Vahlen) 1992.

Berg, K.; M.-L. Kiefer (Hrsg.) (1992), Massenkommunikation IV. Eine Langzeitstudie zur Mediennutzung und Medienbewertung 1964-1990, Baden-Baden (Nomos) 1992.

Berg, H. (1992), Wettbewerbspolitik, in: D. Bender u.a., Bd. 2, S. 239-300.

Bitz, M. u.a. (Hrsg.) (1993), Vahlens Kompendium der Betriebswirtschaftslehre Bd. 1, 3. A., München (Vahlen) 1993.

Blankenberg, W.B. (1994), Effects of Cost and Revenue Strategies on Newspaper Circulation, in: The Journal of Media Economics, Vol. 7 (1994), S. 1-13.

Blöbaum, B. (1994), Journalismus als soziales System, Opladen (Westdeutscher Verlag) 1994.

Bogart, L. (1989), Press and Public: who reads what, when, where, and why in American Newspapers, 2. A., Hillsdale/N.J. 1989

Böhm-Bawerk, E.v. (1921), Kapital und Kapitalzins II, 4. A., Jena (Fischer) 1921.

Bohr, K.; R.-D. Eberwein (1989), Die Organisationsform Fertigungsinsel, in: WiSt, 18. Jg. (1989), S. 218-223.

Bohrmann, H.; P. Schneider (1975), Zeitschriftenforschung. Ein wissenschaftsgeschichtlicher Versuch, Berlin (Spiess) 1975.

Bombach, G. u.a. (Hrsg.) (1985), Industrieökonomik: Theorie und Empirie, Tübingen (Mohr) 1985.

Bonus, H. (1980), Öffentliche Güter und Öffentlichkeitsgrad von Gütern, in: Zeitschrift für die gesamte Staatswissenschaft, 136 Jg. (1980), S. 50-81.

Booz, Allen & Hamilton (1990), Television Ownership and Control in the Nineties, Dublin 1990.

Bössmann, E. (1979), Externe Effekte, in: WISU, 8. Jg. (1979), S. 95-98.

Branahl, U. (1992a), Medienrecht. Eine Einführung, Opladen (Westdeutscher Verlag) 1992.

Branahl, U. (1992b), Publizistische Vielfalt als Rechtsgebot, in: G. Rager; B. Weber (Hrsg.), S. 85-109.

Brandt, P.; V. Schulze (1987), Medienkundliches Handbuch. Die Zeitung, 2 Bde., 4. A., Aachen (Hahner Verlagsgesellschaft) 1987.

Braun, G. (1988), Öffentliche Meinung als öffentliches Gut?, in: E.-J. Mestmäcker (Hrsg.), S. 223-261.

Bretschneider, J.; J. Husmann; F. Schnabel (1992), Handbuch einkommens-, vermögens- und sozialpolitischer Daten, 53. Lfg., Köln (Bachem) 1992.

Bridges, J.A. (1991), Daily newspapers managing editors perception of news media functions in: Journalism Quarterly, Vol. 68 (1991), S. 718-728.

Brunner, K. (Hrsg.) (1979), Economics and Social Institutions, Boston u.a. 1979.

Bundeskartellamt (lfd. Jg.), Bericht des Bundeskartellamtes über seine Tätigkeit in den Jahren ..., Bonn lfd. Jg.

Burkhardt, F.W. (1993), Schöne neue Welt der Medien, in: BDZV (Hrsg.), Zeitungen '93, S. 260-273.

Busterna, J.C.; K.A. Hansen; J. Ward (1991), Competition, Ownership, Newsroom and Library Resources in Large Newspapers, in: Journalism Quarterly, Vol. 68 (1991), S. 729-739.

Carat (1992a), European Newspaper and Magazin Minibook 1992, London (Carat) 1992.

Carat (1992b), European Radio Minibook 1992, London (Carat) 1992.

Carat (1992c), European Television Minibook 1992, London (Carat) 1992.

Coase, R. (1974), The Markets for Goods an the Markets for Ideas, in: American Economic Review, Vol. 64 (1974), S. 384-391.

Coase, R.H. (1937), The Nature of the Firm, in: Economica, 4. Jg. (1937), S. 386-405.

Daten und Fakten (1991): Daten und Fakten zu den allgemeinen Rahmenbedingungen der künftigen Entwicklung bei Fernsehen, Hörfunk und

Speichermedien, Dossier des Unternehmensbereiches Elektronische Medien der Bertelsmann AG, in: Medienspiegel, Dokumentation, Nr. 9/1991.

De Alessi, L. (1980), The Economics of Property Rights: A Review of the Evidence, in: Research in Law and Economics, Vol. 2 (1980), S. 1-47.

Deci, E. L. (1971), Effects of Externally Mediated Rewards on Intrinsic Motivation, in: Journal of Personality and Social Psychology, Vol. 18 (1971), S. 105-115.

Demsetz, H. (1967), Towards a Theory of Property Rights, in: AER, Vol. 57 (1967), S. 347-359.

Dertouzos, J.N.; W.B. Trautman (1990), Economic Effects of Media Concentration: Estimates from a Model of the Newspaper Firm, in: The Journal of Industrial Economics, Vol. 39 (1990), S. 1-14.

Dichmann, W.; G. Fels (Hrsg.) (1993), Gesellschaftliche und ökonomische Funktionen des Privateigentums, Köln (Deutscher Instituts Verlag) 1993.

Diederichs, H.H. (1985), Daten zur Konzentration der Tagespresse und der Publikumszeitschriften in der Bundesrepublik Deutschland im IV. Quartal 1984, in: Media Perspektiven, 1985, S. 615-633.

Diederichs, H.H. (1989), Daten zur Konzentration der Publikumszeitschriften in der Bundesrepublik Deutschland im IV. Quartal 1988, in: Media Perspektiven, 1989, S. 313-324.

Dittmers, M. (1982), Zum Wettbewerb zwischen den Medien, in: Publizistik, 27. Jg. (1982), S. 281- 292.

Dittmers, M. (1983), Die optimale Betriebsgröße von Rundfunkanstalten, in: Rundfunkökonomie, Beiheft 5 (1983) der Zeitschrift für öffentliche und gemeinwirtschaftliche Unternehmen, S. 105-119.

Dittmers, M. (1990), Medienökonomische Aspekte des Wettbewerbs im dualen Rundfunksystem, in: Media Perspektiven, 1990, S. 390-403.

Donsbach, W. (1993), Redaktionelle Kontrolle im Journalismus: Ein internationaler Vergleich, in: W.A. Mahle (Hrsg), S. 143-160.

Dörr, D. (1993), Pluralismus und Medienkonzentration im Binnenmarkt, Hohenheimer Medientage „Kommerz kontra Kultur“, 1.10.1993.

Eickhoff, N. (1985), Wettbewerbspolitische Ausnahmebereiche und staatliche Regulierung, in: Jahrbuch für Sozialwissenschaften 36 (1985), S. 63-79.

Emmerich, V. (1991), Kartellrecht, 6.A., München (Beck) 1991.

Erdmann, G.; B. Fritsch (1990); Zeitungsvielfalt im Vergleich: Das Angebot an Tageszeitungen in Europa, Mainz (v. Hase & Koehler) 1990.

Eurich, C. (1993), Hoffnungsträger öffentlich-rechtliches Gemeinwohlfernsehen: acht Grundsätze, in: epd/Kirche und Rundfunk, Nr. 90/91 v. 20.11.1993, S. 5-11.

Exner, Th. (1992), Ganzheitliches Zeitungsmarketing, Diplomarbeit am Institut für Journalistik, Universität Dortmund 1992.

Final Report (1992), Commission of the European Communities, Study on Pluralism and Concentration in Media. Economic Evaluation, Brüssel (Booz, Allen & Hamilton) 1992.

Fischer, H.-D. (1985), Publikumszeitschriften – ein Lehr- und Forschungsdefizit, in: H.-D. Fischer (Hrsg.), S. 15-64.

Fischer, H.-D. (Hrsg.) (1985), Publikumszeitschriften in der Bundesrepublik Deutschland, Konstanz (Universitätsverlag) 1985.

Fleck, F. (Hrsg.) (1983), Die Ökonomie der Medien, Freiburg (Schweiz) 1983.

Frequenzregulierung in der Bundesrepublik Deutschland. Gutachten der „Gutachterkommission für Grundsatzfragen der Frequenzregulierung im zivilen Fernmeldewesen", Bonn (Bundesministerium für Post und Telekommunikation) 1991

Frey, B.S. (1992), Tertium Datur: Pricing, Regulating and Intrinsic Motivation, in: Kyklos, Vol. 45 (1992), S. 161-184.

Friedman, M. (1979), The Economics of Free Speech, in: ORDO, Bd. 30 (1979), S. 221-227.

Fröhlinger, M. (1993), EG-Wettbewerbsrecht und Fernsehen, in: Rundfunk und Fernsehen, 41. Jg. (1993), S. 59-65.

Furhoff, L. (1973), Some Reflections on Newspaper Concentration, in: The Scandinavian Economic History Review, Vol. 21 (1973), S. 1-27.

Furubotn, E. G. ; S. Pejovich (1972), Property Rights and Economic Theory: A Survey of Recent Literature, in: Journal of Economic Literature, 1972, S. 1137-1162.

Geppert, K.; W. Seufert; A. Zerdick (1992), Werbemarkt Berlin und Brandenburg, Berlin (Vistas) 1992.

Gerbner, G. (1991), Führt Kanalfülle zu mehr Programmvielfalt?, in: Media Perspektiven, 1991, S. 38-44.

Giersch, H. (1985), Eurosclerosis, Kieler Diskussionsbeiträge Nr. 112, Kiel (Institut für Weltwirtschaft) 1985.

Giles, R. H. (1991), Newsroom Management. A Guide to Theory and Practice, 5.A., Detroit (Media Management Books) 1991.

Goodhart, G.J.; A.S.C. Ehrenberg; M.A. Collins (1975), The Television Audience: Patterns of Viewing, London 1975.

Greiffenberg, H.; W. Zohlnhöfer (1984), Pressewesen, in: Oberender, P. (Hrsg.), S. 577-627.

Grossmann, S.; O. Hart (1986), The Costs and Benefits of Ownership. A Theory of Vertical and Lateral Integration, in: Journal of Political Economy, Vol. 94 (1986), S. 691-719.

Grotkamp, G. (1990), Was darf die Agenturarbeit kosten?, in: Bundeszentrale für politische Bildung (Hrsg.), Die alltägliche Pressefreiheit, Bonn 1990, S. 26-30.

Grünbuch (1992), Pluralismus und Medienkonzentration im Binnenmarkt. Kom (92) 480 endg., vom 23.12.1992

Grundmann, B. (1990), Die öffentlich-rechtlichen Rundfunkanstalten im Wettbewerb, Baden-Baden (Nomos) 1990.

Haacke, W. (1961), Die Zeitschrift – Schrift der Zeit, Essen (Stamm) 1961.

Hagemann, W. (Hrsg) (1957), Die Deutsche Zeitschrift der Gegenwart, Münster (Fahle) 1957.

Hans-Bredow-Institut (Hrsg.) (1992), Internationales Handbuch für Hörfunk und Fernsehen 1992/93, Baden-Baden/Hamburg (Nomos) 1992

Harwood, K. (1974), On Variety in Broadcasts, in: Journal of Broadcasting, Vol. 18 (1974), S. 143-152.

Hax, H. (1991), Theorie der Unternehmung - Information, Anreize und Vertragsgestaltung, in: D. Ordelheide u.a. (Hrsg.), S. 51-72.

Hayek, F.A. v. (1968), Der Wettbewerb als Entdeckungsverfahren, Kieler Vorträge NF 56, 1968.

Heinrich, J. (1984), Marktzutritt als Systemelement des Wettbewerbs, in: G. Kopper (Hrsg.), S. 75 - 86

Heinrich, J. (1989a), Das Potential der Werbeeinnahmen für lokale Hörfunkstationen in Nordrhein-Westfalen, in: Lokalfunk in Nordrhein-Westfalen, LfR-Schriftenreihe Bd. 3, Essen 1989

Heinrich, J. (1989b), Wirtschaftsjournalismus, in: Publizistik, 34. Jg. (1989), S. 284-296.

Heinrich, J. (1990), Wünsche der Zielgruppe besser ermitteln. Rezipientenorientierte Wirtschaftsberichterstattung, in: G. Kalt (Hrsg.), S. 263-270.

Heinrich, J. (1991), Zur Integration des europäischen Rundfunks, in: Vorbereitungen auf den Binnenmarkt, Stuttgart (Deutscher Sparkassenverlag) 1991, S. 83-94.

Heinrich, J. (1992a), Ökonomische und publizistische Konzentration im deutschen Fernsehsektor. Eine Analyse aus wirtschaftswissenschaftlicher Sicht, in: Media Perspektiven, 1992, S. 338-356.

Heinrich, J. (1992b), Publizistische Vielfalt aus wirtschaftswissenschaftlicher Sicht, in: G. Rager und B. Weber (Hrsg.), S. 232-250.

Heinrich, J. (1993a), Dominanz der Kirch-Gruppe weiter gestiegen. Ökonomische und publizistische Konzentration im deutschen Fernsehsektor 1992/93, in: Media Perspektiven, 1993, S. 267-277.

Heinrich, J. (1993b), Finanzierungsperspektiven im Hörfunk, in: DLM-Jahrbuch 1992, S.170-186.

Herdzina, K. (1991), Wettbewerbspolitik, 3. A., Stuttgart/New York (Fischer) 1991.

Hillebrand, R. (1990), Einsatz werblicher Kommunikation im Einzelhandel unter besonderer Berücksichtigung des Hörfunks als Kommunikationsmedium, Berlin ( )1990

Hoffmann, F. (1992), Konzernorganisationsformen, in: WiSt, 20. Jg. (1992), S. 552-556.

Hoffmann-Riem, W. (1991), Rundfunkrecht neben Wirtschaftsrecht, Baden-Baden (Nomos) 1991.

Hoffmann-Riem, W. (Hrsg.) (1988), Rundfunk im Wettbewerbsrecht – der öffentlich-rechtliche Rundfunk zwischen Wirtschaftsrecht und Rundfunkrecht, Baden-Baden (Nomos) 1988.

Hogel, K. (1993) , Expansion in Ostdeutschland. Das Beispiel Gruner+Jahr, unveröffentlichte Studienarbeit am Institut für Journalistik, Dortmund 1993.

Höhne, H. (1992), Meinungsfreiheit durch viele Quellen. Nachrichtenagenturen in Deutschland, in: Publizistik, 37. Jg. (1992), S. 50-63.

Hömberg, W.; M. Schmolke (Hrsg.) (1992), Zeit – Raum – Kommunikation, München (Ölschläger) 1992

Hoppmann, E. (1988), Meinungswettbewerb als Entdeckungsverfahren, in: E.-J. Mestmäcker (Hrsg.), S. 163-198.

Hummel, M. (1990), Zur wirtschaftlichen Situation der Künstler und Publizisten, in: ifo-schnelldienst, 34/1990, S. 11-17.

Hummel, M.; M. Berger (1988), Die volkswirtschaftliche Bedeutung von Kunst und Kultur, Berlin (Duncker & Humblodt) 1988.

Hunziker, P. (1981), Das Publikum als Marktpartner im publizistischen Wettbewerb, Konstanzer Universitätsreden 104, Konstanz (Universitätsverlag) 1981.

Huth, R., D. Pflaum (1986), Einführung in die Werbelehre, 2. A., Stuttgart u.a. (Kohlhammer) 1986.

Ihrig, F. (1991), Strategische Allianzen, in: WiSt, 18. Jg. (1991), S. 29-31.

Institute of Media Economics (1993), Mind-Media Industry in Europe, London (Libbey & Company) 1993.

IPA-plus Research 1992, Die 4 klassischen Massenmedien im Leben der Deutschen Bevölkerung. Ein qualitativer Intermedia-Vergleich zur Akzeptanz und Wertigkeit von Fernsehen, Hörfunk, Tageszeitungen und General-Interest-Zeitschriften (o.O.o.J).

Jacob, W. (1988), Neuentwicklung von Zeitschriften, 2.A., München (Profil)1988

Jensen, M.C. (1979), Toward a Theory of the Press, in: K. Brunner (Hrsg.), S. 267-287.

Jünemann, B. (1980), Meinungsfreiheit und Medienentwicklung, Freiburg 1980.

Kalt, G. (Hrsg.) (1990), Wirtschaft in den Medien. Defizite, Chancen und Grenzen. Eine kritische Bestandsaufnahme, Frankfurt (IMK) 1990.

Kamins, M.A.; L.J. Marks; D. Skinner (1991), Television Commercial Evaluation in the Context of Programm Induced Moved: Congruency versus Consistency Effects, in: Journal of Advertising, Vol. 20 (1991), S. 1-14.

Kantzenbach, E. (1966), Die Funktionsfähigkeit des Wettbewerbs, Göttingen (Vandenhoeck & Ruprecht) 1966.

Kantzenbach, E. (1988), Zum Verhältnis von publizistischem und ökonomischem Wettbewerb aus ökonomischer Sicht, in: W. Hoffmann-Riem (Hrsg.), S. 78-83.

Kaufer, E. (1980), Industrieökonomik, München (Vahlen) 1980.

Kaufer, E. (1981), Theorie der öffentlichern Regulierung, München (Vahlen) 1981.

Kaufer, E. (1985), Die Ökonomik des Patentsystems, in: Bombach, G. u. a. (Hrsg.), S. 53-64.

Keller, D. (1986), Regionale Tageszeitungsverlage und Neue Medien, Mannheim (Süddeutsche Verlagsanstalt) 1986.

Kepplinger, H.M. (1992), Gesellschaftskritik und Kollegenkritik, in: H.M. Kepplinger (Hrsg.), S. 128-148.

Kepplinger, H.M. (1993), Kritik am Beruf. Zur Rolle der Kollegenkritik im Journalismus, in: W.A. Mahle (Hrsg.), S. 161-182.

Kepplinger, H.M. (Hrsg.) (1992), Ereignismanagement. Wirklichkeit und Massenmedien, Zürich (Edition Interfrom) 1992.

Kepplinger, H.M.; H. Roth (1978), Kommunikation in der Ölkrise des Winters 1973/74. Ein Paradigma für Wirkungsstudien, in: Publizistik, 23. Jg. (1978), S. 337-356.

Kiefer, M.-L. (1985), Konsumentensouveränität vs. öffentliche Aufgabe, in: Media Perspektiven, 1985, S. 15-23.

Kirzner, J. (1978), Wettbewerb und Unternehmertum, Tübingen (Mohr) 1978.

Klaue, S. u.a. (Hrsg.) (1980), Probleme der Pressekonzentrationsforschung, Baden-Baden (Nomos) 1980.

Klein, B. (1990), Konkurrenz auf dem Markt der geistigen Freiheiten, Schriften zu Kommunikationsfragen Bd. 14, Berlin (Duncker & Humblodt) 1990.

Klein-Benkers, F. (1986), Die Werbekosten in der Bundesrepublik Deutschland 1984, Sonderheft 32 der Mitteilungen des Instituts für Handelsforschung an der Universität zu Köln, Göttingen (Schwartz) 1986.

Kleinaltenkamp, M. (1988), Die Abgrenzung des sachlich-relevanten Marktes von Zeitungen und Zeitschriften, in: WuW, 1988, S. 732-751.

Knauth, P. (1992), Sunk Costs, in: WiSt, 20. Jg. (1992), S. 76-78.

Knoche, M. (1978), Einführung in die Pressekonzentrationsforschung, Berlin (Spiess) 1978.

Knoche, M. (1980), Die Meßbarkeit publizistischer Vielfalt, in: S. Klaue u.a. (Hrsg.), S. 127-138.

Kommunikationsmonitor II, Jahresgutachten über die Situation der Kommunikation 1992, Deutscher Kommunikationsverband. BDW und Institut für Kommunikation und Marketing, Düsseldorf 1992.

Kopper, G.G. (1982), Massenmedien: Wirtschaftliche Grundlagen und Strukturen. Analytische Bestandsaufnahme der Forschung 1968-1981. Bibliographie Walter Ubbens, Konstanz (Universitätsverlag) 1982.

Kopper, G.G. (1984a), Wettbewerbsprozeß und „Meinungsmarkt", in: G.G. Kopper (Hrsg.), S. 25-34.

Kopper, G.G. (1984b), Meinungsvielfalt und Komplementärmedien, in: G.G. Kopper (Hrsg.), S. 133-149.

Kopper, G.G. (1991), Anzeigenblätter als Wettbewerbsmedien, München u.a. (Saur) 1991.

Kopper, G.G. (Hrsg.) (1984), Marktzutritt bei Tageszeitungen - zur Sicherung von Meinungsvielfalt durch Wettbewerb, München u.a. (Saur) 1984.

Koschnick, W.J. (1988), Standard-Lexikon für Mediaplanung und Mediaforschung, München u.a. (Saur) 1988.

Krekeler, M. (1992), Der Umsatzstau im Äther löst sich auf, in: Horizont, Nr. 37/1992,

Kriele, M. (1990), Plädoyer für eine Journalistenkammer, in: Zeitschrift für Rechtspolitik, 1990, S. 109-117.

Kroeber-Riel, W. (1984), Konsumentenverhalten, 3.A., München (Vahlen) 1984.

Kronberger Kreis (1989), Mehr Markt in Hörfunk und Fernsehen. Schriftenreihe des Frankfurter Instituts für wirtschaftspolitische Forschung e.V., Bd. 19, Frankfurt 1989.

Krüger, U.M. (1993), Kontinuität und Wandel im Programmangebot, in: Media Perspektiven, 1993, S. 246-266.

Krüger, U.M.; Th. Zapf-Schramm (1994), Programmanalyse 1993 von ARD, ZDF, SAT 1 und RTL, in: Media Perspektiven, 1994, S. 111-124.

Kunczik, M. (1985), Massenmedien und Entwicklungsländer, Köln u.a. (Böhlau) 1985.

Landesmedienanstalten (Hrsg.) (1993), DLM-Jahrbuch 1992 - Privater Rundfunk in Deutschland, München (R. Fischer) 1993.

Lange, B.-P. (1991), Das duale Rundfunksystem in der Bewährung. Geregelter Wettbewerb oder ruinöse Konkurrenz, in: Media Perspektiven, 1991, S. 8-17.

Lange, B.-P.; U. Pätzold (1983), Medienatlas Nordrhein-Westfalen, Bd. 1, Bochum 1983.

Langenbucher, W.R. (1980), Publizistische Vielfalt in Monopolgebieten, in: S. Klaue u.a. (Hrsg.), S. 139-144.

Langenbucher, W.R. (Hrsg.) (1979), Politik und Kommunikation, München u a. (Saur) 1979.

Langenbucher, W.R. (Hrsg.) (1986), Politische Kommunikation, Wien (Braumüller) 1986.

Leuker, H. (1985), Lokalredaktion im Wettbewerb – die Ursachen von Konkurrenzverhalten und deren Auswirkungen auf die Redaktionsarbeit, Diplomarbeit am Institut für Journalistik, Universität Dortmund 1985.

Löbl, E. (1903), Kultur und Presse, Leipzig 1903.

Locksley, G. M. (1988), TV-Broadcasting in Europe and the New Technologies, Commission of the European Communities, Luxemburg 1988

Löffler, M.; R. Ricker (1986), Handbuch des Presserechts, 2. A. München (Beck) 1986.

Luhmann, N. (1979), Öffentliche Meinung, in: W.R. Langenbucher (Hrsg.), S. 29-61.

Luyken, G.-M. (1990), Das Medienwirtschaftsgefüge der 90er Jahre, in: Media Perspektiven, 1990, S. 621-641.

Macauly, S. (1963), Non-contractual Relations in Business: A Preliminary Study, in: American Sociological Review, Vol. 28 (1963), S. 55-69.

Machlup, F. (1972), The Production and Distribution of Knowledge in the United States, First Princeton Paperback Edition, Princeton N.J. (Princeton University Press) 1972

Macneil, I.R. (1978), Contracts: Adjustment of Long-Term Economic Relations under Classical, Neoclassical and Relational Contract Law, in: Northwestern University Law Review, Vol. 72 (1978), S. 854-905.

Mahle, W.A. (Hrsg.) (1993), Journalisten in Deutschland, AKM-Studien, Bd. 39, München (Ölschläger) 1993

Marshall, A. (1923), Principles of Economics, 8. A., London (Macmillan) 1923.

McQuail, D.; J.J. van Cuilenburg (1982), Vielfalt als medienpolitisches Ziel, in: Media Perspektiven, 1982, S. 681-692.

Mestmäcker, E.-J. (1978), Medienkonzentration und Meinungsvielfalt, Baden-Baden (Nomos) 1978.

Mestmäcker, E.-J. (1986), Wer weiß schon, was dem Bürger frommt, in: Die Zeit, Nr. 38 vom 12.9.1986, S. 39.

Mestmäcker, E.-J. (Hrsg.) (1988), Offene Rundfunkordnung, Gütersloh (Bertelsmann) 1988.

Meyn, H. (1994), Massenmedien in der Bundesrepublik Deutschland, Berlin (Colloquium) 1994.

Miller, K.M.; O.H. Gandy Jr. (1991), Paradigmatic Drift: A Bibliographic Review of the Spread of Economic Analysis in the Literature of Communication, in: Journalism Quarterly, Vol. 68 (1991), S. 663-671.

Mönig, H. (1985), Fertigungsorganisation und Wirtschaftlichkeit einer Fertigungsinsel, in: Zeitschrift für die betriebswirtschaftliche Forschung, 37. Jg. (1985), S. 83-101.

Monopolkommission (1984), Ökonomische Kriterien für die Rechtsanwendung. Hauptgutachten 1982/1983. Baden-Baden (Nomos) 1984.

Monopolkommission (1990), Wettbewerbspolitik vor neuen Herausforderungen, Hauptgutachten 1988/1989, Baden-Baden (Nomos) 1990.

Monopolkommission (1992), Wettbewerbspolitik oder Industriepolitik, Hauptgutachten 1990/1991, Baden-Baden (Nomos) 1992.

Möschel, W. (1978), Pressekonzentration und Wettbewerbsgesetz, Tübingen (Mohr) 1978.

Möschel, W. (1982), Fusion Springer/Burda. Dorniges Gelände, in: Wirtschaftswoche Nr. 11 vom 12.3.1982, S. 70-73.

Möschel, W. (1984), Fusionskontrolle im Pressebereich, Juristenzeitung 1984, S. 493 ff.

Moths, E. (1978), Medien als einzel- und gesamtwirtschaftliches Phänomen, in: Media Perspektiven, 1978, S. 541-561.

Müller, W. (1979), Die Ökonomik des Fernsehens, Göttingen 1979.

Müller-Römer, F. (1992), Rundfunkversorgung (Hörfunk und Fernsehen) in: Hans-Bredow-Institut (Hrsg.) (1992), S. A125-A 156.

Mundorf, N.; D. Zillmann; D. Drew (1991), Effects of Disturbing Televised Events on the Acquisition of Information from Subsequently Presented Commercials, in: Journal of Advertising, Vol. 20 (1991), S. 46-53.

Nelson, P. (1970), Information and Consumer Behaviour, in: Journal of Political Economy, Vol. 78 (1970), S. 311-329.

Neuberger, C. (1994), Arbeitsplätze im Journalismus, in: Rundfunk und Fernsehen, 42. Jg. (1994), S. 37-48.

Neumann, U. (1988), Publizistischer versus ökonomischer Wettbewerb im Fernsehsektor, Frankfurt u.a. (Lang) 1988.

Noelle-Neumann, E. (1986), Die Antwort der Zeitung auf das Fernsehen. Geschichte einer Herausforderung, Konstanz (Universitätsverlag) 1986.

Noelle-Neumann, E.; F. Ronneberger; H.-W. Stuiber (1976), Streitpunkt lokales Pressemonopol, Düsseldorf (Droste) 1976.

Noll, J. (1977), Die deutsche Tagespresse, Frankfurt, New York (Campus) 1977.

Norton, S.W.; W. Norton jr. (1986), Economies of Scale and the New Technology of Daily Newspapers: A Survivor Analysis, in: Quarterly Review of Economics and Business, Vol. 26. (1986), S. 66-83.

Nussberger, U. (1971), Die Mechanik der Pressekonzentration, Berlin 1971.

Nussberger, U. (1984), Das Pressewesen zwischen Geist und Kommerz, Konstanz (Universitätsverlag) 1984

Oberender, P. (Hrsg.) (1984), Marktstruktur und Wettbewerb, München (Vahlen) 1984.

Ohlemacher, Th. (1993), Bevölkerungsmeinung und Gewalt gegen Ausländer im wiedervereinigten Deutschland, Berlin (Wissenschaftszentrum) 1993.

Ordelheide, D. u.a. (Hrsg.) (1991), Betriebswirtschaftliche und ökonomische Theorie, Stuttgart (Poeschel) 1991

Owen, B. (1975), Economics and Freedom of Expression. Media Structure and the First Amendment, Cambridge/Mass. 1975.
Owen, B.; J.H. Beebe; W.G. Manning (1976), Television Economics, 2. A., Lexington u.a. 1976.

***P**ätzold, U.; H. Röper* (1984), Vom Zeitungsverbund zum Medienverbund, in: Media Perspektiven, 1984, S. 237-246
Pätzold, U., H. Röper (1992), Medienanbieter und Medienangebote, Opladen (Leske + Budrich) 1992.
Pätzold, U.; H. Röper (1992), Probleme des intermedialen Wettbewerbs im Lokalen, in: Media Perspektiven, 1992, S. 641-655.
Petersen, H.G. (1990), Finanzwissenschaft I, Stuttgart u.a. (Kohlhammer), 2.A., 1990.
Picard, R.G. (1989), Media Economics. Concepts and Issues, London u.a. (Sage) 1989
Picard, R.G. u.a. (Hrsg.) (1988), Press Concentration and Monopoly: New Perspectives on Newspaper Ownership and Operation, Norwood N.J. (Ablex Publishing) 1988.
Picot, A. (1990), Organisation, in: Vahlens Kompendium der Betriebswirtschafts-lehre, Bd. 2, 2. A., 1990, München (Vahlen) S. 99 - 163
Picot, A. (1991), Ökonomische Theorie der Organisation - Ein Überblick über neu-ere Ansätze und deren betriebswirtschaftliches Anwendungspotential, in: D. Ordelheide u.a. (Hrsg.), S. 143-170.
Picot, A.; H. Dietl (1990), Transaktionskostentheorie, in: WiSt, 18. Jg. (1990), S. 178-184.
Pommerehne, W.; B.S. Frey (1985), Kunst: Was sagt der Ökonom dazu?, in Schweizerische Zeitschrift für Volkswirtschaft und Statistik, 1985, S. 139-167.
Pommerehne, W.; B.S. Frey (1993), Musen und Märkte. Ansätze einer Ökonomik der Kunst, München (Vahlen) 1993.
Porat, M.U. (1977), The Information Economy: Definition and Measurement, Washington (U.S. Government Printing Office) 1977
Porter, M.E. (1990), Wettbewerbssstrategie (Competitive Strategie) 6. A., Frankfurt (Campus) 1990.
Postman, N. (1985), Wir amüsieren uns zu Tode, 5. A., Frankfurt (Fischer) 1985.
Postman, N. (1992), Das Technopol, Frankfurt (Fischer) 1992.
Pratt, J.W.; R.W. Zeckhauser (Hrsg.), Principals and Agents: The Structure of Business, Boston 1985
Prognos (1991), Entwicklung des Werbemarktes für Fernsehen und Hörfunk in Deutschland unter alternativen Rahmenbedingungen, BLM-Schriftenreihe Bd. 17 a und 17 b, München (R. Fischer) 1991
Prognos (1992), Wettbewerbssituation des privaten Hörfunks in Bayern, BLM-Schriftenreihe Bd. 20, München (Reinhard Fischer) 1992
Pürer, H. (1990), Einführung in die Publizistikwissenschaft, 4. A., München (Öl-schläger) 1990

***R**ager, G.* (1982), Publizistische Vielfalt im Lokalen, Tübingen 1982.
Rager, G. (1994), Qualitäts-Dimensionen im Zeitungsjournalismus, in: G. Bentele; K.R. Hesse (Hrsg.), Publizistik und Gesellschaft (im Druck)

Rager, G.; B. Weber (Hrsg.) (1992), Publizistische Vielfalt zwischen Markt und Politik, Düsseldorf u.a. (Econ) 1992.

Rager, G.; P. Werner (Hrsg.) (1992), Die tägliche Neuerscheinung, Münster (Lit) 1992.

Readings (1984), Economics of Mass Media Industries, Stanford 1984.

Reddaway, W.B. (1963), The Economics of Newspaper, in: The Economic Journal, Vol. 73 (1963), S. 201-218.

Regionalpresse (1991), Einkaufs- und Informationsverhalten 1990, Eine Studie des Verbandes Regionalpresse, Frankfurt (gzm - Gesellschaft für Zeitungsmarketing) 1991.

Reimer, E. (1992), The Effects of Monopolization on Newspaper Advertising Rates, in: The American Economist, Vol. 36 (1992), S. 65-70.

Reimer, H.; H.-J. Weigt (1991), Marktzutritt von Zeitschriften, unveröffentlichte Diplomarbeit am Institut für Journalistik, Universität Dortmund 1991.

Resing, Ch.; H. Höhne (1993), Die Nutzung von Nachrichtenagenturen durch Tageszeitungen, in: BDZV (Hrsg.), Zeitungen '93, S. 276-311.

Richter, H. (1989), Pressekonzentration und neue Medien, Göttingen (Vandenhoeck & Ruprecht) 1989.

Richter, R. (1991), Institutionenökonomische Aspekte der Theorie der Unternehmung, in: D. Ordelheide u.a. (Hrsg.), S. 395-429.

Richter, R. (1994), Institutionen ökonomisch analysiert, Tübingen (Mohr) 1994.

Ridder, C.-M. (1993), Zukunftsstrategien der BBC, in: Media Perpektiven, 1993, S. 150-158.

Ridder-Aab, C.-M. (1985), Anzeigenblätter 1985 – gebremstes Wachstum in: Media Perspektiven, 1985, S. 634-643.

Ronneberger, F.; M. Rühl (1992), Theorie der Public Relations. Ein Entwurf, Opladen (Westdeutscher Verlag) 1992.

Röper, B. (Hrsg.) (1989), Wettbewerb und Werbung, Schriften des Vereins für Socialpolitik, Bd. 180, Berlin (Duncker & Humblodt) 1989

Röper, H. (1987), Daten zur Konzentration der Tagespresse in der Bundesrepublik Deutschland im I. Quartal 1987, in: Media Perspektiven, 1987, S. 563-573.

Röper, H. (1989), Formationen deutscher Medienmultis 1989, in: Media Perspektiven, 1989, S. 733-747.

Röper, H. (1991), Daten zur Konzentration der Tagespresse in der Bundesrepublik Deutschland im I. Quartal 1991, in: Media Perspektiven, 1991, S. 431-444.

Röper, H. (1992), Daten zur Konzentration der Publikumszeitschriften in Deutschland im I. Quartal 1992, in: Media Perspektiven, 1992, S. 416-427.

Röper, H. (1993a), Formationen deutscher Medienmultis 1992, in: Media Perspektiven, 1993, S. 56-74.

Röper, H. (1993b), Daten zur Konzentration der Tagespresse in der Bundesrepublik Deutschland im I. Quartal 1993, in: Media Perspektiven, 1993, S. 402-409.

Röper, H. (1993c), Konzentration außer Kontrolle?, in: Funkfenster, September/Oktober 1993, S. 9.

Röper, H.; U. Pätzold (1993), Medienkonzentration in Deutschland, Düsseldorf (Europäisches Medieninstitut) 1993.

Röpke, J. (1970), Wettbewerb, Pressefreiheit und öffentliche Meinung, in: Schmollers Jahrbuch, Jg. 90 (1970), S. 172-192.

Rosse, J. N. (1967), Daily newspapers, Monopolistic Competition and Economies of Scale, in: American Economic Review, Vol. (57) 1967, S. 522-533.

Rothenberg, J. (1962), Consumer Souvereignity and the economics of TV Programming, in: Studies in Public Communication, Vol. 4 (1962), S. 45 - 54

Rühl, M. (1980), Journalismus und Gesellschaft, Mainz (v. Hase & Köhler) 1980.

Rühl, M. (1988), Organisatorischer Journalismus: Tendenzen der Redaktionsforschung, in: Analysen und Synthesen, Bd. 2, Bamberg 1988.

Rühl, M. (1990), Operation „Gebrauchsverstehen". Plädoyer für eine Funktionsverlagerung im Journalismus der Gegenwartsgesellschaft, in: H.-J. Schmitz; H. Tompert (Hrsg.), S. 49-68.

Rühl, M. (1992), Redaktionszeiten. Zur publizistischen Bewältigung von Ereignisturbulenzen, in: Hömberg, W.; M. Schmolke (Hrsg.), S. 177-196.

Rühl, M. (1993), Marktpublizistik. Oder: Wie alle – reihum – Presse und Rundfunk bezahlen, in: Publizistik, 38. Jg. (1993), S. 125-152.

Ruß-Mohl, S. (1992), Am eigenen Schopfe ... Qualitätssicherung im Journalismus. Grundfragen, Ansätze, Näherungsversuche, in: Publizistik, 37. Jg. (1992), S. 83-96.

Saatchi & Saatchi (1991), European Market & Media Fact 1991, London (Saatchi & Saatchi Advertising Worldwide) 1991.

Sanchez-Tabernero (1993), Media Concentration in Europe. Commercial Enterprises and the Public Interest, Düsseldorf (Europäisches Medieninstitut) 1993.

Saxer, U. (1993), Medienwandel – Journalismuswandel, in: Publizistik, 38. Jg. (1993), S. 292-303.

Saxer, U.; J. Rathgeb (1992), Lokalradiowerbung als Innovation, München 1992.

Schäfer-Dieterle, S. (1993), Integriertes Zeitungsmarketing – Ein strategisches Konzept, in: BDZV (Hrsg.), Zeitungen '93, S. 166-183.

Schatz, H.; N. Immer; F. Marcinkowski (1989), Der Vielfalt eine Chance, in: Rundfunk und Fernsehen, 37. Jg. (1989), S. 5-24.

Schenk, K.-E. (1992), Die neue Institutionenökonomie – Ein Überblick über wichtige Elemente und Probleme der Weiterentwicklung, in: ZWS, 112. Jg. (1992), S. 337-378.

Schenk, M.; J. Donnerstag (Hrsg.) (1989), Medienökonomie, München (Reinhard Fischer) 1989

Schenk, M.; M. Hensel (1986), Medienwirtschaft. Eine kommentierte Auswahlbibliographie. Baden-Baden (Nomos) 1986.

Scherer, F.M. (1980), Industrial Market Structure and Economic Performance, 2. A., Chicago (Rand McNally) 1980.

Scheuch, E. K.; U. Scheuch (1990), Veränderungen in der Stellung des Hörfunks unter den Medien. Der heutige Forschungsbedarf, in: Communications 15, 1990, S. 231-240.

Schmalen, H. (1985), Kommunikationspolitik: Werbeplanung, Stuttgart u.a. (Kohlhammer) 1985.

Schmalensee, R. L. (1979), On the Use of Economic Models in Antitrust: The Realemon Case, in: University of Pennsylvania, Law Review 127, 1979, S. 994-1050.

Schmidt, I. (1990), Wettbewerbspolitik und Kartellrecht. Eine Einführung, 3. A., Stuttgart u.a. (Fischer) 1990.

Schmidt, I.; M. Röhrich (1992), Kompetitive Marktstrukturen und externes Unternehmenswachstum, in: WiSt, 20. Jg. (1992), S. 179-184.

Schmidt, J.; H. Engelke (1989), Marktzutrittsschranken und potentieller Wettbewerb, in: WiSt, 17. Jg. (1989), S. 399-404.

Schmitz, A. (1990), Rundfunkfinanzierung, Köln (Müller Bötermann) 1990.

Schmitz, H.-J.; H. Tompert (Hrsg.) (1990), Professionalität und Profil. Essentials eines engagierten Journalismus, Stuttgart 1990.

Schneider, B. (1994), Pressekonzentration à la Treuhand, in: transparent, 1/1994, S. 16-17.

Schneider, B.; K. Schönbach (1993), Journalisten in den neuen Bundesländern, in: W.A. Mahle (Hrsg), S. 35-56.

Schneider, B.; K. Schönbach; D. Stürzebecher (1991), Strukturen, Anpassungsprobleme und Entwicklungschancen der Presse auf dem Gebiet der neuen Bundesländer (einschließlich des Gebiets des früheren Berlin-Ost). Forschungsbericht für den Bundesminister des Innern, Hannover und Leipzig 1991.

Schneider, B.; K. Schönbach, D. Stürzebecher (1993), Westdeutsche Journalisten im Vergleich: jung, professionell und mit Spaß an der Arbeit, in: Publizistik, 38. Jg. (1993), S. 5-30.

Schneider, D. (1987), Allgemeine Betriebswirtschaftslehre, 3. A., München/Wien (Oldenbourg) 1987.

Schönbach, K. (1980), Publizistische Vielfalt in Wettbewerbsgebieten, in: S. Klaue u.a. (Hrsg.), S. 145-161.

Schumann, J. (1987), Grundzüge der mikroökonomischen Theorie, 5.A., Berlin u.a. (Springer) 1987.

Schumpeter, J.A. (1908), Das Wesen und der Hauptinhalt der theoretischen Nationalökonomie, Leipzig 1908

Schuster, D. (1990), Meinungsvielfalt in der dualen Rundfunkordnung, Berlin (Duncker & Humblodt) 1990

Schütz, W.J. (1989), Deutsche Tagespresse 1989, in: Media Perspektiven, 1989, S. 748-755, 812-826.

Schütz, W.J. (1992), Zur Entwicklung des Zeitungsmarktes in den neuen Ländern 1989-1992, in: BDZV (Hrsg.), Zeitungen '92, S. 270-296.

Schütz, W.J. (1994), Deutsche Tagespresse 1993, in: Media Perspektiven, 1994, S. 168-198.

Schwartz, I. (1991), Rundfunk, EG-Kompetenzen und ihre Ausübung, in: Zeitschrift für Urheber- und Medienrecht, 35. Jg. (1991), S. 155-167.

Schweiger, G.; G. Schrattenecker (1989), Werbung, 2.A., Stuttgart/New York, 1989

Seufert, W. (1992), Die Entwicklung des Wettbewerbs auf den Hörfunk- und Fernsehmärkten in der Bundesrepublik Deutschland, in: DIW Beiträge zur Strukturforschung, Heft 133, Berlin 1992.

Simon, H.A. (1983), Reason in Human Affairs, Stanford 1983.

Spence, M. (1976), Product Selection, Fixed Costs and Monopolistic Competition, in: Review of Economic Studies, Vol. 66 (1976), S. 217-235.

Spieler, E. (1988), Fusionskontrolle im Medienbereich, Berlin (Duncker & Humblodt) 1988.

Spremann, K. (1990), Asymmetrische Information, in: Zeitschrift für Betriebswirtschaft, 60. Jg. (1990), S. 561-586.

Stamm (1994), Leitfaden durch Presse und Werbung, Essen (Stamm) 1994.

Stanko, M. (1992), Serie „Das unterschätzte Medium Hörfunk“, in: Horizont, Nr. 34-37, 42 und 43/1992.

Statistisches Bundesamt (1977), Der Aufbau einer Pressestatistik, in: Wirtschaft und Statistik, 1977, S. 291-296.

Steiner, P.O. (1952), Programm Patterns and preferences and the Working of Competition in Radio Broadcasting, in: Quarterly Journal of Economics, Vol. 66 (1952), S. 194-223.

Stern Advertising Dept. und Initiative Media Hamburg (Hrsg.) (1991), The Media Scene in Europe 3, Hamburg (Gruner+Jahr) 1991.

Stigler, G.J. (1968), The Organization of Industry, Homewood/Illinois (Englewood Cliffs) 1968.

Teichert, W. (1982), Die Region als publizistische Aufgabe. Ursache, Fallstudien, Befunde, Hamburg (Hans-Bredow-Institut) 1982

Teichert, W. (1992), Werbemarkt Bremen, Bremerhaven, Unterweserraum. Gutachten im Auftrag der Bremischen Landesmedienanstalt 1991

Tichy, G. (1991), Fusionen und Wettbewerbspolitik, in: WiSt, 19. Jg. (1991), S. 357-360.

Towse, R.; A. Khakee (Hrsg.) (1992), Cultural Economics, Berlin u.a. (Springer) 1992.

Ubbens, W. (1993), Jahresbibliographie Massenkommunikation 1991. Berlin 1993.

Ulmer, P. (1977), Der Begriff „Leistungswettbewerb“ und seine Bedeutung für die Anwendung von GWB und UWG-Fallstudien, in: Gewerblicher Rechtsschutz und Urheberrecht, 1977, S. 565-580.

Ungern-Sternberg, Th. v.; C. C. von Weizsäcker (1981), Marktstruktur und Marktverhalten bei Qualitätsunsicherheit, in: ZWS, 101. Jg. (1981), S. 609-626.

Verband Presse-Grosso (Hrsg.) (1990), Strukturanalyse des Presse- Einzelhandels 1970-1990, Köln 1990.

Voigt, S. (1993), Strategische Allianzen, in: WiSt, 21. Jg. (1993), S. 246-249.

Wagner, Ch. (1990), Konzentrationskontrolle im privaten Rundfunk, in: Rundfunk und Fernsehen, 38. Jg. (1990), S. 165-182

Wallenberg, G. (1992), Die Regelungen im Rundfunkstaatsvertrag zur Sicherung der Meinungsvielfalt im privaten Rundfunk, in: Zeitschrift für Urheber- und Medienrecht, S. 387-394.

Weber, B. (1990), Publizistische Vielfalt. Konzept, Realisierung, Messung, unveröffentlichte Diplomarbeit am Institut für Journalistik, Universität Dortmund 1990.

Weber, B. (1992), Jedem das Seine – Jeder das Ihre. Ein Plädoyer für redaktionelles Marketing, in: G. Rager; P. Werner (Hrsg.), S. 147-157.

Weber, M. (1968), Politik als Beruf, 5. A., Berlin (Duncker & Humblodt) 1968

Weischenberg, S. (1990), Nachrichtenschreiben, 2. A., Opladen (Westdeutscher Verlag) 1990

Weischenberg, S. (1991), Kommunikation und Verantwortung. Einsichten und Aussichten einer Ethik des Journalismus, Vortrag bei der Fachtagung "Ethik des Journalismus", Leipzig, 4.3.1991.

Weischenberg, S. (1992), Journalistik. Medienkommunikation: Theorie und Praxis, Bd. 1, Opladen (Westdeutscher Verlag) 1992.

Weischenberg, S.; M. Löffelholz; A. Scholl (1993), Journalismus in Deutschland, in: Media Perspektiven, 1993, S. 21-33.

Weischenberg, S.; M. Löffelholz; A. Scholl (1994), Merkmale und Einstellungen von Journalisten. „Journalismus in Deutschland II", in: Media Perspektiven, 1994, S. 154-167.

Wiggins, St.N. (1991), The Economics of the Firm and Contracts: A Selected Survey, in: JITE, Vol. 147 (1991), S. 603-661.

Williamson, O.E. (1981), The Modern Corporation: Origins, Evolution, Attributes, in: Journal of Economic Literature, Vol. 19 (1981), S. 1537-1568.

Williamson, O.E. (1985), The Economic Institutions of Capitalism: Firms, Markets, Relational Contracting, New York (Free Press) 1985. Dt.: Die ökonomischen Institutionen des Kapitalismus, Tübingen (Mohr) 1990.

Williamson, O.E. (1990), A Comparison of Alternative Approaches to Economic Organization, In: JITE, Vol. 146 (1990), S. 61-71.

Williamson, O.E. (1991), Comparative Economic Organization, in: D. Ordelheide u.a. (Hrsg), S. 13-49.

Witte, E. (1984), Zeitungen im Medienmarkt der Zukunft, Stuttgart (Poeschel) 1984.

Wolf, M. (1983), Verlagsmarketing: Marketing-Konzeption im Zeitschriftenverlag, Zürich (Diss.) 1983.

Wössner, M. (1992), Vision 2000 - Medien in Europa, Referat auf dem Medienforum NRW von 1.6.1992, in: Medienspiegel Dokumentation Nr. 26/1992

ZAW (Hrsg.) (lfd. Jg.), Werbung in Deutschland, Bonn lfd. Jg.

ZDF-Positionspapier (1993), Die Position des ZDF in einem sich verändernden Markt, in: Medienspiegel, Nr. 5/1993.

Zentes, J. (1992), Kooperative Wettbewerbsstrategien im internationalen Konsumgütermarketing, in: J. Zentes (Hrsg.), S. 3-31.

Zentes, J. (1993), Marketing, in: M. Bitz (Hrsg.), S. 321-395.

Zentes, J. (Hrsg.) (1992), Strategische Partnerschaften im Handel, Stuttgart (Poeschel) 1992.

Zimmer, J. (1993a), Europas Fernsehen im Wandel. Probleme einer Europäisierung von Ordnungspolitik und Programmen, Frankfurt (Lang) 1993.

Zimmer, J. (1993b), Ware Nachricht. Fernsehnachrichtenkanäle und Veränderungen auf dem Nachrichtenmarkt, in: Media Perspektiven, 1993, S. 287-289.

Zimmermann, H.; K.-D. Henke (1982), Finanzwissenschaft, 3. A., München (Vahlen), 1982.

Abkürzungen

A	Österreich
AER	American Economic Review
AG	Aktiengesellschaft
AGBG	Gesetz über die Allgemeinen Geschäftsbedingungen
AG.MA	Arbeitsgemeinschaft Media-Analyse
AGZV	Arbeitsgemeinschaft der Zeitschriftenverlage
B	Belgien
BDZV	Bundesverband Deutscher Zeitschriftenverleger
BetrVG	Betriebsverfassungsgesetz
BGH	Bundesgerichtshof
BIP	Bruttoinlandsprodukt
BSP	Bruttosozialprodukt
BVDA	Bundesverband Deutscher Anzeigenblätter
BVerfG	Bundesverfassungsgericht
CAN	Kanada
CDU	Christlich-Demokratische Union
CH	Schweiz
D	Deutschland
DBD	Demokratische Bauernpartei Deutschlands (DDR)
DK	Dänemark
DLM	Direktorenkonferenz der Landesmedienanstalten
E	Spanien
ECU	European Currency Unit
EEA	Einheitliche Europäische Akte
EG	Europäische Gemeinschaften
EMRK	Europäische Menschenrechtskonvention
EU	Europäische Union
EuGH	Europäischer Gerichtshof
EUR 12	Europa der 12 EU-Mitgliedsstaaten
EWG	Europäische Wirtschaftsgemeinschaft
EWGV	EWG-Vertrag
F	Frankreich
FDGB	Freier Deutscher Gewerkschaftsbund (DDR)
FDJ	Freie Deutsche Jugend (DDR)
GB	Großbritannien
GmbH	Gesellschaft mit beschränkter Haftung
GR	Griechenland
GU	Gemeinschaftsunternehmen

GWB	Gesetz gegen Wettbewerbsbeschränkungen
HHI	Hirschman-Herfindahl-Index
I	Italien
IR	Irland
IS	Island
IVW	Informationsgemeinschaft zur Festellung der Verbreitung von Werbeträgern
J	Japan
JEL	Journal of Economic Literature
JITE	Journal of Institutional and Theoretical Economics
KG	Kommanditgesellschaft
KGaA	Kommanditgesellschaft auf Aktien
L	Luxemburg
LDPD	Liberaldemokratische Partei Deutschlands (DDR)
LfR	Landesanstalt für Rundfunk (Nordrhein-Westfalen)
MA	Media-Analyse
N	Norwegen
NDPD	Nationaldemokratische Partei Deutschlands (DDR)
NL	Niederlande
OHG	Offene Handelsgesellschaft
P	Portugal
PR	Public Relations
S	Schweden
SED	Sozialistische Einheitspartei Deutschlands (DDR)
SF	Finnland
USA	Vereinigte Staaten von Amerika
UWG	Gesetz gegen den unlauteren Wettbewerb
VDZ	Verband Deutscher Zeitschriftenverleger
VG	Verlagsgruppe
VPRT	Verband Privater Rundfunk und Telekommunikation
WAZ	Westdeutsche Allgemeine Zeitung
WiSt	Wirtschaftswissenschaftliches Studium
WISU	Wirtschaftsstudium
WuW	Wirtschaft und Wettbewerb
WuW/E	Wirtschaft und Wettbewerb / Entscheidungssammlung
ZAW	Zentralverband der deutschen Werbewirtschaft
ZUM	Zeitschrift für Urheber- und Medienrecht
ZWS	Zeitschrift für Wirtschafts- und Sozialwissenschaften

Sachregister

Medien und Kommunikation

Klaus Merten/Siegfried J. Schmidt/ Siegfried Weischenberg (Hrsg.)

Die Wirklichkeit der Medien

Eine Einführung in die Kommunikationswissenschaft

1994. XIV, 690 S. Kart.
ISBN 3-531-12327-0

Ausgehend von einer grundlegenden Darstellung kommunikativer Prozesse werden in 20 Beiträgen aktuelle kommunikationswissenschaftliche Modelle, Methoden und Ergebnisse vorgestellt. Themen sind u.a. die individuellen und sozialen Voraussetzungen der Kommunikation, die Wirklichkeitskonstruktion durch Medien, die Entwicklung, Organisation und Ökonomie der Medien, die Medientechnik, der Journalismus und die Perspektiven der „Informationsgesellschaft". Insgesamt bietet das Lehrbuch eine interdisziplinäre, problemorientierte Einführung in die nationalen und internationalen Dimensionen von Medien und Kommunikation.

Horst Holzer

Medienkommunikation

Einführung in handlungs- und gesellschaftstheoretische Konzeptionen

1994. 237 S.
(wv studium, Bd. 172) Pb.
ISBN 3-531-22172-8

In dieser Einführung in die sozialwissenschaftliche Analyse der (Massen-)Medienkommunikation werden anhand der Konzeptionen, die Renckstorf, Bachmair, Charlton/ Neumann, Habermas und Luhmann vorgelegt haben, verschiedene (und unterschiedliche) Versuche diskutiert, Struktur und Prozeß der Massenkommunikation zum Gegenstand soziologischer und sozialpsychologischer Untersuchung zu machen. In der Auseinandersetzung mit den Konzeptionen wird gezeigt, wie die Grundlagen und die konkreten Erscheinungsformen des Massenkommunikationsprozesses beschrieben und erklärt werden und wie sich in diesen Beschreibungen und Erklärungen die reale Geschichte und die aktuelle, gesellschaftlich wie individuell wirksame Qualität dieses Prozesses widerspiegelt.

Bernd Blöbaum

Journalismus als soziales System

Geschichte, Ausdifferenzierung und Verselbständigung

1994. 356 S. Kart.
ISBN 3-531-12573-7

Dieser Band beschreibt Journalismus als Funktionssystem der modernen ausdifferenzierten Gesellschaft. Mit den Instrumenten System- und Differenzierungstheorie läßt es sich als ein eigenständiger sozialer Bereich konzipieren, der im Zuge des gesellschaftlichen Wandels entsteht, um aktuelle Informationen zur öffentlichen Kommunikation zu vermitteln. Der Autor zeichnet die Geschichte des Journalismus im Kontext von politischen, wirtschaftlichen und kulturellen Veränderungen nach und erläutert die Genese, Ausdifferenzierung und Verselbständigung des modernen Journalismus in den Strukturbereichen journalistische Organisation, journalistische Rollen und journalistische Programme.

WESTDEUTSCHER VERLAG
OPLADEN · WIESBADEN